Roswitha Heimann
Der Rhythmus und seine Bedeutung für die Heilpädagogik

Roswitha Heimann

Der Rhythmus und seine Bedeutung für die Heilpädagogik

Raum und Zeit
als Grunddimensionen des Menschseins

Urachhaus

Meinen lieben Eltern –
non modo sanguine iuncta, sed etiam spiritu.

CIP-Titelaufnahme der Deutschen Bibliothek

Heimann, Roswitha:
Der Rhythmus und seine Bedeutung für die Heilpädagogik :
Raum und Zeit als Grunddimensionen des Menschseins /
Roswitha Heimann. – Stuttgart : Urachhaus, 1989
ISBN 3-87838-616-8

ISBN 3 87838 616 8

© 1989 Verlag Urachhaus Johannes M. Mayer GmbH, Stuttgart
Alle Rechte, auch die des auszugsweisen Nachdrucks und der
photomechanischen Wiedergabe, vorbehalten.
Umschlaggestaltung Bruno Schachtner, Dachau
Satz und Druck der Offizin Chr. Scheufele, Stuttgart

Inhaltsverzeichnis

Vorwort 9

I. Einleitung
1. Problemstellung 13
2. Zielsetzung und Vorgehen 20
3. Begriffsklärung 27

II. Hauptteil

1. Die Was-Frage
1.1 Einleitung 31
1.2 Zur Etymologie des Wortes »Rhythmus« 32
1.3 Verschiedene Definitionsversuche 35
1.3.1 Der naturwissenschaftliche Ansatz 37
1.3.2 Der geisteswissenschaftliche Ansatz 47
1.3.3 Der anthroposophische Ansatz 70
1.4 Zusammenfassung 73

2. Die Wann-Frage
2.1 Einleitung 78
2.2 Allgemeine Gedanken zur Zeit und ihrer Beziehung zum Rhythmus 79
2.3 Die Bedeutung des Rhythmus für die Anfänge der Zeitrechnung 86
2.4 Die Bedeutung des Rhythmus in der gegenwärtigen Zeitrechnung 102

2.4.1	Allgemeines zur Zeitrechnung	102
2.4.2	Der Tag	105
2.4.3	Die Woche	108
2.4.4	Der Monat	113
2.4.5	Das Jahr	115
2.5	Die Rhythmusforschung	119
2.6	Zusammenfassung	122
3.	Die Wo-Frage	
3.1	Einleitung	124
3.2	Außermenschliche Rhythmen	127
3.2.1	Rhythmen in der unbelebten Natur	127
3.2.2	Rhythmen im Pflanzen- und Tierreich	130
3.3	Rhythmus und Mensch	146
3.3.1	Rhythmen im menschlichen Körper	147
3.3.2	Der Rhythmus im pränatalen Leben	168
3.3.3	Der Rhythmus in der Entwicklung	178
3.3.4	Rhythmen im emotionalen Leben	187
3.3.5	Der Schlaf-Wach-Rhythmus	205
3.3.6	Rhythmus im Kinderspiel	221
3.3.7	Rhythmus und Leistung	234
3.3.8	Rhythmus und Arbeit	249
3.3.9	Der Eigenrhythmus	253
3.4	Zusammenfassung	256
	Intermezzo	259
4.	Die Wie-Frage	
4.1	Einleitung	263
4.2	Der Rhythmus im weiteren Sinne als Element der heilpädagogischen Förderung	267
4.2.1	Der Rhythmus als Möglichkeit einer ganzheitlichen Förderung	267
4.2.1.1	Der motorische Bereich	269

4.2.1.2	Der emotionale Bereich	269
4.2.1.3	Der kognitive Bereich	279
4.2.1.4	Der soziale Bereich	281
4.2.2	Der Rhythmus als Element des heilpädagogischen Unterrichts	282
4.2.2.1	Der Rhythmus als Gliederung des Unterrichts	282
4.2.2.2	Die Beachtung des Entwicklungsrhythmus	287
4.3	Der Rhythmus im weiteren Sinne als Element der heilpädagogischen Lebensgestaltung	296
4.3.1	Der Tag	298
4.3.2	Die Woche	301
4.3.3	Der Monat	304
4.3.4	Das Jahr	305
4.3.5	Der Rhythmus im weiteren Sinne als Element der Festgestaltung und der religiösen Erziehung	308
4.4	Zusammenfassung	322

5. Die Warum-Wozu-Frage

5.1	Einleitung	324
5.2	Raum und Zeit als Grunddimensionen des Menschseins	326
5.2.1	Aspekte zum Raum	327
5.2.2	Aspekte zur Zeit	336
5.3	Der Rhythmus als Verbindung zwischen Mensch und Welt	347
5.4	Die Wesensmerkmale: Wiederholung, Polarität und Elastizität	358
5.5	Die Bedeutung des Rhythmus für das heilpädagogische Denken	387
5.6	Zusammenfassung	395

III. Schlußteil

1.	Zusammenfassung	401
2.	Bibliographie	408

GRADO, S. Eufemia

Das langobardische Flechtbandmotiv – steingewordener Rhythmus als Urbild des Himmel und Erde umspannenden Lebensstromes.

Vorwort

Das vorliegende Buch wurde ursprünglich als Lizentiatsarbeit für das Heilpädagogische Institut der Universität Freiburg in der Schweiz verfaßt. Erst nachdem mir von verschiedener Seite, insbesondere von Pädagogen und Heilpädagogen, immer wieder Interesse bekundet wurde, habe ich mich zu einer Publikation entschlossen.

Diese Umstände mögen einerseits den wissenschaftlichen Stil erklären. Andererseits wird dadurch auch verständlich, daß ich aus Gründen der Beschränkung vieles, z. T. auch wichtige Erkenntnisse gerade von anthroposophischer Seite, weglassen mußte, und daß ich auf das Problem der unterschiedlichen erkenntnistheoretischen Grundlagen zwischen der traditionellen und der anthroposophischen Wissenschaft nicht eingehen konnte.

Als Ersatz für all das, was ich nicht gesagt habe, was aber unausgesprochen dennoch mitklingt, mag über meiner Arbeit als Motto, vom Anfang bis zum Ende, ein Wort Rudolf Steiners stehen: »(...); und Michaels Welt ist diejenige, die im Rhythmus sich offenbart.«

I. Einleitung

»Ich mache einen Plan nicht nur, um mich Andern verständlich zu machen, sondern auch, um selbst über die Sache klar zu werden.«

(Wittgenstein)

»Nur in vorbereiteten Herzen kann ein neuer Gedanke Wurzeln fassen und groß werden. Sich vorbereiten, sich zubereiten, den Acker lockern für das beste Korn, ist alles.«

(Morgenstern)

1. Problemstellung

Das Leben des Menschen auf Erden verläuft in Zeit und Raum. Beide Dimensionen werden vom Rhythmus durchzogen und erhalten dadurch eine gewisse Struktur, eine zeitliche und räumliche Ordnung. Diese beiden von uns sonst als getrennt erlebten Dimensionen besitzen im Phänomen des Rhythmus ein Gemeinsames, ja sie werden vom Rhythmus geradezu in Verbindung gebracht. Folgendes Beispiel mag dies erklären: der Jahresrhythmus als zeitlicher Rhythmus spielt für viele Organismen in bezug auf Wachstum, Stoffwechselprozesse u. a. eine zentrale Rolle, was wir z. B. am Knospen, Blühen, Welken, an Erscheinungen im Raum verfolgen können. Der zeitliche Rhythmus bildet sich also gewissermaßen im Raum ab: »Der Rhythmus offenbart sich in der Zeit; er wirkt sich aus als Bewegung. In der räumlichen Welt können wir oft seinen Abdruck finden, wo Leben in die Form hinein erstarrt ist.« (LEROI, 1950, 9) Wenn der Rhythmus in diesen beiden Grunddimensionen des irdischen Lebens in Erscheinung tritt, ist die Vermutung naheliegend, daß er für das Leben auf der Erde von grundlegender Bedeutung ist.

Zu dieser Annahme kommen Mletzko und Mletzko, wenn sie schreiben: »Das Leben konnte, unsere Auffassung von der Einheit der Materie bestätigend, nur als Raum-Zeit-Gefüge entstehen, und zwar in einer besonderen Form, der biologisch raum-zeitlich organisierten, also rhythmischen.« (MLETZKO u. MLETZKO, 1977, 138)

In allen Naturgesetzen ist das Axiom der Einheit von Raum und Zeit enthalten; diese Verbindung resultiert aus der oben angedeuteten Einsicht, daß die Zeit eine der Grundeigenschaften belebter Materie ist. (MLETZKO u. MLETZKO, 1977, 139)

In erweiterter Form kommt Hartmann (vom Gesichtspunkt

der anthroposophischen Geisteswissenschaft) zu dem gleichen Schluß, wenn er feststellt, daß das Leben, vom keimenden Samenkorn bis hinauf in den Bereich des menschlichen Denkens, Planens und Handelns zwar im Raum wirkt, selbst aber der Zeit angehört. (HARTMANN, 1979, 5)

Nimmt man, wie Hartmann, an, daß Leben gleichbedeutend mit Bewegung im allerweitesten Sinne ist (HARTMANN, 1979, 5), so wird die Bedeutung, die den rhythmischen Prozessen seit Urzeiten zukommt, offenbar. »Schon die regelmäßigen Bewegungen der Planeten um ihre eigene Achse sowie um die Sonne sind Ausdruck eines Ur-Lebens, das sich in den Rhythmen der Tages-, Monats- und Jahreszeiten fortsetzt und wodurch nun wieder Lebensrhythmen der Pflanzen, Tiere und Menschen bestimmt werden.« (HARTMANN, 1979, 8)

Der durch die Bewegung der Erde induzierte regelmäßige rhythmische Wechsel von bestimmten physikalischen Größen wie z. B. Licht, Temperatur, Gravitationsfeld bilden zusammen mit terrestrischen Eigenschaften und Gegebenheiten »(...) die Grundlage, auf der das Leben entstand«. (MLETZKO u. MLETZKO, 1977, 7)

Wenn man weiß, daß von den Einzellern bis zu den Säugetieren alle Organismen eine endogene zeitliche Ordnung besitzen und zudem mit den vorgegebenen exogenen Rhythmen schwingen, bestätigt sich die Annahme, daß »(...) der rhythmische Ablauf der Lebensprozesse eine grundlegende Eigenschaft des Daseins der irdischen Lebewesen ist«. (MLETZKO u. MLETZKO, 1977, 8)

Auch der Mensch ist davon nicht ausgenommen: »Seit altersher ist der Mensch mit rhythmischen biologischen Erscheinungen konfrontiert, ist er selbst Teil des rhythmischen Ablaufs des Lebens.« (MLETZKO u. MLETZKO, 1977, 8)

Das Wissen um die Wichtigkeit des Rhythmus ist uralt. Das Bewußtwerden der periodischen Ereignisse kann dort angesetzt werden, wo die Menschheit begann, sich einen Zeitbegriff zu bilden. Dies geschah anhand von Beobachtungen im Raum, die rhythmische Umweltsgeschehnisse betrafen, wie den Tag-Nacht-Wechsel, die Mondphasen, Ebbe und Flut u. a.

Zeugnisse davon bilden heute prähistorische Bauten als Ausdruck der früh entwickelten Astronomie oder auch der Rhythmusbegriff, der in der chinesischen Philosophie eine wesentliche Rolle spielt. (SOLLBERGER, 1972, 112–113)
Die Diskussion um den Rhythmus gewann insbesondere in unserem Jahrhundert erneut an Aktualität. Als Höhepunkt kann diesbezüglich die 1937 gegründete interdisziplinäre Internationale Gesellschaft für biologische Rhythmusforschung, die heutige International Society for Chronobiology, betrachtet werden.
So ist heute der Rhythmus in der gesamten Wissenschaft ein viel diskutierter Begriff. Beinahe jedes Wissenschaftsgebiet, Natur- wie Geisteswissenschaft, bemüht sich, den Begriff des Rhythmus zu klären und seinem Fachbereich einzuordnen.
Auch in der Pädagogik und Heilpädagogik ist der Rhythmus schon lange bekannt. Man denke etwa an die für die Pädagogik bedeutsamen Aussagen Platons, die den Rhythmus als einen »das Ethos bestimmenden Faktor« (KÜGLER, 1954, 4) bezeichnen, an die Reformpädagogik, wo der Rhythmus einen zentralen Stellenwert besaß, oder an die rhythmisch-musikalische Erziehung.

Die rhythmische Erziehung als »moderne Ganzheitserziehung« im weitesten Sinne geht von ähnlichen Annahmen aus, nämlich »(...) davon, daß Rhythmus als eine kosmische und ursprüngliche Lebenstatsache existiert. Der Mensch schwingt gewissermaßen im rhythm. Gestirnenwandel der Jahreszeiten, des Monats und des Tages mit«. (Das neue Lexikon der Pädagogik, 1971, 438–439)

Mit dem Rhythmus befinden wir uns meiner Meinung nach also in einem Bereich, der interdisziplinär, d. h. sowohl für die Natur- als auch für die Geisteswissenschaft von Bedeutung ist und wo überdies diese beiden oft als unvereinbar betrachteten Wissenschaftsrichtungen sich gegenseitig ergänzen und befruchten können, denn: »Daß wir die Kluft zwischen unseren Kulturen schließen, ist sowohl im extrem geistigen als auch im extrem praktischen Sinn notwendig.« (SNOW, 1969, 24)

Die Tatsache, daß sich alle Künste und Wissenschaften mit dem Rhythmus befassen, scheint ein Zeichen seiner Universalität zu sein. Nach Forel ist er ein Phänomen, das niemandem ausschließlich gehört: »(...) il fait partie intégrale de notre être et de la nature.« (FOREL, 1920, 2)

Da die biologische Rhythmusforschung ein relativ junges Wissenschaftsgebiet ist, stützt sich die rhythmische Erziehung jedoch weitgehend auf Erkenntnisse, die den musikalischen, sprachlichen oder gymnastischen Rhythmus betreffen. Daß aber auch weitere Wissenschaftsgebiete einen Beitrag zur rhythmischen Erziehung leisten könnten, wird nicht bestritten. »Subtile Forschungsmethoden in Biologie, Medizin, Arbeitswissenschaft, Psychoakustik erweitern ständig unser Wissen von Biorhythmen, von der Komplexität des psychosomatischen Geschehens. Die pädagogisch-praktischen Folgerungen hieraus sind für das Schulwesen noch nicht gezogen, das tief in den Unruhen der Umstrukturierung steckt.« (BUENNER, ^{2}1975, 89)

Lange Zeit stützten sich die Pädagogen auf spekulative, an das Mystische grenzende Aussagen über den Rhythmus, die heute nur noch auf dem Hintergrund jener Zeit zu verstehen sind. Seidenfaden spricht deshalb von einem »Wahn rhythmischer Selbsterlösung durch Einschwingen in die rhythmische Ordnung des Kosmos«. (SEIDENFADEN, 1961, 306)

Eine solche Rhythmustheorie fußt auf einer Art Glaube, ist weder beweis- noch widerlegbar, aber »(...) für eine Fundierung der Erziehung in einer philosophischen bzw. pädagogischen Anthropologie zu spekulativ und nicht ungefährlich«. (SEIDENFADEN, 1961, 306)

Die Ablehnung gegenüber einem überhöhten Rhythmusverständnis ist nachfühlbar. Damit wurden jedoch auch Gedanken, die eine Beziehung zwischen den rhythmischen Vorgängen im menschlichen, tierischen und pflanzlichen Leben und den Rhythmen in der Natur beinhalten, als zu wenig konkret aufgefaßt und als pädagogisch relevante Faktoren von vornherein für die Erziehung ausgeschlossen. So meint Röthig, indem er Bezug nimmt zu einem Artikel des Biologen Adolf Portmann, wo der Rhythmus als eine Grundeigenschaft des Lebens betrachtet wird, die in der ganzen Natur ihre Entsprechung findet, daß solche Aussagen nicht überzeugend seien (RÖTHIG, ²1975, 17–18):»Für die pädagogische Fragestellung dürften – wie die Erfahrung zeigt – die schöpferische Kraft und das kosmische Bildungsprinzip weniger bedeutsam sein, weil diese Kräfte und Prinzipien so einfach gar nicht aufzufinden und brauchbar zu machen sind. Einer rhythmischen Erziehung, die mit einem so vagen und verschwommenen Begriff arbeiten wollte, wäre der konkrete didaktische Boden entzogen, ihr Bildungsinhalt wäre in der Weite der kosmischen Landschaft nicht mehr auffindbar.« (RÖTHIG, ²1975, 18)

Ohne einer übertriebenen Rhythmusschwärmerei huldigen zu wollen, meine ich jedoch, daß eine rhythmische Erziehung, die darauf basiert, daß der Rhythmus als eine »kosmische und ursprüngliche Lebenstatsache« existiert (Das neue Lexikon der Pädagogik, 1971, 438–439), und die berücksichtigt, daß der Mensch im »rhythmischen Gestirnenwandel der Jahreszeiten, des Monats und des Tages« mitschwingt, gerade heute wiederum sehr aktuell ist, wo die »(...) naturhafte Ordnung in unserem modernen Leben sehr häufig durchbrochen wird«. (SEIDENFADEN, 1961, 311)

Dieser Aspekt wird am wohl prägnantesten in der anthroposophischen Pädagogik berücksichtigt. Und Kobi gesteht denn zu: »Steiner und seine Gefolgsleute gehörten (...) mit zu den ersten, welche die Bedeutung des rhythmischen und musischen Elements für die Heilerziehung erkannten.« (KOBI, ³1977, 106)

Zwar befindet sich die erziehungswissenschaftliche Pädagogik in Übereinstimmung mit der anthroposophischen, wenn es um die psychohygienische Bedeutung des Rhythmus geht. »Im Zuge eines Vergleichs muß man aber ebenso feststellen, daß in der Praxis die anthroposophische Pädagogik ein weitaus differenzierteres System der Rhythmisierung im kleinen wie im großen, im Unterrichtsablauf wie im ganzen Schulleben entwickelt hat und mit großer Konsequenz nutzbar macht. Hier können sich mannigfaltige Anregungen ergeben.« (WINDECK, 1983, 190)

So kann vielleicht gerade die anthroposophische Pädagogik und

Heilpädagogik, entgegen der Ansicht Röthigs, daß kosmische Rhythmen in der Pädagogik nicht relevant seien, zeigen, welche Bedeutung die rhythmische Ordnung der Umwelt und des Menschen für den pädagogischen und heilpädagogischen Bereich hat und wie solche rhythmischen Strukturen konkret ihre Anwendung finden.

Schon bevor die biologische Rhythmusforschung das Bewußtsein für Rhythmen in Mensch und Natur neu weckte, wurde nämlich in der anthroposophischen Pädagogik und Heilpädagogik das Wissen darum in der Praxis verwirklicht, und Klimm charakterisiert die anthroposophische Heilpädagogik gerade durch die Bezugnahme auf den Rhythmus, wenn er sagt: »Rhythmen und die Berücksichtigung von rhythmischen Gesetzmäßigkeiten in der Behandlung sind Kernpunkt der anthroposophischen Methode.« (KLIMM, 1980, 20)

Im Gegensatz zur erziehungswissenschaftlichen Pädagogik und Heilpädagogik, wo der Begriff des Rhythmischen meistens nur im engeren Sinn zur Anwendung gelangt, d. h. bei der rhythmisch-akustischen Bewegungsschulung, wo »(...) von außen nach innen regulierend auf die psychische Struktur des Kindes eingewirkt werden soll« (WINDECK, 1983, 180), wird er denn in der anthroposophischen Pädagogik und besonders auch in der Heilpädagogik auf zeitliche Abläufe ausgedehnt und durchdringt sie somit als »durchgängiges Prinzip«. (WINDECK, 1983, 180)

Damit realisiert sie das, was neuerdings die durch die biologische Rhythmusforschung entstandenen Wissenschaftsgebiete der Chronotherapie und Chronohygiene als eines ihrer Ziele betrachten: »Ausgehend von der Voraussetzung, daß Krankheiten mit Rhythmusstörungen verbunden sind, stellt sich der Chronotherapie auch die Aufgabe, im Sinne einer zeitordnenden Therapie die normale rhythmische Ordnung im Organismus und seine Umwelteinordnung wieder herzustellen.« (HILDEBRANDT, 1980a, 3677)

Die Chronohygiene geht darum angesichts der modernen technischen und zivilisatorischen Möglichkeiten des Menschen von der Frage aus, »(...) bis zu welchem Grade der Mensch auch seine inneren biologischen Grundlagen stören und deren Zusammenhang mit den geophysikalischen und kosmischen Ordnungen aufheben kann«. (HILDEBRANDT, 1980a, 3677)

Das Prinzip des Rhythmischen ruht hier nicht mehr wie früher bei den Pädagogen der Rhythmusbewegung auf einer »Art Glauben«, wie Seidenfaden dies ausdrückt (SEIDENFADEN, 1961, 306), sondern kann sich auf fundierte Ergebnisse aus der modernen Rhythmusforschung stützen.

Somit ist die Basis geschaffen worden, wo sich nach Windeck »mannigfaltige Anregungen« ergeben können (WINDECK, 1983, 180), d. h. wo sich naturwissenschaftliche, geisteswissenschaftliche und anthroposophische Erkenntnisse gegenseitig ergänzen und befruchten können.

In diesem Sinne möchte ich meine Ausführungen als Anregung verstanden wissen; geht es mir doch darum zu zeigen, daß der Rhythmus nicht nur im engeren Sinne, sondern auch in einem sehr weiten in der pädagogischen und insbesondere in der heilpädagogischen Arbeit eine Rolle spielt und auch nutzbar zu machen ist, und zwar nicht auf der Grundlage von spekulativen Glaubenssätzen, sondern aus der von der modernen Rhythmusforschung bestätigten Tatsache heraus, daß »(...) der rhythmische Ablauf der Lebensprozesse eine grundlegende Eigenschaft des Daseins der irdischen Lebewesen ist«. (MLETZKO u. MLETZKO, 1977, 8)

2. Zielsetzung und Vorgehen

Mit den Worten: »Am Anfang war der Rhythmus« drückte der Dirigent Hans von Bülow die fundamentale Bedeutung des Rhythmus aus. Währenddem in der Wissenschaft ein solches Rhythmusverständnis lange auf Ablehnung stieß, wird in der modernen Rhythmusforschung im 20. Jahrhundert den rhythmischen Phänomenen erneut Rechnung getragen, und die existentielle Wichtigkeit zyklischer Prozesse wird allgemein anerkannt.

Dieser Sachverhalt bildet den Ausgangspunkt meiner Darstellung. Indem ich mich einer Sichtweise, die den Rhythmus als »*grundlegende Eigenschaft des Daseins der irdischen Lebewesen*« versteht (MLETZKO und MLETZKO, 1977, 8), anschließe und den *Rhythmus im weitesten Sinne* ins Zentrum meiner Untersuchung stelle, unterscheide ich mich bewußt von anderen Autoren, die sich im Gebiet der Pädagogik und Heilpädagogik mit dem Rhythmus im engeren Sinne, d. h. mit der rhythmisch-musikalischen Erziehung oder der Rhythmik, auseinandersetzen.

Ziel dieser Arbeit ist es also, die Bedeutung des Rhythmus im weiteren Sinne für die Heilpädagogik aufzuzeigen, indem ich vor allem das Bewußtsein für die weite Verbreitung rhythmischer Prozesse wecken möchte. Zu einem Verständnis des Rhythmus also möchte ich anregen und mit dem Blick auf seine Funktion zur Einsicht in dessen Wichtigkeit für das menschliche Leben, insbesondere aber für den pädagogischen und heilpädagogischen Bereich, führen und gleichzeitig bezugnehmend auf Röthig zeigen, daß der Rhythmus im weitesten Sinne doch auffindbar ist und für die Pädagogik und Heilpädagogik nutzbar gemacht werden kann.

Aus dieser Zielsetzung ergibt sich folgende Gliederung:
In einem ersten Teil, der grundsätzlich seinen Schwerpunkt in

der »*Auffindbarkeit*« des Rhythmus im weitesten Sinne hat, stellen wir uns folgende Fragen:
1. Die Was-Frage: Was ist Rhythmus? Die Beantwortung der Frage soll darlegen, daß man bereits durch die verschiedenen Definitionsversuche auf den prinzipiellen Charakter des Rhythmus verwiesen wird.
2. Die Wann-Frage: In Abhebung zu anderen Publikationen, wo ein historischer Abriß der Entwicklung der rhythmisch-musikalischen Erziehung angestrebt wird, soll hier auf diesen verzichtet werden, dafür aber wird auf die grundlegende Beziehung des Rhythmus zur Zeit eingegangen.
3. Die Wo-Frage: Ein exemplarischer Überblick kann das Bewußtsein dafür fördern, daß sowohl die Natur um uns als auch unser eigener Organismus in hohem Maße von rhythmischen Prozessen geprägt wird.

Diese drei Fragestellungen bilden die Basis für die nachfolgenden, nun spezieller auf die Heilpädagogik bezogenen Probleme. Hier geht es grundsätzlich um die »*Nutzbarmachung*« des Rhythmus im weitesten Sinne und um deren Hintergründe, was durch folgende Fragestellungen problematisiert wird:
4. Die Wie-Frage: Sie dient der Anregung, den Rhythmus im weiteren Sinne in die heilpädagogische Arbeit einzubeziehen.
5. Die Warum-Frage: Hier soll der Sinn von rhythmischen Elementen im allgemeinen und spezifisch für die heilpädagogische Praxis diskutiert werden.

Mit diesen Fragestellungen befinden wir uns weitgehend nicht nur im pädagogisch-heilpädagogischen, sondern im gesamten anthropologischen Bereich, was jedoch gerade von der Warte der Heilpädagogik her verständlich ist, denn: »Aus der Analyse der Krise erhalten wir Einblick in neue Aspekte des Lebens«, und von daher wird ersichtlich, »(...) was zur Wahrheit des Menschen und zur Sinngebung seines Lebens gehört« (MÜLLER, 1965, 9), d. h. die Heilpädagogik wendet ihre Blickrichtung auch der »anthropologischen Fragestellung« (MÜLLER, 1965, 9) zu.

Ich verstehe die anthropologische Fragestellung nicht als Alternative, als Ergänzung oder als Gegensatz zur heilpädagogischen. Vielmehr sehe ich die Heilpädagogik und alle anderen Wissensbereiche von Anfang an in einem anthropologischen Rahmen. Deshalb haben für mich alle anthropologischen Aussagen auch für die Heilpädagogik Bedeutung, und darüber hinaus gehe ich von der von Moor aufgestellten Grundannahme aus: »Heilpädagogik ist Pädagogik und nichts anderes!« (Moor, 1958, 12)

Mit Kobi sehe ich also die Heilpädagogik »(...) im Kreise mehrerer Wissenschaften, die sich ganz oder doch in Spezialbereichen mit dem Kind befassen und die in ihrer Gesamtheit eine Paidologie ergeben«. (Kobi, ³1977, 57)

Wenn ich außer der pädagogischen und heilpädagogischen Literatur denn auch solche der Naturwissenschaft u. a. heranziehen werde, tue ich das in dem Bewußtsein, daß eine »(...) neue Sicht der Wirklichkeit (...)«, die sich heute aufdrängt, »(...) auf der Erkenntnis beruht, daß alle Phänomene – physikalische, biologische, psychische, gesellschaftliche und kulturelle – grundsätzlich miteinander verbunden und voneinander abhängig sind (...).« (Capra, 1983, 293)

Gerade bei unserer Thematik, dem Rhythmus, scheint mir eine solche Vorgehensweise, ein möglichst offenes Wissenschaftsverständnis, sinnvoll zu sein, da an »(...) der Erforschung rhythmischer Phänomene (...) sich nahezu alle (...) Wissenschaften« (Wassermann, 1981, 839) beteiligen, d. h. es liegen Arbeiten vor von Philosophen, Biologen, Medizinern, aber auch von wissenschaftlichen Außenseitern, die von den verschiedensten weltanschaulichen und erkenntnistheoretischen Positionen stammen. (Wassermann, 1981, 839)

Trotz des Einbeziehens naturwissenschaftlicher Erkenntnisse wird jedoch diese Arbeit nicht vom einseitig analytischen Wissenschaftsverständnis geleitet. Wie Seiffert verstehe ich unter dem nicht-analytischen Denken eine Vorgehensweise, die den Gegenstand »(...) als Ganzheit faßt und interpretiert«. (Seiffert, 1970, 2–3)

Der Ausgang von einem ganzheitlichen Wissenschaftsverständnis impliziert für mich, daß ich wie Müller nicht nur rein beschreibend vorgehe, sondern: »(...) wir akzentuieren, d. h. wir heben aus der Fülle der Wirklichkeit manches hervor, was uns entsprechend unserer Fragestellung wichtig erscheint, und lassen anderes zurücktreten.« (MÜLLER, 1965, 9)
Um dieser Ganzheit gerecht zu werden, möchte ich also mein Wissenschaftsverständnis möglichst weit fassen. Damit gehe ich ebenfalls mit Seiffert einig, der auf die Folgen eines eingeschränkten Wissenschaftsverständnisses aufmerksam macht. Da nämlich alles, was es auf dieser Welt gibt, Gegenstand der Wissenschaft sein kann, darf nicht nur das objektiv, sondern auch das subjektiv Erfaßbare in die Wissenschaft einfließen. Das heißt, daß »Leben«, »Gefühl«, »Wünsche« usw. nicht ausgeklammert werden müssen. Täten wir dies, so riskierten wir, das Leben nicht kritisch zu reflektieren und somit einem »Irrationalismus ›privaten‹ Handelns« zu verfallen. (SEIFFERT, 1970, 16–17) Wenn Seiffert die Ansicht vertritt, daß Messen und Zählen nicht die einzigen Methoden sind, die uns im sozialen Bereich Zugang zum Menschen eröffnen (SEIFFERT, 1970, 24), so spricht er hier für viele Forscher auch naturwissenschaftlicher Richtung:

»Der Lauf der Welt, das Leben, ist rein naturwissenschaftlich nicht erfaßbar.« (THÜRKAUF, 1977, 144)

»Der Raum, in dem der Mensch sich als geistiges Wesen entwickelt, hat mehr Dimensionen als nur die eine, in der er sich in den letzten Jahrhunderten ausgebreitet hat.« (HEISENBERG, 1971, 127)

»So sehen wir uns durch das ganze Leben hindurch einer höheren Macht unterworfen, deren Wesen wir vom Standpunkt der exakten Wissenschaft aus niemals werden ergründen können, die sich aber auch von niemandem, der einigermaßen nachdenkt, ignorieren läßt.« (PLANCK, 1971, 27)

Indem wir dem Phänomen des Rhythmischen nachgehen werden und dazu Belege aus der naturwissenschaftlichen Forschungsarbeit verwenden, sollten wir, wie diese drei Vertreter der naturwissenschaftlich orientierten Wissenschaftsrichtung, nicht vergessen, daß es einen Teil der Wirklichkeit gibt, der nicht so leicht durch Messen und Zählen faßbar zu machen ist.

Da sich gerade die rhythmische Erziehung als »Ganzheitserziehung« (Das neue Lexikon der Pädagogik, 1971, 437) versteht, scheint nämlich eine umfassende Betrachtungsweise, eine Sicht, die »holistisch« oder ganzheitlich (CAPRA, 1983, 35) genannt werden kann, hier ganz besonders angemessen zu sein.

Aus diesem Grund werde ich auch die anthroposophische Literatur berücksichtigen. Denn: »Im Dienste der wissenschaftlichen Erkenntnis muß alles hervorgeholt werden, was uns als Erkenntnisquelle zugängig ist.« (SEIFFERT, 1970, 16)

Ich gehe zudem mit dem Kulturphilosophen Gebser einig, der sich über die anthroposophische Forschungsweise folgendermaßen äußert: »Da aber abgesehen von den weltanschaulichen Grundlagen, auf welche sich die Arbeiten (...) stützen, rein experimentell und wissenschaftlich beachtenswerte Erforschungsergebnisse (...) vorliegen, so sollte der unbefangene Berichterstatter und auch der unbefangene Wissenschaftler nicht davon absehen, diese Ergebnisse wenigstens zur Diskussion zu stellen, zumal ihr Zustandekommen, soweit es das experimentelle Vorgehen betrifft, den von der reinen Wissenschaft aufgestellten Forderungen nicht zu widersprechen scheint.« (GEBSER, ^{2}1945, 82)

Da eine Darstellung der anthroposophischen Grundlage der Pädagogik den Rahmen dieser Arbeit sprengen würde, sei auf die von neutraler Seite her einen objektiven Einblick gewährende Dissertation von Windeck verwiesen. (WINDECK, 1983)

Insbesondere dienen daraus folgende Kapitel als Basis:

Die anthroposophische Heilpädagogik und deren Einrichtungen für »Seelenpflege-bedürftige Kinder« S. 16–19

Über die anthroposophische Erkenntnistheorie und -methode und die Anwendung auf die Pädagogik S. 25–38

Ist die anthroposophische Pädagogik einer erziehungswissenschaftlichen Untersuchung zugänglich? S. 44–46

Geisteswissenschaftliche Menschenkunde S. 46–47

Anthroposophische Pädagogik und erziehungswissenschaftliche Pädagogik – die Verständigungsebene S. 47–50

Mit Recht betont Windeck, daß die anthroposophische Geisteswissenschaft nicht einen Gegensatz, sondern eine Erweiterung der anerkannten Wissenschaften darstellt (WINDECK, 1983, 47): »Insgesamt kann man (...) feststellen, daß trotz unterschiedlicher Erkenntnis- und Begründungsgrundlagen die anthroposophische und die erziehungswissenschaftliche Pädagogik mitunter ähnliche praktische Formen entwickelt haben (...). Wenn darüber hinaus sogar (in veränderter Form) die Übertragbarkeit praktischer Formen anthroposophischer Pädagogik in öffentlichen Schulen bejaht wird, wie dies der Waldorfpädagoge J. Kiersch unter Berufung auf Steiner tut, so stellt sich nicht nur die Frage der Möglichkeit, sondern der Notwendigkeit, die entsprechenden Handlungsformen in einen erziehungswissenschaftlichen Begründungszusammenhang zu stellen.« (WINDECK, 1983, 48–49)
»Mögen auch die Begründungen oft fremdartig erscheinen, so sind doch viele pädagogische Maßnahmen auch aus der Sicht der Erziehungswissenschaft sinnvoll, und am ertragreichsten ist die Auseinandersetzung mit der anthroposophischen Pädagogik da, wo sie zu einer Besinnung bez. Entdeckung führt, daß in der pädagogischen Geschichte und der neueren Pädagogik und Sonderpädagogik viele ähnliche praktische Formen entwickelt sind, die in der schwerfälligen Praxis öffentlicher Schulen und Sonderschulen nur noch nicht konsequent genug umgesetzt worden sind.« (WINDECK, 1983, 225)
Andererseits wird auch von anthroposophischer Seite her zugestanden, daß die Anthroposophie offen für andere Ansichten bleiben sollte. So habe Rudolf Steiner selbst geschrieben: »Anthroposophie verträgt durch ihr Wesen keine Sektiererei, die sich engherzig abschließt gegen alles, was andere denken und wollen. Anthroposophie verträgt nur ein weites Herz für alles menschliche Streben und Leben. Und sie kann nur die rechte Form erhalten durch

ein offenes Auge, für alles, was in der Welt gedacht, gewollt, getan wird.« (STEINER, zit. nach: BARKHOFF u. KRÜGER, 1984, 1)

Damit sehe ich mich einmal mehr in meinem möglichst offenen Wissenschaftsverständnis bestätigt, ja ich gehe hier mit Feyerabend einig, der sagt:»Kein Gedanke ist so alt oder absurd, daß er nicht unser Wissen verbessern könnte.« (FEYERABEND, 1976, 69)

Von daher, d. h. von meinem Anliegen, einen möglichst breiten Einblick in das Gebiet des Rhythmus zu geben, versteht sich auch meine Literaturauswahl, die sich nicht nur auf die aktuellen Publikationen stützt,»die in kurzer Zeit alt sein werden« (JOHANNES PAUL I, ^{4}1985, 172), sondern ebenfalls ältere Aussagen, die heute noch von historischem Interesse sind oder sogar noch Gültigkeit besitzen, berücksichtigt.

Abschließend möchte ich betonen, daß ich wie Gebser all meinen Ausführungen folgende Aussage voranstelle:»Ich sage niemals das ist so. Ich sage immer oder setze als gesagt voraus: für mich ist das so, oder: ich sehe es so, oder: meiner Meinung nach... Ein anderes Vorgehen ist unbescheiden, also auch taktlos.« (GEBSER, 1980, 267)

3. Begriffsklärung

Auf eine Begriffsklärung wird verzichtet, da auf dem Weg zu unserem Ziel die Klärung des Begriffs »Rhythmus« mit einen Beitrag darstellt und daher in die Arbeit integriert ist.
Was andere Begriffe anbetrifft, mache ich auf die Unzulänglichkeit, sogenannte klare, d. h. unmißverständliche Begriffe zu bilden und Definitionen zu setzen, aufmerksam. (SPECK, ^{4}1980, 33)
Ich stütze mich dabei auf Speck, der diesbezüglich sagt: »Für eine lückenlose Begriffsklärung wäre ein unendlicher Regreß nötig. Daher befriedigen Definitionen auch so wenig. Für den Fortschritt der Wissenschaften sind sie offensichtlich nicht unbedingt nötig.« (SPECK, ^{4}1980, 33)
Aus der Tatsache, daß alle Definitionen »(...) ohne Verlust der gegebenen Information weggelassen werden« können (POPPER, 1958, 26), folgert denn Popper, daß »in der Wissenschaft alle wirklich notwendigen Begriffe undefinierte Begriffe sein müssen«. (POPPER, 1958, 26)
Einzig darauf sei hingewiesen, daß ich das Wort Heilpädagogik synonym zu Behinderten- oder Sonderpädagogik verwende und daß für mich, wie bereits erwähnt, Heilpädagogik Pädagogik ist. (HAEBERLIN, 1958, 5. u. 23)

II. Hauptteil

1. Die Was-Frage:

Rhythmus – ein »unsichtbarer Gott, der tausenderlei
Gestalt annimmt und doch ungreifbar bleibt« *(Georgiades)*

> »Drum laß nicht nur die eine Denkart gelten,
> die du für richtig hältst, und keine andre!«
> *(Sophokles)*

1.1 Einleitung

Da der Rhythmus im Zentrum dieser Arbeit steht, werden wir uns vorab mit einer *Klärung dieses Begriffes* zu beschäftigen haben.

Hier stoßen wir jedoch auf kaum überwindbare Schwierigkeiten. Denn obwohl sich heute das neue Wissenschaftsgebiet der Rhythmusforschung eingehend mit dem Rhythmus befaßt, besteht über ihren Forschungsgegenstand keine einheitliche Sicht.

Angesichts der ständig wachsenden Anzahl neuer Erkenntnisse, die dieser Wissenschaftszweig zu Tage bringt, könnte die Ursache einer fehlenden Einigung gerade in der Vielfalt der in letzter Zeit veröffentlichten Publikationen liegen.

Die Sprachverwirrung beim Turmbau zu Babel scheint hier ganz besonders deutlich ihre Konsequenzen zu zeigen. Es besteht nämlich nicht nur ein begrifflicher Unterschied zwischen Natur- und Geisteswissenschaftlern, sondern es liegen nahezu so viele Definitionsversuche vor, als es Forscher gibt.

An Stelle der Resignation möchte diese Arbeit jedoch darauf hinweisen, daß eine bis heute ausstehende Definition als »Festlegung« oder »Be-grenzung« im wahrsten Sinne des Wortes auch eine Chance sein kann. Wie das Wort »Festlegung« sagt, büßte der Rhythmus durch eine einmalige Definition eines seiner spezifischen Merkmale, den Zusammenhang mit dem Lebendigen, ein und erstarrte in einem toten begrifflichen Schema. Dadurch aber, daß jeder, der sich mit dem Rhythmus auseinandersetzt, für sich den Begriff des Rhythmus selbst bilden muß, wird umso mehr bewußt, daß er *nicht ein abgrenzbares,* sondern ein *alles Lebendige durchdringendes* Phänomen ist.

So werde ich im folgenden Kapitel weniger versuchen, eine einmalige Definition des Rhythmus zu finden, als einen Überblick über die Aspekte zu geben, unter welchen er betrachtet werden kann. Wenn dadurch am Schluß keine eindeutige Klärung des Begriffs geliefert werden kann, so möchte doch der Sinn geweckt werden, sich *möglichst offen* gegenüber den Erscheinungen des Rhythmus zu verhalten. Diese Grundlage eines Rhythmusverständnisses schlägt auch Steglich vor, wenn er sagt: »Wollen wir die rhythmischen Ordnungen begreifen und damit das Wesen des Rhythmus überhaupt, so kommt es doch wohl vor allem darauf an, dieser Mannigfaltigkeit des rhythmischen Lebens sich mitlebend aufzuschließen.« (STEGLICH, 1949, 152)

1.2 Zur Etymologie des Wortes »Rhythmus«

Die Vermutung, daß die bisherige Unmöglichkeit, zu einer eindeutigen Rhythmusdefinition zu gelangen, im Wesen des Rhythmus selbst begründet ist, scheint dadurch an Gewicht zu gewinnen, daß bereits in der Etymologie des Wortes Uneinigkeit zwischen den verschiedenen Forschern herrscht.

Grundsätzlich unterscheidet man zwischen zwei verschiedenen Herleitungen. Die eine, die als herkömmlich betrachtet wird, bringt das griechische Wort ῥυθμός mit dem Verbum ῥέειν = fließen, strömen in Zusammenhang. Die andere verknüpft den Begriff mit dem griechischen ῥύομαι = abwehren, schützen und mit ῥυτήρ = Beschützer, Bewacher.

Im Herkunftswörterbuch des Duden (Etymologie der deutschen Sprache) wird darauf hingewiesen, daß das Substantiv ῥυθμός zum Stamm von griechisch ῥέειν gehört und daß sich die übertragenen Bedeutungen wahrscheinlich »(...) aus dem Bild von dem stetigen und gleichförmigen Auf und Ab der Meereswellen entwickelt haben, (...)«. Weiter wird angedeutet, daß das deut-

sche Wort Strom mit dem griechischen Rhythmus verwandt ist: »Das altgerm. Substantiv mhd. stroum, strom, ahd. stroum, niederl. stroom, engl. stream, schwed. ström beruht auf einer Bildung zu der idg. Verbalwurzel * sreu – ›fließen‹, vgl. z. B. aind. sravati ›fließt‹, gr. rhéein ›fließen‹ (...) und lit. sraveti ›fließen, sickern‹ (...)«. (Duden, 1963, 689)
In gleicher Weise wird auch im griechischen etymologischen Wörterbuch an dieser Herleitung festgehalten und der Rhythmus als »Sinnbild einer ruhigen und gleichmäßigen Bewegung« aufgefaßt. Es lehnt die zweite Ableitungsart, wie sie von Jäger und anderen propagiert wird, ab, indem es zeigt, daß die Kürze des ῠ in ῥυθμός unmöglich von ἔρυμαι, ῥύομαι = abwehren, schützen und ῥυτήρ = Beschützer, Bewacher oder von ἐρύω = ziehen und ῥυτήρ = Zügel stammen kann. (Griechisches etymologisches Wörterbuch, 1961)

Der Kunsthistoriker Eugen Petersen (PETERSEN, 1917) und später Werner Jäger (JÄGER, 1934) wenden sich hingegen entschieden gegen diese Herleitung. Als Argument gelten wieder sowohl sprachliche Elemente als auch ihre Nachforschung über die Bedeutung, die der Rhythmus im Altertum hatte.

Petersen ist der Meinung, daß das Wortbildungselement θμό dem »Fließen« widerspreche, da andere Wörter mit dieser Endung alle etwas Aktives, eine wahrnehmbare Wirkung, ein Tun im Gegensatz zu einem passiven Geschehen, wie das »Fließen«, ausdrücken. Diese Feststellung berechtigt ihn, den Rhythmus als »Energie-Begriff« aufzufassen und sich auf Henricus Stephanus und Herodian zu beziehen, die den Rhythmus als »Zug« verstehen. (PETERSEN, 1917, 9–12)

Jäger nimmt als Ausgangspunkt seiner Erklärung einen Vers des Archilochos: »Erkenne, welcher Rhythmus den Menschen in seinen Banden hält« (γίγνωσκε δ' οἷος ῥυθμός ἀνθρώπους ἔχει) (Fragm. 67a) und versucht daraus nachzuvollziehen, wie damals die Griechen Tanz und Musik empfunden haben: »Das aber wird blitzartig erhellt durch die Grundbedeutung wie der Vers des Archilochos sie sehr schön zeigt. Daß der Rhythmus die Menschen

›hält‹ – ich habe geradezu übersetzt ›in Banden hält‹ – schließt jeden Gedanken an einen Fluß der Dinge aus. Wir denken an den Prometheus des Aischylos, der in dem Eisengeflecht seiner Fesseln regungslos festgehalten ist und von sich sagt: Ich bin hier in diesen ›Rhythmus‹ gebannt, oder an Xerxes, von dem Aischylos sagt, er habe den Fluß des Hellespont in Fesseln gelegt und den Wasserweg über ihn ›in eine andere Gestalt (Rhythmus) gebracht‹ d. h. in eine Brücke umgestaltet und ihm feste Bande umgelegt. Hier ist Rhythmus gerade das was der Bewegung, dem Fluß die Schranke, das Feste auferlegt, und das ist es, was auch für Archilochos einzig paßt.« (JÄGER, 1934, 174–175)

Auch Demokrit hat nach Jäger, der sich dabei auf Aristoteles stützt, unter dem Rhythmus der Atome nicht ihre Bewegung, sondern ihr Schema verstanden. So ist also »(...) die Uranschauung, die der griechischen Entdeckung des Rhythmus in Tanz und Musik zugrunde liegt, (...) gleichfalls nicht das Fließen, sondern umgekehrt Halt und feste Begrenzung der Bewegung«. (JÄGER, 1934, 173–175)

Weil es nicht Ziel dieser Arbeit ist, den Rhythmus in erster Linie auf seine Etymologie hin zu untersuchen, unterlasse ich es, abzuwägen, welche sprachlichen Kriterien richtiger sind. Da wir uns ja gegenüber dem Rhythmus möglichst offen verhalten wollen, scheint es mir sinnvoller zu sein, beide Aspekte zu berücksichtigen. Dies haben bereits auch frühere Forscher getan, und wie wir sehen werden, finden sich in den rhythmischen Phänomenen tatsächlich sowohl Fluß als auch Halt, ohne sich gegenseitig auszuschließen.

Bei der Kontroverse »Fluß-Halt« scheint es sich um ein Problem der »zwei Kulturen«, d. h. um die Spaltung der Natur- und Geisteswissenschaft zu handeln.

Rothacker führt denn die Differenzen in der Rhythmusinterpretation direkt auf die Trennung der Natur- und Geisteswissenschaften zurück. (ROTHACKER, 1949, 161)

Wichtig scheint mir hier, daß eine Überbrückung der Kluft gerade durch den gemeinsamen Blick auf den Rhythmus möglich sein könnte. In diesem Sinne meint Steglich, daß »Natur- und Geisteswissenschaft (...) sich gerade hier am gemeinsamen Ursprung einander helfend und ergänzend verschwistern (...)« könnten. (STEGLICH, 1949, 142) Deshalb bietet er eine Alternative zu der einseitig naturwissenschaftlichen und der einseitig geisteswissenschaftlichen Sichtweise an, indem er die beiden in einer Synthese vereint.

1.3 Verschiedene Definitionsversuche

Beim Unterfangen, den Begriff des Rhythmus zu definieren, handelt es sich, wie bereits erwähnt wurde, um einen vorläufigen Versuch. Jeder Forscher wird je nach seinem Wissensgebiet und seiner Problemstellung und je nach seinen Interessen andere Merkmale hervorheben.

Da sich eine »holistische« (CAPRA, 1983, 35) Sichtweise mit möglichst vielen Auffassungen auseinanderzusetzen hat, werde ich im Folgenden einen Ausschnitt aus der Vielzahl der Definitionsversuche, die seit der Antike und heute wieder im Zuge der modernen Rhythmusforschung diskutiert werden, wiedergeben.

Bereits darin scheiden sich die Geister, ob der Begriff des Rhythmus überhaupt definiert werden kann. So bemerkt zum Beispiel Röthig zwar, daß »weder spekulative, noch empirische Untersuchungen zur Frage des Rhythmus (...) zu einer Vereinheitlichung des Begriffsverständnisses (...) beigetragen haben und daß jede wissenschaftliche Disziplin ihr eigenes, fachbezogenes Verständnis habe«. (RÖTHIG, [2]1975, 11) Röthig begrüßt diesen Sachverhalt, macht aber auch auf dessen Gefahren aufmerksam,»(...) weil in keine Beschreibung gleichzeitig der gesamte Definitionsbereich einfließen kann«. (RÖTHIG, [2]1975, 11) Den Grund für eine »oftmals subjektive Auslegung des Phänomens« sieht er darin, daß der Rhythmus entweder in das Gebiet der Ästhetik, wo eine prägnante begriffliche Aussage unmöglich ist, eingereiht wird; oder der Rhythmus wird lebensphilosophisch gedeutet, was ebenfalls zu keiner Klärung führt. (ROTHIG, [2]1975, 12)

Immerhin versucht er selbst anhand verschiedener Definitionsversuche, gemeinsame Gesichtspunkte herauszuarbeiten, die für ihn wesentliche Merkmale des Rhythmus darstellen. Als Gegensatz dazu verzichtet Georgiades vollends darauf, den Rhythmus begrifflich zu fassen, und sagt kurz und bündig: »Was ist aber Rhythmus? Eine Definition vermag ich nicht zu geben. Schon deswegen nicht, weil Rhythmus nichts ist.« (GEORGIADES, 1958, 64) Damit will er nicht die Bedeutung des Rhythmus schmälern. Im Gegenteil, es wird in seinem Buch ersichtlich, daß er dem Rhythmus einen sehr hohen Stellenwert zuerkennt, ihn jedoch mehr im geistigen denn im materiellen Bereich ansiedelt, weshalb er nicht so leicht faßbar ist.

Wenn ich ebenfalls auf eine einmalige Definition des Rhythmus verzichte, so will ich doch das weite Spektrum der Begriffe andeuten, die dem Rhythmus zugeordnet werden können.

Da es aber nicht Ziel dieser Untersuchung ist, einen gültigen Rhythmusbegriff zu finden, beschränke ich mich auf eine Auswahl, die für unsere Problematik aufschlußreich ist.

Um in der Fülle der Definitionsversuche dennoch eine gewisse Ordnung zu wahren, folge ich einer Einteilung nach den Wissenschaftsrichtungen. Trotz der oft starken Divergenzen soll daraus ersichtlich werden, daß der Rhythmus ein allumfassendes Prinzip ist, das den Menschen mit allen Lebensbereichen verbindet und daher von großer Wichtigkeit ist.

Diesem Gedanken gab Ajuriaguerra Ausdruck, als er anläßlich eines Symposiums über biologische Zyklen sagte: »La circularité a un sens dans la nature et prend un sens pour l'homme. Elle montre que la nature est en nous et que nous faisons partie de l'organisation cosmique, qu'il existe une certaine immanence, une règle qui hors de nous, de notre vouloir, nous montre notre dépendance.« (AJURIAGUERRA, 1968, 22)

1.3.1 Der naturwissenschaftliche Ansatz

Auch innerhalb der naturwissenschaftlichen Disziplin besteht keine Einigung über den Begriff des Rhythmus.

So finden wir hier Hinweise, die sich darauf beschränken, den Rhythmus dem Lebendigen gleichzusetzen, neben streng analytisch ausgerichteten Definitionen, die den Rhythmus als Gleichung einer Sinuskurve oder als kybernetischen Terminus darstellen.

Als ein Vertreter der erstgenannten Richtung sieht der aus der Neurologie und Psychiatrie stammende Laubi die Unmöglichkeit, »(...) eine für alle Rhythmen zutreffende Definition zu finden. Es ist ein großer Unterschied, zwischen musikalischen Rhythmen, Darmbewegungen und kosmischem Rhythmus«. (LAUBI, 1923, 165)

Wenn er aber, wie wir dies in unserer Arbeit tun, den Blick auf sein Vorkommen richtet, so kommt er zum Schluß, daß Rhythmus »(...) das uns innewohnende Urgefühl, das uns mit der äußeren Natur verbindet« (LAUBI, 1923, 168) ist.

Dies wird auch in der neueren Literatur, wo der Rhythmus als Grundeigenschaft von Leben angesehen wird, erkannt. (BERTHOLD, 1974, 5)

Daß der Rhythmus den Merkmalen des Lebendigen zugeordnet werden kann, wird daraus ersichtlich, daß das »(...) ›Primum vivens‹ der Alten (...) die embryonale Herzanlage, der Ort des ersten im wachsenden Organismus erkennbaren Rhythmus« (ASCHOFF, 1964, 43) war.

Ebenso meint der sich an Goethes Forschungsarbeiten anlehnende Arzt Klufas, der den Rhythmus als regelmäßige Wiederkehr bestimmter Zustände versteht, daß er ein wesentlicher Bestandteil jedes Lebensvorganges sei und Mensch und Welt verbinde: »So erfährt der Gedanke Goethes, die Erde sei gleichsam ein atmendes Geschöpf, durch die biologische Rhythmusforschung eine bedeutsame Aktualität. Der Mensch ist nicht isoliert. Er ist als ein Teil eines höheren Organismus in die Ganzheit des irdischen und kosmischen Geschehens eingebettet. Mit seinem Körper und einem Teil seiner Seele steht der Mensch in der Natur und nimmt an ihr teil.« (KLUFAS, 1958, 11–16)

Daß die Rhythmusproblematik fächerübergreifend ist und nicht nur durch ein einziges Wissensgebiet abgedeckt werden kann, wird deutlich, wenn der Mediziner Jores auf die Geisteswissenschaft zurückgreift und schreibt, daß niemand so klar das Wesen des Rhythmus anerkannt habe wie der Philosoph Klages (vgl. KLAGES, 1974). In Anlehnung an dessen philosophische Betrachtungen nimmt er eine scharfe Trennung zwischen Rhythmus und Takt vor und gibt zu, daß die Naturwissenschaft dem Wesen des Rhythmus lange Zeit nicht gerecht geworden ist. Die Physik hatte zwar eine Wellenlehre, doch wurden hier die Amplituden und Wellenlängen stets konstant angenommen, was dem Rhythmischen widerspricht.

Den Grund für das Scheitern der Naturwissenschaft in bezug auf eine Klärung des Rhythmus meint er in der Anlage des menschlichen Geistes zu finden. Denn er vertritt die Auffassung, daß der Mensch die lebendige Natur nur unvollkommen erfaßt, weil der menschliche Geist anderen Gesetzen folgt als die lebendige Natur.»Da der Takt und das Denken im Takt dem menschlichen Geiste mehr adäquat ist und es ihm nicht möglich ist, den biologischen Rhythmus in seinen mathematischen Formeln einzufangen, blieb der Rhythmus in seiner fundamentalen Bedeutung für alles Lebendige bis auf den heutigen Tag vielen Naturforschern etwas völlig Fremdes, mit dem sie wenig anzufangen wußten.« (JORES, 1983a, 737)

Noch heute, so meinte Jores, würden z. T. Ärzte und Naturforscher von der Annahme ausgehen, daß der menschliche Organismus wie eine Maschine arbeite, obschon es im menschlichen Körper in Wirklichkeit keine konstanten Vorgänge gibt.

Den Rhythmus findet Jores denn in der ganzen Natur, Takt dagegen existiert für ihn nur in der unbelebten Natur.»Rhythmus ist eine Eigentümlichkeit der gesamten belebten wie unbelebten Natur. Das ewige Auf und Ab der Wellen, die Wiederkehr von Ebbe und Flut, von Tag und Nacht, die Bildung der Liesegangschen Ringe bei Kristallisationsvorgängen, der Flügelschlag des Vogels wie der Herzschlag des Menschen, das alles sind rhythmische Phänomene.« (JORES, 1938a, 737)

Insbesondere aus den Beobachtungen am Menschen zieht Jores dann den Schluß, daß für eine biologische Definition des Rhythmus die Variabilität der Schwingungsamplitude und der Intervalle sowie die Elastizität der Periodik zu berücksichtigen sind, wobei der Übergang zwischen Rhythmus und Arhythmie dabei fließend bleibt. (JORES, 1949, 84)

Auch von Seiten der Präventivmedizin wird dem Rhythmus die Bedeutung eines Grundphänomens zugestanden. Ebenfalls in Klagesschem philosophischen Sinne propagiert z.B. Hoske: Rhythmus gegen Takt. Der zwar im ganzen Universum aufzufindende Rhythmus existiert aber auch gesondert für jedes Individuum als ein ihm eigener Rhythmus. Krankheit entsteht denn dort, wo dem Urrhythmus durch den menschlichen Verstand Gewalt angetan wird. (HOSKE, 1964, 367–373)

Diesen individuellen Rhythmus brachte bereits Carrel in Zusammenhang mit der Dimension der Zeit. »Jedes Wesen, unbelebt oder lebendig, umfaßt einen inneren Wandel, eine Abfolge von Zuständen, einen Rhythmus, der ihm allein eigentümlich ist. Dieser Rhythmus, dieser Wandel ist die innewohnende Zeit.« (CARREL, 1936, 166)

Nebst solchen recht weit gefaßten Definitionsversuchen finden sich in der naturwissenschaftlichen Literatur auch konkretere.

Von Skramlik unternimmt es z.B., unter Verzicht auf eher unpräzise Hinweise wie »Urgefühl«, »Urphänomen« u.a., genau zu beschreiben, was er unter einem rhythmischen Geschehen versteht. »Zu einem rhythmischen Vorgang gehört in erster Linie ein ›Stoff‹, der zeitweise Veränderungen aufweist. Ein Geschehen, das völlig gleichförmig abläuft, dessen Geschwindigkeit also konstant ist, wird von uns niemals als ein rhythmisches angesehen oder aufgefaßt werden.« (VON SKRAMLIK, 1941, 189)

Das Charakteristikum sowohl in physikalischen (z.B. Licht-

oder Schallschwingungen) als auch in maschinellen Rhythmen liegt nach von Skramlik darin, daß ein Ursprungszustand nach einem gewissen zeitlichen Ablauf wiedererreicht wird und somit eine Wiederholung des Vorgangs induziert.

Obschon von Skramlik einen gleichförmigen Verlauf nicht als rhythmisch empfindet, zählt er dennoch die biologischen Rhythmen, die eine größere Variabilität aufweisen, nicht mehr zu den eigentlichen Rhythmen.»Während nun die physikalischen Vorgänge, vor allem die Schwingungen des Lichts und des Schalles ›rhythmisch‹ offenbar mit sehr großer Strenge vor sich gehen, ergeben sich bei den biologischen Rhythmen Abweichungen, und zwar sowohl in bezug auf die Vorgänge, die sich in verschiedenen Perioden abspielen, als auch in bezug auf die Länge der einzelnen Perioden. Es handelt sich dann nicht mehr um Rhythmen im strengen Sinne des Wortes, sondern um rhythmische Vorgänge, die von dem Ideal abweichen und eigentlich als Arhythmie aufzufassen sind.« (VON SKRAMLIK, 1941, 189)

Wie von Skramlik, so strebt auch Bethe eine präzisere Darstellung des Rhythmus an. Aus der Erfahrung: »(...) wir sprachen zwar alle Deutsch, aber doch jeder eine andere Sprache« (BETHE, 1949, 67), die der Naturwissenschaftler anläßlich eines Symposiums mit Vertretern verschiedener Wissenschaftsrichtungen machte, zog er die Konsequenz, daß der Gegenstand, über den gesprochen wird, ganz genau definiert werden muß.»Ich muß also sagen, was ich hier Rhythmus und was Periodik nennen will und wie ich beide Begriffe voneinander trenne, die in der Sprache mancher Wissenschaftler fast synonym gebraucht werden, während andere ihnen einen bestimmten und nicht immer ohne weiteres einleuchtenden Sinn unterlegen.« (BETHE, 1949, 67)

Darin stimmen nach Bethe Naturwissenschaftler, Musiker, Dichter, Maler und Architekten überein, daß sie unter Rhythmik all jene Vorgänge einbeziehen, die »(...) sich zeitlich mehrfach in der gleichen oder in ähnlicher Weise wiederholen«. (BETHE, 1949, 67)

Hier trennen sich aber bereits die verschiedenen Auffassungen.

In der Biologie wird, im Unterschied zur Geisteswissenschaft, ähnlich wie in der Physik, die Forderung aufgestellt, daß die zeitliche Regelmäßigkeit und die formelle Gleichartigkeit der sich wiederholenden Vorgänge sehr genau sein müssen, damit von Rhythmus gesprochen wird. Als Periodik gelten demnach gleichartig sich wiederholende Vorgänge, die in zeitlich ungefähr gleichen Abständen oder in formeller Hinsicht Unterbrechungen aufweisen, wobei die Frequenz als Kriterium über das Vorhandensein von Rhythmus keine Rolle spielt. Ebenso ist es gleichgültig, wo der Impuls zum Rhythmus liegt (endogen oder exogen). (BETHE, 1949, 68)

Am Schluß seiner Ausführungen, worin Bethe auch Analogien zwischen Rhythmus und mechanischen Modellen der Kippschwingungen diskutiert, gelangt er, wie viele andere, zur Einsicht, daß Rhythmus ein in der belebten Natur sehr weit verbreitetes Phänomen ist, und auch er kann dem beistimmen, daß »(...) die Neigung zur Rhythmusbildung (...) zu den Grundeigenschaften der lebenden Substanz« gehöre. (BETHE, 1949, 72)

Im Gegensatz dazu versucht der Mediziner Grote den Begriff des Rhythmus vollständig zu umgehen, indem er im Hinblick auf die Chronopathologie zwei Zeitgestalten unterscheidet: Perioden und Phasen. »Der Ausdruck ›Rhythmus‹ scheint uns nicht scharf definiert. Er bedeutet, genau gesehen, nur den Ablauf überhaupt.« (GROTE, 1949, 85) Was Klages als Rhythmus bezeichnet, setzt Grote mit Perioden gleich. Da Klages nämlich die Wiederkehr des Ähnlichen in ähnlichen Abständen als ausschlaggebend für das Zustandekommen von rhythmischen Vorgängen annahm, scheint es Grote widersinnig zu sein, Abläufe wie z. B. einmalige Entfaltungszeiten im Organismus als Rhythmus oder Periode zu bezeichnen. Sinnvoller erachtet er es, diese einmaligen Geschehnisse als Phasen zu definieren. (GROTE, 1949, 85–89)

Eine Disziplin der Naturwissenschaft, die sich erst im Zuge der wiederentdeckten Rhythmusdiskussion entwickelt hat, bildet die Chronobiologie. Auch sie anerkennt, wie wir bereits aus unserer Einleitung ersehen, den Rhythmus als einen grundlegenden Faktor, auf dem die Entstehung der Erde und des gesamten Lebens beruht: »Durch die Bewegung der Himmelskörper, die Erde selbstverständlich eingeschlossen, war von vornherein ein ständiger Wechsel bestimmter physikalischer Größen (Licht, Temperatur, Gravitationsfeld) gegeben, der über relativ lange Zeiträume mit annähernd gleichbleibender Wiederholung erfolgte. Diese regelmäßig (rhythmisch) die irdischen Strukturen verändernden Faktoren bildeten gemeinsam mit den Eigenschaften und Gegebenheiten der Erde die Grundlage, auf der das Leben entstand.« (MLETZKO u. MLETZKO, 1977, 7)

Als ein relativ junges Wissenschaftsgebiet formuliert denn die Chronobiologie die schon viel früher entdeckten rhythmischen Tatbestände in einer der heutigen Wissenschaft angepaßten Sprache: die rhythmischen Vorgänge, die sich in unterschiedlichen zeitlichen Intervallen wiederholen, werden hier in einer Sinusschwingung dargestellt. Damit läßt sich der Rhythmus nämlich quantitativ genau festlegen, denn Winkelgeschwindigkeit, Periodenlänge und Schwingungsfrequenz sind nun meßbare Faktoren. So kann z. B. der Tagesrhythmus bei einer vollen Schwingung von 360° durch die Periodenlänge τ oder T-24h und die Winkelgeschwindigkeit ω genau beschrieben werden. (MLETZKO u. MLETZKO, 1977, 14) Annähernd lassen sich alle biologischen Systeme, die schwingen, in der Fomel $x = A \sin(\omega t + \varphi)$ ausdrücken, wobei A die Maximalamplitude (Strecke $\overline{OQ}$), ω die Kreisfrequenz, φ den Nullphasenwinkel (Winkel zwischen Zeiger und Bezugsachse zum Zeitpunkt $t = 0$) darstellen.

Eine andere Art, das Phänomen des Rhythmus zu erfassen, bildet die Anlehnung an die Kybernetik und die Regelmechanismen (MLETZKO u. MLETZKO, 1977, 101–102), da die Modellvorstellung der Kippschwingung herangezogen werden kann, um bestimmte biologische Rhythmikphänomene wie z. B. den Herzrhythmus wiederzugeben. (MLETZKO u. MLETZKO, 1977, 112)

Trotz dieser streng mathematischen Vorgehensweise wird jedoch auch hier erkannt, daß bei Versuchen, den Rhythmus, der

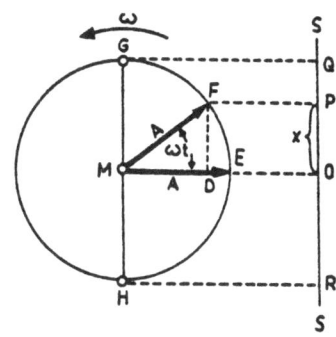

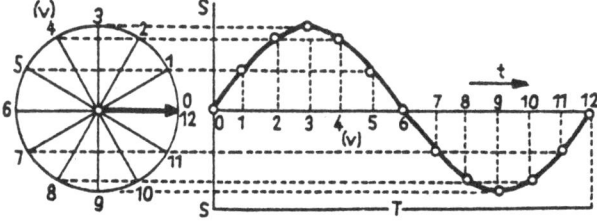

Darstellung der harmonischen Schwingung durch einen umlaufenden Vektor und Konstruktion der Zeitkurve einer Sinusschwingung. Nach WAGNER 1947

ein geistiges Phänomen ist, auf materieller Ebene in Formeln oder in Modellen, die aus der Technik abgeleitet sind, darzustellen, das eigentliche Wesen des Rhythmus nicht eingefangen werden kann. »Alle Modelle, die über die komplizierten biorhythmischen Abläufe gewonnen wurden, spiegeln trotz physikalischer Analyse und mathematischer Beschreibung nur in sehr vereinfachter Form die Zusammenhänge wider. Sie sind keine direkten Abbilder der realen Prozesse, (...).« (MLETZKO u. MLETZKO, 1977, 115)

So greift denn Hildebrandt, ein renommierter Vertreter der Rhythmusforschung, Direktor des Instituts für Arbeitspsychologie und Rehabilitationsforschung der Universität Marburg/Lahn, bei seinem Versuch, die rhythmische Gliederung der biologischen

Funktionsabläufe (Zeitgestalt) zu definieren, auf den Philosophen Klages zurück und begreift sie ebenfalls als »Wiederkehr des Ähnlichen in ähnlichen Zeiträumen« oder als »(...) das zeitliche Äquivalent der räumlich-stofflichen Struktur (Raumgestalt) lebender Organismen«. (HILDEBRANDT, 1980a, 3666) Er weist jedoch darauf hin, daß zur wissenschaftlichen Beschreibung der Rhythmen, wie in der Physik, Angaben der Periodendauer, Phase, Amplitude und Gleichwert dienen, während Verfahren wie die harmonischen und spektralen Zeitreihenanalysen sowie die Kreuz- und Autokorrelation in der mathematischen und statistischen Beurteilung des Rhythmus ihre Anwendung finden. (HILDEBRANDT, 1980, 3667)

Rhythmische Gliederung ist nach Hildebrandt ein Kennzeichen aller Lebensvorgänge und »(...) gehört wie →Stoffwechsel, Reizbarkeit, →Reproduktion u.a. zu den Grunderscheinungen des Lebens«. (HILDEBRANDT, 1980a, 3666)

Sollberger, ein aus Amerika stammender Spezialist der Rhythmusforschung, geht bei seiner theoretischen Erörterung über den Begriff des Rhythmus davon aus, daß sich eigentlich alle Objekte um uns ständig in Bewegung befinden (molekulare Struktur). Trotzdem gibt es solche, die sich nicht von uns entfernen, was darauf hindeutet, daß ihrer Bewegung Grenzen gesetzt sind und deshalb die Richtung geändert werden muß. Dieser zyklische Charakter der Strukturierung unserer Umwelt ermöglicht es, daß wir, im Gegensatz zu einem unaufhörlichen Fluß von Bedingungen, uns orientieren können. Sehr viele dieser Bewegungen verlaufen regelmäßig. »Die meisten Maschinen durchlaufen genau wiederkehrende Zustände. Ähnlich ist es in der Natur; wenn Naturgesetze wirksam sind, ist die Auswirkung regelmäßig, wie es z.B. die Umlaufbahnen der Planeten zeigen.« (SOLLBERGER, 1972, 109).

Nach Sollberger neigen auch die Bewegungen, die gelenkt werden, dazu, regelmäßig und periodisch, d.h. rhythmisch zu verlaufen. Da der allgemeine Sprachgebrauch an Uneinigkeit leidet, ist es jedoch schwierig, festzulegen, wann eine Bewegung rhythmisch ist, weshalb sich Sollberger bescheidet, zu sagen: »Wir wollen uns damit zufrieden geben, einen Vorgang rhythmisch zu nennen, wenn nachgewiesen werden kann, daß er eine periodische Komponente enthält, die auf das Vorhandensein eines stabilen Mechanismus, der ihn erzeugt, hinweist.« (SOLLBERGER, 1972, 111)

Auch Sollberger erkennt die Übereinstimmung seines Rhythmusverständnisses mit demjenigen Klages (d. h. Rhythmus als Wiederkehr des Ähnlichen im Gegensatz des genau Gleichen), während er die »›perfekte‹ Periodizität« mehr in der Musik, der Himmelsmechanik oder in Maschinen beheimatet sieht.

Als Biologe sieht er einen Mittelweg zwischen dem Physiker, der es ablehnt, von Rhythmus zu sprechen, wenn nicht absolute Regelmäßigkeit nachgewiesen werden kann, und dem Ingenieur, für den Strömungen durch zufällige Schwingungen verursacht und durchaus zulässig sind. (SOLLBERGER, 1972, 111)

Einen biologischen Rhythmusbegriff haben bereits vor Sollberger Klimes und Mészaros zu formulieren versucht, wobei sie ebenfalls betonen, daß statt der Gleichheit die Ähnlichkeit der Ereignisse und Zeitintervalle ausschlaggebend sind. (KLIMES u. MESZAROS, 1942, 90)

Während nach ihnen Schwingungsfähigkeit und Eigenfrequenz als Eigenschaften periodischer Abläufe zu den physikalischen Phänomenen gerechnet werden, macht erst die Plastizität, die Wandlungsfähigkeit, die biologische Komponente des Rhythmus aus. (KLIMES u. MESZAROS, 1942, 93)

In recht komplizierten philosophischen Gedankengängen versuchen die beiden Autoren mit Hilfe der Regeln der Logik zu beweisen, daß Rhythmus nicht nur ein allen Lebewesen gemeinsames Merkmal ist, »(...) sondern daß er zu dem Begriff des Lebens überhaupt gehört, folglich ein biologisches Prinzip (...)« darstellt. (KLIMES u. MESZAROS, 1942, 94)

Diese Behauptung leiten sie folgendermaßen aus den Kriterien des Seins ab: »Das biologische Sein, d. h. die kontinuierliche Identität, setzt innerhalb der Veränderungen ein gewisses Bestehenbleiben voraus. Den Rhythmus charakterisiert – im Sinne der Definition von Klages – die Wiederkehr des Ähnlichen; die Rückkehr des Ähnlichen bedeutet aber zugleich das Bestehenbleiben von ›Etwas‹ nach dem Verschwinden; der weitere Teil der Definition gibt aber nicht an, was zurückkehrt bzw. was bestehen bleibt, sondern sagt statt dessen: ›in ähnlichen Zeitabschnitten‹, d. h. zu dem, daß Rhythmus entsteht, ist auch die Gebundenheit der Veränderungsform, das Tempo des wiederholten Entstehens und Verschwindens notwendig: der Rhythmus spiegelt also das Prinzip des Bestehenbleibens sowohl in inhaltlicher, wie auch in formeller Hinsicht wieder. Die Beschaffenheit des abwechselnd bestehen bleibenden Inhaltes (die Rückkehr vom Ähnlichen) und der Gebundenheit der Abwechslungsform ist von Fall zu Fall verschieden, von keinem der beiden kann abgesondert eine allgemeine Regel der Rhythmusentstehung abgeleitet werden, es erscheint als wahrscheinlicher, in der Regelmäßigkeit der Lage des Inhaltes und der Form sowie ihrer gegenseitigen Beziehungen die Entstehungsbedingungen des Rhythmus zu suchen. In dem Rhythmus dürfen wir aber nicht nur eine Äußerung des das Grundkriterium des biologischen Seins bedeutenden Bestehenbleibens erblicken, sondern es kann auch behauptet werden, daß der Rhythmus die Form des Seins schlechthin verkörpert.

Zu diesem Satz gelangen wir folgendermaßen: Durch die sukzessive Abstraktion der Eigenschaften kann keine einzige Eigenschaft ermittelt werden, die als allgemeines Kriterium des biologischen Seins bezeichnet werden könnte. Aus diesem Grunde muß angenommen werden, daß das Wesen des biologischen Seins, der Stempel der kontinuierlichen Identität durch die sukzessiven Phasen der Entstehung und des Verschwindens bestehen bleibt, daß aber aus diesem Bestehenbleiben ein tatsächliches biologisches Sein sich herausentwickelt, ist es notwendig, daß auch die Veränderungsform eine regelmäßige sei, d. h. noch eine Konstante enthält (die Veränderung zu einer Abwechslung wird); das eine Kennzeichen des biologischen Seins ist also in der abgesonderten und zugleich gegenseitigen Regelmäßigkeit des Inhaltes und der Form, folglich in dem Rhythmusprinzip zu erblicken.« (KLIMES u. MESZAROS, 1942, 94–95)

Zu einem ähnlichen Schluß wie die oben angeführten Naturwissenschaftler gelangt auch die neueste Forschung. So kann abschließend mit dem Physiker Capra gesagt werden: »Rhythmische Strukturen sind also ein universales Phänomen; (...).« (CAPRA, 1983, 334)

1.3.2 Der geisteswissenschaftliche Ansatz

Auch in der Geisteswissenschaft existieren unterschiedliche Interpretationen des Rhythmus.

Während im naturwissenschaftlichen Ansatz der Rhythmus vor allem als ein Phänomen untersucht wird, das sich im Materiellen manifestiert, z.B. als Rhythmen in der Natur oder im menschlichen Organismus, richten die geisteswissenschaftlichen Theorien den Blick mehr auf den Rhythmus als philosophischen Begriff.

Aus den vielen Klärungsversuchen seien im folgenden einzelne herausgegriffen, um eine kurze Übersicht zu gewinnen.

Insbesondere die musikalische Kunst stellt jene Disziplin dar, die sich vornehmlich mit dem Rhythmus befaßt. Oft wird der Rhythmus sogar in verengtem Sinne aufgefaßt, d.h. man meint, Rhythmus sei ein ausschließlich musikalischer Terminus. Vielleicht liegt der Grund hierfür in dem relativ frühen Zeitpunkt, wo der Rhythmus mit dem musischen Bereich in Verbindung gebracht wurde. Bereits im fünften Jahrhundert v. Chr. war dies der Fall, und seit damals gehört der Rhythmus zusammen mit der Harmonie zu den Grundbegriffen der Musik. (Handwörterbuch der musikalischen Terminologie, 1983)

Es würde zu weit führen, im Rahmen dieser Arbeit detailliert auf den musikalischen Rhythmus einzugehen (eine ausführliche Darstellung vermittelt das Handwörterbuch der musikalischen Terminologie).

Da aber auch im Bereich der Musik für uns wichtige Erkenntnisse vorliegen und hier ein möglichst breiter Überblick gegeben werden soll, werden im folgenden dennoch einige musikalische

Rhythmusdefinitionen wiedergegeben, denn »(...) le rythme musical n'est qu'une forme du rythme, il n'est que l'une des manifestations d'un phénomène universel – (...)«. (FOREL, 1920, 49)

So lesen wir denn im Handwörterbuch der musikalischen Terminologie, daß die grundlegenden Definitionen von Platon und Aristoxenos stammen und die darin enthaltenen wichtigsten Merkmale bis heute noch bestimmend geblieben sind.« Demnach ist Rhythmus ein normativer Begriff. Er beschreibt eine Ordnung: diejenige Ordnung der Bewegung, des Langsamen und Schnellen, oder der Zeit, des Langen und Kurzen, die dem menschlichen Sinn faßlich ist und deren Apperzeption sich mit dem Gefühl der Lust verbindet.« (Handwörterbuch der musikalischen Terminologie, Rhythmus, 1) Der Begriff des musikalischen Rhythmus wandelte sich aber trotz der auch heute noch gültigen Anschauung der Alten dennoch durch die verschiedenen Geschichtsepochen hindurch, wofür das Handwörterbuch der musikalischen Terminologie einen Einblick gibt.

Ausgehend von der Antike bis ins 20. Jahrhundert hinein verfolgte denn Seidel, der sich sehr eingehend mit dem musikalischen Rhythmus befaßte und ein Buch über dessen Begriffsbestimmung schrieb, den Rhythmus und kommt zum Schluß, daß eine eindeutige Festlegung dieses musikalischen Terminus nicht möglich sei. »Vorerst muß man sich damit abfinden, daß es eine Übereinkunft über den Begriff des Rhythmus nicht mehr gibt.« (SEIDEL, 1976, 5)

Einen wichtigen Beitrag aus der Musik zum Verständnis des Phänomens »Rhythmus« finden wir in den Werken von Georgiades. Sein Wert besteht weniger in der historischen Darstellung, wie dies bei Seidel der Fall ist, als vielmehr in dem Versuch, den Rhythmus aus der ursprünglichen Geistigkeit der griechischen Kultur heraus zu interpretieren. Er stellt den Rhythmus nämlich als Prinzip dar, das bei den Griechen noch eng mit der Götterwelt verbunden war, jedoch im Abendland immer mehr von seinem Gehalt verlor. Georgiades geht davon aus, daß in der Antike, im Gegensatz zu heute, Musik und Sprache noch eine Einheit bildeten, untrennbar verbunden durch den Rhythmus, der beiden gemeinsam ist. Die Chorlyrik beinhaltet Musik, Sprache und zudem noch Tanz. »So verbindet der Rhythmus Sprache, Vers, Musik und Tanz (...).« (GEORGIADES, 1958, 7)

Zur besonderen Charakterisierung des altgriechischen Rhythmus stellt ihn Georgiades dem abendländischen Rhythmus gegenüber, denn seine Abhandlung baut darauf auf, daß sich der altgriechische Rhythmus schon durch seine Herkunft, die Sprache, auszeichnet, indem er dadurch nicht nur als ein isolierbares Element, sondern geradezu als »(...) eine Seite des menschlichen Seins (...)« in Erscheinung tritt. (GEORGIADES, 1958, 12)

Außerdem zeigt Georgiades, daß der altgriechische Rhythmus statisch, der abendländische dagegen dynamisch aufzufassen ist, was er mit einigen Beispielen belegt und was ihn dazu führt, vom antiken Rhythmus als vom Maß für erfüllte Zeit, vom abendländischen Rhythmus als vom Maß für leere Zeit zu sprechen. (GEORGIADES, 1958, 18)

Dadurch gelingt es Georgiades auf eindrückliche Weise, die Einzigartigkeit des antiken Rhythmus folgendermaßen zu formulieren: »Seine Wurzeln reichen bis in den Tanz (die Orchesis), bis in das Körpergefühl, jene menschliche Schicht des Vorgeistigen und des bloß Triebhaften hinab. Er ergreift also den Menschen von der urtümlichsten Schicht des bloß Körperhaft-Bewegungsmäßigen bis zu der höchsten, der des Logos, der Sprache. So ist im Altertum das unmittelbar auf die Welt der Sinne bezogene rhythmisch-musikalische Vermögen nicht nur in Musik und Tanz, sondern vor allem in dem am wenigsten mit der Materie behafteten Äußerungsmittel, im Wort selbst, verwirklicht.« (GEORGIADES, 1958, 42)

Damit wird in besonderem Maße deutlich, daß Rhythmus nebst seiner Erscheinungsweise in der Natur – deren Untersuchung wir vor allem der biologischen Rhythmusforschung verdanken – auch noch ein geistiges Wirkungsfeld besitzt.

Daß diese beiden Seiten der menschlichen Existenz, sowohl die biologische als auch die geistige, erst die Totalität bilden und der

Rhythmus deshalb von beiden Seiten her betrachtet werden muß, entspricht meiner ganzheitlichen Sichtweise. Diesen Sachverhalt drückt Georgiades in ähnlicher Weise aus, wenn er sagt, daß der Rhythmus etwas auf das »(...) ganzheitlich-menschliche Sein Hinweisendes« sei (GEORGIADES, 1958, 65), am ehesten »(...) ein unsichtbarer Gott, der tausenderlei Gestalt annimmt, und doch ungreifbar bleibt« (GEORGIADES, 1958, 66).

Zu einem verwandten Ergebnis, jedoch aus der Sicht des Kunsthistorikers, kam Hager. Obschon eine Betrachtung über den Rhythmus in der Kunst der Pädagogik und Heilpädagogik recht entfernt zu sein scheint, können wir auch aus seinem Beitrag Wesentliches über den Rhythmus entnehmen.

Zwar wird von verschiedener Seite in Frage gestellt, ob in der bildenden Kunst, im Gegensatz zur Musik, wo dies selbstverständlich ist, überhaupt die Rede vom Rhythmus angemessen sei. (vgl. TRIER, 1949, 136–137, PETERSEN, 1917, 2 ff.)

Auf den Unterschied zwischen Musik und bildender Kunst in bezug auf den Rhythmus macht Hager denn auch aufmerksam. Bildende Kunst ist etwas im Raume Seiendes, Verse und Gesang dagegen werden erst durch den in der Zeit verlaufenden Akt des Darstellenden wahrnehmbar. Doch auch die bildende Kunst hat, wie die Musik, nicht nur Anteil am Raum, sondern auch an der Zeit, wenn der Betrachter ein inneres Mittun vollzieht. Wie der Rhythmus des griechischen Verses hat auch der Rhythmus in der bildenden Kunst seinen Ursprung und Sinn in der feiernden Gemeinschaft (vgl. auch TRIER, 1949): »Halten wir also fest: Bau- und Bildform ist vom Ursprung her rhythmische Bewegung, die sich durch ein Mittun aller verwirklicht.« (HAGER, 1949, 153) Kunst offenbart sich erst durch das Mittun und ist somit nicht als etwas Statisches aufzufassen, sondern wird zur inneren Bewegung. »Wo aber Bewegung ist, da ist auch Rhythmus, denn er ist es, der der Bewegung ihren Sinn verleiht.« (HAGER, 1949, 155)

Das Erlebnis des feiernden Kreises, des gemeinsamen Mittuns, worauf, wie wir sehen werden, Trier seine Rhythmusdefinition aufbaut, kann zum Beispiel ein Mensch auch beim Schreiten durch einen romanischen Kirchenbau nachvollziehen.»Sein Mitgehen wird allerdings erst dann zum rechten Mittun, wenn er sich in die kultische Handlung einfügt, die mit ihrem rhythmischen Fortgange den Sinn des Gebäudes erfüllt und vollendet. (...) Nachdem im besonnenen Durchwandeln der romanischen Vorhalle oder des gotischen Portals, dessen Figurenchöre zur Sammlung aufrufen, seine Bereitschaft zum Einschwingen geweckt worden ist, nimmt ihn das Hochschiff auf und geleitet ihn in der gegliederten Ordnung seiner regelmäßig wiederkehrenden Gestalten, der Pfeiler und Bögen, der Standbilder und gemalten Scheiben nach vorn. Wessen Schritt nähme hier nicht von selbst ein ruhiges gebundenes Maß an, wer fühlte nicht über der körperlichen Empfindung der Hebungen und Senkungen, Einziehungen und Ausweitungen des Raumes aus vergessenen Seelentiefen ein Verlangen aufdämmern, das Bewegungserleben des Raumes in noch strengerer, noch notwendiger und sinnvoller gebundener Bewegung selbst mit zu erfüllen?« (HAGER, 1949, 156)

Hager geht denn so weit, daß er den »Rhythmus in der Architektur« am Beispiel der Kathedrale von Reims und den »Rhythmus in der Malerei« am Beispiel eines Gemäldes aus der Renaissance in musikalische Notenschrift überträgt (HAGER, 1949, 157–160), wobei er als hervortretendes rhythmisches Muster im Aufbau des Gotteshauses ein 3-er Maß findet, was seiner Aussage über den Rhythmus eine religiöse Dimension verleiht: »In der Rhythmik der Kathedrale vereinigt sich die Zwei mit der Drei, die Polarität der Schöpfungswelt vollendet sich in der höheren Einheit der Trinität.« (HAGER, 1949, 158) (Wie wir noch sehen werden, spielt die Polarität als grundsätzlicher Bestandteil der Rhythmusdefinitionen bei mehreren Forschern eine Rolle.)

Zur Rechtfertigung seines Rhythmusverständnisses verweist Hager, wie Georgiades, ebenfalls auf die Antike, wo es den abgeteilten Takt noch nicht gab, wo Rhythmus und Metrum noch verbunden waren (HAGER, 1949, 158–159), wo ῥυθμός und numerus noch zusammengehörten, was ihn berechtigt, in den Zahlenverhältnissen eines Kunstwerkes Rhythmus wiederzufinden. (HA-

GER, 1949, 158) Schon Augustin habe nämlich geschrieben:»Alles hat Formen, weil es Zahlen in sich hat; nimm ihnen diese, und sie sind nichts mehr. Woher also sind sie, als woher die Zahl ist, wenn ihnen doch nur in soweit Sinn zukommt, als sie zahlenmäßig angelegt und rhythmisch gestaltet sind? Daher prüfe die Schönheit des wohlgestalteten Körpers selbst: es sind Zahl und Maß in der räumlichen Ausdehnung festgehalten. Untersuche die Schönheit der Bewegungen dieses Körpers: es sind in der Zeit verlaufende Zahlenverhältnisse, also Rhythmus.« (AUGUSTINUS, zit. nach HAGER, 1949, 158)

Viele Äußerungen über den Rhythmus stammen aus dem Bereich der Philosophie. Dies wurde schon im naturwissenschaftlichen Ansatz deutlich, wo mehrere Autoren, sofern sie nicht eine streng operationale Definition zugrunde legten, auf philosophische Rhythmusinterpretationen zurückgriffen. Als Beispiel dafür gibt der Mediziner Jores, wie wir gezeigt haben, zu, daß niemand so klar das Wesen des Rhythmus erfaßt habe, wie der Philosoph Klages. (JORES, 1938, 737)

Die Rhythmus-Betrachtung von Klages ist denn sehr umfassend und übt bis heute ihre positiven und negativen Wirkungen aus. Die philosophischen Abhandlungen über den Rhythmus von Klages enthalten eine Fülle von wichtigen Feststellungen und können auch durch die Auseinandersetzung mit ihren umstrittenen Punkten zu einer Erhellung des Phänomens »Rhythmus« verhelfen.

Um der Klagesschen Rhythmus-Lehre gerecht zu werden, bedürfte es eines eingehenden Studiums seiner gesamten philosophischen Schriften. Da wir uns beschränken müssen, verzichte ich auf eine vertiefte Darstellung, bin mir aber dabei bewußt, daß seine Aussagen nur im Gesamtzusammenhang voll verständlich sind.

Klages' Philosophie ist nicht unbestritten. Vor allem wird ihm vorgeworfen, durch seinen Irrationalismus auf den Nationalsozialismus eingewirkt zu haben. Obschon manche Kritik berechtigt sein mag, und, wie wir sehen werden, seine Ideen von einer bestimmten einseitigen Lebenseinstellung geprägt sind, liefern uns seine Theorien doch Grundlegendes zum Verständnis des Rhythmus.

Einer seiner Grundgedanken ist die Entgegensetzung Takt – Rhythmus, auf der Klages seine weiteren Erörterungen aufbaut und die in seiner ganzen Philosophie wegleitend ist.

Klages meint nämlich, daß alle Forscher vor ihm, die sich mit dem Rhythmus befaßt haben, einer Täuschung unterlegen seien, weil sie, statt den Rhythmus zu erforschen, im Grunde genommen nur den Takt untersucht hätten. (KLAGES, 1974, 509) Deshalb stellt er an den Anfang seiner Ausführungen die Wesensverschiedenheit von Takt und Rhythmus (KLAGES, 1974, 509): »Beachten wir auch gleich, daß wir die metronomisch genaue Wiedergabe einer Tondichtung, den skandiert vorgetragenen Vers, den Parademarsch und alles Ähnliche als etwas vergleichsweise Seelenloses und Totes erleben und solche Leistungen ›mechanisch‹ zu nennen pflegen, womit wir zum Ausdruck bringen, eine vollkommenste Regelerscheinung sei die Maschine und die Maschinenbewegung vernichte den Rhythmus!« (KLAGES, 1974, 511)

Die bisherige Verwechslung von Takt und Rhythmus beruht für Klages auf der Vermischung der beiden Begriffe Geist und Leben. (KLAGES, 1974, 514)

Um eine scharfe Trennlinie zwischen Takt und Rhythmus zu ziehen, stützt er sich nebst dem Sachverhalt der Stetigkeit vor allem auf die Wiederholung und Erneuerung (KLAGES, 1974, 526–530) und gelangt so zu der später von vielen Autoren zitierten Aussage, daß Rhythmus die Wiederkehr des Ähnlichen sei, im Gegensatz zum Takt, wo sich stets das Gleiche wiederholt. Noch pointierter drückte er diesen Unterschied dadurch aus, daß Takt als bloße Wiederholung, Rhythmus als Erneuerung aufgefaßt werden muß. Während zur Nachbildung des genau Gleichen der menschliche Geist unabdingbar ist, bringt die Lebenswelt außerhalb des Geistes »nur« Ähnliches hervor, was die Natur anhand vieler Beispiele beweist. »Jedem vierundzwanzigstündigen Wärmezyklus entspricht ein periodisches Sichheben und Sichsenken der Pflanzenblätter, und mit dem Wechsel der Tageszeiten steigert und mindert sich periodisch die Schnelligkeit des Wachsens der Wurzeln und hinwieder in anderm Umlaufrhythmus des Wachsens der

Sprossen. Ja, wie nach neusten Untersuchungen feststeht, findet der Vorgang des Wachsens niemals geradlinig statt, sondern rhythmisch stetig. – Beobachten wir insbesondere das Leibes- und Seelenleben des Menschen, so stoßen wir vollends auf eine es Zug um Zug durchwaltende Rhythmik: man gedenke des Pulses, des Atems, der weiblichen Monatsregel, der Tages- und Jahresschwankung des Körpergewichtes, der Tagesschwankung der Körperlänge und der unfraglich in Wechselvorgängen des Leibes begründeten Gezeiten von schaffensfreudiger Gehobenheit und besinnlichem Einkehrbedürfnis.« (KLAGES, 1974, 527–528)

Die Veranschaulichung der Wiederkehr von Ähnlichem gipfelt dann in einem noch weiter gespannten Rhythmus, nämlich jenem von Leben und Tod, von Evolution und Involution, was eine uralte Erkenntnis ist und bis in die alte Mysterienweisheit zurückreicht, wo besonders in Eleusis die Ähre als Symbol der Wiederkehr von Ähnlichem verehrt wurde. (KLAGES, 1974, 529)

Neben die Stetigkeit und die Erneuerung stellt Klages als bedeutendes Merkmal die Raumzeitlichkeit. Für ihn, der bei seinen Forschungen nicht von den Dingen, sondern von deren Erscheinung ausgeht, gibt es keine zeitliche Erscheinung, die nicht zugleich auch eine räumliche Erscheinung wäre und umgekehrt (KLAGES, 1974, 531 ff.), d. h. Zeit und Raum bilden zwei untrennbare Pole der Wirklichkeit. (KLAGES, 1974, 534) Dadurch gelangt Klages zu der Bestimmung, Rhythmus sei polarisierte Stetigkeit, wobei er sich an die Romantiker anlehnt, die den Polaritätsgedanken, dem alles Werden und Vergehen zugrunde liegt, in ausgeprägter Weise vertraten. (KLAGES, 1974, 536–539)

Ausgehend vom Vergleich der Räumlichkeit mit dem menschlichen Leib und der Zeitlichkeit mit der in ihm schwingenden Seele, faßt Klages seine Rhythmustheorie denn als Ausblick folgendermaßen zusammen: »Erscheint aber die Seele uneingeschränkt im Rhythmus, so wäre der Wechsel des Kommens und Gehens, der uns zum Wesensschlüssel des Rhythmus wurde, der Zeitlichkeit selber eigen, und es läge, so mythologisch es dem Physiker klinge, der nur das Meßwerkzeug, die linienhafte Sekunde, kennt, der unterste Grund der Bedeutung des Rhythmus im pulsatorischen Gange der wirklichen Zeit. Die Eigenseele, wann sie im Rhythmus schwänge, würde, und sei es nur den kürzesten Augenblick lang, dergestalt eines mit dem, was beide Pole des Geschehens verbindet, mit der Ewigkeit des Vergehens und Werdens.« (KLAGES, 1974, 551)

An die Rhythmusbestimmung von Klages knüpften viele spätere Forscher an.

Vor allem nahm die deutsche Gymnastikbewegung den Gedanken auf, daß Rhythmus dem Leben immanent sei und der Geist nach Klagesscher Terminologie einen Widersacher bilde, was jedoch zu einer »Überhöhung des Rhythmusbegriffs« (RÖTHIG, 1966, 60) führte.

Sehen wir von einseitigen, den Geist verneinenden und das unbewußte Leben verherrlichenden Tendenzen ab, und richten wir den Blick auf das, was die Ausführungen von Klages für ein besseres Rhythmusverständnis leisten können, so kann man folgende Gesichtspunkte herausgreifen:

1. Der Rhythmus bildet einen Gegensatz zum Takt und ist ein Urphänomen des Lebens. (KLAGES, 1974, 510–511)
2. Ein Wesensmerkmal des Rhythmus ist die Periodizität, die Wiederholung des Ähnlichen. (KLAGES, 1974, 527)
3. Rhythmus entsteht im Spannungsfeld von Polarität. (KLAGES, 1974, 536–538)

Exkurs

Denselben drei Kriterien schenkt besonders die Rhythmusforschung im Gebiet der Graphologie Beachtung. Indem die Graphologin Wieser das Werk von Klages würdigt, anerkennt sie »(...) den Rhythmus als die zentrale Erscheinung aller Lebensvorgänge (...)« (WIESER, 1973, 10) und widmet ein Kapitel ihres Buches den Stammbegriffen Rhythmus und Polarität. (WIE-

SER, 1973, 11–21) Sie vertritt die Meinung, daß heute allzusehr nur das Prinzip der Periodizität in den Vordergrund gerückt und die Polarität vernachlässigt werde. (WIESER, 1973, 17)

Daß der Begriff des Rhythmus aber beides fordert, weist sie anhand von sachentsprechenden Beispielen nach (WIESER, 1973, 14): Sowohl die Periodik als auch die Polarität sind für die Struktur des Jahreslaufes maßgebend. Betrachtet man ihn unter dem Gesichtspunkt der Wiederkehr, d. h. daß auf den Frühling der Sommer, auf den Sommer der Herbst usw. folgt, und daß dieses klimatische Geschehen mit bestimmten Schwankungen vor sich geht, aber stets wieder von neuem beginnt – was ja schon die Etymologie von Periode bestätigt: Periode →aus dem griechischen περίοδος: Herum-Weg, also Umlauf, Wiederkehr –, so wird man dem Prinzip der Periodizität gerecht. Stellt man die Gegensätzlichkeit, die Sommer und Winter, Frühling und Herbst bilden, und damit das Spannungsverhältnis, in den Blickpunkt, so wird damit der Sachverhalt der Polarität umschrieben. (WIESER, 1973, 14)

Daß der Rhythmus erst aus dieser Zweiheit voll verstanden werden kann, betont, wie wir noch später sehen werden und worauf Wieser verweist, Bühler im Zusammenhang mit der Astronomie. (BÜHLER, 1965, 23)

Vermißte Wieser in den meisten Rhythmusinterpretationen den Terminus der Polarität, so sei nicht unterlassen, darauf hinzuweisen, daß die Polaritätsphilosophie sich sehr stark mit diesem Sachverhalt auseinandergesetzt hat (vgl. Die Philosophie des Sowohl-Als-Auch, HUECK, Otto Reichel, 1925, Die Welt als Polarität und Rhythmus, HUECK, Piper, 1928, Die Polarität der Wahrheit und der Rhythmus des Lebens, HUECK, Otto Reichel, 1961).

So meint Hueck, der seine Philosophie auf einem die ganze Welt durchdringenden Spannungsfeld von Polaritäten aufbaut, daß die Welt erkenntnistheoretisch Polarität, biologisch betrachtet Rhythmus sei (HUECK, 1961, 26): »Das Leben ist Rhythmus. Dieser Rhythmus setzt ein bipolares Spannungsfeld voraus und überwindet es zugleich; indem er den Zwiespalt des logisch Unvereinbaren überbrückt, wird er zum zeitlichen Symbol der Unio mystica, der Coincidentia oppositorum, der ewigen Einheit aller Dinge.« (HUECK, 1961, 36)

Wie bereits andere Autoren, so gelangt auch der Polaritätsphilosoph auf Grund der Tatsache, daß die ganze Welt, von den Chromosomen bis zum Herz, von den menschlichen Gefühlen bis zum menschlichen Gedankenleben, rhythmischen Schwingungen unterliegt, zur Erkenntnis, daß Rhythmus ein Gesetz des Lebens sei (HUECK, 1961, 106–110), oder wie er kurz und bündig formuliert: »Unsere Welt ist polarer Rhythmus, rhythmische Polarität.« (HUECK, 1961, 106)

Auch die moderne Physik anerkennt heute mehr und mehr die Aktualität des Polaritätsgedankens von Yin und Yang aus der chinesischen Philosophie. Diese Idee des zyklischen Auf und Ab bildet bei Capra den theoretischen Rahmen seiner Ausführungen über kulturelle Werte und Verhaltensweisen und auch über Naturereignisse. »Alle Naturerscheinungen sind Manifestationen eines kontinuierlichen Wechselspiels zwischen den beiden Polen (...).« (CAPRA, 1983, 32) Die alten chinesischen Weisen wußten schon damals vom Gesetz der Polarität, auf dem alle lebendigen Systeme beruhen. (CAPRA, 1983, 42)

In der neueren Literatur wird, um nach dem Exkurs wieder zur eigentlichen Thematik zurückzukehren, öfters Trier zitiert, der ebenfalls um eine philosophische Begriffsbestimmung des Rhythmus bemüht war. Sein wichtigstes Anliegen ist, zu zeigen, daß von der Etymologie des Wortes her der Rhythmus nur als etwas verstanden werden kann, das an die menschliche Intentionalität geknüpft ist. (TRIER, 1949, 140–141)

Trier führt an, daß der Mensch, der Verse (d.h. rhythmisch) spricht, sich in der Situation einer Feier und damit im Kreise seiner Festgenossen befindet, wobei er sich der göttlichen Mitte zuwendet. (TRIER, 1949, 135) Aus der Lage des so Feiernden heraus versucht Trier, seine Rhythmusdefinition zu gewinnen: »Rhythmus ist die Ordnung im Verlauf gegliederter Gestalten, die darauf angelegt ist, durch regelmäßige Wiederkehr wesentlicher Züge ein

Einschwingungsstreben zu erwecken und zu befriedigen.« (TRIER, 1949, 136)

Diese Formulierung präzisiert er noch anhand von sieben Erläuterungen:

1. Rhythmus gibt es nur in Verbindung von Bewegung und Zeit.
2. Es ist gefährlich, den Rhythmus auch auf Statisches, etwa die Kunst, zu übertragen.
3. Intention und Erlebnis sind unabdingbar mit dem Rhythmus verknüpft.
4. Von Rhythmus kann dort nicht gesprochen werden, wo die Schwingungen zu groß oder zu klein sind, um sie bewußt wahrzunehmen. Deshalb warnt Trier davor, vom Tages-, Monats-, Jahresrhythmus usw. zu sprechen.
5. Eine Abstraktion vom Stoff, der den Rhythmus trägt, ist erlaubt, da das Erlebnis dabei stets das gleiche bleibt.
6. In der regelmäßigen Wiederkehr sind kleine Abweichungen miteingeschlossen. Zeitgleichheit bezieht sich auf das Erleben, nicht auf genaue astronomische Messung.
7. Nicht Gleiches kehrt wieder, sondern wesentliche Züge, womit ähnliche Gestalten gemeint sind. (TRIER, 1949, 136–139)

Vergleichen wir Triers Definition des Rhythmus mit jener von Klages, so fällt auf, daß sie sowohl ähnliche als auch unterscheidende Merkmale beinhaltet. Die Unterschiede könnten darauf zurückzuführen sein, daß Trier Rhythmus nur in Gegenwart von Intention gelten läßt, während Klages, der von der Lebensphilosophie her seine Gedanken formuliert, gerade das Bewußtsein, den Intellekt oder Geist als Feind aller rhythmisch ablaufenden Vorgänge bezeichnet. Daraus ließe sich vielleicht erklären, daß Klages den Naturrhythmen des Kosmos ein großes Gewicht beilegt, Trier dagegen diese höchstens unter Perioden, Zyklen, Frequenzen u. a. rechnet. (TRIER, 1949, 138)

Hingegen erweist sich bei beiden Autoren die Beziehung zu Bewegung und Zeit als wichtig. Klages betont noch dazu die räumliche Abhängigkeit des Rhythmus, wogegen Trier den Rhythmusbegriff auf statische Gebilde angewandt in gewissen Fällen zwar billigt, wegen der Gefahr der Aufweichung des Begriffs aber eher Zurückhaltung übt. (TRIER, 1949, 136–137)

Am meisten berühren sich beide Definitionen in dem, was die Wiederkehr betrifft. Bei beiden werden organische Abweichungen miteinbezogen, und beide bestehen darauf, daß es sich nicht um eine Wiederkehr in mechanischem, stereotypen Sinne handelt, sondern um eine Wiederholung, die durchaus Abwandlungen vom Vorherigen aufweisen darf.

Der Rhythmusdefinition von Klages, die spürbar von der lebensphilosophischen Einstellung geprägt ist, stellen wir noch die fünf Jahre vorher erschienene Abhandlung von Ziehen gegenüber, die sich im Unterschied zu Klages einer positivistisch-materialistischen Philosophie verpflichtet fühlt. (ZIEHEN, 1927) Ziehen stellt sich bewußt gegen alle »phrasenhaften« Aussagen, die seiner Meinung nach dem wissenschaftlichen Denken im Wege stehen, und umreißt klar die Aufgaben, die einer Philosophie in bezug auf den Rhythmus zukommen. (ZIEHEN, 1927, 187) Es sind dies erstens eine logische Aufgabe, die sich um eine Definition des Rhythmus bemüht, und zweitens eine erkenntnistheoretische, die die Eingliederung des Rhythmus in den Weltzusammenhang verfolgt und damit seine axiologische Bedeutung festhält. (ZIEHEN, 1927, 187)

Als Ausgangspunkt des ersten Unternehmens wählt Ziehen eine allgemeine Definition des Rhythmus: »Der Rhythmus ist die Rekurrenz, d. h. die regelmäßige Wiederkehr von etwas Gleichem in gleichen Abständen.« (ZIEHEN, 1927, 187)

Hier zeigt sich jedoch für Ziehen, daß die Definition ungenügend ist, weshalb er eine Erweiterung durch vier Hauptmomente vornimmt: die Rekurrenz, Äquidistanz, Gruppenbildung und Variation. (ZIEHEN, 1927, 191)

Dies erlaubt wiederum einen Vergleich mit der Definition von Klages, die ebenfalls die Wiederkehr oder Periodik einer Erscheinung in ähnlichen Abständen beinhaltet und mit dem Hinweis auf das Verhaftetsein des Rhythmus mit dem Lebendigen nicht absolute Gleichheit anstrebt, sondern organische Abweichungen zuläßt. Bedeutend scheint uns, daß Ziehen, nicht nur was die Definition des Rhythmus betrifft, sondern auch in der philosophischen Deutung, Klages wiederum sehr nahe kommt, obschon seine Interpretation auf einer materialistischen Weltanschauung fußt. Aufgrund der Forschungsergebnisse der Quantentheorie aus der Physik schließt er nämlich, daß »(...) gerade auch in den elementarsten Vorgängen der Natur rhythmische Momente herrschen (...)« (ZIEHEN, 1927, 193) und weiter, daß »(...) über die allgemeine Gesetzmäßigkeit und die zerstreute Wiederkehr des Gleichen und Ähnlichen hinaus eine Gesetzmäßigkeit von rhythmischem Charakter und dementsprechend eine rhythmische Wiederkehr des Gleichen und Ähnlichen, eine Rekurrenz im prägnanten Sinne vorkommt. Der Rhythmus wird so zu einer besonderen Teilerscheinung der allgemeinen Gesetzmäßigkeit der Welt«. (ZIEHEN, 1927, 194)

Ziehen stellt denn die Hypothese auf, daß die »letzte Wurzel« dieser rhythmischen Gesetzmäßigkeit in mathematischen Funktionen liegt und deshalb logisch-mathematisch sei. (ZIEHEN, 1927, 194) Der Rhythmus ist deshalb nicht irgendeine subjektive Empfindung, sondern ist durchaus und »(...) sogar in erster Linie (...)« objektiv. (ZIEHEN, 1927, 195)

Sowohl Klages als auch Ziehen stellen also fest, daß der Rhythmus eine wesentliche Grunderscheinung der Welt ist. So wird ersichtlich, daß sowohl mehr subjektiv-metaphysisch geprägte Überlegungen, als auch objektive Betrachtungen der Naturgesetze zu einer Erhellung der Phänomene, hier des Rhythmus, führen und sein Wesen treffend erfassen können.

Ebenso umschreibt das Wörterbuch der philosophischen Begriffe den Rhythmus mit den bereits erwähnten Merkmalen und deutet ihn als »(...) gleichmäßige, bestimmt gegliederte Bewegung, bei der trotz alles möglichen inhaltlichen Wechsels in gleichen Zeitabschnitten gleiche Vorgänge oder Zustände wiederkehren« (Wörterbuch der philosophischen Begriffe, ²1955, 528), und auch hier wird die Brücke geschlagen von der Geisteswissenschaft in die Naturwissenschaft, indem der »Tendenz zur rhythmischen Ordnung« (528) in der Natur Rücksicht getragen wird. Seine Berechtigung erhält der Rhythmus nämlich dadurch, daß er »(...) gleichsam, im Sinne des Wirklichen, des Lebendigen, wahrer als das Nichtrhythmische« (529) sei.

Diesen Gedanken äußerte anläßlich seiner Antrittsrede als Rektor der Friedrich-Wilhelm-Universität zu Berlin Norden in ähnlicher Weise, indem er die Realität des Rhythmus betonte, der nach ihm als schöpferisches Prinzip in allen Erscheinungen wirksam ist (NORDEN, 1928, 3–29): Wenn die Schöpfung durch Gottes Wort erfolgte, wie im Alten Testament geschrieben steht: »Gott sprach: es werde Licht – und es ward Licht«, und wenn wir im Johannes-Evangelium lesen: »Im Anfang war der Logos«, wenn dieser Logos von Johannes aus der Philosophie des Heraklit, eines ionischen Naturphilosophen, übernommen wurde, für den der Logos das Weltgesetz bedeutet, so besteht ein enger Zusammenhang zwischen dem Logosbegriff und dem Rhythmus. Der Logos wird umschrieben als das ewige Gesetz des Werdens und Vergehens, also einer Bewegung, und zwar einer geordneten Bewegung, was im Begriff Kosmos zum Ausdruck kommt. »Geordnete Bewegung, das Grundprinzip des kosmischen Logos, ist nun auch der Wesensbegriff eines zweiten griechischen Wortes: Rhythmos.« (NORDEN, 1928, 4–7) Und so liegt es nahe, daß »Logos als kosmisches Prinzip und Rhythmus (...) auf derselben Grundvorstellung« beruhen (NORDEN, 1928, 7), wofür durch die moderne Naturwissenschaft, etwa die Atomphysik, heute der Beweis erbracht wird, wenn erkannt wird, daß die Hypothese früher griechischer Denker, für die im Universum der Rhythmus ein herrschendes Prinzip darstellte, richtig war. (NORDEN, 1928, 7)

Bei den verschiedenen oben erwähnten Definitionsversuchen seitens der Philosophie kann konstatiert werden, daß das Moment der Wiederholung oder Rekurrenz fast durchgängig als bestimmendes Merkmal für den Rhythmus gewertet wird, was Benesch, der aus der Sicht der Psychologie den Rhythmus untersucht, aufgreift. (BENESCH, 1954, 359–379)

Wenn der Rhythmus aber nur das wäre, was in den meisten Definitionen Wiederkehr genannt wird, bestände für Benesch nach logischen Gesichtspunkten gar keine Notwendigkeit, den Begriff anders als eben »Wiederkehr« zu nennen, und eine Definition würde sich erübrigen. Daß trotzdem immer wieder eine solche angestrebt wird, deutet darauf hin, daß Rhythmus mehr als nur Wiederkehr ist. »Was ist dieses ›mehr‹? Es ist die Verzahnung der Merkmale und schon der Grundbestandteile untereinander zu etwas gänzlich Neuem: zu einer Ganzheit. Damit ist erst die Notwendigkeit des Begriffs Rhythmus gegeben.« (BENESCH, 1954, 368)

Die Ganzheit bildet für Benesch denn das leitende Kriterium seiner Ausführung. Die Ganzheit, die mehr ist als die Summe ihrer Teile, läßt sich in der Natur überall auffinden und stellt somit ein »allgemeines Weltprinzip« dar. Diese Einsicht ist nicht neu, taucht sie ja bereits in der Philosophie von Heraklit bis Hegel und Marx auf und vor allem im Polaritätsgedanken von Goethe. (BENESCH, 1954/55, 378)

Da der Rhythmus sowohl ein Terminus der Natur- wie der Geisteswissenschaften ist, kann nach Benesch die Psychologie geradezu prädestiniert sein, sich als »Wissenschaft zwischen Fakultäten« um eine gemeinsame Erörterung zu bemühen. (BENESCH, 1954/55, 359)

Eine Resignation bezüglich einer definitorischen Festlegung des Begriffs Rhythmus ist also für Benesch nicht am Platz. Im Gegenteil: »Die Klärung der Frage, was ist Rhythmus? ist brennend nötig – und dabei ist der Höhepunkt wissenschaftlicher Bedeutung für diesen Begriff entschieden noch nicht erreicht.« (BENESCH, 1954/55, 360)

Benesch ist der Ansicht, daß die unterschiedlichen Vorstellungen zwischen Natur- und Geisteswissenschaft von dem, was Rhythmus ist, darauf beruhen, daß dort von »Vorgängen eines Gegenstandes«, hier dagegen von »der jeweiligen psychischen Verarbeitung eines Vorganges« die Rede ist. (BENESCH, 1954/55, 360)

Dem trägt Benesch Rechnung, indem er unterscheidet zwischen Objekt- und Subjektrhythmus. (BENESCH, 1954/55, 360). Objektrhythmus ist für ihn der »nicht bemerkte«, Subjektrhythmus der »von einem Individuum bemerkte« Rhythmus. (BENESCH, 1954/55, 360–361)

Um die Ganzheit des Rhythmus zu erfassen, muß nach Benesch die Analyse des Begriffs bei den einzelnen Merkmalen des Rhythmus ansetzen. (BENESCH, 1954/55, 361) Diese Bestandteile (Zeitstrecken, Wiederkehr, Gruppierung, Gewicht und Variation) – Benesch geht in seiner Untersuchung eingehend auf sie ein – wirken nämlich gegenseitig aufeinander und bilden dadurch ein »ganzheitliches Gefüge«, das eben mehr ist, als die Summe seiner Teile. (BENESCH, 1954/55, 367)

Dieser Ganzheit stellt Benesch eine zweite Ganzheit an die Seite, nämlich die Dreiheit von Objekt-, Subjekt- und Eigenrhythmus. (BENESCH, 1954/55, 369)

Auf dem Prinzip der Ganzheit basierend läßt sich dann Rhythmus definieren als »(...) die Ganzheit, bei der die Glieder wechselnd bestimmend sind, jedoch sukzessive variabel sein können«. (BENESCH, 1954/55, 379)

Die Tendenz, Ganzheiten zu bilden, sich zu einer höheren Einheit zusammenzuschließen, finden wir »(...) vom atomaren bis zum kosmischen Geschehen, von der Mikrobe bis zur Höhe geistigseelischer Leistungen« (BENESCH, 1954/55), und sie bildet somit die Grundlage eines »allgemeinen Weltprinzips«, womit Beneschs Ergebnis mit vielen anderen Definitionsansätzen übereinstimmt.

Während Benesch der Meinung ist, daß auf eine allgemeine Bestimmung des Rhythmus trotz der definitorischen Schwierigkeiten nicht verzichtet werden dürfe, konstatiert Fraisse, der sich in seiner Dissertation und in einer späteren Abhandlung ausführlich zum Rhythmus aus psychologischer Sicht äußert, daß es praktisch unmöglich sei, von einer exakten Definition auszugehen.

Seine Dissertation beginnt er mit dem Satz: »Partir d'une définition précise est une facilité qui est refusée à tous ceux qui étudient le rythme.« (FRAISSE, 1956, 1)

In seinen Untersuchungen stellt Fraisse zwei verschiedene Phänomene, die rhythmisch genannt werden, sich gegenüber: den Rhythmus des Herzens und den Rhythmus des Jambus. Das Wort Rhythmus bezeichnet im ersten Beispiel die Periodizität einer Erscheinung, im zweiten Fall die Struktur einer Folge von Reizen. Sowohl der Herzrhythmus als auch der Rhythmus des Jambus enthalten jedoch beide Komponenten, nur in verschiedenem Ausprägungsgrad. Diese zwei Pole ein und desselben Begriffs haben ihre Wurzeln, wie wir bereits im Kapitel über die Etymologie festgehalten haben, im linguistischen Bereich. (FRAISSE, 1956, 2)

Dadurch, daß Fraisse sich nicht wie die meisten Autoren, die nur eine einzige etymologische Herleitung gelten ließen, in dieser Hinsicht fixiert, eröffnet sich hier ein wesentlicher Aspekt, denn seine Charakterisierung des Rhythmus wird durch den Einbezug beider Gesichtspunkte umfassend. Schon Platon definierte den Rhythmus als Ordnung in der Bewegung (PLATON, Gesetze, 665a), und Fraisse bestätigt dies, wenn er sagt: »(...) que le rythme est périodicité et structure (...).«

Als Psychologe richtet er vor allem den Blick auf die Strukturen, die von uns als rhythmisch »erlebt und wahrgenommen« werden. (FRAISSE, 1956, 6)

Ähnlich rückt auch der pädagogische Rhythmusbegriff das bewußte Erleben des Rhythmus ins Zentrum. Wir erinnern uns, daß bereits Trier sich gegen die Ansicht, daß Rhythmus etwas rein Passives sei, stellte. »Zum Rhythmus gehört, daß er intendiert ist und erlebt wird. (...) Im Begriff des Rhythmus liegt etwas Tätiges, Strebendes.« (TRIER, 1949, 137)

Freilich gab es auch Pädagogen, die den Rhythmus in Anlehnung an Klages mehr als passives Geschehen auffaßten. Nach Bode, dem Gründer einer eigenen Gymnastikschule, in der er in überhöhter Form den theoretischen Rhythmusbegriff von Klages in die Praxis umsetzte, war der reine Rhythmus nur im Schlaf verwirklicht. (RÖTHIG, ²1975, 19) Ziel war nicht, »(...) zum Rhythmus erziehen, sie wollten vielmehr versinken im Rhythmus, sich tragen lassen vom Rhythmus des Alls.« (GÜNTHER, ²1975, 49)

Viele pädagogische Rhythmusbegriffe sind wie jener von Bode historisch bedingt und nur auf dem Hintergrund der jeweiligen Zeit verstehbar.

Für eine eingehendere Vertiefung sei auf die Dissertation von Kügler und die Übersicht Röthigs u. a. verwiesen, die beide eine Darstellung insbesondere der verschiedenen Epochen der Rhythmusfrage in der Pädagogik vermitteln. (KÜGLER, 1954 / RÖTHIG, 1966) Im Gegensatz zu den Reformpädagogen tendiert die neuere Pädagogik dazu, den Begriff des Rhythmus eher wieder nüchterner zu formulieren.

Wie die überhöhte Idealisierung des Rhythmus, die in den zwanziger Jahren ihren Ursprung hat, so stehen aber auch die neueren Versuche, den rhythmischen Tatbestand sachlich zu fassen »(...) im Zeichen allgemeiner kultureller Prozesse, das heißt im Zusammenhang mit jener Entideologisierung, die zumindest die fünfziger Jahre charakterisiert hat«. (GÜNTHER, [2]1975, 67)

Um einen brauchbaren Rhythmusbegriff herauszuarbeiten, müssen nach Röthig, der einen neuen Zugang zum Rhythmus unter pädagogischen Gesichtspunkten sucht, vier Aspekte des Problems untersucht werden:
1. Der Zusammenhang der rhythmischen Vorgänge mit naturhaften, lebendigen Erscheinungen.
2. Die emotionale Ansprechbarkeit durch den Rhythmus und die bewußtseinsmäßige Verarbeitung.
3. Die Analyse der Ordnung eines rhythmischen Verlaufes.
4. Die bildungstheoretischen und didaktischen Konsequenzen.
(RÖTHIG, [2]1975, 15–16)

Zusammenfassend und mit Bezugnahme auf Triers Arbeit, leitet Röthig folgenden Definitionsansatz her: »Rhythmus ist die dynamische Gruppierung, Gliederung und Akzentuierung von Bestandteilen eines Ablaufs, dessen Ordnung von einem angeforderten oder/und vom Individuum selbstgewählten Zeitschema bestimmt wird. Die Eindeutigkeit des Rhythmus wird durch die Wiederholung von gleichen oder ähnlichen Bestandteilkomplexionen hergestellt.« (RÖTHIG, [2]1975, 24)

Da sich weder bei Trier, auf den Röthig sich bezog, noch bei Röthig selbst ein Hinweis auf den Sachverhalt der Polarität findet, der, wie wir sehen werden, in der Pädagogik eine wesentliche Rolle spielt, fühlt sich Bünner, eine Vertreterin der rhythmisch-musikalischen Erziehung, veranlaßt, »(...) das Blickfeld zu erweitern, um über die rhythmischen Phänomene hinaus auch das Spannungsfeld polarer Kräfte zu erfassen, die am Zustandekommen von Rhythmus beteiligt sind« (BÜNNER, ²1975, 90), und auch die moderne Gymnastik nimmt ihren Ausgang von einem Rhythmusbegriff, der durch das polare Spannungsfeld charakterisiert wird. Als von ihr als angemessen betrachtete Definition zitiert Holle-von der Trenck den anthroposophischen Arzt Wolff: »Stets haben wir es bei einem rhythmischen Geschehen mit einem dauernden Wechsel zu tun. Zwei gegenteilige Zustände wechseln miteinander ab, dazwischen liegt eine Umkehr... Es ist nun wichtig zu erkennen, daß der Rhythmus noch nicht dadurch zustande kommt, daß zwei solche extreme Pole zusammenkommen, sondern daß dieses Zusammenstoßen durch einen Übergang erfolgt beziehungsweise vermittelt wird.« (WOLFF, zit. nach HOLLE-VON DER TRENCK, ²1975, 109)

Die meisten Untersuchungen über den Rhythmus auf dem pädagogischen Gebiet entstanden im Hinblick auf eine vornehmlich musikalisch oder gymnastisch geprägte rhythmische Erziehung. So finden wir z. B. im Lexikon der Pädagogik den Begriff nur im Zusammenhang mit der Gymnastik und der Musik. (Lexikon der Pädagogik, 1951, 498–500)

Ein darüber hinaus weiterführender Beitrag stammt von Seidenfaden, dessen »Wesensdeutung« des Rhythmus auch »(...) den Rhythmus im Verlauf eines Schultages mit seinen Akzenten der Spannung und intensiven Arbeit, mit seinen Pausen und Zeiten der Besinnung; (...) den individuellen Lebens- und Leistungstag eines Kindes mit seinen Leistungskurven und notwendigen Ruhelagen, (...) die Polaritäten Arbeitszeit – Ferien, Arbeit – Spiel, Selbsttätigkeit – wartendes, stilles Lauschen« miteinbezieht. (SEIDENFADEN, 1961, 302)

Obschon Seidenfaden sich vom mystischen Gehalt der Klagesschen Rhythmuslehre distanziert, weiß er dessen Erkenntnisse zu würdigen, da Klages Wesentliches herausgestellt habe, nämlich, daß die »(...) Bedeutung des Rhythmus für den Menschen (...) mit dessen anthropologischer Bestimmtheit als zeitlichem Wesen« zusammenhängt. (SEIDENFADEN, 1961, 304–305)

Als sinnvoll erachtet es Seidenfaden, den Begriff dialektisch zu bestimmen, d.h. sowohl den Ausdruck als auch die Bändigung von Lebendigem einzuschließen (SEIDENFADEN, 1961, 308), wobei er, wie andere Autoren, ebenfalls auf die etymologischen Wurzeln zurückgeht. Durch diesen zweifachen Charakter des Rhythmus offenbart sich ein grundlegendes Kriterium des Menschseins: »(...) die dialektische Verflochtenheit von Lebendigkeit und Ordnung, Fülle und Begrenzung, Freiheit und Gebundenheit, Herrschaft und Hingabe.« (SEIDENFADEN, 1961, 311)

Solche Begriffe, die die Ganzheitlichkeit des Menschen im Auge haben, führen uns unmittelbar in die Heilpädagogik, wo Moor in seinem ganzheitlichen Menschenbild des »Inneren Haltes« vom Maß im tätigen Leben und der Fülle im empfangenden Leben spricht. (MOOR, 1951, 198–229)

Darauf baut Müller dann ihre Dissertation über den Rhythmus als ein Problem der Gemütserziehung in heilpädagogischer Sicht auf. (MÜLLER, 1965, 25) Rhythmus bedeutet demnach für sie Fülle und Maß zugleich. (MÜLLER, 1965, 25)

Der ganzheitliche Aspekt des Rhythmus, der hier zum Ausdruck kommt, ist, wie wir bereits erwähnt haben, auch ein Anliegen der anthroposophischen Forschungsweise, und somit wird deutlich, daß im Bemühen um das Rhythmusverständnis ein Anknüpfungspunkt der allgemeinen Wissenschaft an die Anthroposophie gefunden werden kann.

Bevor wir jedoch näher auf die anthroposophische Sichtweise eingehen, soll noch ein bedeutender Ansatz dargestellt werden, der versucht, eine Synthese zu schaffen zwischen dem natur- und dem geisteswissenschaftlichen Begriffsverständnis.

So fragt sich Wacholder angesichts der Vorwürfe falschen

Sprachgebrauchs seitens der Naturwissenschaftler gegenüber den Geisteswissenschaftlern und umgekehrt: »Besteht hier wirklich, wie weithin geglaubt wird, eine unüberbrückbare Gegensätzlichkeit? Oder läßt sich vielleicht ein zumindest für den ganzen Lebensbereich, für seine objektive wie auch subjektive Seite, ja vielleicht sogar ein sowohl für den ganzen Bereich der lebendigen und leblosen Natur als auch für den Bereich des Geistes passender Rhythmusbegriff aufstellen?« (WACHOLDER, 1955, 621)

Wacholder geht es denn darum, zu zeigen, daß der Gegensatz zwischen dem natur- und geisteswissenschaftlichen Rhythmusverständnis nicht absolut ist, sondern daß er nur in einer ungleichen Akzentuierung zweier Seiten des Rhythmus liegt. (WACHOLDER, 1955, 621–622)

Aus verschiedenen Definitionsversuchen und aus der sprachlichen Ableitung des Wortes geht hervor, daß es zwei Grundeigenschaften sind, die den Rhythmus determinieren: 1. ein zusammenhängender Geschehensfluß, 2. eine Gliederung in Form einer Wiederkehr von Ähnlichem. (WACHOLDER, 1955, 622)

Hat nun in der Geisteswissenschaft das erste Merkmal den eindeutigen Vorrang, so betont die Naturwissenschaft vor allem die Gliederung. »Kurzum, der Rhythmusbegriff der modernen Kunst- und Geisteswissenschaft ist ein ausgesprochen ganzheitlicher und zugleich dynamischer. Er setzt ein in stetigem Fluß befindliches Kontinuum voraus, welches zwar gegliedert ist, doch so, daß die Glieder in ganzheitlicher Beziehung zueinander stehen.« (WACHOLDER, 1955, 623)

Dagegen fehlt dieser Charakterzug fast gänzlich in der Technik und Naturwissenschaft. Die Gliederung tritt dermaßen in den Vordergrund, daß der Zusammenhang vergessen und nur noch beziehungslose Einzelgeschehnisse registriert werden. (WACHOLDER, 1955, 623) »Hält man sich dies nun im Bewußtsein, daß auch bei allem ebengenannten objektiven naturwissenschaftlichen bzw. physiologischen Geschehen niemals eine bloße Aneinanderreihung von Einzelvorgängen vorliegt, sondern immer eine durch einen phasischen (periodischen) Wechsel bedingte Gliederung eines in stetigem Flusse befindlichen zusammenhängenden Geschehens, dann verschwindet damit die Hauptkluft, welche unsere derzeitige naturwissenschaftlich-medizinische Rhythmusauffassung von der geisteswissenschaftlichen trennt. Dann kann man jedenfalls eine kontinuierliche Stufenreihe aufstellen, vom einfachsten bis zum kompliziertesten rhythmischen Geschehen, eine Stufenreihe, welche nicht nur den ganzen Lebensbereich vom primitivsten körperlichen Geschehen bis zum höchsten Geiteserzeugnis umfaßt, sondern in welche auch der Bereich unbelebter Naturvorgänge einbezogen werden kann.« (WACHOLDER, 1955, 624–625)

Das Ideal der Naturwissenschaft, eine Wiederholung eines absolut gleichen Vorgangs in gleichen Zeitabschnitten, erweist sich nämlich bei genauem Hinsehen im gesunden Leben niemals als erfüllt, im Gegenteil, es wäre ein Anzeichen eines krankhaften Geschehens. (WACHOLDER, 1955, 625)

Wacholder erkennt somit die Übereinstimmung seines Rhythmusbegriffes mit demjenigen des Philosphen Klages, nur daß er selbst induktiv, Klages dagegen deduktiv, zu diesem Schluß gelangte und auch die daraus ableitbaren Folgerungen verschieden seien. (WACHOLDER, 1955, 626)

Während nämlich Klages ausgehend von seiner Formulierung: Rhythmus sei die Wiederkehr von Ähnlichem, die unbelebte Natur von allem rhythmischen Geschehen ausschließt, bezieht Wacholder diese mit ein, da er sich nur dort veranlaßt fühlt, nicht vom Rhythmus zu sprechen, wo keine gegliederte Stetigkeit mehr, sondern nur noch eine Serie von beziehungslosen Einzelvorgängen vorliegt. (WACHOLDER, 1955, 626)

Wacholder stellt somit eine Stufenreihe auf, »(...) beginnend mit der starren und regelmäßigen Wiederholung eines so einfachen und objektiven Geschehens wie einer Pendelschwingung und endend mit dem höchsten, reich gegliederten und wechselvollen gefühlsgetränkten, subjektiv-persönlichen Erleben und Schaffen des Menschen.« (WACHOLDER, 1955, 630)

Da durch diesen ganzen Bereich die Forderung, die an ein rhythmisches Geschehen sowohl von der Natur- als auch von der

Geisteswissenschaft aus gestellt wird (1. Fluß, 2. Gliederung), sich erfüllt, darf nach Wacholder in allen Fällen von Rhythmus gesprochen werden (WACHOLDER, 1955, 630–631), und somit wird hier wiederum die Möglichkeit einer Verbindung zwischen Natur- und Geisteswissenschaft gezeigt.

1.3.3 Der anthroposophische Ansatz

Wie erwähnt wurde, weist Wieser in ihrer Untersuchung über den Rhythmus in der Graphologie darauf hin, daß viele Forscher nur der einen Seite des Rhythmus, nämlich der Periodizität, gerecht wurden und daß sie dabei die Polarität zu wenig beachtet haben. Eine deutliche Unterscheidung der beiden Wesensmerkmale fand Wieser nur in einem naturwissenschaftlichen Werk des Arztes Bühler. (WIESER, 1973, 18)

Dies verwundert kaum, wenn man weiß, daß sich Bühler der anthroposophischen Wissenschaft verpflichtet fühlt, zumal die Polarität in der anthroposophischen Wissenschaft und insbesondere im Hinblick auf den Rhythmus einen Schlüsselbegriff darstellt.

So vertritt Bühler die Meinung, daß ein polares Spannungsverhältnis unabdingbar zum Rhythmus gehöre: »Was noch zu wenig beachtet wird, ist die Tatsache, daß Rhythmus nur dort entsteht, wo zwei zunächst gegensätzliche Welterscheinungen, Kräfte oder Prozesse polar einander gegenübertreten. Der Rhythmus tritt stets nur im Spannungsfeld von Polaritäten in Erscheinung und spielt dabei eine verbindende, vermittelnde Rolle. Darin liegt seine eigentliche Bedeutung begründet. Er führt die Polarität ohne Kurzschluß immer neu zum Ausgleich und ermöglicht so die Ganzheit eines Geschehens oder Organismus trotz erforderlicher Gegensätzlichkeiten und Spannungen. Ohne Vermittlung des Rhythmus kann die Idee des Ganzen, die sich fast immer an Gegensätzen entzündet und in ihnen verankert, nicht vollkommen in Erscheinung treten.« (BÜHLER, 1965, 23)

Von einem ähnlichen Rhythmusverständnis ging, wie wir gesehen haben, Holle-von der Trenck aus, die sich auf den ebenfalls von der Anthroposophie her stammenden Arzt Wolff stützte, um einen für die rhythmische moderne Gymnastik gültigen Rhythmusbegriff zu formulieren.

In einfacher und anschaulicher Weise versucht Hessenbruch in seiner Dissertation über den Siebenjahres-Rhythmus in der Entwicklung des Kindes das Gesetz der Polarität und des Ausgleichs darzustellen. (HESSENBRUCH, ²1938, 14–20)

Die Erkenntnis, daß praktisch jeder Prozeß auf dem Vorhandensein von Polaritäten beruht und daß diese bestrebt sind, entweder sich gegenseitig auszugleichen oder sich auszulöschen, liefert ihm »(...) die beste Voraussetzung für die Einsicht in das Wesen des Rhythmus (...)«. (HESSENBRUCH, ²1938, 15)

An der Schwingung eines Pendels finden wir dieses Gesetz verwirklicht, wo kinetische und potentielle Energie die beiden Pole bilden, wobei sich stets die eine in die andere umwandelt und dabei einen Ausgleich hervorruft. (HESSENBRUCH, ²1938, 16)

Hessenbruch verdeutlicht dieses Geschehen anhand einer Gegenüberstellung:

»Am Höchstpunkt der Pendelschwingung:	Am Tiefstpunkt der Pendelschwingung:
potentielle Energie maximal	potentielle Energie minimal
kinetische Energie minimal	kinetische Energie maximal
Ruhe maximal	Ruhe minimal
Bewegung minimal	Bewegung maximal
Geschwindigkeit des Pendels minimal	Geschwindigkeit des Pendels maximal
Geschwindigkeitsänderung maximal	Geschwindigkeitsänderung minimal
Bewegungsrichtung umkehrend	Bewegungsrichtung unverändert
Übergang zur Verzögerung und dann Beschleunigung usw.	Übergang zur Beschleunigung und dann Verzögerung usw.«

(HESSENBRUCH, ²1938, 17)

So kann man das Wesen des Rhythmus als »(...) einfaches oder abgewandeltes Schwingungsgeschehen, d. h. durch Polarität hervorgerufenes, regelmäßig wechselndes, sich gegenseitig bedingendes und Gleichgewicht bzw. Harmonie schaffendes ›Hin und Her‹, ›Auf und ab‹ oder ›Ein und Aus‹ (...)« auffassen (HESSENBRUCH, ^{2}1938, 18), und da die Polarität als Grundbedingung aller Prozesse auftritt, wird ersichtlich, daß Rhythmus überall, in allen Reichen der Natur, aufzufinden ist. (HESSENBRUCH, ^{2}1938, 18)

Ein anderes Bild für den gleichen Sachverhalt stammt von einer Vertreterin der Eurythmie: Horny vergleicht das Hin- und Herschwingen zwischen zwei Polen und das Suchen eines Gleichgewichtes mit einer Waage. (HORNY, 1982, 1) Archetypisch erlebt der Mensch dieses Schwingen zwischen zwei Polen im Prozeß der Atmung, wo sich der Atemstrom mit der Außenwelt verbindet, um sogleich wieder in das Innere einzutauchen, währenddem ständig eine Erneuerung stattfindet. Dabei entsteht eine Mitte, eine Schwelle, die abwechslungsweise von beiden Seiten her überschritten wird: »Rhythmus ist ein Wendel (wenn das Wort zu ungewöhnlich ist: ein Wender), das immer ein Paariges umfaßt, das stets eine Gegenseitigkeit erzeugt (...).« (MARTI, 1945, 3)

Deutlich können am Atem des Menschen bestimmte Kennzeichen des Rhythmus ersichtlich werden. Wie bereits erwähnt, umfaßt jeder Atemzug ein »(...) polares Geschehen zwischen zwei Umkehrpunkten«. (HÖRNER, 1978, 22) Die Polarität und ihr Ausgleich kommen dabei in der Richtung des Atemstromes, in der Empfindung von Spannung und Entspannung und in dem begleitenden Seelenleben zum Ausdruck. (HÖRNER, 1978, 22)

Dieser Vorgang wiederholt sich ständig. Im Sinne von Klages handelt es sich jedoch dabei nicht um mechanischen Takt, sondern um ein »lebendiges Wiedererstehen«, um eine stetige Erneuerung. Beigefügt muß werden, daß das Spannungsverhältnis nicht starr eingegrenzt wird, sondern variabel oder dehnbar ist, was sich als elastische Anpassungsfähigkeit beschreiben läßt. Diese drei Merkmale (Wiederkehr, Polarität, Elastizität) charakterisieren für Hörner jedes rhythmische Geschehen. (HÖRNER, 1978, 22–24)

Den Rhythmus selbst finden wir nicht als materielle Tatsache vor, sondern nach Steiner kann man ihn als »halbgeistig« auffassen. (STEINER, 1962, 221) Physisch ist er zwar wahrnehmbar, sein Wesen aber bleibt immateriell, und dadurch wird er zum Träger eines übersinnlichen Prinzips. (WOLFF, 1977, 389)

Wenn man sich fragt, wie der Rhythmus wahrnehmbar ist, kommt man zum Schluß, daß der Mensch ihn in Zeit und Raum erlebt: In der Zeit erfährt er den Rhythmus als Nacheinander oder Wiederholung zweier polarer Geschehnisse. (LEROI, 1950, 14) Im Raum ist der Rhythmus anschaubar als in die Form hinein geronnenes Leben, z. B. an den Jahresringen eines Baumes. (SCHWENK, 1954, 10) Der Rhythmus stellt also jenes Prinzip dar, das die beiden Gegensätze Raum und Zeit miteinander verbindet.

Beides, Raum und Zeit und somit auch der Rhythmus, der sich in beiden offenbart, verweisen den Menschen auch auf seine Zusammengehörigkeit mit der gesamten Natur. Indem er sich im Raum, am Kosmos orientiert, stellt er sich bewußt in den Zeitenlauf hinein (BÜHLER, 1965, 19) und kann erleben: »Nirgends wird die Einheit des inner- und außermenschlichen Lebens und deren Zuordnung aufeinander evidenter als auf dem Felde des rhythmischen Geschehens.« (SCHUBERT, 1954, 2)

1.4 Zusammenfassung

Folgende Ergebnisse seien hier festgehalten:
1. Die Etymologie verweist uns auf zwei wesentliche Merkmale des Rhythmus, auf den Fluß (ῥέειν) und den Halt (ῥύομαι).

Die beiden Herleitungen machen noch einmal deutlich, daß eine »Festlegung« des Begriffs ungeeignet ist. Denn Rhythmus, und da sind sich fast alle Forscher einig, ist etwas dem Leben Zugehöriges. Da Leben einerseits durch Dynamik und andererseits durch Stabilität gewährleistet ist, scheint uns eine umfassende Rhythmusdeutung, die beide etymologischen Herleitungen einschließt, sinnvoll zu sein.

So gelangt der Physiker Capra in seinen grundlegenden Gedanken zu einem Entwurf für eine neue ganzheitliche Weltanschauung zu einem entsprechenden Schluß: »Bei der künftigen Ausformulierung der neuen ganzheitlichen Weltanschauung dürfte die Idee des Rhythmus wahrscheinlich eine grundlegende Rolle spielen. Der System-Ansatz hat gezeigt, daß lebende Organismen von Natur aus dynamisch und ihre sichtbaren Formen stabile Manifestationen ihnen zugrundeliegender Vorgänge sind. Vorgang und Stabilität lassen sich jedoch nur vereinbaren, wenn die Vorgänge rhythmischen Strukturen folgen – Fluktuationen, Schwingungen, Vibrationen, Wellen. Die neue System-Biologie zeigt, daß Fluktuationen für die Selbstorganisations-Dynamik von entscheidender Bedeutung sind. Sie sind die Grundlage der Ordnung in der lebenden Welt: Geordnete Strukturen entstehen aus rhythmischen Mustern. Für unsere Bemühungen um eine einheitliche Beschreibung der Natur kann die begriffliche Verschiebung von Struktur zu Rhythmus äußerst nützlich sein.« (CAPRA, 1983, 333–334)

2. Eine allgemein gültige naturwissenschaftliche Definition des Rhythmus existiert nicht. Viele Forscher greifen auf die Theorien des Philosophen Klages zurück und sind mit ihm einig, daß der Rhythmus ein Lebensprinzip ist. Unterstützt werden sie darin vor allem aus der Beobachtung, daß beinahe überall, in der belebten und unbelebten Natur, Vorgänge rhythmisch verlaufen. Selbst Naturwissenschaftler, die versuchen, alle metaphysischen und philosophischen Spekulationen zu eliminieren, und den Rhythmus als physikalisch meßbare Größe oder als mathematisch bestimmbare Kurve ansehen, anerkennen die Universalität des Rhythmus.

Die Diskussion innerhalb der Naturwissenschaft dreht sich jedoch weniger um eine Klärung des Begriffs, sondern um seine

Entstehung und seine Lokalisation, was ebenfalls zu einem nicht unwichtigen Beitrag zur Erforschung des Wesens des Rhythmus führen kann.

Aus dem kurzen Überblick über die naturwissenschaftlichen Definitionsversuche betrachte ich für meine Untersuchung vor allem folgende Punkte als wesentlich:

a) Innerhalb der Naturwissenschaft besteht keine Einigung über den Begriff des Rhythmus.

b) Ein Merkmal des rhythmischen Geschehens wird von verschiedenen Forschern als Wiederholung eines gleichen oder ähnlichen Vorgangs in gleichen oder ähnlichen Zeitabschnitten umschrieben.

c) Rhythmus im biologischen Sinne zeichnet sich durch seine Variabilität oder Plastizität aus, während der Takt exakte Gleichförmigkeit beinhaltet.

d) Rhythmus wird von einer Anzahl von Naturwissenschaftlern als eine dem Leben zugrundeliegende Eigenschaft betrachtet.

3. Auch in den verschiedenen Disziplinen der Geisteswissenschaft finden wir keinen einheitlichen Rhythmusbegriff.

Ähnlich wie die Naturwissenschaft, die sich oft auf die philosophischen Untersuchungen, insbesondere auf diejenigen von Klages, stützte, gehen die Geisteswissenschaftler umgekehrt nicht selten von rhythmischen Naturphänomenen aus. (vgl. KLAGES, ZIEHEN, BENESCH u. a.)

Hier wie dort führt diese fächerübergreifende Sicht dazu, den Rhythmus als universell zu betrachten.

Auch innerhalb der Geisteswissenschaft bestehen spezifische Fragestellungen in bezug auf den Rhythmus. Während in der Naturwissenschaft vielmals der Ort der Entstehung eines rhythmischen Vorganges den Ausgangspunkt der Forschung bildet (RÖTHIG, 1966, 9), dreht sich die Diskussion in der Geisteswissenschaft nebst der Beschreibung der Wesenszüge oft um die Frage der Motivation und des Erlebnisinhaltes. (RÖTHIG, ^{2}1975, 13–14)

Röthig betont denn mit Recht, daß »(...) schon von der Fragestellung her ein Unterschied (...)« besteht,»(...) ob Physiologen oder Pädagogen, Psychologen oder Philosophen das Phänomen zu klären versuchen.« (RÖTHIG, 1966, 64)

Aus dem geisteswissenschaftlichen Bereich entnehmen wir folgende Gesichtspunkte:

a) Innerhalb der geisteswissenschaftlichen Disziplin besteht keine allgemeingültige Festlegung in bezug auf die Rhythmusinterpretation.
b) Rhythmus steht in Beziehung zu Zeit und Raum.
c) Der Rhythmus offenbart sich sowohl als ein objektives als auch ein dem Menschen erlebnismäßig zugängiges, subjektives Geschehen.
d) Als Merkmale des Rhythmus werden erwähnt: Periodizität oder Wiederkehr von Ähnlichem, Struktur oder Ordnung, Polarität und Variabilität.
e) Auch von der Geisteswissenschaft wird vielfach bestätigt, daß Rhythmus ein in Lebensvorgängen auffindbares Grundprinzip darstellt.

4. Wie die beiden vorhergehenden Ansätze, der naturwissenschaftliche und der geisteswissenschaftliche, erhebt auch der anthroposophische keinen Anspruch, einen allgemeingültigen Rhythmusbegriff zu besitzen. Dieser Sachverhalt bildet jedoch nicht einen Mangel an Wissen im Sinne des Fehlens eines Begriffes. Vielmehr würde eine Festlegung als einmalige Definition dem Wissenschaftsverständnis der Anthroposophie widersprechen. Denn:»Definieren kommt aus dem Lateinischen und heißt so viel wie ›ein Ende setzen‹ oder, noch besser ›einen Anfang und ein Ende setzen‹. Philosophisch gesehen, heißt das nichts anderes, als das Problem durch Zeit und Raum einzugrenzen, und das gelingt einem am besten bei toten Gegenständen.« (LANG, 1983, 15–18)

Da der Rhythmus, wie wir auch aus den vorangehenden Diskussionen entnehmen können, einen Zusammenhang mit dem lebendigen Geschehen hat, wird ersichtlich, daß eine Definition des Rhythmus nicht angebracht und vielleicht sogar unmöglich ist.

Dennoch wird auch hier versucht, den Rhythmus gedanklich zu durchdringen, und wie in der traditionellen Wissenschaft stützen sich auch hier die Forscher sowohl auf die in der Natur vielverbreiteten rhythmischen Vorgänge als auch auf die von anderen Wissenschaftlern erbrachten theoretischen Vorarbeiten.

In der gesamten anthroposophischen Geisteswissenschaft spielt der Rhythmus schon längst eine zentrale Rolle. Bewußter als in der herkömmlichen Wissenschaft wird vom Rhythmus als einem allesdurchdringenden Prinzip ausgegangen, das in den einzelnen Gebieten (Medizin, Biologie, Pädagogik, Kunst usw.) immer wieder die Basis zur praxisbezogenen Arbeit bildet.

Aus den anthroposophischen Ergebnissen greifen wir folgende Punkte heraus:

a) Eine Definition im Sinne einer starren Festlegung ist nicht anstrebenswert.
b) Rhythmus ist ein Prinzip, das den Menschen mit seiner Umwelt verbindet.
c) Der Rhythmus gehört nicht der materiellen Welt an, wird aber in ihr erfahrbar durch Zeit und Raum.
d) Der Rhythmus ist beschreibbar durch die Merkmale: Polarität und Ausgleich, Erneuerung und Elastizität.

2. Die Wann-Frage:

»Im Anfang war der Rhythmus« *(von Bülow)*

> »Was ewig ist, ist kreisförmig, und was
> kreisförmig ist, ist ewig.« *(Aristoteles)*

2.1 Einleitung

Da wir uns dem Rhythmus im weiteren Sinne zuwenden, werde ich nicht auf die historische Entwicklung der rhythmischen Erziehungsrichtung eingehen. Bereits vor mir haben dies verschiedene Autoren getan, und ich verweise hier auf weiterführende Literatur. (KÜGLER, 1954/GÜNTHER, [2]1975)

Hingegen soll hier ersichtlich werden, daß der Rhythmus im weiteren Sinne schon sehr früh anthropologisch bedeutsam war, bevor er als Element einer speziellen Erziehungsrichtung in Erscheinung trat, nämlich als ein die Zeit und das Leben ordnendes Prinzip.

Bereits in der Einleitung wurde ja dargestellt, daß der Rhythmus einen Grundbestandteil des Lebens bildet. So nimmt Smith an, daß »(...) die Materie schon in jenem Augenblick, als sie zum erstenmal die charakteristischen Eigenschaften des Lebens angenommen hatte, dem täglichen und jahreszeitlichen Wechsel der Sonneneinstrahlung und auch ihren Langzeitschwankungen unterworfen gewesen sein« mußte, d.h.: »Von Beginn an wurde dem Leben der Stempel der Periodizität aufgedrückt.« (SMITH, 1970, 52)

Im folgenden wird gezeigt werden, welche Bedeutung solche Periodizitäten für den Menschen schon in sehr früher Zeit hatten, wie sie in unserer modernen Zeitordnung immer noch die Grundlage bilden und wie in der neuen Wissenschaftsrichtung der Rhythmusforschung auf dieser Tatsache aufgebaut wird.

2.2 Allgemeine Gedanken zur Zeit und ihrer Beziehung zum Rhythmus

Die Zeit ist ein Phänomen, mit dem sich beinahe jedes Wissenschaftsgebiet auseinandersetzt. So spricht man von einer astronomischen Zeit, von einer biologischen Zeit, einer psychologischen Zeit, einer kosmischen Zeit u. a. (KNOLL, 1951, 411)

Wie rätselhaft die Zeit dem Menschen sein kann, obschon er ja schon immer mit ihr lebt, gibt ein Ausspruch von Augustinus wieder: »Was ist denn Zeit? Wenn keiner es mich fragt, weiß ich es: wenn ich es einem Fragenden erklären will, weiß ich es nicht.« (AUGUSTINUS, 1955, 629) Augustinus zeigt damit, daß wir die Zeit vor dem gedanklichen Durchdringen zunächst erlebend erfahren. Und hier ergibt sich denn auch die Beziehung des Rhythmus zur Zeit, wenn wir uns bewußt werden, daß wir die Zeit »(...) durch die uns eigenen Rhythmen« erleben. (MARTI, 1945, 3)

Umgekehrt bedarf es aber auch eines Denkens, das gerade die zeitlichen Abläufe adäquat erfaßt, um den Rhythmus zu verstehen. (LEROI, 1950, 18–19)

Im Hinblick auf unsere Arbeit, die sich mit dem Rhythmus und hier speziell mit der rhythmischen Zeitordnung befaßt, scheint es wichtig, daß ein adäquates Denken vorab nicht vom quantitativen, sondern vom qualitativen Aspekt der Zeit ausgeht.

Denn ein rein quantitativer Zeitbegriff sagt uns nichts über die Zeit aus, bleibt leere Information, abstrakte Zeitgröße. Erst durch den Bezug der Zeit zu unserem Leben wird die Zeit erfüllt. In diesem Sinne ist auch der Hinweis von Bühler und Schütze zu verstehen, der uns darüberhinaus auf anschauliche Weise zeigt, wie der Rhythmus dabei eine wesentliche Rolle spielt: »Gerade beim menschengemäßen Umgang mit der Zeit gilt es, ihre qualitative Seite zu berücksichtigen, welche ihr inneres Leben ausmacht und sie mit den menschlichen Lebenstiefen verbindet. Beim Blick auf die verschiedene Art des Morgens und Abends, des Sommers oder Winters, also auf Tages- oder Jahreszeiten wird dies sofort ersichtlich. Es ist die Welt der verschiedenen, vor allem kosmischen Rhythmen, welche die abstrakte Zeitlinie in einen uns tragenden, innerlich erfüllten Zeitenstrom verwandelt.« (BÜHLER u. SCHÜTZE, 1978, 2)

Auch in der exakten Wissenschaft der Physik wird heute vereinzelt eingesehen, daß ein einseitiges Denken in quantitativen Kategorien dem Menschen nicht angemessen ist. So distanziert sich z. B. Heitler von einem kausalen und quantitativen Denken, wenn es um den Menschen geht: »Das Prinzip der Kausalität sowohl wie das quantitative Prinzip führten zu einer Entfremdung des wissenschaftlichen ›Weltbildes‹ vom Leben und vor allem vom Menschen.« (HEITLER, 1961, 72)

Auch der Philosoph Gebser drückt sich ähnlich aus, wenn er sagt, daß die Epoche des galileisch-wissenschaftlichen Denkens die »Zeit als Qualität und Intensität« unberücksichtigt ließ und sie zu einer »analytischen Maßbeziehung pervertiert« hat. (GEBSER, 1966, 300)

Wenn wir also nur die genau gemessene Zeit, den gleichförmigen Ablauf der Stunden und Minuten betrachten, so handelt es sich dabei nicht um ein ganzheitliches Erfassen der Zeit, das eben noch anderen Gesetzen als nur den physikalischen folgt. (BÜHLER u. SCHÜTZE, 1978, 2)

Daß das genaue Messen der Wirklichkeit der Zeit nicht gerecht werden kann, demonstriert z. B. die Atomsekunde, ein Zeitmaß, das seit 1972 existiert. Damit ist die Zeit gemeint, in der sich eine bestimmte Art von Schwingungen des Cäsium-Atoms 9'192'631'770 Mal wiederholt. (HÖRNER, 1978, 41) Mit Recht stellt Hörner fest, daß hier überhaupt keine Beziehung mehr zwischen Mensch und Zeit besteht. (HÖRNER, 1978, 41)

Im täglichen Leben spielt dagegen vielmehr die qualitative Seite der Zeit eine Rolle, was in vielen Sachverhalten zum Ausdruck kommt. Ein Kind verfügt z. B. über ein ganz anderes Zeiterleben als etwa ein alter Mensch; eine gewisse Zeitspanne kann von Mensch zu Mensch kürzer oder länger empfunden werden usw. (BÜHLER u. SCHÜTZE, 1978, 2–3)

Interessant ist, daß dieser Sachverhalt sogar interkulturell zum Ausdruck kommt. Obschon ja die Zeit ein alle Völker umfassendes Phänomen ist (BÜHLER, 1965, 18), bestehen auch hier nämlich grundlegende Unterschiede im Erleben der Zeit. Während die westliche Zivilisation heute mehrheitlich dem Motto: »Zeit ist Geld« folgt, werden z. B. in Japan bei einer Taxi-Fahrt nur die gefahrenen Kilometer berechnet, auch wenn eine kurze Strecke durch Verkehrsstaus Stunden dauert, weil für den japanischen Taxi-Fahrer »(...) Zeit etwas anderes ist als Geld«. (HÖRNER, 1978, 19)

So gäbe es noch eine Menge ethnologischer Befunde, die auf die unterschiedliche Natur des Zeitbegriffs hindeuten würden.

So verschieden jedoch das Erleben der Zeit auch sein kann, so ist die Zeit doch eine Dimension, die seit Urzeiten alle Menschen und Völker begleitet. Das Wissen um den Tag-Nacht-Wechsel, den Mond- und Jahreszeitenrhythmus wird denn so alt geschätzt, wie der Homo sapiens. Trotzdem beweist heute die vergleichende Linguistik, daß die Kategorie der Zeit erst relativ spät das Denken des Menschen bestimmt hat. (SCHARF, 1977, 13)

So gibt es z. B. noch heute Sprachen, in welchen das Verbum nicht Zeitwort ist. Im Buschmännischen z. B., der wahrscheinlich einzigen überlebenden Primitivsprache, hat das Verbum, also die actio, keinen Zeitbezug, und in der Indianersprache Tscherkoi gibt das Verbum an, wie und wo, nicht aber wann die Handlung sich abspielt. Interessant ist auch, daß es ursprünglich im Lateinischen kein Futurum gab und somit der Zukunftsaspekt fehlte. (SCHARF, 1977, 13–15)

All dies zeigt, wie verschieden der Mensch die Zeit wahrnimmt, und daß sie eben nicht nur quantitativ, sondern vorab durch ihre qualitative Seite erfaßt wird. Aufschlußreich wäre hier das Auftreten des Wortes Zeit und seine Bedeutung durch die verschiedenen Kulturepochen und bei den verschiedenen Völkern zu untersuchen.

Nur als ein Beispiel dafür, wie sehr die Zeit mit dem Geschehen der Natur verbunden und deshalb sehr konkret erlebt werden kann und um den Bezug zum Rhythmus herzustellen, sei auf die klassische chinesische Sprache verwiesen. In der ältesten Schreibart wird die Zeit dargestellt durch die Zeichen einer Pflanzensprosse, des Erdbodens und der Sonne. Zugleich beinhaltet dieses Wort außer »Zeit« auch noch »Stunde«, »Jahreszeit«, »Epoche« und »immer«, alles Begriffe, die darauf hinweisen, daß die Zeit rhythmisch empfunden wurde. (SCHARF, 1977, 24)

Jedoch nicht nur im Osten, sondern auch im Westen empfand man zu Beginn des Zeitbewußtseins seinen zyklischen Charakter; von daher kann, im Vergleich mit der gegenwärtigen physikalischen, abstrakten, Zeit als ereignishaft benannt werden. (KNOLL, 1955, 436)

Dies zeigt, daß die Wandlung, die der Zeitbegriff im Laufe der Geschichte durchgemacht hat, einen Bewußtseinsentwicklungsprozeß der Menschen widerspiegelt. (HÖRNER, 1978, 42)

So läßt sich z. B. deutlich verfolgen, wie die frühere konkrete zyklische Sonnenzeit parallel zur raschen Entwicklung der menschlichen Denkfunktion langsam abgelöst wurde durch eine »(...) abstrakte, kontinuierliche und einseitig gerichtete Zeit (...)«. (KNOLL, 1955, 438)

Dieser Prozeß scheint so eingreifend gewesen zu sein, daß wir ihn heute sogar an den Kunstdenkmälern ablesen können. So schlägt er sich z. B. kunstgeschichtlich nieder, wenn die Zeit bis ins 11. Jahrhundert nach der orphischen Darstellung als junger und dennoch ewig wirkender Aion, genannt Phanes, der aus dem Weltenei entspringt, dargestellt wurde, und wenn dann in der Renaissance und im Barock die Zeit ihr Abbild im alten, kranken Mann fand. (KNOLL, 1955, 438–441)

Deutlich manifestiert sich dieser Prozeß auch in der Entwicklung der Uhr. (KNOLL, 1955, 442) Der Beginn der Zeitrechnung fand ja durch Beobachtung astronomischer Ereignisse, insbesondere des Sonnenlaufes, statt, wofür heute nicht nur die Sonnenuhren, sondern vor allem die Kalenderbauten (z. B. Stonehenge, Carnac, Externsteine u. a.), Pyramiden, Obelisken, Sternwarten u. v. m. zeugen. (HÖRNER, 1978, 29–43)

Damit wird deutlich, daß früher der Rhythmus im Zeiterleben eine wesentliche Rolle spielte. Dem Menschen wurde die Zeit damals durch den Rhythmus des Sonnenlaufes bewußt, ja der Rhythmus war ein Phänomen, das den Menschen mit der Natur verband. Diese elementare Verbundenheit des Menschen mit der Natur drückt sich auch darin aus, daß vor dem Räderwerk Feuer, Licht, Schatten, Wasser, Oel und feste Materie (Sand) zur Zeitmessung dienten. (HÖRNER, 1978, 35)

Die modernen Quarz- und Atomuhren hingegen bleiben dem menschlichen Verständnis abstrakt. (HÖRNER, 1978, 41)

Aus dieser Entwicklung, die Knoll auf eine »Entfremdung des Menschen von der Natur« zurückführt, folgert Knoll, daß »(...) unser heutiger Zeitbegriff unvollständig ist und daß ihm insbesondere ein sehr wesentlicher und charakteristischer Aspekt für die Beschreibung lebender Organismen fehlt«. (KNOLL, 1955, 443)

Demgegenüber ist es geradezu beruhigend, zu wissen, daß »(...) auch heute noch das Normalzeitsignal aus der Sternwarte Hamburg-Bergedorf wie früher, nur viel genauer, aus astronomischen Beobachtungen abgeleitet wird« (HÖRNER, 1978, 42–43), d. h. daß auch heute noch der Mensch nicht gänzlich losgelöst von seiner Umwelt lebt. In diesem Sinne meint sogar der Computerspezialist Weizenbaum, daß Uhren »(...) im wesentlichen Modelle des Planetensystems« (WEIZENBAUM, 1977, 44) seien.

Damit stoßen wir auf einen wesentlichen Aspekt der Zeit, nämlich, daß »(...) die Zeitenordnung eine Brücke zum Kosmos (...)« ist. (BÜHLER, 1965, 29)

Besonders deutlich wird dies da, wo die Zeit im Zusammenhang mit dem Raum betrachtet wird. Schließlich bleibt das Ablesen der Zeit ja stets ein Vorgang im Raum, ja, »(...) wir messen die Zeit mit dem Raum«. (HÖRNER, 1978, 41)

Wenn wir bedenken, daß die Zeit ursprünglich an den rhythmisch sich wiederholenden Vorgängen im kosmischen Raum abgelesen wurde, verstehen wir, daß der Rhythmus geradezu als Bindeglied zwischen Zeit und Raum betrachtet werden kann.

Der moderne Mensch tut sich zwar schwer, die Zeit als solche zu erfassen, währenddem sein Denken eher auf den Raum ausgerichtet ist. Es fällt ihm leichter, die Gesetze, die im Räumlichen wirken, zu verstehen, als jene, die im Zeitlichen Geltung haben und deshalb nicht materiell greifbar sind. (LEROI, 1950, 14)

Diesen Sachverhalt formuliert Wilhelm sehr anschaulich: »Die Gefahr ist somit deutlich, die die Betonung des Gleichförmigen und Regelrechten, den Ablauf der Wandlung in der Zeit, einschließt. Die Projektion der Wandlung ins statisch ›Unabwandelbare‹ schafft sich hier in räumlich geschauten Bildern des Verhältnisses zwischen Oben und Unten Ausdruck. Sie beruht also auf einer Vermischung zweier Kategorien, der der Zeit und der des Raumes. Zeitliches will hier räumlich verstanden werden. Ein durch hierarchisches Gefühl beeinflußtes Denken zwingt eine Dimension des Raumes der der Zeit auf. Die Herkunft dieses Denkfehlers ist leicht zu begreifen: die Logik einer im Raume leicht herzustellenden Ordnung erweckt den Wunsch, die viel weniger leicht zu ordnende Zeit entsprechend zu beherrschen, was man glaubt, durch Anleihen aus räumlicher Denkweise bewerkstelligen zu können.« (WILHELM, 1951, 322–323)

Das menschliche Denken tendiert heute also dazu, die Zeit zu verräumlichen, indem z. B. die Zeit als Linie abgebildet wird, oder wenn von »Zeiträumen« gesprochen wird, wobei von der Vorstellung ausgegangen wird, die Zeit sei ein leerer Raum, der durch die Ereignisse gefüllt wird.

Das Umgekehrte ist jedoch der Fall. Betrachten wir einen Lebenslauf und damit eine Zeit, die von einem Menschen geprägt wird, so sehen wir ein, daß Menschen »Zeit« machen. Dasselbe gilt im Pflanzen- und Tierreich: der Frühling ist die Zeit der Schneeglöckchen, der Amseln usw. Dies führt zur Aussage, daß es die Wesen sind, die Zeit hervorbringen. (LINDENBERG, 1977, 386–387)

Hier tritt wiederum die Bedeutung des qualitativen Aspektes der Zeit in Erscheinung und damit auch jene des Rhythmus. Denn: »365½ Tage zu 24 Stunden addiert sind nicht ein Jahr: die reale Zeiteinheit ›Jahr‹ ergibt sich aus der sich wandelnden Beziehung der Erde zur Sonne, die auf der Erde ihren Ausdruck findet in der Aufeinanderfolge der Jahreszeiten: Frühling, Sommer, Herbst und Winter (...)« (LEROI, 1950, 41), was sich als rhythmischer Prozeß offenbart.

Deshalb meint Bühler, daß die Grundbausteine jeder Zeitenordnung die naturgegebenen Rhythmen seien. (BÜHLER, 1965, 19)

Dies bestätigt wiederum, was ich schon erwähnt habe, daß der Mensch die Zeit durch die ihm eigenen Rhythmen erlebt. Wie wir noch sehen werden, besitzt jedes Lebewesen nämlich eine ihm eigene Zeit und damit eine ihm eigene rhythmische Ordnung. (HÖRNER, 1978, 18)

Als Beispiel dafür diene hier nur ein Zeitverhältnis der Atemzüge pro Minute: Der Mensch atmet 18 mal, eine Taube 30–60 mal, ein Condor 6 mal, ein Pelikan 4 mal, ein Kasuar 2–3 mal. (HÖRNER, 1978, 44)

Und trotz der Eigenrhythmik, die der Mensch besitzt, besteht eben doch gerade durch den Rhythmus eine »Brücke zum Kosmos« (BÜHLER, 1965, 29), denn wie wir noch zeigen werden, schwingen viele menschliche Rhythmen mit den Naturrhythmen.

Heute wird diese Brücke zwar oft abgerissen. Durch die Technik und den damit verbundenen Eingriff in das natürliche Zeitmaß verliert der Mensch leicht die Beziehung zur Natur und deren zeitlicher Ordnung, den rhythmischen Veränderungen: »Nach unserer heutigen wissenschaftlichen Erkenntnis sind entsprechende Einwirkungen auf Mensch und Natur tatsächlich vorhanden; doch dringen sie kaum ins Bewußtsein des zivilisierten Menschen. Selbst die starken Effekte des tages- und jahreszeitlichen Licht- und Temperaturwechsels schwinden ja mehr und mehr in den hermetisch verschlossenen fensterlosen ›Betrieben‹ des 20. Jahrhunderts mit ›Tageslicht‹-Beleuchtung, Tag- und Nachtschichten und automatischen Klimaanlagen.« (KNOLL, 1951, 430)

Daher meint Portmann, daß eine Erziehung zum richtigen Umgang mit der Zeit immer dringlicher werde (PORTMANN, o.J., 13); für unsere Thematik ist von besonderem Belang, daß er als Erzieher zu diesem Ziel gerade den Rhythmus betrachtet: »Der größte Erzieher aber, der das leisten hilft, ist das Leben um uns mit den Rhythmen, die unserem Wesen verwandt sind.« (PORTMANN, o.J., 13)

In diesem Sinne fragt sich auch Bollnow, ob »(...) eine rhythmische Gliederung des Jahreslaufs nicht doch eine wesentliche Funktion für die Gesunderhaltung des menschlichen Lebens hat und ob darum nicht die Bewußtmachung des Erlebnisses der Jahreszeiten wichtig bleibt (...)«. (BOLLNOW, o.J., 24)

2.3 Die Bedeutung des Rhythmus für die Anfänge der Zeitrechnung

Früher war der Mensch in einem viel intensiveren Ausmaß eingebunden in die Natur und ihre Rhythmen als heute.

Wenn wir uns in das Leben früherer Völker vertiefen, so sehen wir, daß der Rhythmus darin eine zentrale Rolle spielte: er war Bestandteil von Wissenschaft, Religion, Kunst, Wirtschaft, Brauchtum, Medizin u.a. Die heutige Rhythmusforschung beschäftigt sich also im Grunde genommen nicht mit einem neuen Phänomen. Im Gegenteil, das Wissen um die rhythmischen Vorgänge geht in die älteste Zeit der Menschheit zurück, wurde aber lange von der exakten Wissenschaft ignoriert. (AEBLY, zit. nach HESSENBRUCH, 1938, 18–19) Hessenbruch meint daher, daß es als »beschämend« empfunden werden kann, daß im 20. Jahrhundert beinahe »furchtsam« auf rhythmische Geschehnisse aufmerksam gemacht werden muß, die früher trotz viel primitiverer Hilfsmittel den Gelehrten bekannt waren. (EITNER, zit. nach HESSENBRUCH, 1938, 19)

Die Geschichte der Rhythmusforschung nimmt also bereits dort ihren Ausgangspunkt, wo die ersten Menschen ihren Herzschlag wahrnahmen, wo sie den periodischen Wechsel von Licht und Finsternis beobachteten, wo sie die verschiedenen Phasen im Pflanzenreich, das regelmäßige Verhalten der Tiere u.a. kennenlernten. (SOLLBERGER, 1972, 112–113) Wir besitzen heute viele Zeugnisse, die die Wichtigkeit der rhythmischen Umweltgeschehnisse für die damalige Menschheit bestätigen. (SOLLBERGER, 1972, 113) Obschon heute die Beziehung zur Natur und deren rhythmischen Vorgängen oft verloren ist, wird doch auch gerade von der Wissenschaft wieder vermehrt auf solche Zusammenhänge hingewiesen. So geht die Wissenschaft von den Beziehungen der Lebewesen zu ihrer Umwelt, die Ökologie, davon aus, daß jeder Lebensbereich einem größeren Raum angehört und daß so alle Teile Glieder eines Größeren sind, bis zur ganzen Erde, und daß diese wiederum mit Sonne, Mond und Sternen zusammenhängt. Diese moderne Erkenntnis entspricht dem alltäglichen Erleben der kosmischen Zeiten und Rhythmen. (HÖRNER, 1978, 116)

Trotzdem besteht heute, bedingt durch die Technik der modernen Zivilisation, die Gefahr, daß der Mensch den Zusammenhang mit seiner Umwelt und ihren Rhythmen verliert: »Daß Mächte periodisch auf uns einwirken und daß zu diesen Mächten die Gestirne zählen, vor allem Erde, Sonne und Mond, ist ja von jeher bekannt. Es ist aber auch nicht zu leugnen, daß diese Kenntnis mit dem Fortschreiten der Zivilisation, das als geradlinig und aufsteigend betrachtet wird, weiterhin verlorengeht. Wie alle Unterschiede, so werden auch Tag und Nacht von Klimaten, Jahreszeiten angezehrt. Das Ziel des Vorganges ist die Vereinfachung und Abflachung der natürlichen und kosmischen Rhythmen zu einer mit wachsender Beschleunigung verbundenen Monotonie.« (JÜNGER, 1959, 65) Hier zeigt Jünger den schon oben erörterten Unterschied zwischen dem qualitativen und quantitativen Zeiterleben auf, wobei ersteres »begangene Zeit« ist und geprägt wird durch »(...) die Feier des Wechsels im Stand der Sonne, des Mondes und der Sterne, des Wechsels der Jahreszeiten«. (PLESSNER, 1952, 365)

Obschon der Übergang von der qualitativ beschreibenden zu einer quantitativ berechnenden Astronomie erst ungefähr 800 v. Chr. sich vollzogen hat (KALETSCH, 1970, 9), erstaunt uns das exakte Wissen, das schon die alten Astronomen von den rhythmischen Bewegungen der Gestirne und den damit verbundenen Naturereignissen hatten.

Der Rhythmus, in diesem Fall das rhythmische Geschehen am Himmel und in der Natur, war es denn, welcher der Menschheit die bewußte Erfassung der Zeit ermöglichte: »Der auf der Achsdrehung der Erde beruhende stetige Wechsel von Hell und Dunkel, Tag und Nacht ist die ursprünglichste Zeiterfahrung des Menschen.« (KALETSCH, 1970, 22)

Die durch diesen Wechsel bedingten astronomischen Rhythmen ermöglichten nicht nur eine Zeiterfahrung, sondern an ihnen richtete sich das ganze Leben der früheren Menschheit aus. Sie hatten bei den alten Völkern die Funktion, nicht nur die Zeit, sondern damit verbunden auch das religiöse und wirtschaftliche Leben zu ordnen. Viele Gebräuche und Riten, Fischfang und Jagd u. a. wurden von den Stammesältesten mit dem Sonnen- und Mondlauf oder einer anderen konkreten biologischen Zeit »synchronisiert«. (KNOLL, 1956, 481)

Auch die Wurzeln unseres heutigen Kalenders finden wir in den alten Kulturen Ägyptens, Griechenlands usw., und viele unserer profanen Feste gehen oft auf antikes Erbgut zurück, wobei sich heute neue Inhalte mit Altem vermischen. (KALETSCH, 1970, 5)

Die genauen Beobachtungen der jahreszeitlichen Gliederung und des »Sonnen-Jahresatems« führten nämlich dazu, daß das tägliche Leben und der Jahreskreislauf zusammen mit den religiösen Festen und heiligen Zeiten eine Harmonie bildeten (HÖRNER, 1978, 164), ja durch die Feste fand eine »Religio« im wahrsten Sinne des Wortes zwischen Erde und Sonne statt.

Diese Verbundenheit des Menschen mit dem Sonnen-Erden-Rhythmus findet seinen Ausdruck z. B. auch in einem Ausspruch der Babylonier: »Der gesunde Mensch hat die Geschwindigkeit der Sonne.« Tatsächlich würde nämlich der Mensch die ganze Erde auf einem Großkreis in zirka 365 Tagen umschreiten, wenn er bei einer Geschwindigkeit von 4,57 km/h immer weiterginge. (HÖRNER, 1978, 131)

Überhaupt ging das religiöse Streben in der Frühzeit dahin, daß

die irdischen Dinge nach kosmischen Gesetzen geordnet wurden:
»Wie oben, so unten«. (HÖRNER, 1978, 116)
So war der Neusteinzeitmensch z. B. auf die Beobachtung rhythmischer Bewegungen am Himmel angewiesen, um sowohl wirtschaftlich seine Ernteerträge zu sichern, als auch um, gemäß dem religiösen Kultus, die Feste zu bestimmen, damit gewährleistet war, daß diese auch wirklich auf »feste« Tage fielen. (MÜLLER, 1970, 1)
Obwohl es aus dieser Zeit keine schriftlichen Dokumente gibt, vermögen uns heute die Steine vom astronomischen Wissen jener Priester zu erzählen. (MÜLLER, 1970, 1) Man vermutet, daß es in England mehrere tausend Steinkreise gegeben hat, die alle himmelskundlich ausgerichtet waren, von denen ein Teil noch erhalten und in letzter Zeit genauen mathematisch-astronomischen Vermessungen unterzogen worden ist. (MÜLLER, 1970, 22)
Als klassisches Beispiel eines Denkmals, das nach Sonne und Mond orientiert ist, sei hier Stonehenge genannt, das den Erbauern als Sonne-Mond-Kalender gedient hat. (MÜLLER, 1970, 50−52) Neueste Forschungen haben in Stonehenge so viele Ortungslinien verzeichnen können, daß man versucht sein könnte, sie als Zufall zu betrachten, da ein so großes astronomisches Wissen den Menschen jener Zeit kaum zugetraut wird. »Aber ist es denn im Grunde überhaupt ein Wissen, was sich hier offenbart? Nun, es ist ein Wissen, das dem naturverbundenen Beobachter selbstverständlich zu eigen war. Es war die Schau zum Himmel, die den Menschen der Steinzeit lehrte, die Bewegungsverhältnisse der Gestirne zu erkennen. Er nutzte diese Kenntnisse, um die Zeiten und den Kalender zu bestimmen, den ein seßhaftes Agrikulturvolk so dringend benötigte.« (MÜLLER, 1970, 56) Denn Aussaat und Ernte sind untrennbar mit dem Wechsel der Jahreszeiten und den sichtbaren Bewegungen der Sonne verbunden. Deshalb − um den Eintritt rhythmisch wiederkehrender Zeitabschnitte, Frühling, Sommer, Herbst und Winter vorauszusagen − entstanden erste Kalendersysteme in Form von Stäben, die mit Einkerbungen versehen wurden, und der damalige Mensch vermochte

bald zu erkennen, daß stets nach der gleichen Anzahl Kerben, d. h. in rhythmisch wiederkehrenden Zeitabständen, dieselbe Naturerscheinung eintrat. (SELESCHNIKOW, 1981, 14) So wurden Tag- und Nachtwechsel, Mondphasen, Jahreszeiten zu den Grundeinheiten jedes Kalendersystems. (SELESCHNIKOW, 1981, 30)

Ein solches finden wir z. B. bereits im vierten vorchristlichen Jahrtausend, wo bei den Sumerern eine Tageseinteilung in zwölf Stunden existierte. Die Sumerer, in deren Hochkultur das Mysterium von Himmel und Erde im Zentrum stand, beobachteten nämlich, daß die Sonne 360 mal auf- und unterging, bis sie wiederum auf einem festgelegten Punkt durch den Tierkreis wanderte. (HÖRNER, 1978, 58)

So war der Rhythmus der Sonne ein grundlegender Bestandteil in der Zeitenordnung und ist es, wie wir sehen werden, bis heute geblieben.

Besonders auffällig offenbart sich aber rhythmisches Geschehen auch in den verschiedenen Phasen des Mondes.

Durch die Beobachtung der periodischen Veränderung der Mondgestalt entstanden bei vielen Völkern Mond-Kalender, d. h. es wurde mit Mond-Monaten gerechnet, und man nimmt an, daß auch die Siebentagewoche dort ihren Ursprung hat. (SELESCHNIKOW, 1981, 13)

In einem Psalm wird denn die Funktion des Mondes geradezu als »Zeitmesser« besonders deutlich ausgedrückt: »Du hast den Mond gemacht, das Jahr danach zu teilen.« (Psalm 104, 19)

Der Mond und seine rhythmischen Bewegungen bildeten also einst, sehr wahrscheinlich sogar noch vor der Sonne, die Basis zur Grundsteinlegung der Kalendersysteme. So nannten z. B. die Ägypter den Mond bezeichnenderweise »Zeitrechner« (KALETSCH, 1970, 26), was nicht einmal so abwegig ist, wenn man die etymologische Herleitung des Wortes »Mond« betrachtet. Tatsächlich läßt sich nämlich nachweisen, daß in den indogermanischen Sprachen das Wort Mond sich von der Wurzel me von mâmi (Sanskrit) = messen ableitet (z. B. mêna gotisch, men griechisch, mensis lateinisch). (HÖRNER, 1978, 116)

Bei vielen Völkern hatten die sich rhythmisch einstellenden Mondphasen Neu- und Vollmond nebst der Funktion als »Zeitmesser« noch eine religiöse Bedeutung. In China wurde z. B. an diesen Tagen den Ahnen geopfert, die Germanen hielten ihre Volksversammlungen ab usw. (HÖRNER, 1978, 116–117)

Eine bedeutsame Rolle spielte der Mond in diesem Sinne im Judentum. Der Beginn eines Monats wurde durch den Neumond (Moled) markiert. Zwei Personen mußten die Beobachtung des Mondes bezeugen. Erst dann wurden Herolde in Jerusalem ausgeschickt, die den Neumond ankündeten. Durch Entzünden von Feuern und durch Trompetensignale wurde danach der Bevölkerung der Beginn eines neuen Monats mitgeteilt. (SELESCHNIKOW, 1981, 107–108)

In Japan wurde früher das Neujahrsfest auf den ersten Neumond vor dem Frühlingsäquinoktium angesetzt und beinhaltete auch den Frühlingsbeginn. (MAYHER, 1912, 75–76)

Aus solchen Tatsachen wird ersichtlich, wie bestimmend früher der Rhythmus des Mondes war und wie das »(...) Phänomen der sich allnächtlich leise verändernden Lichtgestalt des Mondes in seinem Auf und Ab bis hin zu seinem Verschwinden vom Himmel für einige Tage (...) die Menschen aller Völker und aller Zeiten mit Staunen und Ehrfurcht erfüllt« (HÖRNER, 1978, 79) hat.

In der Verehrung des Mondes und in seiner Wirkung liegen denn auch die Ursprünge der Erden-Monden-Mysterien und der Großen Mutter, die bis heute in verwandelter Form noch in der Marienverehrung zum Ausdruck gelangt (HÖRNER, 1978, 79) und die auf der Anschauung beruht, daß »Mondenkräfte (...) im Erdenleib beim Keimen der Pflanzen, beim Keimen der Frucht im mütterlichen Leib« (HÖRNER, 1978, 80) wirken. Maja, Isis, Rhea, Kybele, Demeter, Artemis u. a. waren Repräsentantinnen der nährenden Kräfte des Mondes. (HÖRNER, 1978, 80)

Noch heute sind der religiöse Kultus und die Kalenderordnung der Mohammedaner starr an die Mondrhythmen gebunden (HÖRNER, 1978, 81), und auch bei uns waren früher, vor der Kalenderreform Cäsars, die Monate echte »Monde«, d. h. sie dauerten ca.

29½ Tage. (KALETSCH, 1970, 4). Trotz der gewichtigen Stellung, die der Mond innehatte, und obschon die Sonne bei der Kalendereinrichtung zunächst keine Rolle spielte, wurde ihre Bedeutung nicht übersehen, wenn sie das Naturjahr der Bauern als Regler des Wachstums prägte und somit auch zur Festlegung landwirtschaftlicher Feste diente. (KEES, 1933, 301)

Während der Mond durch seine Erdennähe zwar für uns wie »ein Uhrzeiger am Firmament« funktioniert, ist es doch die Sonne, die alle Lebensbedingungen unserer Existenz schafft: »Ohne Anlehnung an das Sonnenjahr geht es nicht, da die größere oder geringere Nähe der Sonne alle äußerlichen Formen unseres Lebens beherrscht.« (KUBITSCHEK, 1928, 28)

Bei den Sumerern war die Sonne sogar das Bildzeichen für den Tag (HÖRNER, 1978, 58), und bis heute finden wir noch in der Volkskunst und im Brauchtum Überreste einer alten Sonnenfrömmigkeit: z. B. in der bäuerlichen Schnitz- und Malkunst, in Wettrennen, Ballspielen u. a., die von den Sonnen-Kultfesten abstammen. Schließlich war auch das olympische Feuer der Sonne geweiht, und die olympischen Spiele haben ihre Wurzeln in Sonnenwendfeiern. (HÖRNER, 1978, 128–129)

Für die alten Völker war die Sonne sogar das Symbol der höchsten Gottheit. Ganz besonders bei den Mayas und Inkas, bei denen überhaupt das ganze Leben im »Dienst des Kalenders« geführt wurde, kam dies zum Ausdruck, was wir heute noch an den Denkmälern der Sonnenkulte ablesen können (HÖRNER, 1978, 125–126), und auch in Babylon, Ägypten, Griechenland, bei den Römern u. a. wurde die Sonne als Gottheit verehrt.

Averburry, Stonehenge, die Externsteine, Sonnenwarten in der Bretagne u. a. zeugen zudem davon, daß auch im Norden den rhythmischen Bewegungen der Sonne Beachtung geschenkt wurde. Diese Orte waren zugleich Kultstätten, womit deutlich wird, daß damals Wissenschaft, Religion und Kunst durch das Erleben des Rhythmus zu einer Einheit verbunden waren. (HÖRNER, 1978, 126–128)

Dieselbe Feststellung, bezogen auf die Astronomie der Kultur der Mayas, macht auch der Astrophysiker Cornell: »In der modernen Gesellschaft wird das Leben aufgeteilt. Bei den alten Völkern gab es solche Unterscheidungen nicht. Alles im Leben war miteinander verflochten« (CORNELL, 1983, 131), ja die Astronomie der Mayas ist ein offenkundiges Beispiel für eine Gesamtschau des Mythischen und des Mathematischen, einer »Integration des Göttlichen und des Praktischen«. (CORNELL, 1983, 132)

Beeindruckend sind in bezug auf die Beobachtungen der rhythmischen Sonnenbewegungen die Forschungsergebnisse der Mathematikerin und Archäologin Reiche. In der für ihre Zeichnungen berühmten Nazca-Wüste im Reiche der Inkas konnte sie beweisen, daß zwei parallel laufende Geraden am Tag der Sommersonnenwende einmal in der Zeit vom 4. bis 9. Jahrhundert, das andere Mal vom 8. bis 14. Jahrhundert genau von den letzten Strahlen der untergehenden Sonne durchschienen worden waren, und weitere von derselben Forscherin entdeckte Sonnenwendlinien führen zum Schluß, daß die zyklisch wiederkehrenden Winter- und Sommersonnenwenden dem landwirtschaftlichen Leben der Inkas in ganz besonderem Maß ihre Rhythmen aufgeprägt haben. (STINGL, 1978, 128–130)

Daß aber auch andere Gestirne mit ihren rhythmischen Bewegungen auf die Alten Völker Eindruck gemacht haben, sehen wir z. B. bei den Ägyptern, wo das ganze Leben dieser Kultur durch den Rhythmus des Sirius beherrscht wurde.

So trug der Hohepriester in Heliopolis den Titel »Größter der Schauenden«, worin der Hinweis auf das Erblicken und Deuten der zyklischen Himmelserscheinungen gegeben ist. (KEES, 1933, 299)

Für die alten Ägypter wurde der periodische Eintritt dreier zusammenfallender Naturphänomene: das Erscheinen des Sternes Sothis (Sirius), die Sonnenwende und der Beginn der Überschwemmungen des Nils zu den Lebensgrundlagen. Durch Zeremonien wurde der Aufgang des Sothis gefeiert, und da die Wirtschaft, d. h. die Ernte von dem Fruchtbarkeit bringenden Nil abhing, begann man die Tage der Perioden von einer Überschwemmung zur andern, von einem Auftauchen des Sirius zum andern zu zählen. (SELESCHNIKOW, 1981, 41)

Die Priesterastronomen gaben die dadurch entstehenden drei Jahreszeiten bekannt, aber auch die einfachen Bauern konnten den Beginn der Nilüberschwemmung aus dem Stand der Sterne ablesen. (HÖRNER, 1978, 251)

Der Jahreszeitenrhythmus, der heute oft durch unsere technischen Einrichtungen verdrängt wird, lebt also schon seit uralter Zeit in der Vorstellung der Menschheit und verband sie früher noch viel intensiver mit der Natur.

Heute weiß man z.B., daß bereits 3000 v.Chr. in China den Jahreszeiten Beachtung geschenkt wurde, und besonders später, unter der Qin-Dynastie (246–201 v.Chr.) war die Landwirtschaft daraufhin angelegt. Damals war ein sogenannter Jahreszeitenkalender in Gebrauch. Das Jahr war in 24 Jahreszeiten eingeteilt und nahm so Rücksicht auf Aussaat, Ernte und andere landwirtschaftlichen Tätigkeiten. Die Namen der Jahreszeiten verdeutlichen dies: Frühlingsanfang, Regenwasser, Erwachen der Insekten, Frühjahrstagundnachtgleiche, Hell und Klar, Regen für die Körnerfrüchte, Sommersanfang, Kleiner Überfluß, Getreidedrusch, Sommersonnenwende, Kleine Hitze, Große Hitze, Herbstanfang, Ende der Hitze, Weißer Tau, Herbsttagundnachtgleiche, Kalter Tau, Rauhreif, Wintersanfang, Kleiner Schnee, Großer Schnee, Wintersonnenwende, Kleine Kälte, Große Kälte. (SELESCHNIKOW, 1981, 114–115)

Diese Namengebung der Monate zeugt davon, daß das Jahr von den frühen Völkern, die noch viel tiefer im rhythmischen Geschehen der Umwelt verwurzelt waren, konkreter erlebt wurde, als dies heute der Fall ist: »In der heutigen klimatisierten und zentralgeheizten Welt sind die veränderlichen Jahreszeiten nur oberflächliche Erinnerungen an die vergehende Zeit, statt Leitlinien zum Überleben.« (CORNELL, 1983, 38) Dagegen wurde früher das Jahr als Zyklus periodisch wiederkehrender Naturphänomene wie z.B. Veränderungen im Pflanzen- und Tierreich, Temperaturanstieg und -rückgang, Regenfälle, Schneefälle, Anschwellen von

Flüssen, Auftreten mächtiger Luftströmungen u. a. aufgefaßt, es war ein wirkliches »Naturjahr«. (KALETSCH, 1970, 11)

Das griechische Wort für Jahr ἐνιαυτός (eniautos) bedeutet tatsächlich den in sich geschlossenen Zeitenkreis, und das lateinische annus = Umlauf, Kreislauf, periodische Wiederkehr deutet darauf hin, daß die Alten eine Konzeption des Jahres als rhythmisches Phänomen besaßen. (HÖRNER, 1978, 137) Ebenfalls in Anlehnung an ein in den Rhythmus der Umwelt verwobenes Naturjahr entstanden die Monatsnamen verschiedener Völker. So gehen die babylonischen Monatsnamen eindeutig auf jahreszeitliche und landwirtschaftliche Vorgänge zurück. (KALETSCH, 1970, 36) Daß dies auch bei den Römern so gewesen war, können wir heute aus unseren Monatsnamen schließen. Bei den Römern begann das Jahr mit dem Monat Martius, was abgeleitet wird von mas, -ris: männlich, wobei an die männliche Naturkraft in der Pflanzen- und Tierwelt gedacht wird, die nun im Frühjahr neu erwacht. April ist etymologisch nicht eindeutig bestimmbar, wird aber oft auf aperire: öffnen zurückgeführt und in Verbindung gebracht mit der Erschließung der Natur nach der Winterstarre. Maius soll von der Wurzel mag: »wachsen« abstammen, was auf das Wachsen des Getreides hindeuten würde. (KALETSCH, 1970, 37)

In gleicher Weise beinhalten die altdeutschen Monatsnamen das Vegetationsgeschehen: brachmanoth, hewimanoth (= Heumonat), aranmanoth (= Erntemonat), windumemanoth (= Weinmonat) u. a. (KALETSCH, 1970, 37)

Wie sehr die Menschen in früheren Zeiten in die »Lebens- und Atemrhythmen« der Natur eingegliedert waren, können wir auch aus den Monatsnamen der Kelten ablesen, die noch um 1500 folgendermaßen benannt wurden: Kalbermaen (die Kühe fangen an zu kalben), Fosmaen (die Füchsin wird läufig), Valemaen (die Fohlen werden geboren), Koldemaen (kaltes Wetter), Floymaen (es gibt wieder Flöhe), Lusemaen (der Juni bringt die Blattläuse), Hundemaen (die Hündin wird läufig), Wickemaen (Wickenernte), Ossemaen (die Ochsen sind fett), Swynmaen (Schweineschlachtfest), Hasemaen (Hasenjagd). (HÖRNER, 1978, 119–122)

Dies alles zeugt davon, wie früher der Mensch einen noch viel konkreteren, lebendigeren Bezug zur Umwelt und ihren Rhythmen hatte als heute, wo er die Zeitkategorien als abstrakte Größen erlebt.

Auch die Stunden wurden damals nämlich noch nicht als abstraktes Zeitmaß definiert wie heute. Das deutsche Wort »Stunde« stammt wahrscheinlich von »stehen« ab und bezieht sich auf den »Stand« der Sonne. (HÖRNER, 1978, 57–58) Sie paßte sich den periodischen Bewegungen der Sonne an und war in den Jahresrhythmus eingebettet. Da der Tag im Sommer länger dauert als die Nacht, wurde eine Stunde ursprünglich nicht starr fixiert auf 60 Minuten. Dies geschah erst im Zuge der Erfindung der mechanischen Räderuhren im 12. Jahrhundert. (HÖRNER, 1978, 58)

Noch eindrücklicher sehen wir die Beziehung des Menschen zum Rhythmus der Natur in der jüdischen Chronologie, wo die Stunde in 1080 ch = chalakim = Teile geteilt wurde, was den durchschnittlichen 18×60 Atemzügen des Menschen entspricht. (HÖRNER, 1978, 59)

Wenn in der Zusammenfassung des vorangehenden Kapitels unter Punkt b) die Beziehung des Rhythmus zu Zeit und Raum genannt wurde und früher darauf hingewiesen wurde, daß der Rhythmus die beiden Gegensätze verbinde, so soll auch hier nebst der Zeit auch noch die Brücke zum Raum geschlagen werden.

Wenn wir in Betracht ziehen, daß die früheren Völker die Zeit am Himmel im Weltraum, an den rhythmischen Bewegungen der Gestirne abgelesen haben, so werden wir schon dadurch auf den Raum verwiesen. Auch heute kann man sagen: »Das Ablesen der Uhrzeit, von welcher Uhr auch immer, bleibt ein Vorgang im Raum« (HÖRNER, 1978, 41), denn die Zeitmessung ist stets gebunden an den dreidimensionalen Raum. (HÖRNER, 1978, 41)

Auch die Einteilung des Kreises und der Erdkugel in 360°, die von den Babyloniern stammt und in der Zeiteinteilung wiederum auftaucht, zeigt die Verbindung von Zeit und Raum. (HÖRNER, 1978, 131)

In dieser Hinsicht liefert das lateinische Wort tempus einen aufschlußreichen Beitrag: Von dessen Verkleinerungsform templum kommen wir zum templum, dem Tempel.»Hier wird der Zeitabschnitt auf den Raum übertragen, innerhalb dessen die Zeitbeobachtung gemacht wird. Denn zunächst ist der ›Beobachtungskreis‹ gemeint, den der Priester am Himmel oder auf der Erde zur Beobachtung der Zeichen aussonderte. (...). Dieses abgemessene Stück Land war einem Gott geweiht und somit ein heiliger Tempel-Bezirk.« (HÖRNER, 1978, 130) Eliade sagt dazu, daß templum und tempus etymologisch verwandt seien. Templum soll die räumliche, tempus die zeitliche Wendung eines raumzeitlichen Gesichtskreisbildes bezeichnen. (ELIADE, 1984, 68)

Auch in den Namen der Wochentage und ihrer Abfolge finden wir eine Vereinigung der beiden Dimensionen Raum und Zeit: Die einzelnen Tage wurden in Chaldäa den Planeten zugeordnet, wobei 230 n. Chr. Cassius Dio beschrieb, wie die Reihenfolge der Wochentage mit den Planeten nach ihren Umlaufzeiten abgelesen werden kann. Dabei werden der Reihe nach die 24 Stunden des Tages der Planetenordnung zugeschrieben, wobei stets der Planet der ersten Stunde den ganzen Tag regiert. So entsteht durch die Folge dieser ersten Stunde die Wochentagsordnung. (HÖRNER, 1978, 94)

Saturn	Jupiter	Mars	Sonne	Venus	Merkur	Mond
1	2	3	4	5	6	7
8	9	10	11	12	13	14
15	16	17	18	19	20	21
22	23	24	1	2	3	4
5	6	7	8	9	10	11
12	13	14	15	16	17	18
19	20	21	22	23	24	1
2	3	4	5	6	7	8
9	10	11	12	13	14	15
16	17	18	19	20	21	22
23	24	1	usw.			

Wenn wir diese Zuordnung nachvollziehen, wird ersichtlich, wie die sieben Planeten mit den zwölf Stunden des Tages in Beziehung gebracht werden. Zieht man in Betracht, daß die Zahlen früher einen qualitativen Aspekt hatten, wobei die Zahl Sieben das Zeitliche, die Zahl Zwölf das Räumliche symbolisierte, kann man sagen: »In diesem Verfahren wird die Sieben, die Zahl der Zeiten und Rhythmen, mit der Zwölf ($24 = 2 \times 12$) als der Zahl des Raumes in ein geheimnisvoll offenbares Zusammenspiel gebracht.« (HÖRNER, 1978, 95)

Der Rhythmus stellt sich also wiederum als Verbindung dar, als »(...) eine Art Drehpunkt (...)« (HÖRNER, 1978, 95) zwischen Zeit und Raum.

Wenn im folgenden Kapitel die Bedeutung des Rhythmus in unserer gegenwärtigen Zeitordnung aufgezeigt wird, stoßen wir stets wiederum auf das astronomische Wissen der alten Völker, das noch heute die Grundlage der Chronologie bildet. Trotzdem sei hier deutlich gemacht, wie sehr sich das Verhältnis des Menschen zur Zeit verändert hat.

In treffender Weise schildert Cornell diesen Wandel, wenn er einen Vergleich zieht zwischen der Funktion des Himmels von früher und heute: »In primitiven Gesellschaften ist der Himmel Landkarte, Kalender, Uhr und mehr gewesen – mehr vielleicht, als der moderne Mensch sich das jemals vorzustellen vermag.« (CORNELL, 1983, 29)

Dagegen findet heute immer mehr eine Entfremdung zwischen Mensch und Himmel statt, was geradezu so ausgedrückt werden kann, wie Cornell es tut, wenn er sich sagt: »Der moderne Mensch braucht den Himmel nicht mehr.« (CORNELL, 1983, 29)

Ein ähnliches Phänomen können wir darin sehen, daß der gegenwärtige Mensch keine Zeit mehr hat im wahrsten Sinne des Wortes. Man könnte sogar umgekehrt sagen, daß die Zeit den Menschen hat, d. h. die Zeit beherrscht und treibt das Leben vieler Menschen, statt daß der Mensch es ist, der der Zeit ihre Ordnung zuweist.

Es verwundert denn nicht, wenn heute immer mehr Krankheiten, seelische Leiden, familiäre und persönliche Konflikte u. a. auf gerade diesen Sachverhalt zurückgeführt werden. Ja, viele Mediziner sind sich einig, daß Reizüberflutung, Lärm, Hetze, Ruhelosigkeit usw. Auslöser der weitverbreiteten vegetativen Störungen sind. (FRANKE, 1964, 50–51)

Dabei müssen wir bedenken, daß es geradezu ein Charakteristikum des Menschseins bedeutet, daß wir über die Zeit verfügen können. Der Mensch ist gegenüber den andern Naturreichen privilegiert, nicht nur in der Zeit zu leben, sondern sie bewußt zu erleben. (BÜHLER, 1978, 2) »Es gehört zur Größe und zur Gefährdung des Menschen, daß er über die rätselvolle Freiheit verfügt, aus den Schöpfungsordnungen heraustreten zu können, falls es ihm gefällt, anders zu leben. (...) Die außermenschliche Kreatur lebt tief eingebettet in der kosmischen Rhythmik und vermag aus ihr gar nicht auszubrechen.« (KÖBERLE, 1964, 355)

Dies, d. h. daß dem Menschen ein gewisser Freiheitsgrad gegenüber der Zeit gegeben ist, bedingt jedoch nicht, daß er seinen Zusammenhang mit der Natur vergessen muß. Denn nichtsdestoweniger gilt, daß der Mensch mit den Rhythmen seiner Umwelt verbunden ist: »Alle Weltrhythmen und Naturgesetze schwingen durch uns hindurch.« (KÖBERLE, 1964, 355)

Dessen ungeachtet sind sich viele Menschen heute kaum mehr bewußt, daß der Kalender mit all seinen Einheiten wie Tag, Woche, Monat, Jahr u. a. auf den rhythmischen Bewegungen der Gestirne beruht und daß diese Rhythmen wiederum das ganze Erdengeschehen bestimmen.

Erst in den letzten Jahrzehnten, durch das Aufkommen der Chronobiologie und der Chronomedizin, ist der Tatsache wiederum Beachtung geschenkt worden, daß der Mensch eine innere Zeitstruktur, eine rhythmische Funktionsordnung besitzt. (HILDEBRANDT, 1980, 3667)

Auf diesen Erkenntnissen fußt denn auch die Chronotherapie, der es darum geht, unter Berücksichtigung eben dieser Zeitordnung die therapeutischen Maßnahmen anzusetzen (HILDE-

BRANDT, 1980, 3676), und außerhalb der Chronotherapie wird heute überdies die Chronohygiene immer wichtiger, deren Anliegen eine heilsame Umwelteinordnung des Menschen ist. Denn wie wir oben angedeutet haben, emanzipiert sich der Mensch im Zuge der zivilisatorischen Errungenschaften immer mehr von den naturgegebenen Zeitordnungen. Deshalb stellt sich die Frage,»(...) bis zu welchem Grade der Mensch auch seine inneren biologischen Grundlagen stören und deren natürlichen Zusammenhang mit den geophysikalischen und kosmischen Ordnungen aufheben kann«. (HILDEBRANDT, 1980, 3677)

Wenn hier ein gesundes Verhältnis des Menschen zu dem rhythmischen Umweltsgeschehen propagiert wird, so wird dies deutlich in Abhebung der Klages'schen Philosophie angestrebt, die eine Wiederverbindung mit den rhythmischen Lebensvorgängen mit der Forderung verbindet, sich ins Unbewußtsein zu stürzen. (RÖTHIG, 1966, 54)

Vielmehr geht es darum, einzusehen, daß unser Leben zusammenhängt mit dem gesamten tellurischen Geschehen, aber auch mit dem Umkreis, mit dem Gestirnall (SCHUBERT, 1954, 2), und das Wissen darum auf bewußte Weise für das Leben fruchtbar zu machen.

Gerade im rhythmischen Geschehen wird nämlich das Aufeinanderbezogensein von inner- und außermenschlichem Leben evident. (SCHUBERT, 1954, 2)

Als Beispiel sei hier das Zahlenverhältnis unserer Pulsschläge und Atemzüge angefügt, das pro Minute 72:18 beträgt. In 24 Stunden ergeben sich 25'920 Atemzüge, was dem platonischen Weltenjahr entspricht, d. h. der Zeit, in welcher der Frühlingspunkt den Tierkreis durchwandert (= Präzession, ca. 25'920 Jahre). Dabei sind 72 Jahre ein kosmischer »Tag« (25'920:360), und 18 bezeichnet die Zeit der Nutation (= die durch den 18,6 jährigen Umlauf der Mondbahn-Knoten erzwungene periodische Verlagerung der Erdachse) des Mondes. (SCHUBERT, 1954, 4) Zwischen diesen Beziehungen herrscht freilich nicht das Gesetz der Kausalität. Hingegen zeigt die Kongruenz:

»Im Rhythmischen fallen kosmisches und irdisches zusammen.« (SCHUBERT, 1954, 7)

Sogar der nüchterne Denker Kant war sich des Zusammenhangs des Menschen mit dem Weltraum bewußt, wenn er sagte: »Zwei Dinge sind es, die das Gemüt immer mit neuer und zunehmender Bewunderung und Ehrfurcht erfüllen, je öfter und je anhaltender sich der Geist mit ihnen beschäftigt: der gestirnte Himmel über mir und das ethische Gesetz in mir.« (KANT, zit. nach MARCUSE, 1912, 2) Darüber äußerte sich Marcuse dahingehend, daß im oben zitierten Ausspruch Kants »(...) der Makrokosmos außer uns mit der mikrokosmischen Welt in unserem Seelen- und Empfindungsleben in eine gewisse, wenn auch zunächst nur lose Verbindung gebracht« wird. (MARCUSE, 1912, 3)

Diese Verbindung zwischen Makro- und Mikrokosmos war auch das Zentrum der paracelsischen Medizin. So forderte Paracelsus, daß der Arzt zugleich Astronom sein sollte, da an erster Stelle der Krankheitsursachen nach seiner Meinung das Ens astrale, die Gestirnswirkung, stand und der Mensch das Abbild des Makrokosmos, ein Mikrokosmos, sei. (JENNY, 1943, 1)

Wichtig ist hier, sich vor Augen zu halten, daß Paracelsus keineswegs eine Verschmelzung von Welt und Mensch meinte. Wenn der Mensch auch wie die Erde den Jahreszeiten unterliegt, so ist er doch zugleich eine »Welt für sich im vollen Sinn des Wortes«. (ADEL, 1962, 8)

Das Wissen um die menschlichen und außermenschlichen Rhythmen muß also nicht, wie erwähnt, zu einer einseitigen Rhythmusschwärmerei führen, sondern dürfte Anregung geben, mit bewußter Einsicht in diese Gesetzmäßigkeit das Leben rhythmisch zu gestalten. (BÜHLER, 1980, 8)

2.4 Die Bedeutung des Rhythmus in der gegenwärtigen Zeitrechnung

Noch nie ist so viel von der Zeit gesprochen worden wie in unserem Jahrhundert: »Das 20. Jahrhundert erhält (...) dadurch seinen Charakter, daß die Frage nach dem Wesen der Zeit unausweichlich gestellt wird.« (HÖRNER, 1978, 14) Und dennoch ist es dem modernen Menschen oft nicht bewußt, wie unsere Zeitrechnung von Rhythmen durchzogen ist.

Verschiedene Redensarten, wie z.B. keine Zeit haben, Zeit gewinnen, verlieren, vergeuden, stehlen, rauben, Zeit ist Geld etc. (HÖRNER, 1978, 21), kennzeichnen die heutige Beziehung des Menschen zur Zeit, eine Beziehung, die mehr durch den quantitativen Wert der Zeit charakterisiert werden kann, als durch den qualitativen mit seinem rhythmischen Aufbau.

Ist auch die Agenda im modernen Leben kaum wegzudenken, so bleibt dennoch vielmals ihre rhythmische Grundstruktur unbemerkt.

Eines steht jedoch fest: Ohne daß bewußt von rhythmischer Erziehung und ähnlichem gesprochen wird, ist der Mensch dadurch, daß sein Leben in Zeit und Raum verläuft, unausweichlich schon immer mit dem Rhythmus konfrontiert.

2.4.1 Allgemeines zur Zeitrechnung

Charakteristisch für unser Kalendersystem ist seine Inkommensurabilität. »Das Hauptproblem eines jeden Kalenders besteht in der Gegebenheit, daß kein Zeitmaß gefunden oder erfunden werden kann, das eine einheitliche Zählung von Tag, Monat und Jahr ohne Rest möglich macht. Das hat darin seinen Hauptgrund, daß diese natürlichen Zeiten alle nur durch irrationale, d.h. nicht ganz genau ausrechenbare Zahlen, also nur annäherungsweise erfaßt und verglichen werden können.« (HÖRNER, 1978, 137–138)

Diese Tatsache verweist uns auf eines der drei von uns als grundlegend betrachteten Wesensmerkmale des Rhythmus: auf die Elastizität, Plastizität oder Variabilität. (vgl. Kap. 1)

Eingedenk der Bedeutung dieses Sachverhaltes für den Menschen sollte nach Bühler eine Kalenderordnung »(...) einen tragfähigen, elastischen zeitlichen Rahmen abgeben für das Leben der Völker und der ganzen Menschheit«. (BÜHLER, 1965, 29) Daher darf sie »(...) den Grundgesetzen, die in den kosmischen oder himmlisch-terrestrischen Rhythmen sich manifestieren, nicht widersprechen«. (BÜHLER, 1965, 29)

Wären die Zahlenverhältnisse rationale Brüche, so träte nach einer gewissen Zeit eine Wiederholung der genau gleichen Konstellationen auf. (BARAVALLE VON, 1951, 84)

Daß dies nicht geschieht, spricht für ein zweites Wesensmerkmal des Rhythmus, für die Wiederholung im Sinne einer ständigen Erneuerung im Gegensatz zur Wiederholung des Gleichen, was Klages mit Takt bezeichnet hat. (vgl. Kap. 1)

Auch ein drittes Wesensmerkmal des Rhythmus finden wir in der Zeitrechnung verwirklicht: die Polarität und den Ausgleich. (vgl. Kap. 1) So manifestieren sich die vier naturgegebenen Sonnenstationen: Wintersonnenwende, Frühlings- und Herbsttagundnachtgleiche und Sommersonnenwende, die Grundlagen des Kalendersystems, als Polarität von Sommer und Winter und dazwischen als Ausgleich mit Frühling und Herbst.

Die Zeitenordnung hat also eine enge Beziehung zum Rhythmus, was nicht nur dadurch zum Ausdruck kommt, daß in ihr wichtige Kriterien für ein rhythmisches Geschehen verwirklicht sind, sondern was bereits aus der Definition des Kalenders, wie sie Seleschnikow formuliert, zu entnehmen ist: »Der Begriff Kalender umfaßt jedes Zählsystem für längere Zeitabschnitte, das für die Periodizität der Erscheinungen der Natur verwendet wird, die sich besonders deutlich in der täglichen Umdrehung der Erde, der sichtbaren Bewegung des Mondes um die Erde und der jährlichen Bewegung der Sonne abzeichnen.« (SELESCHNIKOW, 1977, 11)

Von diesen Periodizitäten, von Tages- und Jahreszeiten sind alle Menschen auf der Erde abhängig, ja »(...) unser hominider Organismus ist in den kosmischen Rhythmus von Jahr und Tag unentrinnbar hineingestellt – (...)« (HELLPACH, 1950, 125), oder wie Zemanek in bezug auf die Zivilisation ausspricht: »Der Kalender, die Uhr und die Erforschung der Zeit in all ihren Erscheinungsformen bilden eine gemeinsame Grundlage von Technik, Naturwissenschaft und Kultur« (ZEMANEK, 1978, 126), deren Grundbausteine wiederum kosmische Rhythmen bilden, bedingt durch das Zusammenspiel der Erde mit andern Himmelskörpern (BÜHLER, 1965, 19): »Unser Kalenderjahr ist ein Kunstwerk, in dem die vier Grundrhythmen von 24-Stundentag, Woche, Monat und Jahr in recht komplizierter Weise zusammenklingen.« (BÜHLER, 1965, 48)

Überdies – und darauf möchte diese Arbeit besonders aufmerksam machen – klingen diese Rhythmen auch mit menschlichen Rhythmen zusammen, was in der modernen Rhythmusforschung als Phänomen der Synchronisation beschrieben wird und was besonders in den Problemkreis der Chronotherapie und Chronohygiene gehört. (HILDEBRANDT, 1980[a], 3677)

Ich erinnere hier an das schon erwähnte Beispiel vom Verhältnis zwischen den Atemzügen des Menschen und seinen Pulsschlägen, das in der Präzession (= Vorrücken der Tag- und Nachtgleiche, das darauf beruht, daß der Frühlingspunkt auf der Ekliptik um 50,26" zurückläuft. Umlauf ca. in 25'800 Jahren) wiederum auftaucht.

Angesichts solcher kongruenter Verhältnisse betont daher die anthroposophische Geisteswissenschaft, daß der Kalender auch eine prophylaktische Wirkung hat. »Durch den Zusammenklang der wichtigsten Grundrhythmen des Menschen ist der bestehende Kalender auf weiteste Sicht weisheitsvoll geordnet und deshalb sozialhygienisch heilsam.« (HÖRNER, 1978, 124)

2.4.2 Der Tag

Der Tag-Nacht-Wechsel ist für die Erde der bedeutendste zeitliche Rhythmus (HÖRNER, 1978, 49), ja mit »(...) ihm schwingen alle Erscheinungsformen des Lebens mit«. (HÖRNER, 1978, 1)

Vielleicht ist dies mit ein Grund, daß in der Rhythmusforschung der Tagesrhythmus der meist erforschte ist. (SOLLBERGER, 1972, 120) Seine Wirkungen erstrecken sich sogar bis in das tote Mineralreich, wenn man z. B. an die tägliche Erwärmung und nächtliche Abkühlung des Gesteins denkt.

Auch die Pflanzenwelt ist, wie wir noch sehen werden, fest in diesen Rhythmus einbezogen (man erinnere sich z. B. an die Blattgrün- und Stärkebildung, die auf das tägliche Sonnenlicht angewiesen ist), und ebenso das Tierreich, was wir z. B. bemerken, wenn am Morgen und Abend die einzelnen Vogelarten um ganz bestimmte Zeiten zu singen beginnen. (HÖRNER, 1978, 49)

Obwohl, wie bereits mehrmals erwähnt wurde, der Mensch die Möglichkeit besitzt, sich von der naturgegebenen Zeitenordnung zu lösen, wird auch sein Leben wesentlich von diesem Rhythmus geprägt: Schlafen und Wachen sind für ihn Notwendigkeiten. Besteht heute auch die Tendenz, daß der Mensch die Nacht zum Tage macht, so ist er doch an den Wechsel von Licht und Finsternis gebunden. (HÖRNER, 1978, 49–50)

Im Tag-Nacht-Wechsel finden wir grundlegende Merkmale des Rhythmus verwirklicht:

1. Auf jeden Tag folgt ein neuer Tag, wobei keiner den vorhergehenden genau wiederholt, sondern eine Erneuerung bringt.
2. Mittag und Mitternacht stehen sich polar gegenüber, wobei Morgen und Abend ausgleichende Übergänge bilden.
3. Durch die Beziehung der Erde zur Sonne dauern Tag und Nacht nicht ständig genau gleich lang, sondern bleiben beweglich, elastisch.

Dadurch, daß der Tag als Ganzes vier Glieder besitzt (Morgen, Mittag, Abend, Nacht), zeigt sich wiederum eine Beziehung zum

Menschen, bei dem Atem und Pulsschläge im selben Verhältnis 1:4 stehen. (HÖRNER, 1978, 52)

Zunächst erhielt der Tag jedoch die Unterteilung in Tag und Nacht. Dem fügten die Griechen die Morgendämmerung, den Mittag, den Nachmittag und den Abend ein. (HÖRNER, 1978, 57)

Im katholischen Kloster werden die sich rhythmisch folgenden, qualitativ verschiedenen Tageszeiten noch heute durch die Stundengebete geheiligt: Matutin (Mitternacht), Laudes (3 Uhr), Prim (6 Uhr), Terz (9 Uhr), Sext (12 Uhr), Non (15 Uhr), Vesper (18 Uhr), Komplet (21 Uhr). (HÖRNER, 1978, 57)

In Anlehnung an das Jahr, bei dessen Konzeption die Sumerer den Sonnen- und Mondrhythmus beobachteten, teilten sie im 4. Jahrhundert v. Chr. auch den Tag in 12 Stunden ein, die damals aber, in Berücksichtigung der Jahreszeiten, noch beweglich oder elastisch waren. (HÖRNER, 1978, 58)

Die gleich langen Stunden unserer gegenwärtigen Zeitrechnung, die weniger als rhythmisch denn als »taktisch« empfunden werden könnten, wurden erst mit den mechanischen Räderuhren im 12. Jahrhundert eingeführt. (HÖRNER, 1978, 58)

Wegen der Unregelmäßigkeiten des Sonnentages schrieben dann die Pariser Uhrmacher ungefähr vor 300 Jahren auf ihr Zunftwappen: »Die Sonne gibt die Zeit falsch an.« (SELESCHNIKOW, 1981, 26)

Die Einführung eines fiktiven mittleren Sonnentages als Kalendergrundlage, dessen Länge immer genau gleich bleibt (SELESCHNIKOW, 1981, 26), war ein Schritt zum Kalender als »abstraktem Zeitrahmen«. (ZEMANEK, 1978, 9)

Auf die Spitze getrieben wurde das Unternehmen, die Zeit rein quantitativ und abstrakt zu fassen, dann während der Französischen Revolution, als man versuchte, den Tag nach dem Dezimalsystem in zehn Stunden zu je 100 Minuten einzuteilen. (HÖRNER, 1978, 59)

Bedenkt man jedoch, daß eine solche Schematisierung dem Rhythmus des Menschen, der, wie wir gesehen haben, im Naturrhythmus verankert ist, keine Rechnung trägt, verwundert es kaum, daß sich dieses Vorgehen nicht bewähren konnte. Und trotzdem wird auch heute in der Industrie mit Computerstunden von zehn Teilen à sechs Minuten gerechnet. (HÖRNER, 1978, 59) Auch der Tagesrhythmus kann als Zeit und Raum verbindend aufgefaßt werden. Die Zeitmessung von 24 Stunden erfolgt an der Erdrotation um ihre eigene Achse, also einem Vorgang im Raum. (SELESCHNIKOW, 1981, 18) Zudem schließen sich die beiden Dimensionen auch zusammen, wenn man bedenkt, daß auf der Erde als Einheit gesehen»(...) der ganze Tag mit jeder seiner Stunden, in jedem Augenblick, gleichzeitig da« ist. (HÖRNER, 1978, 70) Eindrücklich erleben wir dann die Beziehung von Zeit und Raum, wenn wir auf einer Reise um die Erde einen Datumswechsel vornehmen müssen. (HÖRNER, 1978, 73)

Eine besondere Bedeutung hat der Tag-Nacht-Rhythmus in der anthroposophischen Menschenkunde, da er dem Ich des Menschen zugeordnet wird:»In dem Rhythmus von Tag und Nacht, Wachen und Schlafen, Aufleben und Untertauchen des Bewußtseins lebt das menschliche Ich.« (HÖRNER, 1978, 76)

Um dies zu verstehen, ist es wichtig, den qualitativen Aspekt in den rhythmischen Vorgängen vor Augen zu haben, d. h. wenn wir wachen, sind wir der Außenwelt zugewendet, sobald wir die Verbindung lösen und in uns zurückkehren,»schlafen« wir in bezug auf die Umwelt ein. (LINDENBERG, 1977, 386)

Das morgendliche Aufwachen kann in diesem Sinne als Inkarnationsprozeß des Ich betrachtet werden (WOLFF, 1977, 389–390), und so wird es verständlich, daß diesem Rhythmus besonders im kulturellen Leben Beachtung geschenkt wird, da Kultur nebst Pflege der Erde auch Pflege des Ich umfaßt. (HÖRNER, 1978, 77)»Deshalb werden beispielsweise die Landwirtschaft, aber ebenso alle Künste, zu denen auch Erziehung und Heilkunst gehören, sowie besonders die Heilpädagogik und auch das religiöse Leben immer bewußter eine Lebenskunst zu pflegen haben, die dem Tag und seinem Zeitorganismus abgelauscht ist.« (HÖRNER, 1978, 77)

2.4.3 Die Woche

Obschon die Woche im Unterschied zu den anderen Grundelementen des Kalenders (Tag, Monat, Jahr) nicht direkt mit einem naturgegebenen Rhythmus übereinstimmt, spielt auch sie eine gewisse Rolle im rhythmisch gegliederten Zeitverlauf. Hörner meint sogar, daß der 7-Tages-Rhythmus nebst dem Tagesrhythmus der eingreifendste Rhythmus für das gesamte Leben sei. (HÖRNER, 1978, 6)

Dadurch, daß zusätzlich zu den von der Natur gewissermaßen vorgeschriebenen Elementen der Zeit der Wochenrhythmus eingefügt wurde, zeigt sich wiederum eine gewisse Freiheit des Menschen, der zwar mit den Umweltrhythmen mitschwingt, aber auch selbst lenkend mitwirken kann. (BÜHLER, 1965, 77) Daher kann die Woche als »hervorragende Geistestat« des Menschen bezeichnet werden (JEREMIAS, 1929, 77), im Unterschied zu der naturgegebenen Zeitordnung.

Eine gewisse Beziehung zwischen dem 7-Tage-Rhythmus und der Natur scheint aber dennoch vorhanden zu sein. So vermutet Seleschnikow, daß bei der Entstehung der Woche die Beobachtung der verschiedenen Mondphasen eine Rolle gespielt haben könnte. (SELESCHNIKOW, 1981, 14)

Da die Wochentage bei den Chaldäern und Babyloniern in Einklang mit ihrer Sternenweisheit nach den sieben Hauptgestirnen benannt wurden, sprechen heute viele Gründe dafür, aus der ablehnenden Haltung gegenüber der Astrologie auch im Wochenrhythmus »(...) einen relativ überholten Rest heidnischer Gebräuche oder vorchristlicher ›Sternenmystik‹ zu sehen«. (BÜHLER, 1965, 51)

Trotzdem kann jedoch im Wochenrhythmus eine »tiefe Sinngebung« (BÜHLER, 1965, 53) erkannt werden. So schrieb z. B. Martin Buber: »Ich halte die Woche für eine grundlegende Institution des Menschentums, die um dieses selber willen in ihrer Reinheit und Ausschließlichkeit bewahrt werden muß.« (BUBER, zit. nach HÖRNER, 1978, 184)

Wie der Tagesrhythmus umfaßt auch der Siebentagerhythmus sowohl Pflanzen- und Tierreich und den Menschen. (HÖRNER, 1978, 110)

Bekannt ist, daß früher bei der Aussaat oft die siebentägigen Mondphasen berücksichtigt wurden (HÖRNER, 1978, 110), und im Tierreich sind z. B. bei 94 Arten Mondrhythmen einwandfrei nachgewiesen worden. (HÖRNER, 1978, 111)

Je höher man aber im Tierreich die Mondrhythmen verfolgt, desto mehr wird deutlich, daß die 7-Tage-Rhythmen zwar noch vorhanden, aber oft nicht mehr gleichlaufend mit den Lunationsrhythmen sind (HÖRNER, 1978, 111), was als Vorstufe zu der vom Menschen weitgehend vollzogenen Emanzipation von den Umweltrhythmen interpretiert werden kann.

Nach Schultz soll das Gesetz gelten, daß, je höher ein Organismus entwickelt ist, desto unabhängiger er von den Grundrhythmen wird. (SCHULTZ, 1938, 996)

So wurden beim Menschen zwar mondrhythmische Einflüsse sichergestellt, jedoch schließt Hildebrandt nicht aus, daß hier »(...) eine fortschreitende Ablösung stattgefunden hat«. (HILDEBRANDT, 1977, 397)

Aufschlußreich dürfte sein, daß, wie Hörner festgestellt hat, solche Rhythmen sich nicht mit dem Kausalitätsprinzip erklären lassen. (HÖRNER, 1978, 115) Die anthroposophische Betrachtungsweise tritt hier ergänzend zum physikalischen Denken hinzu, wenn sie, statt von Ursache und Wirkung zu sprechen, in den Rhythmen Kräfte erkennt, die einmal makrokosmisch in den Gestirnen und einmal mikrokosmisch auf der Erde erscheinen. (HÖRNER, 1978, 115)

Es kann also nicht darum gehen, einem alten Aberglauben zu frönen, sondern »(...) es geht für den Menschen um ein neues bewußtes Schaffen und Darleben von Zeiten und Rhythmen«. (HÖRNER, 1978, 115)

Auch im Wochenrhythmus können wir mehr oder weniger deutlich die Kennzeichen eines rhythmischen Geschehens auffinden:

1. Das Kriterium der Wiederholung als Erneuerung scheint in der ununterbrochenen Wochenfolge durch das Jahr und im ständigen Neubeginn am Wochenanfang erfüllt zu sein.
2. Die Variabilität kommt dadurch zur Geltung, daß die Woche nicht fest im Jahreslauf verankert ist, sondern beweglich durch das Jahr hindurchgleitet.
3. Das Merkmal der Polarität und des Ausgleichs scheint im Wochenrhythmus das gewichtigste zu sein. Eine aufschlußreiche Darstellung finden wir diesbezüglich in der anthroposophischen Geisteswissenschaft:

Danach besteht eine erste Polarität im qualitativen Unterschied zwischen den Werk- oder Arbeitstagen und dem Sonntag. Der Ruhetag, sei es der Sonntag oder der Sabbat, macht »(...) die Woche erst zu dem, was sie ist, und gibt ihr die rhythmische Funktion in unserer Zeitordnung, die einschneidender empfunden wird als die Aufeinanderfolge der Monate«. (BÜHLER, 1965, 50)

Wesentlich komplizierter ist es, wenn die Folge der verschiedenen Wochentage ebenfalls unter dem Gesichtspunkt der Polarität betrachtet wird. Aus den verschiedenen Umlaufzeiten der zu den Wochentagen gehörenden Gestirne und deren Stellung zur Sonne ergeben sich folgende Aspekte:

Wochentag	*Planet*	*Umlaufszeit*	*Stellung zur Sonne*
Sonntag	Sonne	1 Jahr	–
Montag	Mond	27,3 Tage	untersonnig
Dienstag	Mars	2 Jahre	obersonnig
Mittwoch	Merkur	88 Tage	untersonnig
Donnerstag	Jupiter	12 Jahre	obersonnig
Freitag	Venus	225 Tage	untersonnig
Samstag	Saturn	29½ Jahre	obersonnig

Daraus ergibt sich eine gewisse polare Gesetzmäßigkeit, indem stets auf einen Wochentag eines obersonnigen Planeten ein Wochentag eines untersonnigen folgt und der Sonntag gewissermaßen als Mitte einen Ausgleich bildet (HÖRNER, 1978, 183), was bei folgender Anordnung deutlich wird:

Donnerstag	Freitag	Samstag	Sonntag	Montag	Dienstag	Mittwoch
ober-sonnig	unter-sonnig	ober-sonnig	–	unter-sonnig	ober-sonnig	unter-sonnig

Zugleich folgt so jeweils auf einen schneller laufenden Planeten ein solcher, der sich langsamer bewegt.(BÜHLER, 1965, 64)

Die anthroposophische Geisteswissenschaft bezeichnet die Woche als Rhythmus der Seele (HÖRNER, 1978, 105), denn schon die alten Völker sollen bemerkt haben, daß die Seele im Laufe von sieben Tagen Veränderungen durchmachte. (HÖRNER, 1978, 93) Dies wurde ausgedrückt in der Namengebung der Wochentage, indem die Götter der Gestirne als Wesen betrachtet wurden, die verschiedene Fähigkeiten der Seele repräsentierten. (HÖRNER, 1978, 96) So wurde der Sonne Besonnenheit, dem Mond Hingabe, dem Mars Mut, dem Merkur Beweglichkeit, dem Jupiter Weisheit, der Venus Schönheit und dem Saturn Ewigkeitsweite zugeschrieben. (HÖRNER, 1978, 96)

Diese Vorstellung beschreibt Isidor von Sevilla folgendermaßen: »Si les païens ont tiré les noms des jours de ces sept étoiles, c'est qu'ils croyaient que ces étoiles exerçaient sur eux une certaine influence: ils déclaraient tenir du soleil le souffle vitale, de la lune le corps, de mercure la parole et la sagesse, de venus le plaisir, de mars l'ardeur des passions, de jupiter la mesure, de saturn la lenteur. Car telle fut la folie des païens, qui se forgèrent des chimères aussi ridicules.« (ISIDOR DE SEVILLE, 1960, 184)

Es wäre nachzuprüfen, ob tatsächlich ein Siebentage-Rhythmus im emotionellen Bereich des Menschen vorliegt. Immerhin wird z. B. die Mondsüchtigkeit mit diesem Zyklus in Verbindung gebracht, und Sollberger meint, daß noch heute vielleicht eine Mutter aufmerksam wird auf eine bestimmte Widerspenstigkeit ihrer Kinder oder ihrer selbst, die bei den verschiedenen Mondphasen eintritt. (SOLLBERGER, 1972, 137) Das Wort »launisch« (Luna =

Mond) scheint ja geradezu auf einen solchen Zusammenhang hinzuweisen. (HÖRNER, 1978, 122)

Analog dem Tagesrhythmus wurde auch der Wochenrhythmus im französischen Revolutionskalender dem Dezimalsystem unterworfen. Die Woche wurde als Dekade konzipiert; der Monat wurde in drei solche Dekaden geteilt. Doch auch sie wurde, wie der 10-Stunden-Tag, wiederum fallengelassen. (BÜHLER, 1965, 52–53)

Ebenfalls als unbrauchbar erwies sich der Rhythmus von drei Arbeitstagen und einem Ruhetag, der 1929 von den Sowjets eingeführt wurde. (BÜHLER, 1965, 53)

Der 7-Tage-Rhythmus scheint wirklich am meisten menschengemäß zu sein, obschon die Zahl 7 oft auf Ablehnung stößt, da die Siebenheit vielmals mit mystischen und abergläubischen Vorstellungen verbunden wird. (BÜHLER, 1965, 71)

Wie wir bereits einmal festgestellt haben, wird die Zahl 7 als Zahl der Zeit aufgefaßt. Die Alten entdeckten nämlich, daß das Siebeneck das erste Vieleck ist, das räumlich nicht konstruierbar ist.»In dieser räumlichen ›Unfaßbarkeit‹ glaubte man einem Geheimnis zu begegnen, das diese Zahl dem Raume überordnet und mit einer höheren Qualität durchsetzt, die vielleicht nur in der Rhythmik des Zeitenlaufs zu erfassen ist.« (BÜHLER, 1965, 72–73)

Zum Schluß sei noch darauf hingewiesen, daß bereits im Schöpfungsbericht im Alten Testament eine Siebenheit der Werderunden erwähnt wird, wobei auch schon der Ruhetag in Erscheinung trat. Dies scheint darauf hinzudeuten, daß die Woche als Rhythmus von sieben Tagen tatsächlich in allem Sein begründet ist.»Es ist zu vermuten, daß sogar mit dem Verhältnis 6 zu 1 ein urphänomenaler Rhythmus von Tun und ›schöpferischer Pause‹ ausgesprochen ist. Schwerlich hätte sich sonst die ›Sieben-Tage-Woche‹ als Maß des Zeitablaufes so sinnvoll als den wahren Bedürfnissen des Menschen entsprechend durch Jahrtausende erwiesen.« (HEMLEBEN, 1971, 124)

2.4.4 Der Monat

Der Monat gehört wie Tag und Woche zu den Grundeinheiten, die den Zeitenlauf rhythmisch strukturieren. (KALETSCH, 1970, 3) Durch die Monate wird das Jahr in 12 Teile gegliedert mit 28–30 Tagen. (ZEMANEK, 1978, 24)
Diese Unregelmäßigkeit kann als störend empfunden werden. So stellt Smith die Frage: »Gern würde man aber wissen, ob wohl in jenen fernen Tagen eines elektronischen Zeitalters, unvorstellbar höher technisiert als unsere Zeit, sich die Schulkinder immer noch auf die gleiche Weise drei verschiedene Monatslängen einprägen werden. Sicherlich wird der Julianische Kalender mit seinen Gregorianischen Verbesserungen ebenso verschwinden wie das veraltete englische Währungssystem von Pfund, Shilling und Penny. Es sind ja nur die Menschen und nicht die Computer, die liebevoll an solch schnörkeligem Vermächtnis hängen. Immerhin könnten dann die Jahreszeiten selbst abgeschafft oder längst unter vollständige Kontrolle gebracht worden sein.« (SMITH, 1970, 18)
In diesem Fall könnten wir den Monat jedoch nicht mehr zu den rhythmischen Erscheinungen rechnen, da ja gerade die Elastizität oder Variabilität fortfallen würden, und im Gefolge der Abschaffung der Jahreszeiten würden auch die polaren Eigenschaften der Monate, wie sie z. B. beim Vergleich von Juni und Dezember auffallen, aufgehoben, und wahrscheinlich würde sich überhaupt eine Monatseinteilung im Sinne einer ständigen Wiederholung und Erneuerung nach rund vier Wochen erübrigen.
Wenn wir jedoch wachsam das Naturgeschehen beobachten und den Blick für die kleinen »großen Wunder« haben, können wir einen deutlichen Wandel, der sich von Monat zu Monat vollzieht, wahrnehmen. Die Unterschiede der Monate sind zwar oft so subtil, daß sie der Mensch kaum mehr wahrnimmt, wie Smith dies schildert: »Der Februar kann – (...) zwar extrem hartes Klima haben; aber schon werden die Tage wieder merklich länger, und deshalb ist der Monat im Durchschnitt auch wärmer als der Januar. Wir Menschen merken das kaum und halten diese Zeit für

ebenso miserabel wie den vorangegangenen Monat, aber die Pflanzenwelt reagiert auf die längere Tagesdauer mit einem ersten, sanften Frühlingserwachen. Die harte (oder auch fallweise milde) Macht des Winters ist schon gebrochen; alles Leben bereitet sich auf eine Wiedergeburt vor. Der Jahreszyklus beginnt von vorn.« (SMITH, 1970, 150–151)

Da der moderne Mensch, dadurch daß er mit Hilfe der Technik (Klimaanlagen, Treibhäuser, Flugreisen u. a.) die Jahreszeiten weitgehend ausschalten kann und somit auch diese subtilen, aber nicht minder bedeutsamen qualitativen Wandlungen in der Natur, kaum mehr fähig ist, den Monatsrhythmus als vierwöchige Zeitspanne mit einem spezifischen Charakter zu erleben, versucht Mändel in seinem Buch über die Monate überzeugend darzustellen, daß jeder Monat, ja sogar jede Woche eine eigene Qualität besitzt. (MÄNDEL, 1964, 10)

Auf einfache Weise können wir uns solcher Unterschiede bereits bei der Beobachtung des Mondlaufes bewußt werden, und wie wir bereits beim Wochenrhythmus erwähnt haben, gibt es sowohl in der Natur als auch beim Menschen verschiedene Rhythmen, die entweder mit dem Mond direkt in Beziehung stehen wie z. B. Ebbe und Flut, oder solche, die unabhängig von den Lunationsphasen eine Dauer von ca. 28 bis 30 Tagen aufweisen wie z. B. der weibliche Monatsrhythmus. (SCHAD, 1984, 10)

Auch hier tritt das Verhältnis 1:4 auf, das im Menschen zwischen Atem- und Blutrhythmus besteht: »Unsere bestehende Kalenderordnung, in der die ununterbrochene Siebentagewoche 52 mal durch die zwölf Monate des Jahres gleitet, hat zwischen Woche und Monat das gleiche Rhythmusverhältnis wie Atem und Blut im Menschen, 1:4.« (HÖRNER, 1978, 124)

Der Monatsrhythmus hatte früher, als der Mensch durch die Landwirtschaft noch mehr auf eine Verbindung mit der Umwelt angewiesen war, eine größere Bedeutung. Wie bereits erwähnt fand diese Tatsache Ausdruck in der Namengebung der Monate, in denen oft der Zusammenhang zum Naturjahr oder den jeweils notwendigen Tätigkeiten enthalten ist. (HÖRNER, 1978, 120)

Deshalb meint Hörner, es wäre zu überlegen, ob Monatsnamen mit Bezug auf die periodisch wechselnden Umweltsänderungen für den »(...) Abbau der wachsenden Lebensentfremdung und für eine gesunde Verbindung mit dem Jahreslauf (...)« geeignet wären. (HÖRNER, 1978, 120)
In der anthroposophischen Menschenkunde gilt der Monatsrhythmus als Rhythmus des Lebens. (HÖRNER, 1978, 106) Diese Auffassung wird durch die Bemerkung Schöfflers unterstützt, daß die Monatsrhythmen mit Fortpflanzungsvorgängen, d. h. mit der Erzeugung von Leben zusammenhängen. (SCHÖFFLER, 1983, 57)

2.4.5 Das Jahr

Das Jahr faßt alle bisher erwähnten Rhythmen, den Tages-, Wochen- und Monatsrhythmus, zusammen und stellt seinerseits wiederum einen für Pflanzen, Tiere und Menschen wichtigen Rhythmus dar. Ja, dieser Rhythmus mit dem periodischen Wechsel der Jahreszeiten bildet das Fundament unserer Zeitrechnung. (SELESCHNIKOW, 1981, 28)

Heute besteht zwar die Tendenz, daß der Jahreszeitenrhythmus mit seinen klimatischen Unterschieden durch die Technik ausgeschaltet oder eingeebnet wird: »Durch künstliches Licht wird der Tag verlängert, durch Klimatisierung des Lebensraumes der jahreszeitliche Klimawechsel ferngehalten, durch chemische Präparate oder weiträumige Transporte das wechselnde Vitaminangebot nivelliert oder schließlich auch die winterliche Ultraviolettnacht durch künstliche Strahler oder Ortswechsel ausgeglichen.« (HILDEBRANDT, 1980, 222)

Trotzdem konnte Hellpach nachweisen, daß der Jahresrhythmus in viele Funktionen des menschlichen Organismus eingreift (HELLPACH, 1950, 125), und auch de Rudder ist der Ansicht, daß die Jahreszeiten trotz der Ausschaltung der natürlichen Wechsel durch die technischen Einrichtungen für den Menschen eine Rolle spielen. (DE RUDDER, 1955, 776) Wenn auch eine Abschwächung der natürlichen Rhythmen stattfindet, kann also der Mensch doch nicht ganz isoliert von der ihn umgebenden Natur mit ihren Rhythmen verharren. (MÄNDEL, 1964, 67)

Früher war das Wissen um den Qualitätsunterschied der Jahreszeiten noch deutlich vorhanden. So werden z. B. nach Isidor von Sevilla die vier Jahreszeiten durch ein natürliches Band, vier Qualitäten, verbunden, indem jeder Jahreszeit zwei Qualitäten zugewiesen werden, wovon die zweite jeweils wiederum die erste der nächstfolgenden Jahreszeit bildet:

Frühling: Feuchte – Feuer
Sommer: Feuer – Trockenheit
Herbst: Trockenheit – Kälte
Winter: Kälte – Feuchte
(ISIDOR DE SEVILLE, 1960, 200–202)

Tatsächlich gibt es in der Natur viele Phänomene, an denen wir den Jahreszeitenrhythmus ablesen können. Gerade in unseren Breiten wird das Erleben der Jahreszeiten geprägt von den pflanzlichen Vorgängen des »(...) Keimens, Wachsens, Blühens, Fruchtens, des Aussamens, Absterbens und Ruhens (...)«. (HÖRNER, 1978, 154–155)

Daß auch die Tiere in den Jahreszeitenrhythmus einbezogen sind, sehen wir am Beispiel des Winterschlafes, am Schlüpfen und Schwärmen vieler Insekten in bestimmten Zeitpunkten u. a. (SOLLBERGER, 1968, 277)

Das Jahr zeigt seinen rhythmischen Charakter ja vor allem in der Jahreszeitenfolge, was erstens dem Kennzeichen des Rhythmus als Wiederholung oder ständige Erneuerung entspricht. Durch die Stellung der Erdachse bedingt, ergeben sich zweitens die polar sich gegenüberstehenden Jahreszeiten auf der Nord- und Südhalbkugel und in der Mitte eine Ausgleichszone, womit dem Kriterium der Polarität und des Ausgleichs entsprochen wird. (HÖRNER, 1978, 155) Zudem dauert das Jahr drittens nie genau gleich lang. In unserer Zeit verringert sich das tropische Jahr jedes Jahrhundert um 0,54 Sekunden. (SELESCHNIKOW, 1981, 31) Dies und auch die Tatsache, daß die Jahreszeiten nicht genau gleich lang sind, zeugen von der Elastizität oder Variabilität, die dem Jahresrhythmus innewohnt.

Abgesehen davon, daß der Jahreslauf die von uns als wesentlich erachteten Merkmale für ein rhythmisches Geschehen aufweist, kann sein rhythmischer Charakter auch an der Deklination der Sonne ersehen werden. Trägt man diese durch den Jahreslauf auf eine Linie ein, so entsteht eine Sinuskurve, also das Abbild oder Urbild des Rhythmus. (HÖRNER, 1978, 156)

Wie wichtig die zyklischen Veränderungen durch das Jahr sind, wußte bereits Hippokrates, der zur Untersuchung der ärztlichen Kunst in erster Linie die Betrachtung der Jahreszeiten, ihre grundlegenden Unterschiede und die durch sie hervorgerufenen Veränderungen forderte (DE RUDDER, [2]1952, 151), und Smith geht sogar so weit, die Jahreszeiten, die nach ihm über die Welt des Lebendigen bestimmen, als »wahre Ur-Sachen« zu betrachten. (SMITH, 1970, 49)

Die anthroposophische Menschenkunde bezeichnet das Jahr als den Rhythmus des Leibes (HÖRNER, 1978, 177), was Hörner damit veranschaulicht, daß er darauf hinweist, daß der menschliche Organismus nach einer schweren Krankheit oder nach einer Operation ungefähr ein Jahr zur Erholung benötigt (HÖRNER, 1978, 329), oder was aus der Tatsache folgt, daß der Jahresrhythmus als Wachstumsrhythmus (bemerkbar vor allem bei Kindern) aufgefaßt werden kann.

Exkurs

Eine besondere Aktualität erhält das Problem der rhythmischen Zeitordnung, wenn es um die sporadisch auftauchende Frage der Kalenderreform geht.

Es ist bezeichnend für unser Jahrhundert, daß das Verlangen laut wird, die Zeitrechnung möglichst einfach und rational zu regeln. »Dem modernen Nützlichkeitsdenken erscheint es einleuchtend und gefällig, wenn alle Vorgänge des Lebens der rationalen Berechenbarkeit unterworfen werden. Unser bisheriger Kalender hat solchen Bemühungen um schematische Fixierung einen erfreulichen Widerstand entgegengesetzt. Er will nichts wissen von Dekaden und gleichförmig durchgezählten Monatslängen.« (KÖBERLE, 1965, 7)

Da es zu den Wesensmerkmalen des Rhythmischen gehört, nicht starr, sondern elastisch und schwingungsfähig zu sein und zudem nicht eine genaue Wiederholung, sondern eine Wiederholung im Sinne einer Erneuerung zu vollziehen, könnte eine Kalenderreform, die eine Fixierung der Daten und somit eine Gleichmachung aller Jahre anstrebt, kaum mehr als rhythmusgemäß bezeichnet werden.

Ein Kalender mit fixierten Daten »(...) treibt die Perfektion der Gleichschaltung im Sinne der Wiederholung des Gleichen in absolut gleichen Zeitabschnitten auf die Spitze, statt ein belebendes Wiedererstehen des Ähnlichen anzustreben; (...)«. (BÜHLER, 1965, 137–138)

Da, wie wir oben erwähnt haben, der Kalender durch seine rhythmische Ordnung, die in Beziehung zu den Grundrhythmen des Menschen steht, »sozialhygienisch heilsam« ist (HÖRNER, 1978, 124), kann eine Kalenderreform direkt als »menschenfeindlich« (BÜHLER, 1965, 138) betrachtet werden.

So schreibt auch Kaletsch: »Ob eine solche Rationalisierung sich gegen die Tradition vieler Jahrhunderte durchsetzen wird, steht dahin« (KALETSCH, 1970, 84), und Zemanek hofft sogar, daß eine Reform verhindert wird: »(...) – denn die wenigen Vorteile, die für den einen oder anderen Vorschlag vorgebracht werden können, lassen sich im Zeitalter der elektronischen Datenverarbeitung auch auf andere Weise erreichen. Eine Kalenderreform wäre um den Preis der Verwirrung und einer Verschlechterung in anderer Hinsicht erkauft. Die den Vereinten Nationen vorliegenden Vorschläge zielen auf eine Rationalisierung des Kalenders ab, die mit der Verödung des Stadtbildes im 19. Jahrhundert durch die Anlage rechtwinkeliger Straßenzüge verglichen werden kann. Spätere Generationen würden eine solche Reform mehr als bedauern.« (ZEMANEK, 1978, 14)

Es scheint also, daß Kubitschek mit Recht feststellt, daß eine starre Kalenderordnung unmöglich sei, da unser Leben durch die Wärme, die Jahreszeiten und den Sonnenschein bestimmt wird. (KUBITSCHEK, 1928, 32)

2.5 Die Rhythmusforschung

Wie wir aus den vorausgehenden Kapiteln entnehmen können, lassen sich die Wurzeln der Rhythmusforschung bis zu den ersten Menschen zurückverfolgen, die mit den zyklischen Umweltsveränderungen und dem eigenen Herzschlag mit dem Rhythmus konfrontiert wurden. (SOLLBERGER, 1972, 112–113) Dennoch wurde der Rhythmus erst relativ spät zum Gegenstand unserer Wissenschaft erhoben. Dies hat verschiedene Gründe: »Ein wissenschaftliches Studium von Rhythmen bedarf zweier Dinge: eines zuverlässigen Chronometers und objektiver Aufzeichnungen des untersuchten Vorganges. In der Biologie gelangte man zu letzterem erst spät, und als man sie hatte, war damit so viel zu erforschen und aufzuklären, daß dabei der rhythmische Aspekt fast ganz in Vergessenheit geriet.« (SOLLBERGER, 1972, 113)

Es würde zu weit führen, hier alle Stationen der Rhythmusforschung aufzuzählen.

Ajuriaguerra beginnt seinen historischen Abriß über die Entwicklung der Chronophysiologie mit den Worten: »Si la chronophysiologie a une courte histoire, l'intérêt porté aux phénomènes périodiques, au rythme biologique, au temps biologique, a un long passé (...).« (AJURIAGUERRA, 1967, 13)

Bis in die Antike zurück kann man denn nach Ajuriaguerra den Spuren einer Vorstellung vom rhythmischen Ablauf des Lebens nachgehen: Platon und Aristoteles haben die Zeit mit der Zahl verknüpft. Nach Platon imitiert die Zeit die Ewigkeit, und von hier ist es nicht mehr schwer, zu einem zyklischen Zeitbegriff zu gelangen, wie dies in gewissen philosophischen Doktrinen der Fall ist. (AJURIAGUERRA, 1967, 13)

Auch die antike Medizin kann als Vorläufer der modernen Rhythmusforschung verstanden werden: »C'est dans les doctrines philosophico-médicales helléniques que nous allons trouver exposée d'une manière claire la notion de périodicité, qui entre dans le cadre général des lois du fonctionnement de l'organisme et de l'organisation de la vie.« (AJURIAGUERRA, 1967, 14)

Solche Anschauungen, die den rhythmischen Ablauf der Zeit und der Lebensvorgänge betreffen, finden sich auch im Mittelalter, später in der Zeit der Goetheanisten, der deutschen Romantiker u. a. (AJURIAGUERRA, 1967, 14–15)

Besonders deutlich sprach Hufeland (1797) in seinem berühmten Buch »Makrobiotik oder die Kunst, das menschliche Leben zu verlängern« den Zusammenhang des Menschen mit der Natur und dabei insbesondere die Bedeutung des 24-Stunden-Rhythmus aus. (HUFELAND, [7]1853, 320)

Als Anfänge der Rhythmusforschung gelten im engeren Sinne folgende Marksteine:

- Galilei, der den rhythmischen Pulsschlag zur Einregulierung des Pendels seiner Uhr verwendete.
- Sanctorius, der das klinische Thermometer im 16. Jahrhundert einführte.
- De Mairan, der die täglichen Blattbewegungen an Mimosen bei konstanter Dunkelheit entdeckte (1729).
- Linné, der durch seine »Blumenuhr« berühmt wurde (1751).
- Stoppel, der unter Umweltkontrolle Experimente mit Blattbewegungen vornahm (1910).
- Die Registrierung von täglichen Temperaturzyklen, Herzfrequenz, Atemzyklen und Darmkontraktionen (ca. 1900).

(SOLLBERGER, 1972, 113)

All diese Errungenschaften und Einsichten bildeten die Vorarbeit zum Studium der biologischen Rhythmen am Anfang des 20. Jahrhunderts.

Nach einer Unterbrechung in der Weiterverfolgung der Rhythmen, die auf einer Fehlinterpretation der Entdeckung der Homöostase beruhte, kamen die Forschungstätigkeiten dann erst wiederum in den zwanziger Jahren in Gang. Da die Homöostase den Stabilisationsaspekt der Funktionen im Organismus betont, hielt man es für unmöglich, daß der Organismus mit den Umweltrhythmen fluktuieren könnte. »Bis vor kurzem wurde deshalb jeder, der an biologische Rhythmen glaubte, mehr oder weniger als verrückt angesehen.« (SOLLBERGER, 1972, 114)

Die Beobachtung des schwedischen Mediziners Forsgren, daß die Gallenproduktion der Kaninchenleber tagesrhythmische Schwankungen aufweist und in Wechselwirkung mit der Glykogenbildung steht, und die Feststellung der Tagesrhythmik der Blutsenkungsgeschwindigkeit von Möllerström wurden jedoch zur neuen Ausgangslage der Rhythmusforschung (MLETZKO u. MLETZKO, 1977, 11), und 1937 wurde in Schweden von sieben Wissenschaftlern die erste medizinisch orientierte Internationale Gesellschaft für das Studium der biologischen Rhythmen gegründet. (MLETZKO u. MLETZKO, 1977, 11)

In den dreißiger Jahren folgte eine Anzahl von Studien, wie z. B. jene von Bünning, der die Hypothese aufstellt, daß der 24-Stunden-Rhythmus endogen sei, oder wie jene von Bethe, der für die Rhythmizität als Grundeigenschaft des Lebens das Modell der Kippschwingung vorschlug. (MLETZKO u. MLETZKO, 1977, 12–13)

Weitere Anregungen erhielt die Rhythmusforschung durch die Arbeiten von von Frisch 1948, der anhand der Orientierungsrhythmik der Bienen der Frage nach dem Zeitgedächtnis nachging, und durch die Erforschung des Orientierungsvermögens der Zugvögel von Kramer 1949. (MLETZKO u. MLETZKO, 1977, 14)

Bedingt durch den Zweiten Weltkrieg, in dessen Verlauf eine rasche Entwicklung von Abwehrautomatik, Informationstheorie und Kybernetik stattfand, wurde allgemein bewußt, daß Feedback-Systeme schwingungsfähig sind und einige als natürliche, beständige Oszillatoren aufgefaßt werden können. Ein lebender Organismus stellt demnach ein komplexes Feedback-System dar, »(...) mit einer ungeheuer großen Möglichkeit für periodische Tätigkeit«. (SOLLBERGER, 1972, 115)

Die Problematik der Rhythmen dehnte sich in den letzten Jahren auch auf die Medizin und auf die Psychiatrie aus, und praktische Bedeutung erlangte die Rhythmusforschung verursacht durch Rhythmusstörungen in der Luft- und Raumfahrt und bei Unterseebootreisen. (SOLLBERGER, 1972, 115)
Auf der theoretischen Seite beschäftigen sich heutige Forschungen mit der mathematischen und statistischen Analyse biologischer Zeitreihen, mit der Frage nach dem Ort des Grundrhythmuszentrums und nach den Mechanismen, die eine Synchronisation mit den Umweltrhythmen auslösen. (SOLLBERGER, 1972, 116)
In diesem Zusammenhang sei erwähnt, daß auch die Heilpädagogik von diesem Forschungsgebiet nicht ausgenommen wird. Professor Hildebrandt, ein Vertreter der Rhythmusforschung, Leiter des Instituts für Arbeitsphysiologie und Rehabilitationsforschung an der Universität Marburg an der Lahn, schrieb mir auf eine Zuschrift hin: »Ich erwidere diese am besten dadurch, daß ich Ihnen eine Kopie meines Lehrbuchbeitrages ›Chronobiologische Grundlagen der Ordnungstherapie‹ übersende, aus dem Sie entnehmen können, daß ich der rhythmischen Ordnung in der Therapie – und selbstverständlich auch in der Heilpädagogik – größte Bedeutung beimesse.«

2.6 Zusammenfassung

Folgende Punkte sind als besonders wichtig anzusehen:
1. An der von der modernen Rhythmusforschung bestätigten Tatsache, daß die Entstehung der Erde mit rhythmischen Prozessen verbunden ist, können wir ablesen, daß der Rhythmus ein Ur- oder Grundelement des Lebens darstellt und seine Genese chronologisch nicht genau definierbar ist.
2. Der Mensch erlebt die Zeit durch den Rhythmus. Während die quantitative Zeit dem Menschen abstrakt bleibt, wird ihm die Zeit erst durch ihren qualitativen Charakter faßbar. Hierbei

spielt der Rhythmus, der dem geradlinigen Zeitverlauf Gestalt verleiht, eine wichtige Rolle, denn: »Der Mensch wohnt nicht nur im Raum, sondern auch in der Zeit. In ihrer Gliederung wird sie ihm habhaft. Damit stoßen wir erneut auf die Bedeutung des Rhythmus (...).« (KOBI, 1967, 53)
3. Schon in den ältesten Kulturen wurde der Rhythmus als ein die Zeit gliedernder Faktor wahrgenommen. Die Einteilung und Ordnung der Zeit in Kalendersystemen hat ihre Wurzeln in der Beobachtung rhythmischer Naturerscheinungen.
4. Auch unsere moderne Zeitrechnung zeichnet sich durch Periodizität aus. Die wichtigsten, unsere Zeit strukturierenden Elemente wie Tag, Woche, Monat und Jahr haben wir von den alten Völkern übernommen, und sie basieren, obschon wir uns davon oftmals nicht mehr Rechenschaft geben, auf rhythmischen Naturprozessen.
5. Das neue Wissenschaftsgebiet der Rhythmusforschung befaßt sich mit der rhythmischen Ordnung von Organismen. Insbesondere das Teilgebiet der Chronohygiene weist darauf hin, daß ein zeitgeordnetes Verhalten heilende Wirkung besitzen kann und daß ein solches besonders heute, da der Mensch geneigt ist, sich durch künstliche Mittel immer mehr von den Naturrhythmen zu entfremden und arhythmisch zu leben, vermehrt an Bedeutung gewinnt.

3. Die Wo-Frage:
Die »Ubiquität« des Phänomens Rhythmik   *(Sinz)*

> »Die Welt ist nicht bloß Pflanze, oder Tier, sondern – Mensch!«   *(Morgenstern)*
>
> »Gebt uns die Universalität des Menschen zurück!«   *(Saint-Exupéry)*

3.1 Einleitung

In der Problemstellung bin ich von der Annahme der Rhythmusforschung ausgegangen, daß die Entstehung des Lebens auf rhythmische Prozesse zurückzuführen sei und daß, wie Mletzko und Mletzko sagen, »(...) der rhythmische Ablauf der Lebensprozesse eine grundlegende Eigenschaft des Daseins der irdischen Lebewesen ist«. (MLETZKO u. MLETZKO, 1977, 8)

Diese Annahme läßt sich bis in die Antike zurück verfolgen, wo Heraklit den Ausspruch prägte πάντα ῥεῖ (alles fließt). »Aus dem ῥέειν, dem Fließen, dem Rhythmischen, entsteht die Urkraft des Lebendigen, ist – wie man meint – die ›Energie an sich‹ (Heraklit) zu lokalisieren, auf der die Existenz des Kosmos beruht.« (RÖTHIG, ^{2}1975, 16)

Wie ich bereits erwähnt habe, wurde dem Wissen um die rhythmischen Lebensprozesse lange Zeit kaum Rechnung getragen. Erst im 20. Jahrhundert wurde es für die Wissenschaft wiederum aktuell.

Noch 1949 schrieb Bethe zwar den rhythmischen und periodischen Vorgängen in der Natur eine wichtige Rolle zu, wenn er sagte: »Vielleicht hatte Fröhlich sogar recht, als er vor Jahren schrieb, die Neigung zur Rhythmusbildung gehöre zu den Grundeigenschaften der lebenden Substanz.« (BETHE, 1949, 72) Nichtsdestoweniger deutet aber der Gebrauch des Wortes »vielleicht« auf das Fehlen einer letzten Gewißheit hin.

Demgegenüber äußert 1980 der in der Rhythmusforschung tätige Hildebrandt seine durch wissenschaftliche Methoden gewonnene Einsicht mit voller Überzeugung:»Pflanze, Tier und Mensch verfügen in ihrer rhythmischen Organisation jeweils über ein mehr oder weniger breites Spektrum von rhythmischen Funktionen.« (HILDEBRANDT, 1980 a, 3668)

Die weite Verbreitung rhythmischer Strukturen und ihrer Auswirkungen wird heute noch über die oben genannten Naturreiche der Pflanzen-, Tier- und Menschenwelt hinaus auf Systeme von weit größeren Dimensionen ausgedehnt. So entwirft Capra ein Weltbild, in dem vom Atom bis zu den Planeten rhythmische Muster auftreten:»Rhythmische Muster scheinen sich auf allen Ebenen zu manifestieren. Atome sind Muster von Wahrscheinlichkeitswellen, Moleküle sind vibrierende Strukturen, und Organismen sind multidimensionale, voneinander abhängige Funktionsmuster, Pflanzen, Tiere und Menschen unterliegen Zyklen von Aktivität und Ruhe, und ihre sämtlichen physiologischen Funktionen schwingen in Rhythmen unterschiedlicher Frequenz. Die Bestandteile des Ökosystems sind durch zyklischen Austausch von Materie und Energie miteinander verbunden; Zivilisationen steigen auf und gehen unter in evolutionären Zyklen, und der Planet als Ganzes hat seinen Rhythmus und seine Wiederholungen, während er sich um seine eigene Achse dreht und um die Sonne kreist.« (CAPRA, 1983, 334)

Wenn wir uns einer solchen weiten Verbreitung des Rhythmus bewußt werden, können wir dem beistimmen, wenn Sinz sagt:»In der Tat, Rhythmik beherrscht unser Leben« (SINZ, 1981, 111), ja es scheint geradezu berechtigt zu sein, von einer »Ubiquität des Phänomens Rhythmik« (SINZ, 1981, 111) zu sprechen.

Daß das Vorkommen von rhythmischen Mustern in der ganzen Natur auch im Hinblick auf ein Einbeziehen des Rhythmus in die Pädagogik und Heilpädagogik nicht unbedeutend ist, ersehen wir daraus, daß Röthig bei seinen theoretischen Überlegungen als erstes den Sachverhalt »Rhythmus-Leben« untersucht·»Bei der Formulierung eines für die Pädagogik sinnvollen Rhythmusbe-

griffs sind mehrere Aspekte des Problems zu berücksichtigen:
1. Es muß untersucht werden, inwieweit der rhythmische Vorgang in Zusammenhang gebracht werden kann mit lebendigen, naturhaften, organischen Vorgängen und ob er als ein Phänomen dieser Lebendigkeit zu verstehen ist.« (RÖTHIG, ²1974, 15)

In gleicher Weise formuliert Erdmann für die rhythmisch-musikalische Erziehung ihren Ausgangspunkt: »Um Wesen und Wirkungsweise der rhythmisch-musikalischen Erziehung erkennen, um ihre Bildungsmöglichkeiten für den Menschen überschauen zu können, ist es notwendig, sich zuerst die Rhythmik der Naturvorgänge bewußt zu machen – sich ›Rhythmus‹ vorzustellen als ein Naturphänomen, das sich an jeder Art und Form von Leben beweist.« (ERDMANN, 1968, 7)

Wenn die Pädagogik also zunächst vom Rhythmus in der Natur ihren Ausgang nimmt, so wird dadurch deutlich, daß dieser für die pädagogische Fragestellung eine wesentliche Rolle spielt, zumal da der Rhythmus als Verbindung zwischen Mensch und Umwelt betrachtet werden kann. Mit Recht stellt denn Wieser fest, daß heute der alte Gedanke, daß Makro- und Mikrokosmos verbunden seien, mit der modernen Rhythmusforschung wieder auflebt (WIESER, 1973, 37), und mein Anliegen ist es gleichermaßen, mittels eines Überblicks, der zwar nur fragmentarisch ist, die weite Verbreitung rhythmischer Phänomene in Natur und Mensch bewußt zu machen. Durch ein solches Bewußtmachen möchte ich einerseits zeigen, daß der Rhythmus etwas Elementares ist, andererseits auf den Zusammenhang zwischen Natur und Mensch hinweisen, wie er durch den Rhythmus gewährleistet ist.

Diese beiden Punkte scheinen mir für die pädagogische Fragestellung wichtig zu sein, insbesondere auch dann, wenn es darum geht, den Rhythmus als sinnvoll für die Heilpädagogik zu erkennen.

3.2 Außermenschliche Rhythmen

3.2.1 Rhythmen in der unbelebten Natur

Obschon der Begriff Rhythmus, wie wir in Kapitel 1.3 gesehen haben, meistens mit dem Leben in Verbindung gebracht wird, können wir seine Spuren bis in den toten Bereich der Natur verfolgen, wo er gleichsam als Abdruck oder als Bild des Lebendigen aufgefaßt werden kann.

So rechnet Capra bereits die Atome als Muster von Wahrscheinlichkeitswellen und die Moleküle als vibrierende Strukturen zu den rhythmischen Erscheinungen (CAPRA, 1983, 334), und Jores betont, daß nebst der lebendigen auch die tote Natur rhythmisch strukturiert sei: »In der toten, wie besonders der lebendigen Natur gibt es kaum ein kontinuierliches, sondern fast ausschließlich ein periodisches Geschehen.« (JORES, 1949, 82)

Hier stoßen wir auch wiederum auf den Zusammenhang zwischen Rhythmus und Zeit und Raum, denn: »Aus rhythmischer Bewegung entstehen unzählige Gestalten im Räumlichen« (SCHWENK, 1971, 56), oder anders ausgedrückt: die rhythmisch angeordnete Zeit wird in den rhythmisch angeordneten Raum überführt. (SCHWENK, 1971, 56)

Bis in die anorganischen Prozesse gehen rhythmische Vorgänge in rhythmische Raumgestaltung über, was z. B. an den Ringen der Achate oder in Kristallstrukturen sichtbar wird. (SCHWENK, 1971, 56)

Zudem prägten die rhythmischen Umweltsgeschehnisse z. B. vom Klima ihr Abbild durch Jahrtausende hindurch der Erde ein. Verschiedene Bodenschichten geben heute Aufschluß über die Perioden von Warm- und Kaltzeiten während des Eiszeitalters. Wechselnde Einschlüsse von Resten wärmeliebender und kälteliebender Tiere oder Terrassenbildungen durch Ablagerung von Schotter sind Zeugnisse ehemaliger rhythmischer Aktivität. (FRANKE, 1969, 46–48)

Die Wirkung der jahreszeitlichen Periodik kann als ungeheuer groß angenommen werden, wenn man bedenkt, daß sie sich bis in die mineralische Welt erstreckt: »Schon während der ersten Ablagerungen zogen die Jahreszeiten vorüber, und wie in den Jahresringen der Bäume haben sie auch in den Felsen ihre Spuren hinterlassen. Die Sedimentation ist eine zyklische Sache, ob nun Lebensreste oder Mineralien abgelagert werden: Das Gedeihen der Mikroflora und Mikrofauna der Ozeane ist von Meeresströmungen und von der Jahreszeit abhängig; die winzigen Leichname, Reste des alljährlichen Aufwuchses, rieseln lautlos und regelmäßig als Zeugen des Jahreszeitenablaufs auf den Meeresgrund. Die jahreszeitlich bedingten schweren Regenfälle in den Gebirgen schwemmen Sand und Erde in die Flüsse; von Jahr zu Jahr, vom Frühling zum Herbst häufen sich die mineralischen Sedimente. Neues Gestein wird Jahr für Jahr, Schicht für Schicht aufgebaut.« (SMITH, 1970, 54)

Solche Schichten bilden in ihrer rhythmischen Anordnung die Grundlage zu den sogenannten Bändertonkalendern (Varvenchronologie), ein weiteres Beispiel dafür, wie sich der Naturrhythmus bis in die anorganische Natur hinein abbildet: Die Zyklen der klimatischen Geschehnisse, die sich infolge des Jahreszeitenrhythmus einstellen, können hier an den verschiedenen Färbungen der Tonablagerungen verfolgt werden und liefern sogar exakte Zeitangaben in Jahren. (FRANKE, 1969, 52–56)

Im Gegensatz zu solchen geochronologischen Studien, die das Abbild der zyklischen Veränderungen im *festen* Mineralreich verfolgen, stammt eine beachtenswerte Arbeit aus dem Institut für Strömungswissenschaften in Herrischried in Deutschland, die die Beziehung des Rhythmus zum *flüssigen* Wasser untersucht. Schwenk geht davon aus, daß das Wasser, das selbst nicht Lebewesen ist, Grundlage für die das Leben kennzeichnenden Prozesse wie Wachstum, Ernährung usw. ist und daß ohne das Flüssige die rhythmischen Vorgänge im Körper nicht möglich wären. Wenn wir aus diesen Grundprozessen die rhythmischen herausgreifen, so läßt sich vom Wasser sagen: »Durch Verzicht auf Eigenrhythmus wird es zum Träger eines jeden Rhythmus.« (SCHWENK, [2]1978, 6)

Eine besondere Beziehung des Wassers zum Rhythmus zeigt sich auch im Zusammenklang des Mondrhythmus mit der Wassersphäre oder in den physiologischen Rhythmen aller Organismen, die fast immer durch das Wasser vermittelt werden (SCHWENK, ²1978, 7), d. h. aber durch das Fließen, wodurch wir auf die etymologische Herleitung des Rhythmus verwiesen werden. Bezeichnenderweise wird ja das griechische Wort ῥυθμός meistens mit Fließen in Verbindung gebracht, was Schwenk veranlaßt, zu sagen: »Bei den Rhythmen befinden wir uns beim Wasser im Element des Rhythmischen überhaupt.« (SCHWENK, ²1978, 10)

Der rhythmische Charakter des Wassers manifestiert sich namentlich in den Bewegungen des Mäander, in den Wellen u. a. So weiß man aus Untersuchungsergebnissen an kanalisierten Strömen wie z. B. am Unterlauf des Rheins, daß die hin- und herschwingende Mäanderschleife dem natürlichen Wasserlauf entspricht (SCHWENK, ³1968, 16), ja sogar dann, wenn dies nicht von außen, d. h. durch die Gestalt des Flußbettes bedingt ist: »Selbst dort, wo keine festen Uferbegrenzungen der Strömung einen Halt geben, verläuft diese in der rhythmischen Linie des Mäanders, z. B. in den Ozeanen, wo ganze Stromsysteme, wie das des Golfstromes, inmitten von Ozeanwasser dahinfließen.« (SCHWENK, ³1968, 17)

Wenn wir, wie wir noch sehen werden, zwischen vielen Rhythmen in den Naturreichen und jenen des Menschen Beziehungen auffinden, so ist es interessant, daß Schwenk sogar zwischen Wasser und Mensch solche aufzudecken versucht, indem er feststellt, daß das Verhältnis der Fortpflanzungsgeschwindigkeit des Schalles in Meerwasser und Luft, das 4 : 1 beträgt, sich im menschlichen Organismus wiederfindet, wo das Verhältnis der rhythmischen Prozesse von Flüssigkeits- und Luftorganismus (Puls und Atem) ebenfalls 4 : 1 ist. (SCHWENK, ²1978, 10)

Abschließend kann man also sagen: »Bis herab in die scheinbar anorganischen Prozesse gehen rhythmische Vorgänge in räumliche Anordnung über (...)« (SCHWENK, 1971, 56), und darüber hinaus dürfte sich bereits im leblosen Bereich andeuten, daß

Mensch und Welt durch den Rhythmus verbunden werden, daß der Rhythmus »(...) das uns innewohnende Urgefühl (...)« ist, »(...) das uns mit der äußeren Natur verbindet«. (LAUBI, 1923, 168)

3.2.2 Rhythmen im Pflanzen- und Tierreich

Bevor wir zu den rhythmischen Erscheinungen im Lebendigen übergehen, seien noch die Jahresringe der Bäume erwähnt, wo der Rhythmus zwar bereits im Pflanzlichen wirkt, aber erst am gefällten, leblosen Baum für uns sichtbar wird. Wie im mineralischen Bereich, so bildet sich auch in den Jahresringen der zeitliche Rhythmus räumlich ab. Der Jahreszeitenrhythmus wird anschaubar: »Zeitenrhythmus ist in Raumgestaltung geronnen.« (SCHWENK, 1954, 10) Dies nimmt sich so aus, daß auf den Querschnitten der Baumstämme die jährlich zugewachsenen Holzschichten gut erkennbar sind: »Innerhalb der Jahresringe findet sich kernseitig lockeres Holz, das im Frühling gebildet wird. Im Sommer wächst das dichtere Spätholz zu. Von Sommerende bis Frühjahrsbeginn findet kein Holzwachstum statt.« (Enzyklopädie Naturwissenschaft und Technik, 1980, 2076) Das Muster, das dabei entsteht, ist eine Ringfolge, d. h. aber eine rhythmische Struktur im Raum.

Im Hinblick auf die Problematik des Rhythmus ist es hier von besonderem Interesse, daß sehr wahrscheinlich eine Beziehung besteht zwischen den Jahresringen der Bäume und der rhythmischen Sonnenfleckenaktivität. Mit einer Häufigkeit einer Periode von ca. 11 Jahren treten nämlich auf der Sonne dunkle Flecken auf, die auf Wirbelbildungen im Sonneninneren zurückgeführt werden. (KNOLL, 1951, 413) Dieser Sonnenrhythmus kann mit dem menschlichen Atemrhythmus verglichen werden: »Mit einem an- und abschwellenden Rhythmus von elf Jahren steigert und vermindert sich die Unruhe unserer Sonne. Es ist, als ob sie ein- und ausatme, wobei jeder volle Atemzug elf Jahre dauert.« (DÖBEL, 1968, 226)

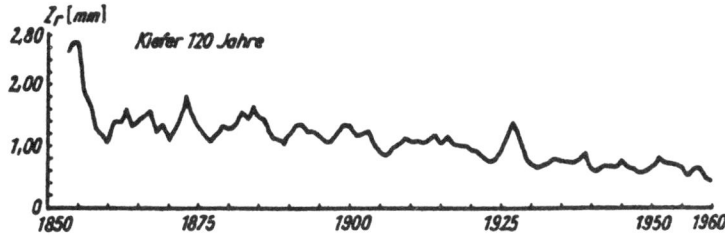

Jahrringdiagramm einer 120 Jahre alten Kiefer, Revier Markersbach, Staatlicher Forstwirtschaftsbetrieb Königstein. (WENK u. FIEDLER, 1979, 467). Die Schwankungen des Durchmesserzuwachses lassen eine deutliche Periodizität erkennen.

Da das Baumwachstum während der Sonnenfleckentätigkeit größer ist, läßt sich dieser Zyklus an der periodischen ab- und zunehmenden Breite der Jahresringe ablesen. (KNOLL, 1951, 417)

Im Pflanzen- und Tierreich wurde besonders in den beiden letzten Jahrzehnten die Erforschung der Rhythmen sehr intensiv betrieben. (MLETZKO u. MLETZKO, 1977, 14)

Dabei wurde herausgestellt, daß der Organismus über zwei verschiedene Zeitsysteme verfügt. Einerseits koordiniert er seine eigenen Lebensprozesse selbst, andererseits ordnet er sich in seine ökologische Umgebung über eine Zeitgeber-Verbindung nach Art eines »feed-back« ein. (MLETZKO u. MLETZKO, 1977, 15)

Diese Feststellung führte die Forscher zu einer entsprechenden Einteilung der verschiedenen Rhythmen.

In der naturwissenschaftlichen Rhythmusproblematik spielt nämlich die Frage, ob ein Rhythmus endogen oder exogen sei, die eigentliche Hauptfrage. Diese Fragestellung wurde deshalb einem großen Teil der Experimente zugrundegelegt. (KNOLL, 1955, 461)

Dabei gehen die Meinungen auseinander. Es würde jedoch zu weit führen, hier eingehender über die kontroversen Standpunkte zu berichten. Immerhin ist seit ungefähr 1950 die Existenz einer »inneren Uhr« allgemein anerkannt, eine vollständige Klärung des Mechanismus der Uhr steht aber bis heute trotz mehrerer Modellvorstellungen noch aus. (MLETZKO u. MLETZKO, 1977, 14)

So kontrovers die Standpunkte in bezug auf die Ursachenforschung des Rhythmus sind, so verschieden sind auch die Einteilungssysteme der unterschiedlichen Rhythmen.

Für Mletzko und Mletzko ist z. B. die Wechselwirkung Organismus-Umwelt das leitende Unterscheidungskriterium, und sie ziehen ein solches Vorgehen jenem vor, das nach den unterschiedlichen Frequenzbereichen einteilt.

So berücksichtigen sie 1. Exo-Rhythmen, 2. Exo-Endo-Rhythmen, 3. Endo-Rhythmen. (MLETZKO u. MLETZKO, 1977, 15)

Auch Hildebrandt folgt diesem Schema. Unter 1. *Exo-Rhythmen* versteht er rhythmische Schwankungen biologischer Funktionen, die von äußeren geo-physikalischen oder anderen Umweltrhythmen abhängen und eine niedrigste Entwicklungsstufe biologischer Rhythmik darstellen. (HILDEBRANDT, 1980a, 3668) Beispiele für das Pflanzenreich sind die sogenannten Kompaßpflanzen, die sich nach dem Stand der Sonne wenden, für das Tierreich die sogenannte Vogeluhr (HILDEBRANDT, 1980a, 3669), d. h. die Tatsache, daß die Vögel in der Morgendämmerung in einer spezifischen Reihenfolge zu singen beginnen und am Abend in reziproker Reihenfolge wieder aufhören. (MLETZKO u. MLETZKO, 1977, 17)

Gesteuert werden die rein exogenen Rhythmen vor allem durch die Photoperiode im Jahreslauf (Lichtdauer). So sind z. B. Blütenbildung und Wachstumsgeschwindigkeit bei Lang- und Kurztagpflanzen, Reproduktionsschwankungen, z. B. bei Zikaden, von der Belichtungsdauer abhängig. (HILDEBRANDT, 1980a, 3669)

2. *Exo-Endo-Rhythmen* sind solche, die im Organismus erzeugt werden, aber von periodischen Umweltreizen mit ähnlichen Frequenzen (Zeitgeber) synchronisiert werden. Beim Wegfall des Zeitgebers bleibt der Rhythmus mit meist etwas abweichender Periodenlänge bestehen. (HILDEBRANDT, 1980a, 3668)

Bei den Exo-Endo-Rhythmen ist eine Vielfalt der Rhythmen bei Pflanze, Tier und Mensch einzuordnen.

Hier unterscheiden Mletzko und Mletzko zwischen primären (starken) und sekundären (schwachen) Zeitgebern. Faktoren, die

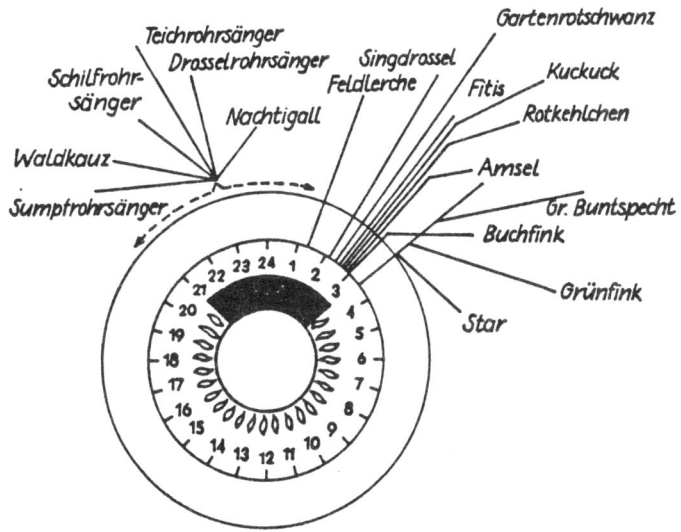

Schema einer Vogeluhr. Nach BONDESEN 1965

einen vorrangigen Einfluß auf die biologischen Rhythmen ausüben (primäre Zeitgeber), sind z. B. das Licht (Tag-Nacht-Wechsel, Jahreszeiten), solche, die weniger stark wirksam sind (sekundäre Zeitgeber), sind z. B. die Feuchte u. a. (MLETZKO u. MLETZKO, 1977, 18)

Bei den Menschen haben in dieser Hinsicht z. B. die Sozialkontakte eine wichtige Zeitgeberfunktion (z. B. Schichtarbeit). (MLETZKO u. MLETZKO, 1977, 18)

Die Bedeutung des Zeitgebers wird besonders anschaulich im Pflanzenreich, wo die Pflanze auf den Zeitgeber Licht angewiesen ist und bei dessen Ausfall Schädigungen aufweist. (MLETZKO u. MLETZKO, 1977, 18) Aber nicht nur das Pflanzenreich, sondern die gesamte Erde ist auf diesen Zeitgeber angewiesen: »Der Wechsel von Tag und Nacht mit seinen Begleitumständen ist der vorgegebene Rahmen, in dem sich auf der Erde die lebende Materie organisiert hat. Licht und Wärme begrenzen und ermöglichen wesentliche Lebensprozesse; ohne sie wäre, auch bei Vorhandensein aller anderen natürlichen Bedingungen, das irdische Leben unmöglich.

So ist es nicht überraschend, daß der Tag-Nacht-Wechsel einen tagesrhythmischen Lebensablauf erfordert und hervorbringt. Folgerichtig existieren in Tier- und Pflanzengruppen zahlreiche Tagesrhythmen.« (MLETZKO u. MLETZKO, 1977, 20)

Der Tag-Nacht-Rhythmus ist außer bei Bakterien und Viren bei allen Organismen vorhanden, ja sogar jede »(...) einzelne Zelle eines Organismus zeigt tagesrhythmische Schwankungen ihrer biochemischen Leistungen sowie damit verbundene strukturelle Änderungen (z. B. Mitochondrienstruktur, Energiespeicher, Sekretproduktion)«. (HILDEBRANDT, 1980a, 3671)

Der biologische Sinn dieses Phänomens liegt darin, daß zu günstigen Zeitpunkten des Tages die Organismen bestimmte Aktivitäten aufweisen. (MLETZKO u. MLETZKO, 1977, 20)

In der Pflanzenwelt sind es Assimilation-Dissimilations-Wechsel, Stellung der Blätter, Blühen, Bestäubung u. a., die einem circadianen Rhythmus eingegliedert sind. (HILDEBRANDT, 1980a, 3671) An Bohnen (Phaseolus vulgaris) wurde z. B. gezeigt, daß eine Änderung des Licht-Dunkel-Rhythmus Chlorose und Blattmißbildungen zur Folge hatte. (MLETZKO u. MLETZKO, 1977, 20)

Die erste Entdeckung der circadianen Rhythmik überhaupt wurde im Pflanzenreich gemacht. Studiert wurde die Tagesperiodik der Blattbewegungen von Pflanzen, wobei diese bei den Schmetterlingsblütlern am auffälligsten sind. (BÜNNING, [3]1977, 17) Jedoch bereits im 3. Jahrhundert v. Chr. berichtete Androthenus, ein von Alexander dem Großen auf einem Kriegszug mitgeführter Wissenschaftler, über rhythmische Blattbewegungen am Johannisbrotbaum. (MLETZKO u. MLETZKO, 1977, 8) Diesen sogenannten Schlafbewegungen der Blüten und Blätter liegt eine physiologische Periodizität zugrunde, die entweder durch den Licht-Dunkel-Wechsel ausgelöst oder, wenn bereits endogen veranlagt, synchronisiert wird. (KNOLL, 1955, 445)

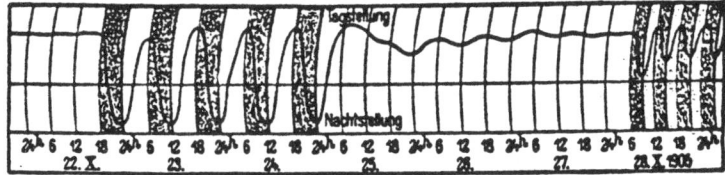

Blattbewegungen von Albizzia Lophanta. Sie folgen sowohl einem 12:12 stündigen wie (im Diagramm) einem 6:6- und 3:3 stündigen Licht-Dunkel-Wechsel. Dazwischen wurde kontinuierlich beleuchtet. (Nach PFEFFER in BÜNNING, l.c.)

Schon unsere alltägliche Erfahrung lehrt uns, daß jede Pflanze ein eigenes Zeitenwesen ist, das seine Beziehungen zu den Tages- und Jahreszeiten besitzt: »So sind Zeiten des Aufblühens einzelner Arten nicht nur mit dem Jahreslauf, sondern auch mit der Stunde des Tages so innig verbunden, daß man von einer Blumenuhr gesprochen hat. Pflanzt man die entsprechenden Arten in Beete, die zifferblattartig angelegt sind, so kann man am Aufblühen die Tagesstunden ablesen.« (HÖRNER, 1978, 17–18) Am wohl bekanntesten ist die Blumenuhr von Linné geworden, deren Blumen die Stunden im Tageslauf folgendermaßen anzeigen: Die gemeine Saudistel öffnet sich um 5 Uhr, das gefleckte Ferkelkraut um 6 Uhr, die weiße Wasserlilie um 7 Uhr, die rote Miere um 8 Uhr, die gelbe Wucherblume um 9 Uhr, die Wegwarte um 10 Uhr, der Alpenpippau schließt sich um 11 Uhr, die gelbe Wucherblume um 12 Uhr, die Steinnelke um 13 Uhr, das bärtige Eiskraut um 14 Uhr, der gepunktete Löwenzahn um 15 Uhr, das gefleckte Ferkelkraut um 16 Uhr, die weiße Wasserlilie um 17 Uhr, die Abendprimel öffnet sich um 18 Uhr, der glattstengelige Mohn schließt sich um 19 Uhr, die Tageslilie um 20 Uhr, das nachtblühende Leimkraut öffnet sich um 21 Uhr. (ELLIS, 1979, 33–34)

Ebenso kann man von einer »Monatsuhr« sprechen, wenn der Gartenliebhaber, ohne bewußt an den Monatsrhythmus zu denken, seinen Garten so anlegt, daß die Pflanzen zeitlich verschiedene Blühperioden haben. (KNOLL, 1955, 443–444)

Diese hier zum Ausdruck gelangende innere »circadiane Uhr« der Pflanzen beruht im Gegensatz zu früheren Meinungen nicht auf dem Zusammenwirken verschiedener Organe, sondern bereits innerhalb einer einzigen Zelle sind die Voraussetzungen für circadiane Rhythmen gegeben. (BÜNNING, ^{3}1977, 34) Ja, der Tag-Nacht-Rhythmus scheint im Pflanzenreich so fest verankert zu sein, daß sogar bei isolierten Blättern, Blatteilen, halbierten Blattgelenken, isolierten Bruchteilen von Blütenblättern u. a. noch circadiane Turgor- oder Wachstumsschwankungen feststellbar sind. (BÜNNING, ^{3}1977, 35)

Jedoch auch andere Rhythmen als der Tag-Nacht-Rhythmus sind im Pflanzenreich nachgewiesen, wobei die Periodenlänge dabei von Millisekunden bis zu einer Anzahl von Jahren reichen kann. (BERTHOLD, 1974, 5) Bekannt sind vor allem Exo-Endo-Rhythmen, die den geophysikalischen gleichen und aus diesem Grund, analog zum circadianen Rhythmus, circalunar, circatidal und circannual genannt werden. (BERTHOLD, 1974, 5)

In Erstaunen versetzen können uns aber auch kürzere Schwingungen, wie sie z. B. Kayser feststellte, der von seiten der Harmonik dem Rhythmus für das Dasein der Pflanzen und aller Lebewesen eine ausschlaggebende Stellung beimißt und der bei seinen mikroskopischen Studien die pulsierenden Vakuolen im Körper der Schwärmsporen primitiver Algen beobachtete. Dieses 12–15 Sekunden dauernde rhythmische Sich-Verengen und -Erweitern deutete Kayser als Vorahnung des Herzschlages auf der untersten Stufe des Lebens. (KAYSER, 1943, 248–249)

Kürzere Schwingungen als die tagesperiodischen sind z. B. auch bei der Mimosa pudica (Blattbewegungen mit Periodendauer von 2–3 Stunden) und bei einer Kleeart Desmodium gyrans (Blattbewegungen mit einer Periodendauer von wenigen Minuten) registriert worden. (MLETZKO u. MLETZKO, 1977, 60)

Welche Bedeutung dem Tagesrhythmus für das Funktionieren des Organismus bei Tieren zukommt, wird ersichtlich aus einer Untersuchung, wo einer Schabe ein Suboesophagealganglion einer anderen Schabe mit einem anderen biologischen Tagesrhythmus implantiert wurde. Das Empfängertier reagierte darauf mit einer vollständigen physiologischen Desorganisation, die schließlich zum Tode führte. (MLETZKO u. MLETZKO, 1977, 21)

Vor allem Aktivität und Ruhe, Nahrungsaufnahme, Fortpflanzung, soziales Verhalten u.a. folgen bei den Tieren dem Tag-Nacht-Rhythmus. Außerdem zählen dazu Rhythmen des Stoffwechsels, der Energiebereitstellung, der Atmung, des Kreislaufes, der nervalen und hormonalen Steuerung. (HILDEBRANDT, 1980a, 3671)

Insbesondere bei der Entwicklung der Insekten ist der Licht-Dunkel-Rhythmus von Bedeutung (Einfluß verschiedener Belichtungsdauer auf das Einsetzen der Diapause als Unterbrechung der Morphogenese) (MLETZKO u. MLETZKO, 1977, 20), und auch die Schlüpfzeiten der Drosophila wurden mit diesem Rhythmus in Beziehung gesetzt. (MLETZKO u. MLETZKO, 1977, 21)

Die Tagesrhythmik ist im Tierreich nicht zuletzt aus ökologischen Gründen von Wichtigkeit. So paßt sich z.B. der Zilpzalp (Phylloskopus collybita) dem Pflanzenreich an, wenn er nur in den frühen Morgenstunden, wenn das Gras noch ausreichend feucht ist, seine Nestbauaktivität entfaltet. (BÜNNING, ³1977, 113)

Ebenso können sexuelle Rhythmen, Beutefang u.a. unter dem Gesichtspunkt der ökologischen Anpassung betrachtet werden. (BÜNNING, ³1977, 113–114)

Von hervorragendem Interesse ist unter dem ökologischen Gesichtspunkt der Blumenbesuch der Insekten, der verschiedene Forscher zur Untersuchung des »Zeitgedächtnisses« der Insekten anregte. Die ökologische Komponente dieses Rhythmus liegt darin, daß »(...) die Blüten nicht nur artspezifisch zu unterschiedlichen Tageszeiten geöffnet sind, sondern auch Nektarabsonderung und Pollendarbietung auf wenige Stunden des Tages beschränkt sein können«. (BÜNNING, ³1977, 114)

Auch bei der Untersuchung der Orientierungsfähigkeit der Tiere stellte sich heraus, daß die Sonne eine mögliche Rolle für den Mechanismus spielt. Weil der Sonnenstand sich verändert, ist damit ein rhythmischer und zugleich zeitlicher Faktor verbunden, weshalb die »(...) Orientierung als zeitabhängiges Problem (...) somit für die Rhythmusforschung interessant« (MLETZKO u. MLETZKO, 1977, 85) wird.

Außer dem im Pflanzen- und Tierreich dominierenden Tag-Nacht-Rhythmus kommt auch der Mondrhythmus im Pflanzen- und Tierreich als Exo-Endo-Rhythmus in Betracht.

Nach neueren Untersuchungen tritt der Mondrhythmus beim Pflanzenwachstum (siderischer Mondrhythmus, 27,3 Tage) zu Tage, was an den Schwankungen des Ernteertrages von Bohnen, Kartoffeln und Radieschen ersichtlich wurde. (HILDEBRANDT, 1980a, 3670)

Zwar werden die Mondphasen nur noch selten bei der Aussaat unserer Kulturpflanzen berücksichtigt. Nach jahrelanger Forschung gelang es jedoch Maria Thun, nachzuweisen, daß eine Korrelation besteht zwischen Typenänderung, Gewichts- und Längenwachstum von Wurzel, Knolle, Blatt und Samen von Radiespflanzen und der wechselnden Stellung des Mondes vor dem Tierkreishintergrund zur jeweiligen Aussaatzeit. (HÖRNER, 1978, 110)

Neu in dieser Hinsicht ist der von Agnes Fyfe erbrachte Nachweis von Beziehungen zwischen Wachstumsrhythmen einzelner Blütenpflanzenarten und dem Umlauf der Mondknoten. (HÖRNER, 1978, 110)

Besonders tritt der rhythmische Mondeinfluß auf die Pflanzen- und Tierwelt in Gebieten am Meer zu Tage. Durch den rhythmischen Wechsel der von den Gravitationskräften von Mond und Sonne bedingten Ebbe und Flut werden periodisch bestimmte Küstenstreifen mit Wasser überflutet und wieder freigelegt. An diesen Wechsel paßten sich die Organismen an, indem sie einem circatidalen und circadianen Rhythmus folgen. (MLETZKO u. MLETZKO, 1977, 27) So zeigt z. B. die marine Braunalge Dictyota dichotoma in der Gametenabgabe einen deutlichen mondabhängigen Rhythmus von 14,7 Tagen. (MLETZKO u. MLETZKO, 1977, 27)

In diesem Zusammenhang berühmt geworden ist der Südsee-

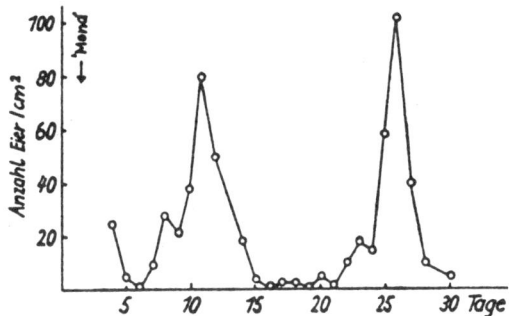

Auslösung der semilunaren Periodizität der Eientleerung durch einmalige Nachtlichtgabe (Pfeil) mit einer Intensität von 0,3 lux bei der Braunalge *Dictyota dichotoma*. Nach VIELHABEN 1963

Palolowurm. Dieser gibt zu einer bestimmten Tageszeit im letzten Mondviertel von Oktober und November sein mit Geschlechtsprodukten gefülltes Hinterteil zur Fortpflanzung ins Wasser ab. Dieser Rhythmus ist ein synodisch-lunarer.

Ein syzygisch-lunarer Rhythmus (14,7 Tage Periodendauer) ist beim Grunionfisch an der kalifornischen Küste beobachtbar: Während der Neu- und Vollmond-Springtiden legt dieser seine Eier am Strand ab, die sich bis zur nächsten Springtide nach 14 Tagen entwickeln und wiederum ins Wasser gelangen. (HILDEBRANDT, 1980a, 3670)

Auch bei anderen Tierarten wurden Mondrhythmen festgestellt. So wurde z. B. am Guppy höchste Gelb- und niedrigste Violettempfindlichkeit während der Neumondphase festgestellt. (MLETZKO u. MLETZKO, 1977, 28)

Ein besonders für die Pflanzen dominierender Exo-Endo-Rhythmus ist der biologische Jahresrhythmus (z. B. Keimfähigkeit, Quellbarkeit, Enzymaktivität, photoperiodische Reaktionsweise u. a.). (HILDEBRANDT, 1980a, 3669) So sind wir ja gewohnt, bei den mehrjährigen Pflanzen einen Jahresrhythmus der Entwicklung, z. B. Laubentwicklung, Holzwachstum, Blühen, zu beobachten. (BÜNNING, 1949, 73)

Interessant ist, daß bei der Übertragung von Pflanzen, z. B. eines Baumes unserer Wälder in ein Tropenklima ohne erhebliche äußere Schwankungen, diese trotzdem ihr rhythmisches Verhalten beibehalten. Da nun die äußeren periodischen Einflüsse wegfallen, wird die innere Rhythmik unabhängiger, was dazu führt, daß die einzelnen Exemplare oder sogar nur Teile davon (z. B. Äste eines Baumes) verschiedene Jahresrhythmen zeigen, d. h. zu verschiedenen Zeiten belaubt, kahl, blühend, fruchttragend usw. sein können. (BÜNNING, 1949, 73)

Einen Jahresrhythmus zeigen auch die Samen vieler Pflanzen. Diese haben nach der Reife eine Ruheperiode, während der weder Temperatur, Quellung, noch Licht sie zum Keimen bringen können, an welche sich eine Periode der Keimbereitschaft anschließt. (LINDER, [17]1971, 220)

Erwähnt sei hier auch die Feststellung, daß die Luftverschmutzung sich im Winter weniger auf die Pflanzen auswirkt, was Anlaß war, die Spaltöffnungsbewegung zu untersuchen. Dabei wurde experimentell einwandfrei bewiesen, daß am Phaseolus vulgaris der Öffnungsgrad im Dezember am geringsten ist. Der Jahresrhythmus war statistisch signifikant, womit sich»(...) die Frage, wie die Pflanzen›wissen‹, wann die Jahreszeiten wechseln und dementsprechend ihren Spaltöffnungsrhythmus anpassen« (SCHMID, 1968, 468–482), erhebt. Vermutet wird, daß schon während der Samenbildung im Embryo»eine Uhr eingestellt« wird, wobei dann der Rhythmus auf die wachsende Pflanze übergeht. (SCHMID, 1968, 468–482)

Auch im Tierreich gehören viele Jahresperiodismen zu den Exo-Endo-Rhythmen. Bekannte solche Phänomene sind Winterschlaf, Vogelzug, Brunst, Diapause und Generationswechsel bei den Insekten. (HILDEBRANDT, 1980, 3669) Hier wird der Einfluß des jahreszeitlichen Lichtrhythmus deutlich, z. B. bei der Vorbereitung vieler Insekten auf die Überwinterung: »Durch die im Jahreslauf einander abwechselnden Generationen wird die Arterhaltung verwirklicht, sie erfolgt rhythmisch, indem jede zeitlich definiert auftretende Generation bestimmte Aufgaben im Gesamtzyklus zu erhalten hat.« (MLETZKO u. MLETZKO, 1977, 31)

Offensichtlich wirkt diese Photoperiode auch bei den Vögeln beim Vogelzug und bei vielen Tieren im Brunstzyklus. (MLETZKO u. MLETZKO, 1977, 31) So kann bei den Schafen ein Rhythmus festgestellt werden, der von der jahreszeitlich bedingten Tageslichtdauer abhängt und sich in eindeutigen Höhepunkten der Brunst äußert, die sich auf der Nord- und Südhalbkugel der Erde entgegengesetzt sind. (MLETZKO u. MLETZKO, 1977, 33)

Überhaupt besitzt der Jahresrhythmus für die Sexualität im Tierreich eine besondere Bedeutung, was aus folgendem Beispiel entnommen werden kann: »So legt etwa der englische Star mit der Präzision eines Uhrwerkes und unbeeindruckt von herrschenden Wetterverhältnissen seine ersten Eier in den letzten beiden Aprilwochen. Im Mai, einem futterreichen Monat, werden sie ausgebrütet – aber die Initialzündung des ganzen Prozesses liegt schon lange zurück. Wie ein Hersteller von Weihnachtskarten nicht bis zum Dezember warten kann, ehe er fleißig wird, so ist auch das biologische Timing in die Zukunft hineingeplant. Die Paarung muß vor der Eiablage erfolgen, das Brüten beginnt nach der Eiablage, dann muß der Jungvogel erst fliegen lernen, und er muß das Fliegen beherrschen, ehe er den herbstlichen Vogelzug mitmachen kann; wandern aber muß er, bevor das kalte Wetter kommt, bevor die Nahrungsquellen versiegen und die Umwelt für ihn tödlich wird. Alle Einzelzyklen sind Teile des größeren Zyklus der allgemeinen Lebensproduktion, die wiederum auf den astronomischen Zirkel des Erdumlaufs und die Sonne abgestimmt sind.« (SMITH, 1970, 201)

Da bei vielen Tierarten die Sexualität mit dem Jahresrhythmus verbunden ist, geht Smith sogar so weit zu sagen, daß der Jahreszyklus ein »vergrößerter Sexualzyklus« sei. (SMITH, 1970, 215)

Augenfällig ist auch der jahresrhythmische Wechsel der Farbe des Felles bei einigen Tieren in der Arktis, und auch bei uns hat das große Wiesel bekanntlich im Winter ein weißes, im Sommer ein bräunliches Fell. (MLETZKO u. MLETZKO, 1977, 34)

Auch der Winterschlaf ist ein Phänomen, das als Anpassung an die klimatischen Verhältnisse im Jahresrhythmus zu betrachten ist

(SMITH, 1970, 245-262), wie z. B. beim Hamster, der im Hinblick auf den Winterschlaf sein Gewicht ändert, oder beim Feldhamster, wo im Sommer und im Herbst ein deutlicher Gewichtsanstieg zur Vorbereitung auf den Winterschlaf verzeichnet werden kann und entsprechend dazu ein Absinken vom Winter in den Frühling. (MLETZKO u. MLETZKO, 1977, 32)

Zusammenfassend kann man in bezug auf den Jahresrhythmus festhalten, daß die jahresrhythmischen Änderungen biologischer Prozesse stabil sind und daß»(...) ohne endogene ›Vorprogrammierung‹ die Erhaltung der Arten in den wechselnden geophysikalischen Bedingungen nicht gewährleistet sein kann«. (MLETZKO u. MLETZKO, 1977, 34)

In diesem Sinne drückt auch Berthold seine Überzeugung von der Wichtigkeit des Jahresrhythmus für die Tiere aus, wenn er schreibt:»Der Besitz dieser inneren Kalender erscheint uns vielfach plausibel und wurde offenbar im Laufe der Evolution zur Aufrechterhaltung einer jahreszeitlichen Ordnung bei jahrelang lebenden Organismen notwendig.« (BERTHOLD, 1974, 29-30)

3. *Endo-Rhythmen* sind rein endogene Spontanrhythmen ohne äußere Zeitgeber. Typisch ist für sie, daß sie innerhalb des Organismus untereinander koordiniert werden und daß so ganz spezifische Frequenz- und Phasenbeziehungen entstehen. (HILDEBRANDT, 1980a, 3668)

Bei Pflanze und Tier sind hier die Erregungsprozesse zu erwähnen, die mit elektrophysiologischen Vorgängen verbunden sind und im allgemeinen rhythmischen Charakter besitzen. (MLETZKO u. MLETZKO, 1977, 48) Zu diesen zählen auch Oszillationen auf humoraler Basis (MLETZKO u. MLETZKO, 1977, 52-57) und enzymatische Schwingungen. (MLETZKO u. MLETZKO, 1977, 57-59) Rhythmen des Kreislaufes und der Atmung, der Nerventätigkeit und der Elektroencephalogramme sind ebenfalls bei den Spontanrhythmen einzuordnen. (HILDEBRANDT, 1980a, 3674)

Als Ergänzung zu den allgemein anerkannten Forschungsergebnissen seien hier noch zwei Arbeiten aus der anthroposophisch orientierten Naturwissenschaft erwähnt.

Wie wir bereits wissen, spielt der Rhythmus in der gesamten anthroposophischen Wissenschaft eine große Rolle, was sich insbesondere auch in Arbeiten naturwissenschaftlicher Richtung niederschlägt.

Ein solcher Beitrag zur Erforschung der Rhythmen in der Natur und im Menschen stammt von Wachsmuth, der versucht, Ergebnisse aus der Geisteswissenschaft Rudolf Steiners einerseits und solche der internationalen Gesellschaft für biologische Rhythmusforschung andererseits in seine Darstellung einzubeziehen. Im Vorwort seines Buches schreibt er, daß es sein Anliegen sei, angesichts der heutigen Hauptproblematik, welche die Suche nach der Ursache des Rhythmus in den verschiedenen Naturreichen betrifft, zu zeigen, daß »(...) der auslösende Faktor nicht im Stofflichen (...)«, sondern in einer Art Kräfteorganisation des Erdorganismus zu finden sei. (WACHSMUTH, 1945, 9) »Es wird durch weitestgehende Zusammenstellung der heutigen Forschungsergebnisse auf beiden Gebieten aufgezeigt, daß die meteorologischen und die biologischen Rhythmen synchron schwingen und daß dies aus der Einordnung beider Prozesse in dieses Kraftfeld der Erde resultiert.« (WACHSMUTH, 1945, 9)

Dabei geht es Wachsmuth darum, die Wesensverwandtschaft zwischen dem makrokosmischen Organismus der Erde und dem mikrokosmischen des Menschen, der Pflanze und des Tieres aufzudecken. (WACHSMUTH, 1945, 23)

Nach ihm verlaufen allgemein bei den Pflanzen Zellteilung und Streckenwachstum tagesrhythmisch, wobei die beiden Perioden einander entgegengesetzt sind, d. h. die größte Streckungsphase findet am Vormittag bis gegen 16 Uhr statt, das Minimum der Zellteilung dagegen liegt um 4 Uhr nachts. (WACHSMUTH, 1945, 305–306) (siehe Abbildung auf Seite 145)

Diesen Tagesrhythmus der Pflanze (sowie der Tiere und auch des Menschen) ordnet Wachsmuth in den Rhythmus des Erdganzen ein, d. h. Rhythmen des Luftdruckes, des elektrischen und des magnetischen Feldes und viele meteorologische Komponenten sowie biologische Prozesse im Pflanzenreich (einschließlich der

Rhythmen im Tierreich und im menschlichen Organismus) sind gemeinsam mit dem Rhythmus der Erde koordiniert. (WACHSMUTH, 1945, 169–170) Dabei ist der Grundrhythmus des Erdorganismus die »doppelte Welle« des 3 Uhr-9-Uhr-Rhythmus. (WACHSMUTH, 1945, 170)

Zusammengefaßt läßt sich nach Wachsmuth die Verbindung der Rhythmik im Pflanzenreich (analog auch im Tierreich und beim Menschen) zur Erde folgendermaßen beschreiben: Die Blätter der Pflanze nehmen die Tagstellung ein, wenn am Morgen die »Ausatmung« des Erdganzen beginnt. Parallel zu diesem »Ausatmungsprozeß« steigen die Pflanzensäfte, die Spaltöffnungen öffnen sich.»Es ist ein allgemeiner Aufsteigens- und Expansionsprozeß, der sich in all diesen Phänomenen darlebt.« (WACHSMUTH, 1945, 331) Gegen Mittag, wenn die Erde den Höhepunkt der »Ausatmung« erreicht, zeigen auch die Pflanzen in ihrem Tagesrhythmus ein Ansteigen der Atmungsgröße, der CO_2-Produktion, sowie der Nektarsekretion. Das Maximum der Aktivität und Produktivität liegt um 15 Uhr, bevor nachher, wenn der Erdorganismus nach diesem Wendepunkt mit der »Einatmung« beginnt, auch die Pflanzen ihre Blätter zu senken anheben. Im Gegensatz zum aufsteigenden Wasserstrom am Morgen gleitet nun der Strom der erworbenen Nährstoffe abwärts, und das Wasser hat die Tendenz, sich im Innern anzureichern. (WACHSMUTH, 1945, 331)

Übrigens unterscheidet auch Bünning deutlich zwei Phasen im Tagesrhythmus, und er betont, daß es für das Verständnis der Rhythmik wesentlich sei, daß sich die beiden Phasen der endogenen Tagesperiodik nicht nur quantitativ, sondern qualitativ voneinander abheben. Nicht nur ist einmal die Fermentaktivität höher und einmal niedriger, sondern die eine Phase zeichnet sich durch synthetische, die andere durch abbauende Fähigkeit der Fermente aus.»Und gerade hierin kommt der tiefere Sinn dieser Rhythmik zum Ausdruck; sie ermöglicht es offenbar (...), daß die Pflanze durch periodische Einschaltung von Extremzuständen den verschiedenartigen Aufgaben besser gerecht werden kann, als

Phasen der pflanzlichen Prozesse im Tageslauf
(»geophasischer Tagesrhythmus«)

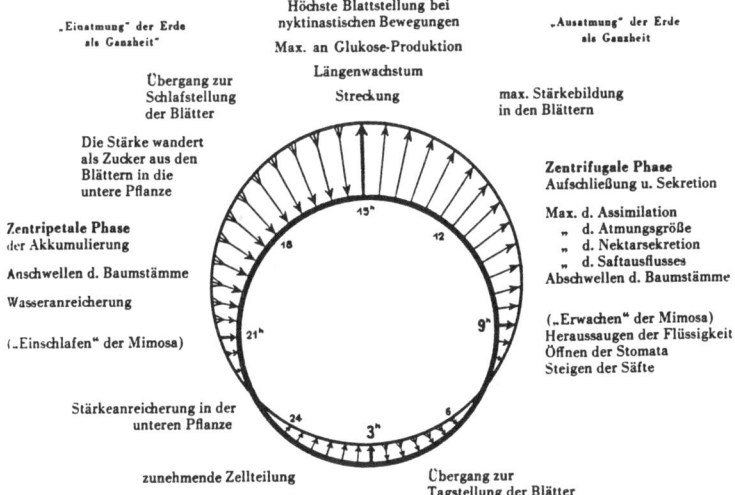

Maximum der
EXPANSION
Produktion
Entfaltung

„Einatmung" der Erde als Ganzheit"

Übergang zur Schlafstellung der Blätter

Die Stärke wandert als Zucker aus den Blättern in die untere Pflanze

Zentripetale Phase der Akkumulierung

Anschwellen d. Baumstämme

Wasseranreicherung

(„Einschlafen" der Mimosa)

Stärkeanreicherung in der unteren Pflanze

zunehmende Zellteilung

Höchste Blattstellung bei nyktinastischen Bewegungen
Max. an Glukose-Produktion
Längenwachstum
Streckung

Übergang zur Tagstellung der Blätter

„Ausatmung" der Erde als Ganzheit

max. Stärkebildung in den Blättern

Zentrifugale Phase
Aufschließung u. Sekretion

Max. d. Assimilation
 „ d. Atmungsgröße
 „ d. Nektarsekretion
 „ d. Saftausflusses
Abschwellen d. Baumstämme

(„Erwachen" der Mimosa)
Heraussaugen der Flüssigkeit
Öffnen der Stomata
Steigen der Säfte

KONZENTRATION

Akkumulierung

Verselbständigung

Tiefste Schlafstellung bei nyktinastischen Bewegungen
Max. der Kern- und Zellteilung
 „ an Wuchsstoff-Konzentration
 „ der Stärke-Anreicherung in den unteren Pflanzenteilen
Min. des Saftausflusses

wenn sie einen mittleren Zustand konstant aufrechterhält, der für keine der unterschiedlichen Aufgaben optimal ist.« (BÜNNING, 1949, 75)

Auch Kranichs Arbeiten stammen aus der anthroposophisch orientierten Wissenschaft. Indem er nach goetheanistischer Forschungsweise vorgeht, versucht er Beziehungen zwischen planetarischen Rhythmen und den Pflanzenstrukturen aufzuzeigen. Nach ihm ist es erforderlich, »(...) auf der einen Seite die ganze Pflanze in ihrer Bildung, auf der anderen Seite die Planetenwelt in ihren Rhythmen und ihren Ordnungen zu betrachten, um im Überschauen beider Gebiete Beziehungen und Übereinstimmungen auffinden zu können«. (KRANICH, 1976, 11) Solche Beziehungen ergeben sich nach Kranich z. B. zwischen der Blattstellung und der Blütenbildung in bezug auf den Zentralsproß einerseits und der Planetenbewegung und ihren Stellungen zur Sonne andererseits (KRANICH, 1976, 31–166), wobei Kranich der Meinung ist, daß man bei einer solchen Betrachtung »(...) immer deutlicher darauf aufmerksam (...)« wird, »(...) daß sich in der einzelnen Pflanzengattung die gesamte planetarische Welt offenbart – und zwar so, daß deren Rhythmen und Sphären sich mit verschiedener Intensität durchdringen«. (KRANICH, 1976, 171)

3.3 Rhythmus und Mensch

Wenn im Zusammenhang mit dem Menschen vom Rhythmus gesprochen wird, so muß zunächst festgehalten werden, daß hier sehr unterschiedliche Bereiche berührt werden.

Wenn wir von einem Menschenbild als einer Ganzheit von Körper, Seele und Geist ausgehen, so können wir analog zu dieser Gliederung den Rhythmus im physischen, im psychischen und im geistigen Bereich untersuchen. Damit werden wir denn auch dem Rhythmus gerecht, der, wie wir bereits im Kapitel 1 festgestellt haben, etwas Umfassendes ist. Entsprechend versteht sich die rhythmische Erziehung nach dem pädagogischen Lexikon ja als eine »ganzheitliche«, was uns geradezu auf die Mannigfaltigkeit der rhythmischen Erscheinungsweisen verweist.

Wenn wir im folgenden verschiedene Gebiete der menschlichen Rhythmen streifen, werden wir dabei die »Ganzheit« Mensch wohl kaum erfassen können. Trotzdem möchte ich Bewußtsein dafür wecken, wie sehr auch das menschliche Leben von Rhythmen geprägt wird.

3.3.1 Rhythmen im menschlichen Körper

Immer mehr befreit sich der Mensch aus seiner natürlichen Umwelt, die von Rhythmen durchzogen ist. Heute kann der Mensch überall und zu jeder Zeit jedes beliebige Klima herstellen. Chemische Mittel erlauben ihm, direkt in das Rhythmengefüge des menschlichen Körpers einzugreifen: Wachheit kann in Schlaf verwandelt werden, Müdigkeit in Leistungssteigerung, der Menstruationszyklus kann unterbrochen werden usw. (HILDEBRANDT, 1981, 19)

Nichtsdestoweniger manifestiert sich auch heute noch die Beziehung des menschlichen Körpers zu seinen Umweltrhythmen. Unmittelbar erfahrbar wird die Bedeutung des Rhythmus, hier der 24-Stunden-Periodik, z. B. bei Flügen, die den Menschen von einer Zeitzone in eine andere führen. Denn der Organismus benötigt meistens mehrere Tage, um seine Körperrhythmen den neuen Umweltrhythmen anzupassen. (DRISCHEL, 1972, 3)

So gaben bei einer Umfrage, die die medizinische Abteilung der Air France durchführte, z. B. mehr als zwei Drittel der 312 Besatzungsmitglieder an, unter Störungen zu leiden, die sie der Zeitzonenveränderung zuschrieben, und während einer Flugreise, bei der sich Versuchspersonen fünf Tage in Alaska aufhielten, nachdem sie von Paris dorthin geflogen waren, brauchte ihr Organismus fünf Tage, bis sich der Ausscheidungsrhythmus an die Lokalzeit angepaßt hatte. (Kurzberichte aus der Wissenschaft, 1968, 163–164)

Auch andere Versuche bestätigen, daß eine Loslösung aus den

natürlichen Rhythmen nicht ohne Folgen bleibt: Bei Versuchspersonen, die einen künstlichen 21- oder 27-Stunden-Tag verbrachten, wurde deutlich, daß diese Durchbrechung des natürlichen Rhythmus eine innere Desynchronisation hervorruft, indem gewisse Parameter im 24-Stunden-Rhythmus weiterschwingen, andere sich aber dem neuen einfügen, woraus Hildebrandt folgert, daß das ganze circadiane System aus einzelnen »inneren Uhren« besteht, die im Normalfall koordiniert sind, bei Störungen jedoch auseinanderfallen. (HILDEBRANDT, 1981, 21)

Dieselbe Feststellung wurde beim Isolationsexperiment gemacht, und die Vermutung liegt nahe, daß »(...) jede Körperzelle eine eigene innere Uhr« besitzt. (HILDEBRANDT, 1981, 21) Daher darf geschlossen werden, »(...) daß der Mensch auf die Verankerung seiner Circadianrhythmik in einer erdspezifischen Umweltordnung angewiesen ist, wenn er nicht die Basis seines biologischen Zeitorganismus gefährden will«. (HILDEBRANDT, 1981, 21)

Die Erforschung der menschlichen Rhythmen hat in den letzten Jahrzehnten große Fortschritte gemacht. (HILDEBRANDT, 1984, 1) Nachdem sich die Medizin lange Zeit auf den räumlich-morphologischen Aspekt des Organismus konzentrierte, wird neuerdings auch der zeitlichen Gliederung Beachtung geschenkt (HILDEBRANDT, 1984, 1), denn vor allem »(...) im Hinblick auf funktionelle Gesichtspunkte dürfte (...) die Zeitstruktur der Lebensvorgänge vielleicht noch wichtiger sein als die räumliche Struktur und ihre Störungen«. (HILDEBRANDT, 1984, 1)

In dieser Beziehung spricht Hildebrandt von einer »Zeitgestalt« (HILDEBRANDT, 1980, 177), und Aschoff bringt eine Veranschaulichung durch den Vergleich mit einem Haushalt, der eine gewisse räumliche und zeitliche Ordnung voraussetzt. (ASCHOFF, 1964, 41)

Symptome für diese oftmals verlorengegangene zeitliche Ordnung sind die heute zunehmend chronisch verlaufenden Krankheiten. Man vermutet deshalb, daß hier erst das Studium der biologischen Zeitordnung über die Behandlung Aufschluß geben kann, da ja »chronisch« gerade den Verlust eines geordneten zeitlichen Ablaufes ausdrückt. (HILDEBRANDT, 1984, 1)

Auf den Zusammenhang Zeit–Rhythmus, der hier angesprochen wird, sind wir schon mehrere Male verwiesen worden, und er wird noch einmal deutlich, wenn Hildebrandt sagt: »Wir können heute davon ausgehen, daß zeitliche Ordnung über eine hierarchisch aufgebaute Funktionsordnung verfügt, deren nähere Kenntnis die Grundlage für jeden Versuch einer wissenschaftlich begründbaren Ordnungstherapie darstellen muß.« (HILDEBRANDT, 1980, 178)

Wie bei der Pflanze und dem Tier verlaufen also auch im menschlichen Organismus zahlreiche Prozesse rhythmisch, ja seit einiger Zeit »(...) hat sich in der biologischen und medizinischen Grundlagenforschung die Erkenntnis durchgesetzt, daß fast alle vitalen Funktionen des Organismus rhythmisch ablaufen«. (FAUST, 1977, 295–296)

Jores ist sogar der Meinung, »(...) daß es in unserem Organismus keine Größe gibt, die wir messend verfolgen können, die nicht auch bei Konstanz der Außenbedingungen ein rhythmisches Geschehen aufweist«. (JORES, 1949, 84)

Bedeutend für die Therapie ist insbesondere die Beobachtung, daß die verschiedenen Rhythmen im Körper des Menschen in bestimmten Verhältnissen zueinander stehen und so eine gewisse Ordnung garantieren. Hildebrandt vergleicht dies mit den musikalischen Proportionen: »Ähnlich wie in der Musik harmonische Intervalle auf ganzzahligen Frequenzverhältnissen beruhen, besteht auch im Organismus eine harmonisch proportionierte Frequenzordnung der Rhythmen.« (HILDEBRANDT, 1977, 401)

Nebenbei sei hier bemerkt, daß dieses Forschungsergebnis der Chronomedizin nicht neu ist. Bereits Augustinus ahnte nämlich, daß die lebenden Organismen eine gewisse zahlenmäßige Harmonie und Ordnung besitzen, wenn er schrieb: »Ja, auch für des Baumes räumliche Zahlhaftigkeit sind zeitliche Zahlen Voraussetzung gewesen. Denn in jeder Wurzel regt sich bereits in geheimnisvollsten Zahlen jene Kraft, die sie jeweils vom Samen her mitbekommen hat, und die in meßbaren Zeiträumen das Keimen, Wachsen, Blätterentfalten, Früchtetragen und von neuem Samenstreuen be-

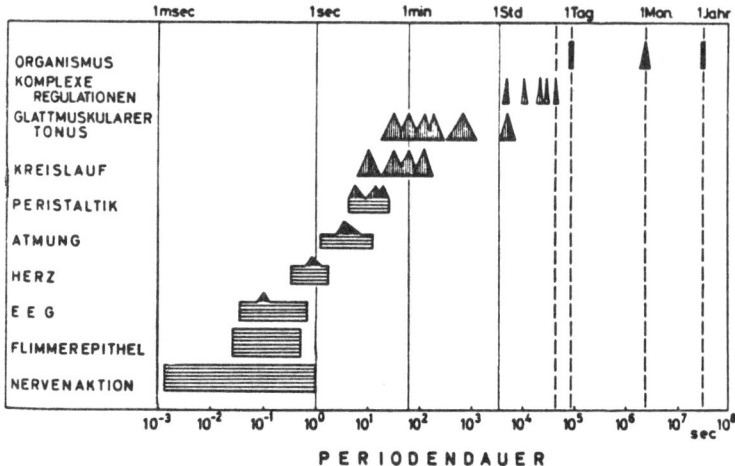

(HILDEBRANDT, 1978, 25)

wirkt. Und offenbart sich dies nicht noch viel stärker in den Körpern der Lebewesen, deren Glieder die zahlhafte Gleichheit noch weit mehr beweisen?« (AUGUSTINUS, [2]1940, 277)
Die Periodendauer der menschlichen Rhythmen reicht von $1/1000$ sec bis zu Jahren. (HILDEBRANDT, 1984, 1)
Bei der Betrachtung des Spektrums ergeben sich folgende Gesichtspunkte:

1. Mit der Periodendauer nimmt die Komplexität zu. Wenn wir im kurzwelligen Bereich rhythmische Aktionen einzelner Zellen und Gewebe und Organe finden, so sind es später ganze Systeme und schließlich der ganze Organismus. Dies heißt, daß die komplexen Rhythmen den ganzen Organismus regelmäßig verändern.
2. Das Spektrum enthält zwei verschiedene Bereiche: a) die langwelligen Rhythmen, die mit Rhythmen der Umwelt korrespondieren (z. B. Tages-, Monats- und Jahresrhythmus). Hier stellt sich die Frage, wie weit der Mensch sich den Umweltrhythmen

einordnen soll und wie weit er heute die richtige Umwelteinordnung seines Organismus zerstört. b) die kurzwelligen Rhythmen, die unabhängig von den Umweltrhythmen verlaufen und eine eigene innere Ordnung aufrechterhalten.
3. Der Organismus besitzt nicht nur spontan-rhythmische Schwankungen, d. h. solche, die ständig ablaufen, sondern er gliedert auch seine Reaktionen phasisch-periodisch, was z. B. bei der zeitlichen Gliederung von Adaptationsprozessen und akuten Krankheiten zum Ausdruck kommt, wo die etwa 7-tägige Periodendauer, die sogenannte Circaseptanperiode vorherrscht. (HILDEBRANDT, 1984, 2–3)

Wichtig scheint vor allem, daß der Mensch durch die langwelligen Rhythmen in die Zeitordnungen der geophysikalischen und kosmischen Umwelt eingegliedert ist (HILDEBRANDT, 1980, 179) und daß im kurzwelligen Bereich zwischen den verschiedenen Rhythmen gewisse Beziehungen bestehen, indem alle Vorzugsfrequenzen und Frequenznormen untereinander in einfachen ganzzahligen Frequenzproportionen stehen. (HILDEBRANDT, 1980, 179) (Siehe Abbildung folgende Seite.)

Hier wie dort können Störungen im Rhythmengefüge entweder Krankheiten hervorrufen, oder sie können als Folgen von Krankheiten auftreten, was heißt, daß eine harmonische Einfügung in die Umweltrhythmen Grundlage zur Gesundheit bedeutet: »Die Intaktheit dieser Eingliederung der organischen Zeitstrukturen in die Umweltzeitordnung ist ein chronobiologisches Kriterium der Gesundheit, speziell in bezug auf den Tages- und Jahresrhythmus.« (HILDEBRANDT, 1980, 179)

Da sich heute der Mensch, wie wir bereits angedeutet haben, immer mehr von der Umwelt und ihrer natürlichen Zeitstruktur emanzipiert, ergeben sich vermehrt Probleme: »Während Pflanze und Tier in völligem Einklang mit den Rhythmen ihrer geophysikalischen Umwelt leben, hat der Mensch im Laufe seiner zivilisatorischen Entwicklung immer mehr Freiheitsgrade gewonnen, die es ihm ermöglichen, sich unabhängig von den Umweltrhythmen

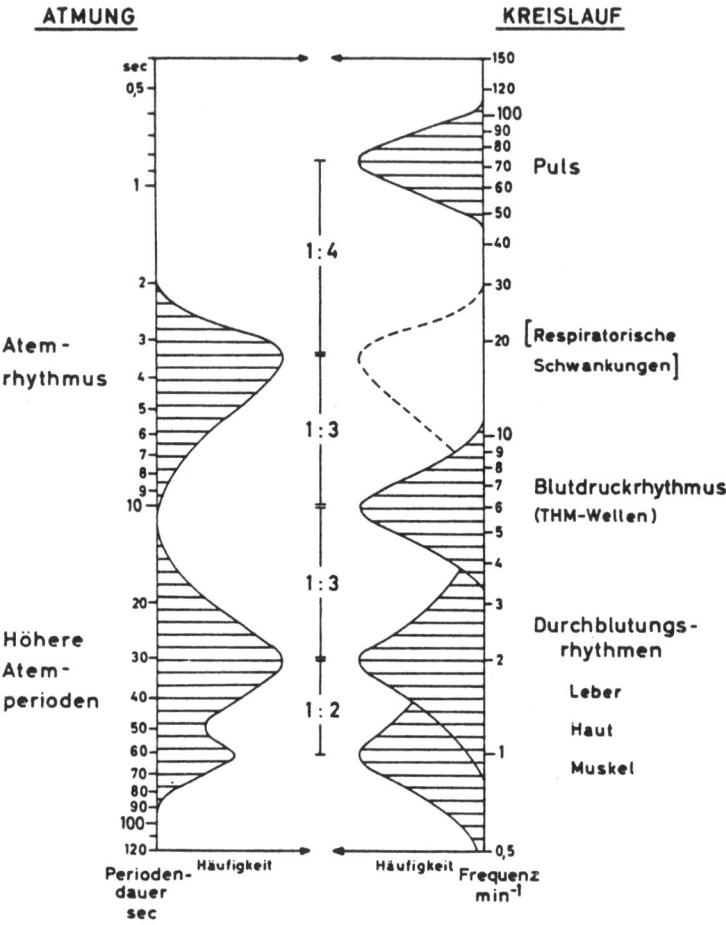

Häufigkeitsverteilung der Periodendauer bzw. Frequenzen von Atmungs- und Kreislaufrhythmen beim Menschen (halbschematisch) (nach HILDEBRANDT, unveröffentlicht)

zu verhalten. Seine inneren rhythmischen Umstellungen machen ihn zwar nicht geneigt, sie zwingen ihn aber nicht. Der dadurch entstehende biologische Zeitkonflikt betrifft insbesondere die langwelligen komplexen Rhythmen des Tages, der Woche, des Jahres und somit die Basis der zeitgestaltlichen Organisation.« (HILDEBRANDT, 1980, 212)
Obschon der Mensch ein Stück weit recht gut unter eingreifenden Umweltveränderungen (z. B. Schicht- und Nachtarbeit) leben kann, kann es dennoch zu schweren funktionellen Störungen kommen, die auf Rhythmusstörungen zurückführbar sind. So ist die Zunahme der funktionellen Störungen (Neurosen) auf die Dissonanz zwischen dem gehetzten Takt des modernen Kulturlebens und dem endogenen Rhythmus des einzelnen erklärbar. (ARBORELIUS, 1938, 993–994)
Im Rahmen dieser Untersuchung muß ich mich auf eine kleine Auswahl der menschlichen rhythmischen Funktionen beschränken, die unser ganzes Leben prägen.
So gibt es bereits im frühesten Stadium des menschlichen Lebens im werdenden Körper Prozesse, die rhythmisch verlaufen: die Teilungsvorgänge der Zellen des entstehenden Menschen erfolgen nach rhythmischen Stößen. (VON VERSCHUER, 1955, 500)
Weiter wird vermutet, daß die Bildung der Darmmuskulatur ein rhythmischer Vorgang ist, der später die Voraussetzung bildet zur peristaltischen Darmtätigkeit. (BLECHSCHMIDT, 1978, 137)
Vor dem 25. Tag beginnt dann bereits das Herz zu schlagen, und nach einigen Tagen erreicht es einen Rhythmus von 65 Mal pro Minute. (FLANAGAN, 1963, 36)
Im Verlauf des zweiten Trimesters (zwischen der 13. und 36. Woche) besitzt der werdende Mensch einen »Ruhe-Aktivitäts-Wechsel als fundamentalen Rhythmus«, und bereits sehr früh sind auch die pränatalen Bewegungen konstant rhythmisch mit tonischen und phasischen Ausbrüchen. Zudem beginnt von der 18. Woche an die Innervation der Atemmuskulatur durch rhythmische Impulse. (BÜRGIN, 1982, 155)
Auf die Bedeutung des Rhythmus im vorgeburtlichen Leben

werden wir jedoch eingehender im nächsten Kapitel noch zurückkommen.

Wie bereits erwähnt wurde, lassen sich die verschiedensten Vorgänge im menschlichen Körper als rhythmische Prozesse erkennen. »Die Komplexität der funktionellen Organisation läßt Schwingungsformen des Verhaltens auf allen Ebenen der biologischen Integration erwarten: zellulär, metabolisch-humoral, neuroendokrin und zerebral.« (SOLLBERGER, 1972, 116)

Entsprechend der Einteilung von Hildebrandt werden sich im folgenden unsere Beispiele a) auf den Bereich der langwelligen Rhythmen beziehen, wo der Tages-, der Wochen-, der Monats- und der Jahresrhythmus erwähnt werden, und b) auf den kurzwelligen Bereich.

a) *Der langwellige Bereich:* Nach Drischel bildet der 24-Stunden-Rhythmus den wichtigsten Rhythmus im großen Spektrum biologischer Rhythmen. (DRISCHEL, 1972, 3)

Am Carl-Ludwig-Lange-Institut für Physiologie wurde denn damit begonnen, einen Katalog der diurnalen Rhythmen zu erstellen, wobei bereits 70 bekannte tagesrhythmische Prozesse aufgelistet wurden. (DRISCHEL, 1972, 5)

Viele dieser Prozesse folgen innerhalb des Tages einem Rhythmus mit zwei Höchst- und zwei Tiefpunkten, wie ihn bereits Goethe erkannt hat. So erwähnt Klufas, daß Goethe in bezug auf die tagesrhythmischen Veränderungen eine wichtige Beobachtung gemacht hat, die noch heute Gültigkeit zu besitzen scheint: »In seinen letzten Lebensjahren beobachtete Goethe den meteorologischen Rhythmus und stellte fest, daß das Barometer zweimal am Tage, und zwar gegen 9 Uhr vormittags und 9 Uhr abends, ansteigt und ebenso zweimal am Tage, gegen 3 Uhr früh und 3 Uhr nachmittags, abfällt.« (KLUFAS, 1958, 9) Dieser Rhythmus ist heute als die »doppelte Luftdruckwelle« bekannt (KLUFAS, 1958, 9), und es lassen sich viele Prozesse in den von Goethe erwähnten Rhythmus einordnen (KLUFAS, 1958, 11), wie z.B. der Phasenwechsel der inneren Organe des Menschen, der mit dem 3 Uhr-9 Uhr-Rhythmus parallel verläuft. (KLUFAS, 1958, 12) Wir erin-

nern auch hier an die Forschungsarbeiten von Wachsmuth (siehe Kapitel 3.2.2) (siehe Abbildung folgende Seite).
Auch andere Forscher halten fest, daß es im Tageslauf spezifische Wendepunkte gibt, die zirka um 3/15 Uhr stattfinden. (HILDEBRANDT, 1961, 76)
Ansprechbarkeit und Empfindlichkeit des menschlichen Organismus wechseln z. B. im Tageslauf periodisch. Am empfindlichsten reagiert der Körper gegen 3–4 Uhr und 15–18 Uhr, wenn die gesamten vegetativen Regulationen in ihrer sympathischen-parasympathischen Balance umgeschaltet werden. (DRISCHEL, 1972, 5)
Beim Menschen ist ja ein steter Wechsel beider Nervensysteme derart vorhanden, daß der Sympathikus vor allem am Tag, der Vagus vor allem in der Nacht die Vorherrschaft haben. Entsprechend dazu ändern sich auch die Werte der Temperatur, des Blutdruckes, der Herztätigkeit, der Leukozyten usw. (JORES, 1938, 989)
In bezug auf die Körpertemperatur schildert Jores diese Rhythmen folgendermaßen:»Am längsten bekannt ist der Rhythmus der Körpertemperatur. Wir finden in den frühen Morgenstunden gegen 4 Uhr das Minimum und nachmittags gegen 17–18 Uhr das Maximum mit einem Unterschied bis zu einem Grad, auch unter den Bedingungen völliger Ruhe und gleichmäßiger Lebensweise.« (JORES, 1949, 83) Wir weisen hier darauf hin, daß dieser Rhythmus schon beim Säugling vorhanden ist. (JORES, 1949, 82)
Auch die Niere besitzt eine Rhythmik der Harnausscheidung mit dem Minimum am frühen Morgen, mit dem Maximum am Mittag und einem zweiten Gipfel am Nachmittag. Ebenso unterliegt die Blutbildung dem Tagesrhythmus mit einem Minimum gegen 4 Uhr morgens und einem Maximum am Vormittag. Sogar das Haarwachstum soll, wie nachgewiesen wurde, tagesrhythmisch vor sich gehen. (JORES, 1949, 82–83)
Bekannt sind insbesondere die Forschungsergebnisse Forsgrens, woraus hervorgeht, daß die Leber einen von den Mahlzei-

Die Rhythmen und Phasen der inneren Prozesse des menschlichen Organismus im Tageslauf

SEKRETION

Entleerung

Maximum der zentrifugalen, sekretorischen Phase

Phase um 15 Uhr:

Maximum der Ausscheidungstätigkeit der Leber und Nieren
„ der Glykogen-Mobilisation (Entleerung der Leber)
„ der Gallen-Produktion und Sekretion
„ der Diurese (auch auf Reisen nach Ortszeit)
Steigerung des Blutdrucks
„ des Blutkreislaufs
„ des Herzminutenvolumens
„ der Vitalkapazität der Lungen
„ des Sauerstoffverbrauchs und der Kohlensäureabgabe
Minimum der Glykogenablagerung in der Leber
„ der Fettresorption in der Darmwand

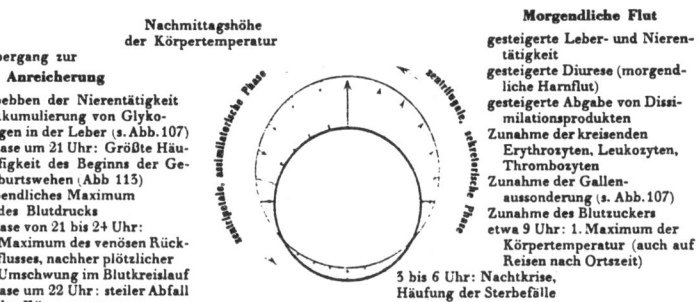

Nachmittagshöhe der Körpertemperatur

Übergang zur
Anreicherung
Abebben der Nierentätigkeit
Akkumulierung von Glykogen in der Leber (s. Abb. 107)
Phase um 21 Uhr: Größte Häufigkeit des Beginns der Geburtswehen (Abb 113)
Abendliches Maximum des Blutdrucks
Phase von 21 bis 24 Uhr: Maximum des venösen Rückflusses, nachher plötzlicher Umschwung im Blutkreislauf
Phase um 22 Uhr: steiler Abfall der Körpertemperatur

Morgendliche Flut
gesteigerte Leber- und Nierentätigkeit
gesteigerte Diurese (morgendliche Harnflut)
gesteigerte Abgabe von Dissimilationsprodukten
Zunahme der kreisenden Erythrozyten, Leukozyten, Thrombozyten
Zunahme der Gallenaussonderung (s. Abb. 107)
Zunahme des Blutzuckers
etwa 9 Uhr: 1. Maximum der Körpertemperatur (auch auf Reisen nach Ortszeit)
5 bis 6 Uhr: Nachtkrise, Häufung der Sterbefälle (s. Abb. 113)

KONZENTRATION

Anreicherung, Retention

Maximum der zentripetalen, assimilatorischen Phase

Phase um 3 Uhr:

Maximum der Glykogenanreicherung in der Leber
„ der Fettresorption in der Darmwand
„ der Blutanreicherung in Lungen und Beinen
„ der Wasserretention im Blut
„ der Anreicherung von Melanophorenhormon
„ der Verengerung der Kapillargefäße
Minimum der Gallensekretion
„ der Diurese, Wasserausscheidung
„ der Herzfrequenz, Pulsfrequenz
„ des Blutdrucks
„ des Blutkreislaufs
„ des venösen Rückflusses
„ des Herzminutenvolumens
„ der Vitalkapazität der Lungen
„ des Sauerstoffverbrauchs und der Kohlensäureabgabe
„ des Stoffwechsels
„ der Körpertemperatur

ten unabhängigen Rhythmus innehält mit alternierender assimilatorischer und sekretorischer Tätigkeit und daß die Gallensekretion einen Höhepunkt bei Tage, einen Tiefpunkt in der Nacht erreicht. (FORSGREN, 1938, 743)

Zu der Vielzahl der tagesperiodischen Prozesse im menschlichen Körper werden auch der Adrenalingehalt des Blutes und die Produktion des Melanophorengehaltes gezählt. (GUTHMANN, 1937, 452) Verschiedene Forscher vertreten sogar die Meinung, daß Geburt und Tod ebenfalls dem Tagesrhythmus eingeordnet seien. So stützt sich Guthmann auf Untersuchungen, die den Beweis erbracht haben sollen, daß sich bezüglich des Todes ein 24-Stunden-Rhythmus ergibt vor allem bei der Sterblichkeit der Säuglinge, sowie bei den Tuberkulosen, Altersschwächen und Kreislauferkrankungen (GUTHMANN, 1937, 452), und nach Klufas sollen statistische Erhebungen ein Maximum der Geburtswehen gegen 21 Uhr und ein Minimum zwischen 9–15 Uhr ergeben haben. (KLUFAS, 1958, 13) Diese Annahmen bestätigt auch Jores: »Die tiefgehende Bedeutung der sich im Laufe von 24 Stunden regelmäßig vollziehenden Umstellung erhellt wohl am besten aus der Tatsache, daß sich auch Geburt und Tod diesem Rhythmus einfügen.« (JORES, 1936, 411)

Noch wenig erforscht ist im allgemeinen der biologische Wochenrhythmus. Es fällt jedoch auf, daß insbesondere das Fortpflanzungsgeschehen eine Periode von sieben Tagen oder ein Mehrfaches davon umfaßt (z. B. Brutzeit der Vögel: Glucke 21 Tage, die meisten der kleinen Tag- und Nachtraubvögel 28 Tage, Habicht 35 Tage, Uhu und Höckerschwan 42 Tage).

Solche Zyklen existieren auch im menschlichen Organismus: die dicke Backe nach einem gezogenen Zahn schwillt von Woche zu Woche hin ab, die fehlenden roten Blutkörperchen nach dem Blutspenden werden alle sieben Tage aus dem roten Knochenmark in die Blutbahn nachgeliefert. (SCHAD, 1984, 10) Angesichts dieser Tatsache geht die Chronomedizin davon aus, daß der Wochenrhythmus, der im Gegensatz zu Tages- und Jahresrhythmus zunächst nach einer menschlichen Idee konzipiert wurde, dessenungeachtet sein Abbild auch im Biologischen zeigt:»Das biologische Äquivalent der Wocheneinteilung sind periodische vegetative Gesamtumschaltungen, die der Organismus erwiesenermaßen mit einer Periodendauer von etwa 7 Tagen erzeugen kann (Zirkaseptanperiodik).« (HILDEBRANDT, 1980, 219)

Eine solche Zirkaseptanperiodik wird insbesondere als sogenannte reaktive Periodik registriert, z. B. bei Infektionskrankheiten, Immunreaktionen, operativen Eingriffen, bei regenerativem und kompensatorischem Wachstum u. a. (HILDEBRANDT, 1980, 219–220)

Als ein Vielfaches des Wochenrhythmus kann auch der Monatsrhythmus betrachtet werden. Beispiel einer mehrwöchigen Periode dieser Art ist der weibliche Sexualrhythmus. (DRISCHEL, 1972, 35)

Solche Rhythmen werden oft mit dem Lunationsrhythmus in Zusammenhang gebracht, was jedoch umstritten ist. (vgl. HEKKERT, 1961)

Da viele Aussagen über die Mondeinflüsse auf das irdische Leben auf spekulativen Annahmen beruhen oder z.T. direkt aus dem Volksglauben stammen, gilt es hier äußerste Vorsicht walten zu lassen:»Es gilt, durch Feststellung einer rein biologischen Tatsache nicht okkulten Aspekten Raum zu geben.« (HECKERT, 1961, 111)

Als mondabhängig wird insbesondere der Menstruationszyklus der Frau betrachtet. So wies Guthmann an Untersuchungen von 10'939 Frauen nach, daß eine nach seiner Ansicht eindeutige, statistisch gesicherte Häufung des Eintritts der Menarche bei Voll- und Neumondphase besteht (GUTHMANN, 1937, 455), und nach eingehender Prüfung verschiedener Arbeiten, die sich mit dieser Frage auseinandersetzten, kommt auch Heckert zum Schluß, daß noch heute die Ansicht Baulinos (1940) gelte:»Ein nicht zu leugnender Zusammenhang zwischen Menstruationszyklus und Mondwechsel (Voll- und Neumond) muß zugegeben werden; hinsichtlich weiterer, näherer Aussagen ist Zurückhaltung geboten.« (HECKERT, 1961, 34)

Nach Hildebrandt ist dagegen jedoch »(...) für den Menstruationsrhythmus die häufig vermutete Synchronisation mit lunarperiodischen Vorgängen nicht mehr nachweisbar (...)«. (HILDEBRANDT, 1980, 190)
Da beim Menschen jedoch für andere Funktionen mondrhythmische Einflüsse existieren, kann angenommen werden, daß beim Menstruationsrhythmus eine »(...) fortschreitende Ablösung stattgefunden hat«. (HILDEBRANDT, 1977, 397)
Ähnlich formuliert es Bott, wenn er sagt, daß der 28-Tage-Rhythmus zwar auf das Mondgeschehen hinweise, dessenungeachtet »(...) unterliegt die Menstruation nicht direkt dem Einfluß des Mondes, sonst hätten ja alle Frauen ihre Periode zur gleichen Zeit. Der Mondrhythmus ist in Wirklichkeit ein verinnerlichter Rhythmus, den der weibliche Organismus gleichsam als Erinnerung bewahrt«. (BOTT, 1982, 174)
In diesem Zusammenhang ist es von Interesse, daß auch der Mann eine 28tägige Rhythmik in hormonalen Steuerungsvorgängen besitzt (HILDEBRANDT, 1977, 397), und ebenso wurde eine mögliche Beziehung des Geburtstermins zum synodischen Mond in Betracht gezogen. (HECKERT, 1961, 35)
Heckert referiert verschiedene Arbeiten, die anhand von Falldarstellungen z. T. mit statistischen Auswertungen untersuchen, ob eine Häufung von Geburtsterminen bei gewissen Mondphasen nachgewiesen werden kann. (HECKERT, 1961, 35–49)
Man ging auch der Frage nach, ob mondrhythmische Einflüsse auf das Geschlecht Auswirkungen haben. Bühler glaubt z. B., daß eine bei Knaben- und Mädchengeburten polar verlaufende 29,5 tägige (synodischer Mondumlauf) Periode vorhanden sei, derart, daß mit zunehmender Phase des Mondes eine Zunahme der Knaben- und eine Abnahme der Mädchengeburten, bei abnehmender Phase eine Abnahme der Knaben- und eine Zunahme der Mädchengeburten verzeichnet werden könne. (HECKERT, 1961, 38–39) Im Gegensatz dazu kam jedoch eine andere Arbeit mit umfangreicherem Material zum Ergebnis, daß keine solche Periodizität gesichert sei. (HECKERT, 1961, 39) Und Heckert selbst

gelangt nach der Durchsicht verschiedener Untersuchungen zum Schluß, daß sich eindeutige Beziehungen der Geburtsfrequenz zum Neu- und Vollmond und den beiden Vierteln ergeben. (HEK-KERT, 1961, 47)
Nachdem wir aber gesehen haben, daß diesbezüglich divergierende Meinungen vorliegen, muß diese Annahme wohl mit Vorsicht behandelt werden.

Hier läßt sich jedoch eine Brücke schlagen zum Kapitel 2, wo der Rhythmus als ein die Zeit und das Leben ordnendes Element im Zusammenhang früherer Kulturen betrachtet wurde. Der Zusammenhang zwischen Mond und Fortpflanzungsgeschehen im menschlichen Organismus wurde nämlich schon sehr früh geahnt. So geht aus der Interpretation einer steinzeitlichen Darstellung der großen Mutter hervor, welche Bedeutung der Mondrhythmus für den damaligen Menschen in dieser Hinsicht beinhaltete: »Genau nach dem Mondrhythmus vollziehen sich im weiblichen Körper Ereignisse, die für Geburt, Leben und Sterben das Maß geben. Alle neunundzwanzig Nächte wird der Mond neu geboren, und alle neunundzwanzig Tage stirbt er. Dreizehn Tage lang wächst er, dreizehn Tage lang nimmt er ab. Am Ende steht der Tod und steht die Wiedergeburt.

Genau dies meint die Frau von Laussel. Das bestätigt die linke Hand, die auf den Leib weist und damit deutlich macht: Das vom Mondhorn ablesbare Zeitgesetz ist zugleich auch das Gesetz für die Mysterien dieses Leibes.« (BÖTTCHER, 1968, 12)

Aus den wesentlichen Ergebnissen der Diskussion Heckerts in bezug auf den Mondrhythmus greife ich folgende Punkte heraus:

- »Es können Aussagen über die Realität lunarer Rhythmen bei einigen Körperorganen gemacht werden.« (HECKERT, 1961, 108)
- »Ein synodisch-lunarer Rhythmus der Sterbefälle ist vorhanden.« (HECKERT, 1961, 109)
- »Wie auch innerhalb anderer Rhythmen feststellbar, gehorchen Geburt und Tod hier ebenfalls derselben Periodizität: der Lu-

nation. Die Variationen in der Häufigkeit beider Phänomene ähneln sich auffallend und scheinen mit einer Phasenverschiebung von etwa 180° abzulaufen.«(HECKERT, 1961, 109)

Als eindeutig gesichert gelten heute überdies die Entdeckungen lunarrhythmischer Verschiebungen in der Harnsäureausscheidung (HILDEBRANDT, 1980a, 3670) und bei der Reaktionsgeschwindigkeit (SCHAD, 1984, 11), und ebenso soll die Farbempfindlichkeit auf hell und dunkel im Tag-Nacht-, im Wochen- und im Jahresrhythmus schwanken:»Wir sind auf Blau empfindlicher bei jedem Neumond durch das ganze Jahr hindurch, aber besonders um Johanni, auf Rot bei Vollmond mit zusätzlicher Verstärkung in der Mittwinterzeit.« (SCHAD, 1984, 11)

Damit kommen wir zum Jahresrhythmus, dessen Einfluß auf den menschlichen Organismus bereits in Alltagserfahrungen auftritt, wo die von kränkelnden Menschen gefürchteten»Übergangszeiten« Frühling und Herbst, die besonders bei Jugendlichen im Wachstum feststellbare Frühjahrsmüdigkeit u. a. hinlänglich bekannt sind. (HELLPACH, 1950, 124–125) Dieser Einfluß ist aber auch Gegenstand der Forschung, denn erst»(...) die wissenschaftliche Vertiefung der Alltagserfahrung offenbart es, daß alle Menschen auf der ganzen Erde in höchst gesetzmäßiger Weise von den Tages- und Jahreszeiten abhängig sind«. (HELLPACH, 1950, 125)

Trotzdem besteht die Gefahr, daß viele»(...) in der Gleichförmigkeit ihrer Lebensweise fast das Gefühl dafür verloren (...)« haben,»(...) daß es eine wirkliche Jahreszeitenbiologie des Menschen geben könnte, ja gibt. (...). Der einzige jahreszeitliche Wechsel besteht für sie darin, daß Teile dieses Tageslaufes zeitenweise an kahlen, zeitenweise an grünen Bäumen vorbei und abwechselnd in elektrisch gemilderter Dunkelheit – in Dämmerung – und in Tageslicht zurückgelegt werden, was – so scheint es wenigstens – biologisch ziemlich gleichgültig ist. Alle noch verbliebenen Reste eines jahreszeitlichen Wechsels der Lebensweise suchen technische Einrichtungen mannigfacher Art dann noch zu nivellie-

ren; sie illuminieren, klimatisieren, importieren oder konservieren Lebensmittel, automatisieren künstlich so weitgehend, als es irgend möglich oder wenigstens ›rentabel‹ ist«. (DE RUDDER, 1955, 776)
Feststellungen zur Frage des Einflusses des Jahreszeitenrhythmus auf den menschlichen Organismus nahmen zunächst ihren Ausgang vom Studium der Pathologie. (DE RUDDER, ^{3}1952, 123) Seit langem ist nämlich bekannt, daß der Jahresrhythmus die Voraussetzungen für Krankheit und Heilung beeinflußt, was sich aus der Häufung der saisonalen Erkrankungen und aus Schwankungen der Immunitätslage ergibt. (HILDEBRANDT, 1980, 192)
Mit diesem Problem hat sich de Rudder eingehend auseinandergesetzt und dabei festgestellt, daß drei verschiedene Möglichkeiten des jahreszeitlichen Einflusses auf den Organismus bestehen:

»1. Die Jahreszeit kann Änderungen im Vorkommen oder in der Virulenz des Erregers bedingen.
2. Die Jahreszeit kann Übertragungsmöglichkeiten schaffen, begünstigen oder erschweren.
3. Die Jahreszeit kann die Empfänglichkeit, die Erkrankungsbereitschaft des Menschen verursachen, erhöhen oder schwächen.« (DE RUDDER, ^{3}1952, 144)

Darüber hinaus können direkte und indirekte Saisonkrankheiten unterschieden werden. Bei den ersteren greift der Saisonfaktor direkt an, bei den letzteren beeinflußt er das Erkranken des Menschen, indem er geänderte Umweltbedingungen schafft. (DE RUDDER, ^{3}1952, 158)

So gibt es Krankheiten, die einen Winter-Frühjahrsgipfel, andere, die einen Sommergipfel aufweisen. (DE RUDDER, 1955, 777)

Uns interessiert aber vor allem, daß auch beim gesunden Menschen viele Funktionen einen deutlichen Jahresrhythmus haben.

Den Grundstein zu einer Lehre der jahreszeitlich unterschiedlichen Vorgänge im Menschen legte bereits 1884 der Taubstummenlehrer Malling-Hansen auf dem Kopenhagener Internationalen Medizinischen Kongreß, wo er berichtete, daß das Längenwachstum seiner Schüler im Winter minimal sei und im Frühling zu steigen beginne, bis es im Frühsommer das Maximum erreiche. (DE RUDDER, 1955, 778)

Auch andere Autoren bestätigten diese Ergebnisse, und einen gleichen Rhythmus fand man ebenfalls bei röntgenologischen Beobachtungen des Längenwachstums der Tibia von Säuglingen. (DE RUDDER, ³1952, 194)

Heute gilt für mehr als hundert Funktionen beim Menschen der Jahresrhythmus als erwiesen, wobei die Maxima und Minima gehäuft im Februar und August liegen. (HILDEBRANDT, 1977, 397)

Dabei wechseln zwei verschiedene Phasen ab: »Die Umstellungen des Organismus im Jahresrhythmus sind gekennzeichnet durch eine zunehmende ergotrope Einstellung der vegetativen Funktionen während der aufsteigenden Jahreshälfte und eine zunehmende Trophotropie während der absteigenden Jahreshälfte. Die Extremphasen des biologischen Jahres liegen im Durchschnitt im Februar und August.« (HILDEBRANDT, 1980, 192)

Ähnlich spricht de Rudder von einer physiologischen »Winterruhe« im Knochensystem und von einer »Winterruhe« im Stoffwechsel und weist darauf hin, daß es jedem Friseur geläufig sei, daß das Haarwachstum im Winter geringer sei. (DE RUDDER, ³1952, 194–197)

Jahresrhythmische Schwankungen werden auch beobachtet beim Phosphor-, Jod- und Calciumgehalt des Blutes, seiner CO_2-Spannung und seiner Wasserstoffionenkonzentration. Ebenso werden Thyroidea, Prähypophyse und Testikel, Haut- und Nervensystem vom Jahreslauf beeinflußt. (GUTHMANN, 1937, 452)

Darüber hinaus wird wie der Tages- so auch der Jahresrhythmus mit Geburt und Tod in Zusammenhang gebracht. So besteht nach Guthmann eine deutliche jahreszeitliche Schwankung der Konzeptionshäufigkeit. Die Hauptempfängniszeit soll zwischen April und Juli mit einem Maximum im Mai liegen (GUTHMANN, 1937, 455), und in den Kulturländern der nördlich gemäßigten Zone soll die Gesamtmorbidität einen deutlichen Anstieg im Spätwinter und anfangs Frühling aufweisen. (DE RUDDER, ³1952, 187) An-

hand der Kurve der jährlichen Sterblichkeit an Herzinfarkten ersieht man ein Minimum im August und dann einen Anstieg, bis der Gipfel Anfang Februar erreicht ist. Den gleichen Verlauf zeigen andere Krankheiten wie Lungenkrankheiten, Grippe, chronischer Gelenkrheumatismus, akute und chronische Nierenentzündung, Syphilis. (SCHÖFFLER, 1983, 56)
Wenn man abschließend bedenkt, wie viele Funktionen des menschlichen Organismus mit dem Jahresrhythmus der Natur korrespondieren, so kann man sich fragen, ob eine größtmögliche Emanzipation aus dieser Ordnung »(...) nicht ohne Rückwirkung auf den Organismus (...)« sein könnte, »(...) der einen vielleicht doch irgendwie physiologischen Rhythmus aufgegeben hat, wobei wir uns erinnern wollen, daß fast alles Leben physiologisch in Rhythmen sich vollzieht«. (DE RUDDER, ^{3}1952, 255–256)

b) *Der kurzwellige Bereich:* Als Beispiel seien hier genannt: bioelektrische Potentialschwankungen bei Hirntätigkeit, Ableitungen von der Hirnrinde und tiefer gelegener Regionen, mechanische Mikroschwingungen (Erschütterungsschwingungen), rhythmische Tätigkeit des Herzens, Schwankungen des arteriellen Blutdruckes u. a. (DRISCHEL, 1972, 10–24)

Wie wir bereits erwähnt haben, bestehen hier zwischen den Rhythmen gewisse Beziehungen, wobei die Vorzugsfrequenzen zueinander in ganzzahligen Frequenzproportionen stehen. (HILDEBRANDT, 1980, 179)

Die Magenperistaltik steht z. B. zum Minutenrhythmus im Verhältnis 3:1 und der Rhythmus der Zwölffingerdarmkontraktionen zur Magenperistaltik im Verhältnis 4:1. Dadurch entsteht eine harmonische Gliederung des Spektrums. (HILDEBRANDT, 1980a, 3674) Dabei ist die »(...) bekannteste Frequenzabstimmung (...) die zwischen Herz- und Atemrhythmus. Das Frequenzverhältnis beträgt beim gesunden, ruhenden Menschen 4:1«. (HILDEBRANDT, 1980a, 3674) Dieses Verhältnis entsteht dadurch, daß der Rhythmus des Herzschlages eine Frequenz von etwas über 70/min. und der Atemrhythmus eine Frequenz von ca. 18/min. aufweisen. (HILDEBRANDT, 1977, 395)

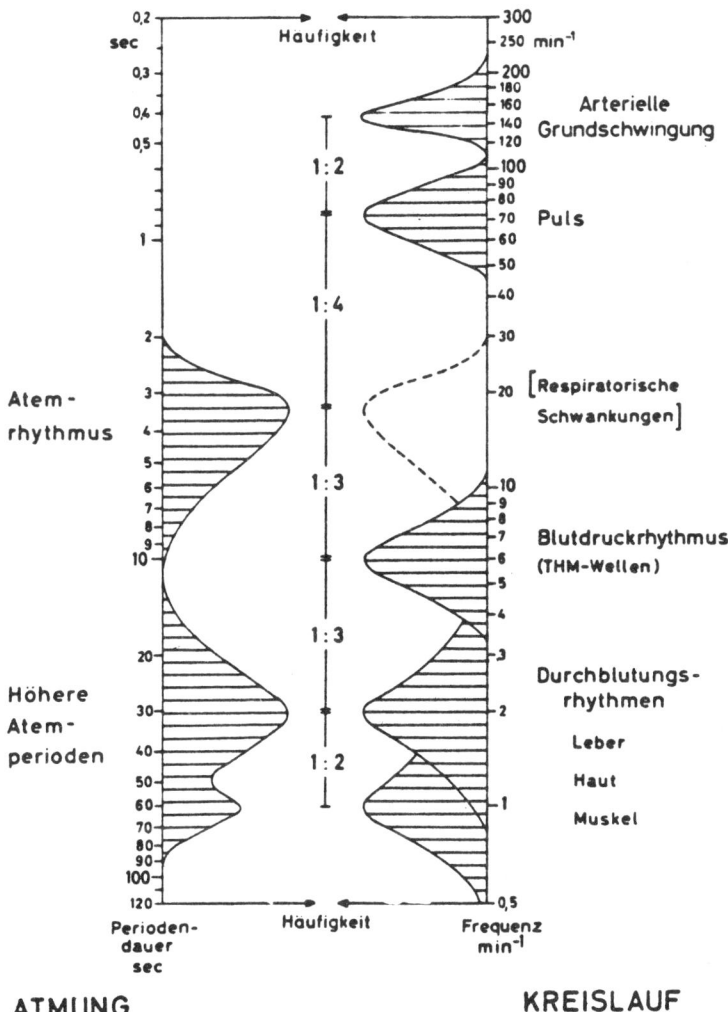

Häufigkeitsverteilung der Frequenz bzw. Periodendauer verschiedener Kreislauf- und Atmungsrhythmen beim Menschen. Die Häufigkeiten sind von beiden Seiten zur Mitte hin aufgetragen. (Nach HILDEBRANDT 1967)

Auch Forel bezeugt dies, wenn er sagt:»Le rythme respiratoire est beaucoup plus lent. Le rapport des nombres est à peu près 60–80:15–20 soit environ 4 pulsations pour une respiration.« (FOREL, 1920, 10)

Im Zusammenhang mit diesem Verhältnis erwähnt Schubert einen interessanten Gesichtspunkt. Das Grundverhältnis 4:1 drückt sich nämlich bis ins Anatomische und Chemische aus:»In der anatomischen Bildung der beteiligten Organe drückt sich diese Proportion wiederum darin aus, daß von der Lunge her 4 Lungenvenen in das linke Herz münden, während die große Körperschlagader als ein einziges Gefäß das linke Herz verläßt. In das rechte Herz münden obere und untere Hohlvene, die aber je die Impulse zweier Körperhälften, im ganzen 4 Impulse, zum Herzen hinleiten, während wiederum nur eine Lungenschlagader das rechte Herz verläßt.

Auch in der Chemie der Atmung treffen wir das gleiche Grundverhältnis: die Atmungsluft mit 80% Stickstoff und 20% Sauerstoff enthält viermal so viel Stickstoff als Sauerstoff.« (SCHUBERT, 1954, 3)

Ich habe bereits andernorts aufgezeigt, daß dem Verhältnis Herz-Atemrhythmus von der Anthroposophie her eine zentrale Rolle beigemessen wird, weil es den Menschen mit dem Kosmos verbindet. (Vgl. Kapitel 2.3)

Aber nicht nur dort, sondern bereits 1839 taucht dieser Gedanke bei von Schubert in seiner Geschichte der Seele auf, wo er schreibt:»Das gewöhnliche Lebensalter des Menschen von etwa 70 Jahren ist gerade der 365¼ste Theil des großen (sogenannten) Platonischen Jahres unsers Planeten oder der großen Periode des Vorrückens der Nachtgleichen. Die Zeit von beiläufig 70 Jahren umfaßt gerade 25'920 Tage. Wenn man nach einer mittleren Zahl 18 Athemzüge auf eine Minute rechnet (im Mittel kommt bei Gesunden, erwachsenen Menschen ein Athemzug auf 4 Pulse), so beträgt die Zahl der Athmungen in einem Tag 25'920, mithin, weil das geschwindere Athmen des Kindes sich gegen das langsamere des Greisenalters ausgleicht, während einer ganzen gewöhnlichen

Lebensdauer gegen 25'920 mal 25'920.« (VON SCHUBERT, 1839, 103)

Im kurzwelligen Bereich muß erwähnt werden, daß auch jede Nervenzelle und jeder Sinnesrezeptor als »rhythmogenes Zentrum mit exogen modulierbarer Frequenz« aufgefaßt werden kann. (HILDEBRANDT, 1981, 19) Die schnellsten rhythmischen Aktionen finden sich im Nervensystem in den einzelnen Nervenzellen, deren Aktionspotentiale bis zu Frequenzen von fast 1000/sec gesteigert werden können (HILDEBRANDT, 1981, 19), ja man kann sagen, daß »(...) die gesamte Informationsleitung und -übertragung im Nervensystem an die Frequenzänderungen dieser gleichförmigen rhythmischen Signale geknüpft (...)« ist,»(...) so daß man hier von einer Signal- oder Informationsrhythmik sprechen kann«. (HILDEBRANDT, 1981, 19)

Ebenfalls rhythmisch verläuft das sogenannte Elektroenzephalogramm, wobei sich das Wellenbild in Abhängigkeit vom Bewußtseinsgrad ändert (HILDEBRANDT, 1981, 19), und nur im Mikroskop sichtbar führen die feinen Flimmerhaare der Atemwege rhythmische Bewegungen von 10–30 Schläge/sec aus, wobei sich die Geschwindigkeit des rhythmischen Flimmerschlages ändert, je größer der Transport von Schleim und Staub ist. (HILDEBRANDT, 1981, 19) In gleicher Weise fällt auch die rhythmische Tätigkeit des Systems der glatten Muskulatur mit einer Periodendauer von 20 sec bis zu einer Stunde in den kurzwelligen Bereich. (HILDEBRANDT, 1981, 20)

Es gäbe bestimmt noch viele rhythmische Funktionen im menschlichen Organismus, die erwähnenswert wären. Aber bereits dieser Ausschnitt kann vielleicht ein Bild davon geben, wie viele Vorgänge rhythmisch verlaufen. In diesem Sinn meint Laubi: »Wenn wir uns nach dem Vorkommen und der Bedeutung der Rhythmen im Leben umsehen, so können wir konstatieren, daß dank der uns angeborenen Rhythmen des Herzschlages, der Atmung, der Magen- und Darmbewegungen, der Wachstumsvorgänge, die rhythmisch vor sich gehen, und der kosmischen Rhythmen, deren Wirkung wir ständig unterworfen sind, unser ganzer

Lebensprozeß auf rhythmischen Grunderscheinungen beruht.« (LAUBI, 1923, 168)

Angesichts der Tatsache, daß fast alle Lebensprozesse rhythmisch verlaufen, scheint denn eine chronobiologische Ordnungstherapie voll berechtigt und notwendig zu sein. Auf diesem Gebiet stellen sich heute verschiedene Aufgaben. So gehört es 1. dazu, der therapeutischen Zeitordnung Rechnung zu tragen, indem die verschiedenen Maßnahmen sinnvoll auf die jeweiligen Gegebenheiten abgestimmt werden. 2. Die Ordnungstherapie versteht sich auch als zeitordnende Therapie, indem sie gestörte Rhythmen, die heute ganz besonders aktuell sind, wiederum in eine normale Zeitordnung überführt. 3. Die Ordnungstherapie hat auch im Sinne einer Prävention als sogenannte Chronohygiene zu wirken. (HILDEBRANDT, 1980, 182)

Zusammenfassend kann mit Hildebrandt gesagt werden:»So faszinierend auch die Aufdeckung und experimentelle Beherrschung immer kleiner werdender Teilprozesse sein mag, die künftige Aufgabe des Arztes wird nicht darin bestehen, biologische Uhren zu reparieren oder gar auszutauschen, sondern darin, die spontanen Ordnungsleistungen des Zeitorganismus in sein diagnostisches Urteil einzubeziehen, sie therapeutisch anzuregen und in einer gesünderen Umwelt zu verankern.« (HILDEBRANDT, 1981, 22)

3.3.2 Der Rhythmus im pränatalen Leben

Im Kapitel 3.3.1 wurde ersichtlich, daß rhythmische Vorgänge bereits in der einzelnen Zelle, ja sogar beim Teilungsgeschehen der Zellen des werdenden Menschen feststellbar sind.

Daher meint Forel, daß im Menschen vom Ursprung an rhythmische Gesetzmäßigkeit herrscht: »(...) et ces lois sont dans l'homme, dès son origine et dès sa naissance (...)« (FOREL, 1920, 51), was wiederum zeigt, daß Rhythmus, rhythmische Vorgänge für das menschliche Leben elementar sind und quasi als Bestandteil von letzterem betrachtet werden können.

Diese Ansicht wird noch dadurch erhärtet, daß insbesondere von psychologischer Seite her heute darauf aufmerksam gemacht wird, daß rhythmische Phänomene und ihr Erleben nicht erst vom Zeitpunkt der Geburt an, sondern wirklich, wie es Forel ausdrückt »dès son origine« (FOREL, 1920, 51), also nicht nur erst im frühesten Säuglingsalter, sondern bereits im pränatalen Leben erwiesen sind und darüber hinaus für die weitere Entwicklung entscheidenden Einfluß haben können.

So mißt Groddeck dem Rhythmus, der lange Zeit beinahe der einzige Sinneseindruck für den Fötus ist, eine hervorragende Bedeutung zu: »In die Stille des Fötallebens greift ein Erlebnis hinein, das nicht minder bedeutsam für die Gestaltung der Menschheit ist als alles, was ich bisher erwähnte, der Rhythmus. Lange Monate hindurch pocht in dem Kinde in regelmäßigen Intervallen der Herzschlag, fast möchte man sagen der einzige, jedenfalls mit der gewaltigste Sinneseindruck dieser Zeit (...). Aber die unablässig wechselnde Erschütterung des ganzen Organismus, die vom Herzen ausgeht, wirkt deshalb nicht weniger auf unsere Wesensbildung ein, weil wir sie später nicht mehr wahrzunehmen glauben, ein Irrglauben übrigens, den jede stille Nacht und jede Erregung widerlegt, die wir dann am Herzschlag empfinden. Der Rhythmus beherrscht nicht nur Musik und Dichtkunst, auch das Sprechen, die Bewegungen, ja das Denken selbst folgt rhythmischen Gesetzen; der Sinn für Rhythmus ist Voraussetzung des Schaffens und ebenso des Wahrnehmens und Erkennens bestimmter Phänomene in dem Walten der Natur. Er ist unerläßliche Vorbedingung der menschlichen Fortentwicklung.« (GRODDECK, 1966, 58–59)

Wenn wir bedenken, wie Groddeck dies tut, daß der Rhythmus Bewegung, Sprechen, Denken beeinflußt, ja, daß die ganze Wesensbildung und Fortentwicklung des Menschen an das Vorhandensein rhythmischer Phänomene geknüpft ist, wird ersichtlich, welche Bedeutung in dieser Beziehung dem Rhythmus der Mutter (Herzschlag, Gang u. a.) für das werdende Kind zukommt.

Aus Untersuchungen über die Einstellung zur Schwangerschaft

weiß man z. B., daß eine der Möglichkeiten, wie sich eine feindliche Haltung der Mutter auf die fötale Entwicklung auswirken kann, die physiologische Rhythmusstörung darstellt. Grundannahme dieser Untersuchungen ist, daß die mütterlichen Vaskular- und Pulsrhythmen den Fötus von der Umwelt abschirmen, indem sie eine Geräuschbarriere bilden und daß das Geburtstrauma wesentlich vom Verlust dieser Rhythmen bestimmt ist, die dann ihre Fortsetzung beim Saugen, Wiegen usw. finden.
Da sich die Reizbarkeit, emotionale Labilität, Aggressivität u. a. als Folgen einer negativen Einstellung zur Schwangerschaft in einem disharmonischen Puls-Atem- und Vaskularrhythmus manifestieren, ist es einleuchtend, daß eine solche physiologische Rhythmusstörung für die Entwicklung des Fötus Folgen haben kann (ROTTMANN, 1974, 78-79), wie dies Rottmann schildert:»Es ist daher sehr wahrscheinlich, daß die oben beschriebenen physiologischen Rhythmusstörungen vom Fötus als eine unzuverlässige Umwelt unlustbetont erlebt werden, (...)« (ROTTMANN, 1974, 80), und außerdem wurde nachgewiesen, daß eine Arhythmie der Mutter sogar auf den Fötus selbst übertragen wird. (ROTTMANN, 1974, 78-79) »Mütter mit negativer Einstellung zur Schwangerschaft zeigen eine erhöhte emotionale Labilität mit viel stärkeren Schwankungen von funktionalen und humoralen Rhythmen, die sich möglicherweise als dysharmonische Interferenzen und Kontinuitätsbrüchen auf die rhythmischen Funktionen des Fötus auswirken.« (BÜRGIN, 1982, 45)

Interessant ist es auch, daß sich bereits im pränatalen Stadium ein Schlaf-Wach-Rhythmus ausbildet, welcher von der 32. Woche an mit einer Periode von ca. 3½ Stunden feststellbar ist. (BÜRGIN, 1982, 37)

Ein anderer Aspekt stammt von Clauser (CLAUSER, 1971), der die Bedeutung des Rhythmus im Zusammenhang mit der vorgeburtlichen Entstehung der Sprache untersucht.

Im Geleit zu seinem Buch schreibt Blum, daß der rhythmische Herzschlag der Mutter »gehörte« Sprache sei und daß eine enge Verwandtschaft anatomischer, physiologischer und genetischer

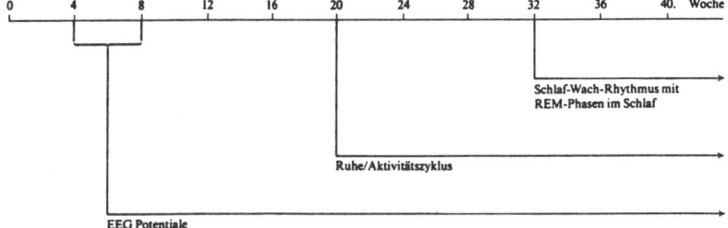

Pränatale Entwicklung des Schlaf/Wach-Rhythmus

Art zwischen akustischem und statischem Sinn bestehe, was zeigt, daß der Rhythmus als »organisierendes Prinzip« für die Entwicklung betrachtet werden kann (BLUM, 1971, V–VIII): »Es ist irrig anzunehmen, daß die Sprache erst ›spricht‹, sprechen kann, wenn das Instrument fertig ist. Sie ist vielmehr selbst Instrumentalisierung. Was das reife Gehör des Neugeborenen im Medium der Luft leistet, besorgt im Milieu des Fruchtwassers das Labyrinth (Stato-Akustik) als Vibrationshören. Schon intrauterin sind Trinken und ›Schreien‹ noch identische Reaktionen auf das akustisch-rhythmische Erlebnis ›Mutter‹. Der Rhythmus ist das organisierende Prinzip der menschlichen Entwicklung als allgemeines Gleichgewichtsstreben und als regulierende Funktion.« (BLUM, 1971, VII) Dies wird von Katz bestätigt, dessen Untersuchungen des Rhythmus vom Vibrationssinn ausgehen und der in dieser Hinsicht schon sehr früh die Bedeutung des Pulsrhythmus als vibratorisches Geschehen und deshalb als einzigen natürlichen Rhythmus, »(...) der uns von der ersten Stunde unseres Lebens bis zu seiner letzten begleitet (...)« (KATZ, 1927, 209), erkannt hat.

Da sichergestellt ist, daß das Ungeborene vor der Geburt schon hören kann, scheint es einleuchtend zu sein, daß »(...) pränatale Schallreize an der Prägung extrauteriner Funktionen beteiligt sind«. (CLAUSER, 1971, 42) Diese Tatsache ist für uns interessant, da viele dieser Schallreize rhythmischen Mustern folgen wie etwa der Aortenpuls, Herztöne der Mutter, Darmgeräusche, fetale Herztöne, die Stimme der Mutter u. a. (CLAUSER, 1971, 43)

Clauser nennt denn das Ohr »das eigentliche Kontaktorgan«, »Pforte der Seele« oder, wie Aristoteles, der im Gehör die Voraussetzung der Bildungsfähigkeit vermutete, »Pforte des Geistes«. (CLAUSER, 1971, 34)

Sogar Versuche bei den Vögeln haben nämlich gezeigt, daß der akustische Kontakt bei der Brutpflege für die Mutter-Kind-Beziehung eine entscheidende Rolle spielt. (CLAUSER, 1971, 42–43) Interessant in bezug auf den Rhythmus ist ein Experiment, das im City-Hospital in Elmhorst, N.Y., durchgeführt wurde: Über Tonband wurde in ein Kinderzimmer voller Neugeborener der rhythmische Herzschlag (72 Schläge pro Minute) einer Mutter übertragen. Dabei wurde beobachtet, daß die meisten Säuglinge spontan einschliefen, die restlichen sich ruhig und zufrieden verhielten. Bei Unterbrechung der Herztöne wachten die Babys auf und begannen zu schreien, beruhigten sich jedoch wieder bei den gewohnten Herztönen. Bei Kontrollgruppen mit einem Galopprhythmus und einem Herzschlag von 128/min wurden die Neugeborenen hingegen unruhig. (CLAUSER, 1971, 44–45)

Ebenso wurde das Gewicht einer systematischen Kontrolle unterzogen. Dabei stellte sich heraus, daß Babys der Herzschlaggruppe am meisten zunahmen. Da in dieser Gruppe die leichtesten Babys waren, folgert Clauser, daß die relativ unreifen Babys am meisten das biologische Bedürfnis nach dem akustisch-rhythmischen Reiz verpüren und daß, wenn diese Folgerung bestätigt würde, sich daraus Konsequenzen für die Betreuung Frühgeborener ergäben. (CLAUSER, 1971, 45–47) Das heißt: »Neben der vermehrten Wärme des Brutkastens müßten sich kontinuierliche rhythmisch-akustische Reize positiv auf ihr Gedeihen auswirken.« (CLAUSER, 1971, 47)

Die Ergebnisse des Experimentes erhärten also die Annahme, daß »(...) eine praenatale akustisch-rhythmische Prägung durch den mütterlichen Herzschlag (...)« (CLAUSER, 1971, 46) stattfindet.

Bei einer zweiten Versuchsgruppe wurden Kinder zwischen 16 und 50 Monaten daraufhin geprüft, wieviel Zeit sie zum Einschla-

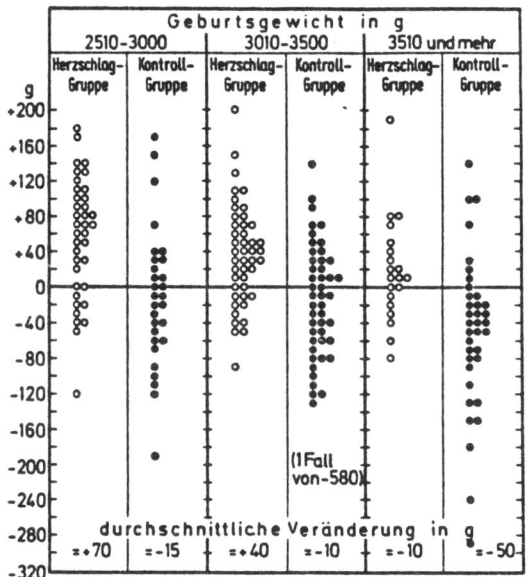

Gewichtsveränderungen der Neugeborenen vom 1.–4. Tag nach der Geburt im Experiment von SALK. (Nach L. SALK, Mothers' heart-beat as an imprinting stimulus, Transactions of the New York Academy of Sciences, Series 2: 24, 753–763 [1961–62])

fen benötigen. Dabei stellte sich heraus, daß die Gruppe unter den Herztönen der Mutter von 72/min viel schneller einschliefen als solche unter dem Takt eines Metronoms von der Frequenz 72/min. Die Vermutung liegt also auch hier nahe,»(...) daß Kinder auf den spezifischen Doppelrhythmus des mütterlichen Herzens geprägt sind (...).« (CLAUSER, 1971, 48)

Auch der Beruhigungseffekt des Wiegens kann als Folge vorgeburtlicher Prägung aufgefaßt werden, indem durch das Wiegen das intrauterine Milieu simuliert wird, denn die relativ spät erfundene »(...) Kinderwiege war ein glücklicher Ersatz für das natürliche Tragebett im Leib der Mutter«. (CLAUSER, 1971, 48)

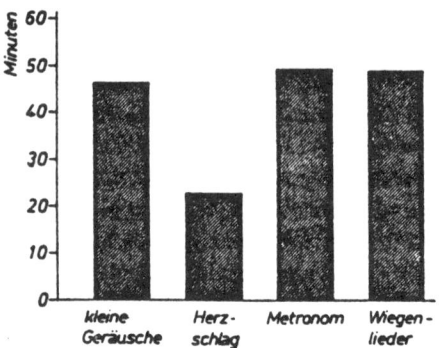

Der Einfluß von Geräuschen auf die Einschlafzeit von Kindern im Alter zwischen 16–37 Monaten. (Nach L. SALK, Mothers' heart-beat as an imprinting stimulus, Transactions of the New York Academy of Sciences, Series 2: 753–763 [1961/62])

Da das Kind, das die Geburt als »unsanfte Störung« empfindet und sich nach der »wunschlosen Ruhe« im Mutterleib zurücksehnt, seiner neuen als unlustvoll erlebten Situation durch Schreien und Zappeln Ausdruck verleiht, versuchen die Pflegepersonen »instinktiv«, ihm die »Illusion des Wärmeschutzes durch die Mutter zu verschaffen« (FERENCZI, ²1964, 68), was wiederum vorwiegend durch rhythmische Reize geschieht: »(...) sie reproduzieren die leisen und rhythmisch-monotonen Reize, die dem Kind auch in utero nicht erspart geblieben sind (die Schaukelbewegungen beim Gehen der Mutter, die mütterlichen Herztöne, das dumpfe Geräusch, das etwa von außen doch ins Körperinnere dringt), indem sie das Kind wiegen und ihm monoton-rhythmische Wiegenlieder vorsummen.« (FERENCZI, ²1964, 68)

In diesem Zusammenhang erwähnt Bott, daß amerikanische Meinungsforscher Umfragen in großem Umfang bei Erwachsenen durchgeführt haben, ob sie als Babys gewiegt worden seien. Es stellte sich heraus, daß die »Gewiegten« alle ein viel harmonischeres Leben führten als die »Nicht-Gewiegten«, was Bott dahingehend interpretiert, daß durch das Wiegen des Kindes seine rhyth-

mischen Aktivitäten angeregt und sein Empfindungsleben harmonisiert wird. (BOTT, 1982, 77)
Die Geburt stellt, was das Erleben des Rhythmus betrifft, nämlich einen einschneidenden Wendepunkt dar. Wenn Clauser das vorgeburtliche Leben des Kindes wie folgt schildert: »Das entscheidende praenatale Erlebnis ›Mutter‹ ist dabei ein akustisch-rhythmisches: erlebt im rhythmischen Wiegen des Ganges, im rhythmischen Auf und Ab der geräuschvollen Atmung und im rhythmischen Schlag des Herzens« (CLAUSER, 1971, 49), so dürfte ersichtlich werden, daß der Wegfall all dieser rhythmischen Erlebnisse bei der Geburt einen einschneidenden Wendepunkt darstellt. Deshalb dürfte es sinnvoll sein, dem Neugeborenen adäquate, akustisch-rhythmische Reize anzubieten. (CLAUSER, 1971, 49)
Unbewußt tragen denn viele Mütter der Wichtigkeit des Herzerlebens Rechnung. Clauser berichtet, daß von 287 beobachteten Müttern 78,1% der links- und 83,1% der rechtshändigen ihr Baby spontan auf der linken Seite trugen, was sich sogar bis in die Kunst niederschlägt, wo von 466 Darstellungen 80% der Fälle ihr Kind ebenfalls links tragen. (CLAUSER, 1971, 50)
Aus dem Effekt, der das rhythmische Wiegen, der mütterliche Herzschlag, die rhythmisch-melodische Sing-Sang-Sprache auf den Säugling ausüben, und aus der Tatsache, daß die ersten Lautäußerungen des Babys selbst rhythmischen Charakter haben, schließt Clauser, daß in der pränatalen Entwicklungsepoche eine »kritische Periode« für rhythmisch-akustische Prägung zu suchen ist. (CLAUSER, 1971, 71)
Bereits vom vierten Monat an hat nämlich die Funktionsentwicklung des Labyrinths ein Stadium erreicht, wo der Fet den Rhythmus des mütterlichen Herzens ununterbrochen wahrnimmt. (CLAUSER, 1971, 71)
Der Rhythmus kann also als Urerlebnis der menschlichen Frühentwicklung aufgefaßt werden, zumal da der häufigste Reiz für das Ungeborene das rhythmische Gewiegtwerden beim Gehen der Mutter ist. (CLAUSER, 1971, 72)

Da eine Korrelation von Bewegung, Puls und Atmung besteht, nimmt das Ungeborene beim Gang der Mutter stets auch ihren Herzrhythmus wahr, denn zwischen Puls und Schritt herrscht oft das Verhältnis 1:1. (CLAUSER, 1971, 72)

Hier sei darauf hingewiesen, daß Hildebrandt diesen Zusammenhang bestätigt:»Der Frequenzbereich, der von Herz- und Atemrhythmus eingenommen wird, hat aber auch in anderer Hinsicht eine zentrale Bedeutung. Er deckt sich nämlich mit dem Frequenzbereich, in dem sich auch unsere äußeren Bewegungsrhythmen abspielen, also das Gehen, Laufen, Klatschen, Klopfen, Reiben usw.« (HILDEBRANDT, 1981, 20)

Spätestens also vom vierten Monat an lebt das Ungeborene sozusagen in einem »rhythmischen Grundmuster«, das vom mütterlichen Herzschlag geprägt wird, und vom siebenten Monat an wird dieses Erlebnis durch die Reifung des Gehörs verstärkt, so daß angenommen werden kann, daß von nun an auch der Doppelrhythmus des Mutterherzens wahrgenommen wird. (CLAUSER, 1971, 72)

Interessant ist die Feststellung Clausers, daß durch die Reifung des Nervus cochlearis nebst dem Vibrationshören durch den Nervus vestibularis nun auch eine spezifisch-akustische Wahrnehmung möglich wird und daß als Folge davon dann die Funktionsertüchtigung des oralen Reflexes den Saugreflex reifen läßt, der gleich nach der Geburt – wie auch das Lutschen und Schreien – rhythmisch vor sich geht. (CLAUSER, 1971, 76) »Die rhythmische Regulation bestimmt – (...) – bereits das vorgeburtliche Leben des Kindes und prägt dieses auf die Ernährungssituation nach der Geburt. Im Rhythmus des Saugens erlernt dabei das Kind das Greifen als erste Hand-lung. Auch das Gehen erfolgt zunächst nach dem Prinzip des maximalen Kontrastes und schreitet zu immer feinerer Rhythmisierung vor. Das rhythmische Element – vom Kind erstmals im Mutterleib erlebt – ist unschwer als organisierendes Prinzip der menschlichen Entwicklung zu erkennen, (...).« (CLAUSER, 1971, 79)

Die rhythmischen Bewegungen beim Saugen schildert Spitz

sehr eindrücklich, wenn er schreibt: »Jeder, der einmal einen Säugling beobachtet hat, der an der Brust trinkt, weiß, wie aktiv die Hand an dem Akt der Nahrungsaufnahme beteiligt ist. Die Hand des Säuglings liegt auf der Brust, die Finger bewegen sich langsam und fortwährend, greifen, streicheln, kratzen und krallen sich ein. In den folgenden Monaten wird diese Betätigung immer stärker organisiert, und es scheint fast so, als ob der Rhythmus, in dem der Säugling seine Hand um den Finger der Mutter schließt und wieder öffnet, irgendwie mit dem Saugrhythmus zusammenhängt. Es ist eindrucksvoll, zu beobachten, wie die Rhythmik dieser Handbewegungen sich im Laufe der ersten sechs Monate immer mehr organisiert.« (SPITZ, 1967, 88)

Insbesondere hat aber die Sprache ihre Wurzel im pränatalen Rhythmuserleben. Daher können rhythmische Muster in der Lautproduktion der Kinder schon sehr früh registriert werden. So wurde z. B. bei einem fünf Stunden alten Mädchen ein deutlicher Rhythmus von Auf und Ab festgestellt. (CLAUSER, 1971, 97)

Interessant ist in dieser Hinsicht die Hypothese Bluemels, eines Psychiaters aus Colorado, der angesichts der weltweiten Verbreitung der Kinderworte Papa und Mama folgert, daß »(...) dieser primitive Sprachrhythmus dem Rhythmus des mütterlichen Herzschlages folgt«. (CLAUSER, 1971, 104)

Zusammenfassend kommt denn Clauser zu folgendem Schluß: »Der Rhythmus ist ein Urphänomen alles Lebendigen. Die vitalen Funktionen aller Organismen – Nerventätigkeit, Kreislauf, Atmung, Ernährung – sind rhythmisch organisiert. Die Rhythmik hat für den Menschen eine erweiterte Bedeutung. Als Organisationsform der Zeit erschließt sie die vierte Dimension der Wahrnehmung. Sie induziert und organisiert die gesamte menschliche Reifung und Entwicklung während der Ontogenese.« (CLAUSER, 1971, 106)

Auch Spitz, welcher der Theorie Piagets, daß der Rhythmus ein grundlegender Mechanismus sei, eher skeptisch gegenübersteht, gesteht in diesem Sinne zu, daß das Phänomen des Rhythmus von Psychologen und Psychoanalytikern vermehrt einbezogen werden sollte (SPITZ, 1964, 321), und noch einmal werden wir auf die Bedeutung des Rhythmus für die Entwicklung des Menschen verwiesen, wenn Simon sagt: »Das Urphänomen der Weltbegegnung hat ohne Zweifel akustische Gestalt, und die akustische Urimago ist zweifellos der pulsierende Rhythmus, die Musik des mütterlichen Herzens.« (SIMON, 1974, 116)

3.3.3 Der Rhythmus in der Entwicklung

Wurde im vorhergehenden Kapitel dargestellt, daß der Rhythmus bedeutsam für das vorgeburtliche Leben ist, so kann auch die nachgeburtliche Entwicklung unter dem Aspekt des Rhythmus betrachtet werden.

Von Verschuer fügt deshalb seiner Feststellung, daß bereits die Teilungsvorgänge der werdenden Zellen von rhythmischen Stößen geprägt werden, sogleich an, daß ebenso nach der Geburt das Wachstum in Rhythmen verläuft. (VON VERSCHUER, 1955, 500)

Mit der Frage, inwieweit in der Entwicklung von Rhythmus gesprochen werden kann und ob er allenfalls von Bedeutung sei, beschäftigt sich insbesondere ein Zweig der Psychologie, die Entwicklungspsychologie. (NICKEL, [3]1976, 44–53)

Dabei wird der Begriff des Rhythmus jedoch nicht konsequent verwendet, weshalb Lehr auf die Vieldeutigkeit des Begriffs »Rhythmik« in der Entwicklungspsychologie hinweist. Trotz der Bemühungen, im Entwicklungsgeschehen deshalb den Begriff des Rhythmus zu umgehen und ausschließlich von Periodik zu sprechen, werden nämlich dennoch beide Begriffe, Rhythmik und Periodik, sehr oft sogar synonym verwendet, wenn die Wiederkehr des Ähnlichen in ähnlichen Zeitabschnitten bezeichnet werden soll. (LEHR, 1958, 196) In diesem Sinne fanden auch die Begriffe wie Stufen, Phasen und Stadien Eingang in die Sprache der Entwicklungspsychologie. (NICKEL, [3]1976, 44–53)

Unter »Rhythmik in der Entwicklung« steht denn im Lexikon der Pädagogik folgende Definition: »Unter R. (Periodik) in der

Entwicklung versteht man die Wiederkehr ähnlicher Verhaltensweisen in gewissen Zeitabständen, d. h., ein größerer Lebensabschnitt wird in sich wiederholende abwechselnde Phasen eingeteilt.« (Das neue Lexikon der Pädagogik, 1971, 437)
In der Entwicklungspsychologie ist der Begriff des Rhythmus aber nicht nur unklar, sondern auch umstritten. Dessenungeachtet haben verschiedene Forscher auf den rhythmischen Charakter des Lebenslaufes aufmerksam gemacht. (TREICHLER, 1981, 317)
Das älteste System in unserer westlichen Kultur, das den Lebenslauf rhythmisch gliedert, ist das griechische, das zehn Phasen von je sieben Jahren, die Heptomaden, unterscheidet. (LIVEGOED, 1979, 33) Diese Siebenjahresepochen soll als erster Solon in seiner »Elegie von den Heptomaden des Menschenlebens« erwähnt haben. (LEHR, 1958, 213) In ähnlicher Weise sprachen die Römer von fünf Lebensphasen: 0–15 Jahre (pueritia), 15–25 Jahre (adolescentia), 25–40 Jahre (iuventus), 40–55 Jahre (virilitas), ab 55 Jahren (senectus). (LIVEGOED, 1979, 33–34)
Auch in der neueren Psychologie sprechen mehrere Psychologen von einer »Rhythmisation der Gesamtentwicklung«. Solche Aussagen gelten aber weitgehend als unbelegt und entbehren einer sicheren Grundlage. (LEHR, 1958, 206)
Lehr erwähnt, daß man bereits 1889 in der entwicklungspsychologischen Literatur die Feststellung Siegerts finde, daß ein Wechsel zwischen Stillstandsphasen (3./4. und 6./7. Schuljahr) und Entwicklungsphasen stattfinde, daß auch Dix eine Rhythmisation der Gesamtentwicklung der Persönlichkeit nachzuweisen versuchte, wenn er Phasen der Stagnation solchen der Expansion gegenüberstellte, und daß in gleicher Weise Stern auf einen Phasenwechsel in der Entwicklung hingewiesen habe, und ebenfalls Gaupp und Undeutsch von einem rhythmischen Verlauf der Entwicklung sprechen. (LEHR, 1958, 206) Erst Gesell und Busemann soll es jedoch gelungen sein, eine Theorie der Entwicklung zu begründen, die auf dem rhythmischen Wechsel basiert, wobei sich Gesell auf Längsschnittuntersuchungen stützte. (LEHR, 1958, 207)

Die meisten solchen Einteilungen beziehen sich auf das Kindes- und Jugendalter. Seltener wurde der ganze Lebenslauf auf rhythmische Gliederung hin untersucht. Erwähnt werden können diesbezüglich Arbeiten von Bühler, Moers, Hellpach, Fliess, Schlieper, Kretschmer. (LEHR, 1958, 212)

Grundsätzlich können zwei Gruppen von entwicklungspsychologischen Modellen unterschieden werden: einerseits wird die Entwicklung in einer »Abfolge verschiedener nacheinander zu durchlaufender Stufen« betrachtet, andererseits als eine »Wiederkehr gleicher Stadien oder Phasen auf höherer Ebene mit unterschiedlichem Akzent«. (NICKEL, ^{3}1976, 44)

Eines der bekanntesten Modelle der ersten Art ist heute jenes von Kroh, der das Kindes- und Jugendalter in drei große Stufen mit tiefgreifenden Veränderungen gliedert, die ihrerseits in je drei Phasen mit weniger schwerwiegenden Entwicklungsschüben geteilt werden. (NICKEL, ^{3}1976, 45)

Nach einer solchen Stufentheorie verläuft die Entwicklung nicht kontinuierlich, sondern in einzelnen Schüben, welche neue Phasen einleiten, in denen herangereifte Funktionen schubartig hervortreten, welchen dann eine Ruhepause folgt. Dabei beziehen sich die Entwicklungsfortschritte, obschon augenfällig geworden in einzelnen Funktionen, meistens auf die ganze Persönlichkeit. (NICKEL, ^{3}1976, 45–46)

Theorien der zweiten Art gehen von der Annahme aus, daß die Abfolge der Phasen kontinuierlich als ständige Wiederkehr von gleichen oder ähnlichen Verhaltensweisen auf höherer Ebene vor sich geht. (NICKEL, ^{3}1976, 46)

So definiert Gesell z. B. den Entwicklungsprozeß als »Wiederkehr gleicher oder ähnlicher Verhaltensweisen auf höherer Ebene«. (Lehr, 1958, 207) Dabei kommt die zyklische Wiederkehr ähnlicher Phasen ausgeprägt zum Ausdruck: »Die Entwicklung schwingt danach rhythmisch zwischen zwei Polen, einer anfänglichen Instabilität und einem Trend zu fortwährender Stabilisierung, und nähert sich in einer spiraligen Kurve dem Ziel von Wachstum und Reifung.« (NICKEL, ^{3}1976, 47)

Auch Busemann formuliert das Grundprinzip der Entwicklung im Kindes- und Jugendalter als Wechsel zweier entgegengesetzter, ständig wiederkehrender Phasen von Erregung und Ruhe, wobei die Phasen in ihren Grundmerkmalen so übereinstimmen, daß von einer Wiederkehr des Ähnlichen auf höherer Ebene gesprochen werden kann. Dabei unterscheidet er sieben Erregungsphasen, denen im rhythmischen Wechsel eine Beruhigungsphase folgt, was dazu führt, die Entwicklung als »rhythmische Wellenbewegung« aufzufassen. (NICKEL, ^{3}1976, 46–47)

Auch außerhalb der Entwicklungspsychologie wird vom Rhythmus in der Entwicklung gesprochen. So erwähnt z. B. der Mediziner Guthmann im gesamten Rhythmusspektrum des Menschen unter den Langzeitrhythmen die siebener Rhythmen. Diese zeigen »(...) sich bereits in der ersten Entwicklungsphase, dem Kindesalter, das mit einer durchschnittlich zwei mal sieben Jahre umfassenden Zeitperiode durch den Übergang in das geschlechtsfähige Alter seinen Abschluß erreicht«. (GUTHMANN, 1937, 452)

Nach dieser zwei mal sieben Jahre währenden Periode folgt nach Guthmann ein Zeitabschnitt, der »Ausbau des Individuums« und »Erhaltung der Art« benannt werden kann. Aus der praktischen Erfahrung heraus wird diese Epoche mit vier mal sieben, d. h. 28 Jahren begrenzt. Weitere zwei mal sieben Jahre dienen der Sicherung der Arterhaltung, bevor nach dem 42. Lebensjahr (6 × 7 Jahre) der Abstieg im biologischen Sinne beginnt. (GUTHMANN, 1937, 453)

Eine ganz zentrale Rolle spielt der Entwicklungsrhythmus in der anthroposophisch orientierten Pädagogik, wo die verschiedenen Epochen in einem spezifischen Verständnis Grundlage für Erziehung und Unterricht bilden. Die Entwicklungsphasen werden hier als ca. sieben Jahre dauernde Zeiträume angenommen, d. h. »Die Gliederung des zeitlichen Gebildes ›Lebenslauf‹ erfolgt – wie überall, wo etwas wächst – durch verschiedene Rhythmen. Der wichtigste Rhythmus des menschlichen Lebens ist der Siebenjahresrhythmus«. (TREICHLER, 1981, 12)

Nach anthroposophischen Gesichtspunkten kann nämlich durch

das ganze Leben hindurch die Beobachtung gemacht werden, daß sich ungefähr alle sieben Jahre grundlegend etwas ändert. Besonders deutlich fällt dies beim Zahnwechsel gegen das 7. Jahr und bei der Pubertät gegen das 14. Jahr auf. Solche Änderungen vollziehen sich nicht mathematisch genau nach sieben Jahren, sondern gemäß dem, was mehrheitlich in den Definitionsversuchen des Rhythmus festgehalten wird, gehört eine gewisse Variationsbreite dazu, ohne deshalb als eine »wissenschaftliche Ungenauigkeit« zu gelten. (TREICHLER, 1981, 12) Es handelt sich um Durchschnittszahlen, um einen »Urrhythmus«, der als Maßstab dient zur Erfassung von Verfrühungen und Verspätungen. (TREICHLER, 1981, 13)

In diesem Siebenjahresrhythmus tritt das Wesen des Menschen erst allmählich in Erscheinung, und zwar verbunden mit der Zeit. Dies ist seine Entwicklung, wobei unter Entwicklung nicht ein »Auswickeln« von bereits Vorhandenem, sondern eine Auseinandersetzung mit der Welt und der daraus folgenden Steigerung, die sich aus der Verarbeitung von grundsätzlichen Elementen oder Polaritäten ergibt, verstanden wird. (TREICHLER, 1981, 13)

Die anthroposophische Pädagogik geht hierbei von drei Entwicklungsperioden zu je sieben Jahren aus: dreimal sieben Jahre für die körperlich-seelische Entwicklung, dreimal sieben Jahre für die eigentliche seelische Entwicklung, dreimal sieben Jahre für die Entwicklung des Geistes. (LIVEGOED, 1979, 40)

Das erste Jahrsiebt ist vor allem geprägt durch die Entwicklung des physischen Leibes; das Kind ist während dieser Phase vor allem »nachahmendes Wesen«. Jene Kräfte, die in den ersten sieben Jahren für die Entwicklung der leiblichen Ausgestaltung notwendig waren, werden im zweiten Jahrsiebt frei für das Seelenleben, d. h. in dieser Zeit wird das Kind aufnahmefähig für Lerninhalte in der Schule. Während die beiden ersten Jahrsiebente »Vorstadien der Seelenentwicklung« bilden, wird durch das Jahrsiebt zwischen 14 und 21 Jahren erst richtig die persönliche Seelenentwicklung eingeleitet. In dieser Periode ringt das Ich des Menschen mit den neuen Seelenkräften, um dann als junger Mensch mündig zu werden. (TREICHLER, 1981, 20–30)

Einer vertieften Darstellung dieses Prozesses widmet Hessenbruch seine Dissertation, die ihren Ausgangspunkt von der Beobachtung nimmt,»(...) daß in rhythmischer Folge von etwa 7 zu 7 Jahren in der Entwicklung des heranwachsenden Menschen – vor allem ausgeprägt in den ersten drei mal 7 Jahren – bestimmte Entwicklungsgeschehnisse auftreten, die wie Marksteine und Wendepunkte ganz neue Situationen für die Weiterentwicklung mit sich bringen«. (HESSENBRUCH, 1938, 3)

Diese Veränderungen, die zirka alle sieben Jahre eintreten, stellt Hessenbruch unter ein »psycho-physiologisches« Grundgesetz, das besagt, daß an den Wendepunkten im physiologischen Geschehen ein Endzustand erreicht wird, während im psychologischen Bereich der Anfang zu etwas Neuem gegeben ist. (HESSENBRUCH, 1938, 5) Während dabei im physiologischen Bereich die Abbauprozesse mit dem Alter immer mehr überwiegen, nehmen im psychologischen die Aufbauprozesse zu, womit ständig ein Gleichgewicht angestrebt wird (HESSENBRUCH, 1938, 20): »Der gewaltigste, das ganze Leben bis zum Tode in einem einzigen mächtigen Bogen überspannende Rhythmus (eigentlich nur ein einzelnes Teil-Glied eines großen rhythmischen Geschehens!) prägt sich aus in dem langsamen, stetigen Abnehmen der Aufbauprozesse und Zunehmen der Abbauprozesse, einem allmählichen Zurückgehen der gesamten Vitalität und Zunehmen des Bewußtseins, der Seelen- und Geisteskräfte.« (HESSENBRUCH, 1938, 21)

In diesen Prozessen wird der rhythmische Charakter der Entwicklung deutlich, der sich nach Hessenbruch als polares Geschehen, hier als Polarität von Vitalität und Bewußtsein, darstellen läßt. (HESSENBRUCH, 1938, 39–40)

Diese Polarität spielt eine wesentliche Rolle, wenn Hessenbruch es als wichtig erachtet, daß der Siebenjahresrhythmus typisch menschlich zu sein scheint, da er in dieser Form bei keinem anderen Wesen beobachtbar ist. Vergleicht man nämlich die Entwicklung von Mensch und Tier, so lassen sich folgende auffällige Unterschiede feststellen, die zu einem Verständnis des Siebenjahresrhythmus bei Menschen beitragen können:

a) Das Herauskommen des Milchgebisses beginnt beim Menschen einige Monate nach der Geburt und erreicht seinen Abschluß im zweiten Lebensjahr. Die Tätigkeit erstreckt sich nun über eine recht lange Zeit, zumal der Weisheitszahn oft erst sehr spät erscheint.

Im Gegensatz dazu geschieht die Zahnbildung beim Tier sehr rasch. Beim Pferd z.B. bricht der erste Milchschneidezahn schon vor oder kurz nach der Geburt durch. Die bleibenden Zähne tauchen am Ende des ersten Lebensjahres auf.

b) Ein ähnlicher Sachverhalt ist auch in der Entwicklung der Keimdrüsen feststellbar. Beim Menschen tritt die spezifische Reifung erst zehn Jahre nach der Ausgestaltung und Bildung des Ovars ein, während sie beim Tier ohne Pause direkt anschließt.

Der Unterschied zwischen der Entwicklung des Menschen und jener des Tieres läßt sich also dahingehend formulieren, daß beim Tier die vitalen Prozesse zu möglichst rascher »›Fertig‹stellung« drängen, was dann einem wirklichen »›Am-Ende-sein‹« gleichkommt. Der Mensch hingegen bewahrt sich »zurückgehaltene Entwicklungsmöglichkeiten« (HESSENBRUCH, 1938, 26–28), woraus Hessenbruch schließt, daß »(...) die siebenjährigen Entwicklungsrhythmen des heranwachsenden Menschen mit ihren charakteristischen Ereignissen des Zahnwechsels und der Geschlechtsreife als wirklich menschliche Rhythmen« betrachtet werden können. (HESSENBRUCH, 1938, 29) Hier sei auch auf die Publikation von Rohen aufmerksam gemacht, die eingehend auf die rhythmischen Wandlungen im Lebenslauf eingeht. (ROHEN, 1986)

Der Siebenjahresrhythmus erscheint so als eine auf den Menschen zugeschnittene, d. h. »menschengemäße« Einteilung.

In diesem Zusammenhang ist ein Hinweis von Lang interessant, die darauf aufmerksam macht, daß »(...) ›man‹ in unserem Kulturkreis z.B. von den Reifungsprozessen in Siebenjahresrhythmen gewußt haben muß, als man den Schuleintritt in das 7. Jahr, die Schulentlassung in das 14. Jahr und die Mündigkeitserklärung in das 21. Jahr legte«. (LANG, 1977, 405)

Auch in der neuen Rhythmusforschung wurde dem Siebenjahresrhythmus Beachtung geschenkt. So erwähnt Lang, daß Hildebrandt im Gesamtspektrum der Periodendauer rhythmischer Funktionen beim Menschen im langwelligen Bereich den Siebenjahresrhythmus anführe, den er als Rhythmus der Persönlichkeitsentfaltung, d. h. der körperlichen und seelischen Entwicklung auffaßt. (LANG, 1983, 404)

Abgesehen von der letzten, auf chronobiologischen Forschungsergebnissen beruhenden Erkenntnis, stammen jedoch viele der Entwicklungstheorien, die den Lebenslauf in Rhythmen einteilen, aus einer Zeit, wo die empirische Entwicklungspsychologie noch in den Anfängen steckte. Nicht selten bilden denn philosophisch-spekulative Überlegungen ihre Basis (NICKEL, [3]1976, 49), was heute zu kritischen Einwänden herausfordert.

Wie wir ja bereits angedeutet haben, sind Entwicklungstheorien dieser Art umstritten. So wirft z. B. Nickel die Frage auf, ob solche Systeme, die durch ihren logischen Aufbau bestechen, der Komplexität des Entwicklungsgeschehens gerecht werden können und nicht einer allzu vereinfachenden Abstraktion gleichkommen. (NICKEL, [3]1976, 44)

Im Verlauf seiner Kritik diskutiert Nickel verschiedene Einwände, die gegen solche Entwicklungstheorien ins Feld geführt werden können: Ein solcher richtet sich z. B. gegen die Annahme, die recht oft den rhythmischen Entwicklungstheorien zugrunde liegt, daß die Ursachen der Entwicklung endogen, d. h. im Individuum angelegte Reifungsprozesse seien, während nach heutigen wissenschaftlichen Untersuchungen jedoch die Umweltfaktoren maßgeblich am Entwicklungsgeschehen mitbeteiligt sind. (NICKEL, [3]1976, 50)

Ebenfalls als nicht haltbar wird erachtet, daß Vertreter solcher Systeme diese oft als biologisch verankert betrachten, d. h. daß sie eine Beziehung sehen zwischen den einzelnen Entwicklungsphasen und der Reifung des Zentralnervensystems. Biologische Komponenten vermögen hingegen nach Nickel ein Entwicklungssystem nicht hinreichend zu stützen. (NICKEL, [3]1976, 51)

Überdies haben verschiedene Befunde ergeben, daß zwischen den theoretischen Annahmen und den empirischen Untersuchungen unübersehbare Diskrepanzen bestehen. (NICKEL, ³1976, 51) Ebenso als nicht hinreichend begründet können auch die Kriterien betrachtet werden, die zur Abgrenzung der verschiedenen Phasen dienen (NICKEL, ³1976, 52), wobei vor allem auch die uneinheitliche Dauer der verschiedenen Phasen in den verschiedenen Systemen kritisiert wird, weil daraus ein Nebeneinander verschiedenartiger Theorien, die aufgrund je anderer Ausgangspunkte entstanden sind, resultiert. (NICKEL, ³1976, 53)

Gegen ein solches Argument wendet zwar Livegoed, der sich ebenfalls mit der Kritik an einer rhythmisch sich vollziehenden Entwicklung auseinandersetzt, ein, daß die Unterschiede zwischen den einzelnen Systemen weniger gravierend seien, als es zunächst scheine. (LIVEGOED, 1979, 33)

Ebenso weist er einen anderen Einwand, der besagt, daß die Veränderungen gleitend vor sich gehen und zudem kulturell abhängig sind, zurück, indem er meint, daß wie beim Übergang von Tag und Nacht der genaue Eintrittspunkt des Wechsels zwar nicht mathematisch genau feststellbar sei, es aber trotzdem einen Augenblick gebe, wo wir deutlich beobachten können, daß das Kind in eine neue Phase eingetreten sei. (LIVEGOED, 1979, 32)

Einem ethnologischen Argument gesteht Livegoed eine gewisse Richtigkeit zu: Tatsächlich ist es erwiesen, daß z. B. ein Gymnasiast der westlichen Kultur den Übergang vom Jugend- ins Erwachsenenalter anders erlebt als ein Knabe aus Kenia. Aber die Tatsache, daß beide ihre Kindheit abschließen und sich in der Umwelt neu orientieren, spricht dafür, daß ein Übergang von einer Phase zur nächsten stattfindet. (LIVEGOED, 1979, 32)

Angesichts der kontroversen Meinungen über die Existenz der Entwicklungsrhythmen kann man mit Lehr abschließend sagen, daß eine starre Einteilung, die die Umweltfaktoren, welche für die Entwicklung eine maßgebende Rolle spielen, außer acht läßt, Gefahr läuft, spekulativ und nicht mehr den Tatsachen gemäß zu sein. (LEHR,1958, 215–216) Dessenungeachtet darf man jedoch festhalten, daß »(...) beim Studium von Lebensläufen deutlich (...)« wird, »(...) daß dieselben Probleme, die eine Zeitlang im Hintergrund standen, plötzlich wieder auf ›anderer Ebene‹ auftreten und zu einer erneuten Auseinandersetzung auffordern. So wird das Leben besonders im Erwachsenenalter zu einem immer neuen Durchspielen von gleichen Themen, gleichen Grundproblemen und Grundmotiven (...), und man wird – selbst wenn man die ›Wandlungen‹ und mannigfachen Anpassungsvorgänge innerhalb der Erwachsenenpersönlichkeit voll berücksichtigt – dennoch das rhythmische Phänomen aufspüren und das vielgestaltige Ineinander und Nacheinander solcher Wellenbewegungen, die rhythmische Wiederkehr von Verhaltensweisen, Erlebnisweisen, Einstellungen und ähnlicher Antriebsimpulsen aufzeigen können«. (LEHR, 1959, 216)

3.3.4 Rhythmen im emotionalen Leben

Wenn wir von Rhythmus im Zusammenhang mit dem Seelenleben sprechen, halten wir vorerst zwei Punkte fest:

1. kann das Thema sowohl die Wirkung des Rhythmus auf die Seele als auch seelische Rhythmen, d.h. im Seelenleben selbst vorkommende rhythmische Veränderungen beinhalten, und
2. ist das Thema so umgreifend, daß oft eine Verbindung zu anderen Kapiteln unserer Arbeit in Form einer gegenseitigen Beziehung der verschiedenen Rhythmen auffällt, weshalb sich notwendigerweise Überschneidungen ergeben.

Eine Beziehung wie unter 2. genannt besteht z.B. zwischen den seelischen Rhythmen und dem Schlaf-Wach-Rhythmus, zwischen den seelischen Rhythmen der Mutter und der Auswirkung auf die Rhythmuswahrnehmung des noch ungeborenen Kindes, zwischen den seelischen Rhythmen und den Leistungsrhythmen, den seelischen Rhythmen und den körperlichen Rhythmen u.a. Beispielsweise ist der Herz- und Lungenrhythmus äußerst reagibel für emotionale Regungen, d.h. Angst, Freude, Trauer, Hoffnungslosigkeit, Wut usw. bilden sich im Lungen-Herz-Rhythmus ab und beeinträchtigen bei belastenden Dauerzuständen ihrerseits den Schlaf-Wach-Rhythmus des Menschen. (LINDENBERG, 1981, 96–97)

So wurde experimentell nachgewiesen, daß Pulsfrequenzerhöhungen und respiratorische Arhythmien bei Erwachsenen, Kindern und Jugendlichen als Folge psychischer Anpassung aufgefaßt werden können. (HELLBRÜGGE, 1970, 7–8)

Bereits bei den Griechen war die Wirkung des Rhythmus auf die Psyche bekannt. Der Rhythmus war für sie »(...) der entscheidende Faktor der musikalischen Wirkung«, die den Menschen sowohl in eine aktive, d. h. den Willen bestimmende, als auch in eine passive Stimmung (froh oder traurig) versetzen konnte. (KÜGLER, 1954, 4)

Bei den Pythagoreern hatte die Musik (und damit u. E. auch der Rhythmus) daher die Aufgabe des »Wieder-ins-Gleis-bringen der seelischen Verfassung (...)«. (KÜGLER, 1954, 4) Nach ihrer Lehre befindet sich die Seele in einer ständigen Bewegung, die durch bestimmte Zahlenverhältnisse geordnet ist, und jede rhythmische Bewegung entspricht einer bestimmten Seelenbewegung. (KÜGLER, 1954, 7)

Plato griff diesen Gedanken dann erneut auf. Wertvoll war für ihn Musik nur dann, wenn sie das sittlich Gute darstellte, wobei für die Griechen der »ausschlaggebende und das Ethos bestimmende Faktor« eben der Rhythmus war. (KÜGLER, 1954, 4–5) Im dritten Buch des Staates schreibt Plato: »Ist nun, mein Glaukon, die Erziehung durch Musikē nicht darum von entscheidender Wichtigkeit, weil Rhythmus und Harmonia am meisten in das Innere der Seele eindringen und sie am stärksten ergreifen, indem sie die rechte Haltung mit sich bringen (...)« (PLATON, Staat III, 401d), und auch Aristoteles schrieb dem Rhythmus als höchsten Zweck zu, Einfluß auf den Charakter und die Seele des Menschen (πρὸς τὸ ἦθος συντείνει καὶ πρὸς τὴν ψυχήν, Politik VIII, 1340a 6) zu nehmen und die Seele zu begeistern (ποιεῖ τὰς ψυχὰς ἐνθουσιαστικάς, Politik VIII, 1340a 10f). (GEORGIADES, 1958, 111)

Später erwähnt dann Jamblichus die musikalische Erziehung mit Hilfe von Rhythmen und Liedern bei den Pythagoreern: »Durch sie kamen Heilungen menschlicher Charaktere und Affekte zustande, wurde harmonischer Ausgleich der seelischen Kräfte entsprechend ihrer anfänglichen Gestaltung bewirkt und Heilung körperlicher und seelischer Krankheiten (...) erdacht.« (SCHUMACHER, 1958, 13)

Im 19. Jahrhundert befaßte sich vor allem Wundt mit dem Rhythmus unter psychologischem Aspekt. Kügler stellt zwar fest, daß er auf der Stufe der Antike stehengeblieben sei, da er vom Rhythmus als passivem Geschehen ausging, anstatt die Aktivität des sich Bewegenden einzubeziehen. Besonders deutlich gehe dies aus dem Abschnitt »Inhaltliche Gefühlswirkungen rhythmischer Formen« aus Wundts »Grundzüge der physiologischen Psychologie« hervor, wo Wundt die Wirkung des Rhythmus auf die Seele des Hörenden untersucht. (KÜGLER, 1954, 36)

In gleicher Weise haben nach Kügler auch Meumann, Mach und Herbart lediglich das passive Wesen des Rhythmus erforscht. (KÜGLER, 1954, 37)

Es würde zu weit führen, hier noch auf die »Gymnastische Bewegung« einzugehen, wo die Seele im Zentrum ihrer Bemühungen um den Rhythmus stand. Mit Recht kritisiert Röthig diese einseitige Sichtweise, die »(...) den eigentlichen Wert des menschlichen In-der-Welt-Seins in der Emotionalität« erblickte (RÖTHIG, 1966, 61) und die er als »Rhythmus-Mystik«, die den menschlichen Geist nur noch als Bedrohung verstand (RÖTHIG, 1966, 63), bezeichnet.

Im Gegensatz dazu vertritt Röthig selbst die Meinung, daß das rhythmische Verhalten des Menschen nicht nur emotional, sondern auch intentional aufzufassen sei (RÖTHIG, ^{2}1975, 19), womit er eine umfassendere Sichtweise eröffnet. Seine Interpretation stimmt also mit dem Definitionsversuch des Rhythmus von Trier überein, der, wie wir in Kapitel 1 gesehen haben, beide Seiten, sowohl die Emotionalität als auch die Intentionalität beim Rhythmuserlebnis als wichtig erachtet.

Trier geht ja davon aus, daß der Rhythmus ein »Einschwingungsstreben« befriedigt, wobei er es jedoch mit der Betonung der passiven Seite nicht bewenden läßt, sondern auf das Fehlen der aktiven Seite, die durch den Rhythmus angesprochen wird, aufmerksam macht: »Es ist noch immer eine Undeutlichkeit verblieben. Es besteht noch eine Lücke. Es fehlt der Hinweis auf das Tätige, Strebige, auf das (recht verstandene) Wollende des Rhythmus.« (TRIER, 1949, 136)

Auf Triers Definitionsversuch stützt sich auch Müller, wenn sie sich in ihrer Dissertation mit dem Problem des Rhythmus befaßt, insbesondere wie es sich in Hinsicht auf die Gemütserziehung in der Heilpädagogik stellt. Zugrunde legt sie ihrer Arbeit das ganzheitliche Bild des Menschen von Paul Moor, den »Inneren Halt«, wobei sie Triers Ausführungen so interpretiert, daß das »Einschwingungsstreben«, das der Rhythmus bewirkt, sowohl Hingabe als auch Mittun beinhalten kann. (MÜLLER, 1965, 19)

Müller fragt sich, wie sich der Pädagoge in der Gemütserziehung gegenüber Stimmungen, die flüchtig sind und sich dem willentlichen Zugriff entziehen, zu verhalten habe. Während im Bereich des Willens Gehorsam die Antriebe lenken kann, stellt sich hier die Frage: »Wo aber ist das Maß-gebende im Bereich der Stimmungen?« (MÜLLER, 1965, 13) Nach ihr sollte ein den Stimmungen adäquates Maß ordnend und bindend sein, gleichzeitig aber dennoch die Fülle bewahren, was in der Musik, im Tanz und in der Dichtung verwirklicht wird, wo der Rhythmus die Fülle mit dem Maß verbindet. (MÜLLER, 1965, 13) Denn: »Im musikalischen Rhythmus glauben wir das zu finden, worum es uns in einem viel weiteren Rahmen geht: die Verbindung von Fülle und Maß, das Geheimnis, offen zu sein für die mannigfaltigen Stimmungen und doch nicht zu zerfließen.« (MÜLLER, 1965, 13)

In bezug auf den »Inneren Halt« läßt sich also sagen: »Rhythmus als Moment des inneren Haltes bedeutet, daß die dem Wechsel unterworfenen Gefühle und Stimmungen durch einen dauernd innerlich erfüllenden Gehalt gebunden werden. Der dauernde Gehalt fließt über auf sie und erfüllt sie; das Neu-Hinzukommende wird von ihm her gestaltet. Der dauernde Lebensinhalt bewahrt sich durch alle Stimmungsschwankungen hindurch. Er gibt den einfließenden Anmutungen und dem ausströmenden Ausdruck, dem Erleben und dem Verhalten, ein Gleichmaß, das wir Rhythmus nennen.« (MÜLLER, 1965, 65) So wird das ganze Leben mit seinen Wechseln durch ein Dauerndes gehalten und gestaltet, es entsteht ein Lebensrhythmus. (MÜLLER, 1965, 65)

Moor selbst sieht den Rhythmus im Seelenleben, der durch den »Gehalt« bestimmt wird, als Grundlage für den Lebensrhythmus: »Je tiefer und reicher der empfangene Gehalt ist, desto mehr bestimmt er den Rhythmus des Gestimmtseins des ganzen Tuns und Lassens, so daß er zum tragenden Lebensrhythmus wird.« (MOOR, 1965, 375)

Wie bei Moor, wo der Rhythmus des seelischen Gestimmtseins ein bedeutender Faktor für das Leben überhaupt ist, so wird auch von Piaget dem Rhythmus eine grundlegende Funktion für das Seelenleben zugestanden, wenn er den Rhythmus als eine der drei fundamentalen Strukturen für das seelische Leben betrachtet: »Les formes les plus élémentaires des techniques de l'action, celles que l'on observe presque seules durant les premières semaines de l'existence et qui marquent le point de jonction de la vie organique et de la vie mentale, revêtent toutes l'aspect de rythmes, lequel traduit, sans doute, le caractère le plus général des processus psychophysiologiques.« (PIAGET, 1942, 10) Denn sowohl in den Bewegungen von Kopf, Armen und Beinen als auch in den Reflexen und in den Saugbewegungen findet man immer dieselben Merkmale: 1. Wiederholung, 2. zwei Phasen (aufsteigende oder positive und absteigende oder negative), 3. mehr oder weniger regelmäßige Intervalle. (PIAGET, 1942,10)

[Nebenbei sei darauf hingewiesen, daß wir hier an die drei von mir als wichtig erachteten Merkmale des Rhythmus erinnert werden: Wiederholung (Piaget) – Ständige Erneuerung / zwei Phasen (positive und negative) (Piaget) – Polarität und Ausgleich / mehr oder weniger regelmäßige Intervalle (Piaget) (ich lege Wert auf das »mehr oder weniger«) – Elastizität und Anpassung.]

Nach Piaget interessiert die rhythmische Struktur die Psychologie insofern, als sie den Bereich der reflexartigen und instinktiven Techniken überschreitet und gleichzeitig den Beginn für die Gewohnheiten und die elementaren Mechanismen der Wahrnehmung anzeigt. (PIAGET, 1942, 10) So erwähnt er, daß die einfachsten Reaktionen mit zirkulären Reaktionen beginnen, d. h. der Säugling wiederholt seine Bewegungen, die zu einem für ihn interessanten Ergebnis geführt haben. Diese zirkuläre Wiederholung »(...) constitue ainsi un cycle ›rythmique‹ qui aboutira à l'automatisation de l'acquisition nouvelle et la fera entrer, à titre de scène stéréotypé, dans les ensembles ultérieurs plus complexes«. (PIAGET, 1942, 11) Ebenso verhält es sich im Bereich der Auffassung. Die Größe einer Figur u. a.»(...) donne lieu à des oscillations autour d'un point d'équilibre moyen comme si les sensations reposaient sur des rythmes élémentaires«. (PIAGET, 1942, 11)

Zusammenfassend formuliert Piaget die Bedeutung des Rhythmus folgendermaßen:»Rythme, régulation et groupement constituent ainsi les trois phases du mécanisme évolutif de la vie affective aussi bien que du développement de la connaissance.« (PIAGET, 1942, 21)

Im Hinblick auf unsere Arbeit interessiert vor allem auch der Zusammenhang zwischen den Rhythmen in dem nach Hildebrandt u. a. bezeichneten »langwelligen Bereich« (Tages-, Wochen-, Jahresrhythmus) und dem psychischen Geschehen.

Daß die Seele unter dem Einfluß verschiedener solcher Rhythmen steht, bildete bereits 1920 für Forel die Rechtfertigung für seine Dissertation, wenn er schreibt:»Nous pensons que l'étude du rythme doit intéresser la médecine et plus spécialement la psychologie scientifique, car l'âme subit toute la vie l'influence des divers rythmes.« (FOREL, 1920, 2)

Diesen Einfluß der verschiedenen Rhythmen auf das seelische Befinden hat aber schon lange vor ihm Hippokrates in der Beziehung zwischen den menschlichen Temperamenten und den jahreszeitlichen Gesundheitszuständen erwähnt.

Auch periodische Verläufe von Geistesstörungen wurden bereits früh beobachtet, von rhythmischen Prozessen sprach auch Pawlow, und andere Forscher beschrieben einen 24-stündigen Wechsel psychischer Erkrankungen und Verschiebungen im Tagesrhythmus der Körpertemperatur bei Depressionen. (HECHT u. SEIDEL, 1978, 619)

Eine deutliche Tagesperiodik tritt nämlich nicht nur im physiologischen Geschehen in Erscheinung, sondern umfaßt beinahe alle meßbaren Variablen auch im psychologischen Bereich. (WEVER, 1978, 1)

Aus diesem Grund wird auch in der Psychotherapie das Einbeziehen des Rhythmus als wesentlich erachtet:»Wie für die gesamte Medizin, so ist besonders auch für die mit den ›biologischen Höchstfunktionen‹ arbeitende Psychotherapie das Rhythmusproblem von grundlegender Bedeutung.« (SCHULTZ, 1938, 996)

Das Rhythmusproblem sieht Schultz in der Bildung von Lebensrhythmen. So betrachtet er es als Aufgabe des Therapeuten, »(...) mit seinen Mitteln einen formenden und gestaltenden Einfluß auf den Lebensrhythmus zu nehmen«. (SCHULTZ, 1938, 996) Denn, bedingt durch die relative Autonomie – im Vergleich zu Tieren insbesondere niederer Organisation – der Rhythmen beim Menschen, besteht die Möglichkeit,»(...) Lebensrhythmen in gewissen Grenzen umzubauen«. (SCHULTZ, 1938, 996)

Für die Psychotherapie sind nach Schultz Veränderungen in sechs Kategorien von Wichtigkeit:

»1. Beschleunigung und Verlangsamung der Lebensrhythmen (Tempo),
2. Erregung und Hemmung der Lebensrhythmen (Amplitude),
3. Steigerung und Abschwächung der Lebensrhythmen (Intensität),
4. Belebung und Abstumpfung der Lebensrhythmen (Qualität),
5. Beweglichkeit und Starre der Lebensrhythmen (Modulation),
6. Spannung und Lösung der Lebensrhythmen (Duktus).«

(SCHULTZ, 1938, 996)

Auf diese Kategorien der Lebensrhythmen, die sich in Polaritäten manifestieren und Störungen aufweisen können, kann nach Schultz der Psychotherapeut mit geeigneten Mitteln einwirken. (SCHULTZ, 1938, 996-998)

Auch von anthroposophischer Seite her wird dem Rhythmus in der Psychotherapie eine wichtige Rolle zugestanden. So zählt Livegoed in der Psychotherapie der dritten Lebensphase, d. h. ab dem 42. Lebensjahr, einen festen Lebensrhythmus zu den therapeutischen Faktoren. »Das tägliche Leben muß einem festen Rhythmus unterworfen und streng geregelt werden (...)« (LIVEGOED, 1979, 197), was vor allem auch für Menschen im Pensionsalter gilt. Denn: »Auch in solchen Fällen ist ein geregelter Tages- und Lebensrhythmus wichtig, (...).« (LIVEGOED, 1979, 198)

Nebst dem Tagesrhythmus scheint aber auch der jahreszeitliche Rhythmus einen Einfluß zu haben auf die menschliche Psyche. Wenn dieser jahresrhythmische Einfluß zunächst auch nicht sehr augenfällig ist, so kann er doch deutlich wahrgenommen werden, ja, »(...) wenn wir nicht nur ›Mensch‹ sein wollen, sondern es noch meinen werden zu müssen, gerade dabei bemerken wir, wie sehr der Mensch im Winter anders ist als im Sommer«. (SCHÖFFLER, 1983, 56)

Dieses Anderssein läßt sich, ohne wissenschaftliche Erkenntnisse hierüber heranzuziehen, in der Alltagssprache etwa folgendermaßen formulieren: »Im Frühjahr und im Sommer, da ist es draußen ›schön‹, alles kommt dem Menschen ungemein entgegen, da kann er nicht anders als hochgestimmt und gutgelaunt sein. Und während der schlechten Jahreszeit könne der Mensch wegen all der äußeren Widrigkeit (Kälte, Nässe, Sturmwind) gar nicht anders als mürrisch und übelgelaunt sein.« (SCHÖFFLER, 1983, 56)

Schon Goethe war ja der Meinung, daß »(...), wenn man rechtzeitig wüßte, was einem für die Wintermonate bevorstehe, dann würde man sich doch eigentlich im Herbst schon einen Strick nehmen«. (SCHÖFFLER, 1983, 56)

Diesem Problemkreis widmet Hellpach in seinem Buch »Geopsyche« ein ganzes Kapitel, das er »Die Jahresperiodik des Seelenlebens« betitelt.

Bereits im 19. Jahrhundert wurden eigenartige Veränderungen, die mit dem Frühjahrsbeginn einhergehen, beobachtet. (HELLPACH, 1950, 125)
Diese alljährlich im Frühling festgestellten Veränderungen im Seelenleben, d. h. die sogenannte »Frühlingskrise«, wurde zum Ausgangspunkt der Erforschung des jahresrhythmischen Befindens und der Leistungsfähigkeit des Menschen, was sich in der Zeichnung psychophysischer Jahreskurven niederschlug. (HELLPACH, 1950, 125)
Hellpach untersucht die jahresrhythmischen Veränderungen vor allem in bezug auf das Triebleben des Menschen. Denn obschon die Meinung herrscht, daß bereits durch die Domestikation bei den Tieren und vollends beim Menschen die geschlechtliche Triebhaftigkeit und Fruchtbarkeit an keine Brunstzeiten gebunden seien, existieren Statistiken der Bevölkerungsvermehrung, die unabhängig von Land, sozialem Status, Rasse und Kultur eine jährliche Häufung von Geburten im Spätwinter und Vorfrühling zeigen, was auf eine Häufung der Empfängnisse im Hochfrühling und Frühsommer schließen läßt. (HELLPACH, 1950, 126)
Einen Beleg aus dieser Richtung zieht Hellpach aus der Kriminalstatistik heran. Auch hier, bei der Notzucht, läßt sich »(...) wiederum die Frühlingstatsache als die entscheidende (...)« erkennen. (HELLPACH, 1950, 127–128)
Dieselbe Jahreskurve wird nach Hellpach auch beim Selbstmord verzeichnet, wo das Maximum ebenfalls im Frühjahr liegt, und ebenso bei der Einweisung von Geisteskranken mit einer Häufung in denselben Monaten. (HELLPACH, 1950, 128–129)
Hier muß jedoch festgehalten werden, daß eine sorgfältige statistische Bearbeitung dieses Problemkreises bei Hellpach noch vermißt wird.
Die »Frühlingskrise« interpretiert er als Folge der Dynamik des Licht- und Wärmeanstiegs (HELLPACH, 1950, 133), was heute durch die neuesten Forschungen, die den Einfluß des Lichtes auf das seelische Befinden des Menschen – wir werden noch darauf zurückkommen – untersuchen, teilweise bestätigt wird.

Einen anderen Weg, Einsicht in dieses Phänomen, d. h. in die Beziehung der menschlichen Psyche zum natürlichen Jahresrhythmus zu gewinnen, geht Schöffler, wenn er meint, daß der wirkliche Zusammenhang erst durchschaut wird, wenn man den Blick auf den Sommer-Winter-Rhythmus in der Natur einerseits und auf die Verschiedenheiten der Menschen in diesem Rhythmus andererseits richtet: »Ist denn das wirklich so einfach aufzufassen? Im Sommer ist's schön, folglich ist da auch der Mensch wohlgelaunt; und im Winter da ist es schauerlich, folglich wird da der Mensch zum Sauertopf... Ist das wirklich die ganze Weisheit über unser Verhältnis zum Rhythmus der Erde, zu Sommer und Winter?« (SCHÖFFLER, 1983, 56)

Wenn wir also das rhythmisch schwingende Seelenleben verstehen wollen, so drängt sich die Frage auf: »Was macht die Erde im Sommer und was macht die Erde im Winter in Wirklichkeit?« (SCHÖFFLER, 1983, 57)

Eine unvoreingenommene Beobachtung kann uns dazuführen, die Veränderung der Erde im Jahreslauf wie ein Ein- und Ausatmen zu empfinden: »Wenn im Frühjahr die Säfte die endgültige Höhe erreicht haben (steigen tun sie in Wirklichkeit schon im Dezember). Wenn vor allem die Lufttemperatur generell höher wird und der Austausch bodennaher Luftkörper in größere Höhen hinaufreicht, kurz, wenn in der Atmosphäre der Zustand der größten Durchmischung in den Qualitäten der Höhe (Licht, Wärme) und den Qualitäten der Tiefe (Feuchtigkeit, ›Kerngehalt‹, ›feste‹ Staubpartikel) erfolgt, dann kann man das als einen Zustand der ›Ausatmung‹ der Erde bezeichnen. Im Winter dagegen ist das Maß an Licht und Wärme äußerst beschnitten, die Angleichung der Feuchtigkeitsmenge an den festen Aggregatzustand ist in Schnee und Eis maximal. Das Albedo der Schneelandschaft, das heißt die Rückspiegelung der Lichtmengen in den äußeren Raum durch die Spiegelungskraft des Schnees ist fast 100%. Die Erde weist also ab, was aus dem Kosmos kommt und was im Sommer doch die lebendige Durchmischung der Atmosphäre brachte: Das Licht wird jetzt im Winter sozusagen wieder heimgeschickt und abgewiesen. Laßt mich in Ruhe mit kosmischen Qualitäten, ich will meinen eigenen Problemen überlassen sein! Das ist die Geste der Erde zur Winterzeit.« (SCHÖFFLER, 1983, 57)

Wie der Mensch nicht nur einen Atemrhythmus besitzt, sondern diesen in einen größeren Rhythmus, in den Schlaf-Wach-Rhythmus einfügt, so können wir auch von der Erde sagen, daß sich ihr Leben zwischen Schlafen und Wachen, in einem Schlaf-Wach-Rhythmus vollzieht:»Dazu kommt, daß am Beginn der Vegetationsperiode alles in die Richtung der vitalstrotzenden Aufbauprozesse geht – die Welt wird zunächst traumhaft schön; im Hochsommer gipfelt dann der gesamte biologische Prozeß in einer Art ›Mittagspause‹, und Mittagspausen werden stets in einem eher trägen Zustand der geistigen Schläfrigkeit erlebt. Man hat nicht die höchste Vigilität (Wachheit) in dieser Sommerzeit. Erst im Herbst mit dem Einsetzen der Reifezeit, die aber auch das erste Dahinwelken bringt, beginnt wieder eine ähnliche Gefühlsregsamkeit, wie wir sie im Frühjahr an uns beobachteten. Vollends der Winter bringt dann volle Wachheit, das gilt für Mensch und Erde gleichermaßen: Alles, was von den Vorgängen der meteorologischen Atmosphäre im Sommer ganz draußen in der Höhe sich abspielt, zieht sich nunmehr unter die Erdoberfläche zurück, die Erde, die im Sommer voll ausgeatmet hatte, sich ganz dem Kosmos geöffnet hatte, sie drängt ihre Lebensprozesse in sich selbst zurück und schirmt sich obendrein durch die fast ganz fest werdende – vereisende – Schneedecke nach außen hin ab. Weite Expansion im Sommer – Offenstehen, Hingabe an den Kosmos; dichte Konzentration im Winter, Abgeschlossenheit, Verwiesensein auf sich selbst.« (SCHÖFFLER, 1983,57)

Eine solche Charakterisierung läßt den Vergleich mit dem Menschen zu, wobei offenbar wird, daß der Mensch den Prozeß der Natur mitmacht: im Frühling ist die Gefühlsaktivität hoch, ebenso im Herbst. Im Sommer ist der Mensch der äußeren Natur hingegeben. Diese Extraversion wird aber durch niedrige Denktätigkeit beantwortet. Im Winter distanziert sich der Mensch von der Außenwelt, er ist auf sich selbst verwiesen, was auch höhere Gedankenaktivität bedeutet. (SCHÖFFLER, 1983, 57–58)

So zeigt Schöffler, wie der Rhythmus als ein verbindendes Element zwischen Mensch und Natur aufgefaßt werden kann.

In anderer Weise interessiert sich die moderne Psychiatrie insofern für den Rhythmus, als sie davon ausgeht, daß die Grundfunktionen des Gehirns rhythmisch verlaufen. Sie sieht deshalb in den biorhythmischen Funktionsabläufen den Ausdruck »der Widerspiegelung raum-zeitlicher Prozesse in der Organismus-Umwelt-Beziehung«. (HECHT u. SEIDEL, 1978, 619)
Wichtige Funktionen wie Lernen und Gedächtnis, Zeitwahrnehmung und Afferenzsynthese, Emotionen und zentral-nervale Steuerung vegetativer, endokriner und somatischer Regulationen hängen von der rhythmischen Arbeitsweise des Gehirns ab. (HECHT u. SEIDEL, 1978, 620) Dabei können bei bestimmten Erkrankungsformen des Gehirns (z. B. Schock, Streß, Arteriosklerose u. a.) zirkadiane Rhythmen in infradiane übergehen, und bei anderen (z. B. Neurosen, Depression, Anencephalie, Anorexia nervosa) können demultiplikative Erscheinungen zirkadianer Rhythmen auftreten. Einige Autoren haben auch Phasenverschiebungen zirkadianer Verläufe, Phasenumkehr und völlige Nivellierung der Tagesrhythmik nachweisen können. (HECHT u. SEIDEL, 1978, 625)

Unter den verschiedenen Rhythmen nimmt der Wochenrhythmus eine Sonderstellung ein, da er durch soziale Faktoren bestimmt wird. Es wurde berichtet, daß Selbstmorde, Arbeitsunfälle und Herzinfarkte am Montag ein Wochenmaximum haben. Zurückgeführt wird dies auf die Entwöhnung von der Arbeit am Wochenende und auf Übermüdungserscheinungen aufgrund falscher Freizeitgestaltung. (HECHT u. SEIDEL, 1978, 629)

Mit einem neuen Gesichtspunkt des Rhythmus im Zusammenhang mit dem psychischen Geschehen befaßt sich gegenwärtig eine Forschungsgruppe in der Schweiz, wo sieben Psychiatriekliniken der deutschen Schweiz sich zusammen an einer Nationalfonds-Studie über eine neuartige Therapie für depressive Stimmungen beteiligen. (ERNST, 1984, 25)

Schon vor langer Zeit hatte nämlich Kräplin Fälle von Manisch-

Depressiven erwähnt, die im Herbst erhöhtes Schlafbedürfnis und Gewichtszunahme als Anfangssymptome ihrer Erkrankung zeigten. (WIRZ-JUSTICE, 1983, 767)
Vier Symptome der Depression waren es denn, die nun die Aufmerksamkeit erneut auf die biologischen Rhythmen gelenkt haben:

1. das zu frühe morgendliche Erwachen
2. die Tagesschwankungen in der Intensität der Symptome
3. die saisonale Abhängigkeit der Erkrankung
4. das Merkmal, zyklisch in Schüben zu verlaufen

(WIRZ-JUSTICE, 1983, 764)

In den USA wurde aufgrund einer epidemiologischen Studie nachgewiesen, daß bei solchen Patienten eine Besserung ihrer jahreszeitlichen affektiven Erkrankung eintrat, wenn sie aus den hohen Breiten nach Süden reisten oder im Winter Ferien auf den Bahamas verbrachten (WIRZ-JUSTICE, 1983, 767), was zu folgender Hypothese führt: »Ungeachtet des offensichtlichen Plazeboeffektes von Ferien auf den Bahamas weisen diese Beobachtungen in Richtung der Annahme, daß Licht – im vorliegenden Falle natürlich Sonnenlicht – eine Wirkung auf den Gemütszustand hat.« (WIRZ-JUSTICE, 1983,767)

In dieser Hinsicht ist auch eine Erwähnung Ernsts von Interesse, daß in einem bekannten Forschungsinstitut ein Naturwissenschaftler zweimal hospitalisiert wurde, und zwar im Frühling 1980 wegen Überaktivität und Gedankenflucht, im Dezember darauf wegen Depression. Die Aufzeichnungen dieses Patienten, die er während 13 Jahren über seine regelmäßigen Verstimmungszustände geführt hat, lassen einen deutlichen Jahresrhythmus erkennen von der Art, daß er am Jahresanfang aktiv und produktiv war und Ende Sommer eine Depression hatte, die sich im Winter wiederum aufhellte.

Nachdem jedoch der Naturwissenschaftler während einer Depressionsphase im Institut einer besonderen Belichtung ausgesetzt worden war, hellte sich seine Stimmung auf, und er setzte die Behandlung mit Licht weiterhin selbst fort, was dazu führte, daß er seither symptomfrei blieb. (ERNST, 1984, 25)

Dies zeigt, daß das Licht ein wesentlicher Faktor ist zum Verständnis der Depression, denn insbesondere bei Manisch-Depressiven läßt sich eine Überempfindlichkeit wie im oben erwähnten Fall auf Licht registrieren.

Bei diesen Patienten herrscht aber vor allem auch eine abnorme zirkadiane Rhythmik vor, die gleichfalls mit der übersensiblen Licht-Ansprechbarkeit in Beziehung gesetzt werden kann. (WIRZ-JUSTICE, 1983, 767)

Die Bedeutung des Lichtes zeigt sich insbesondere im Isolationsexperiment: Es stellte sich nämlich heraus, daß der zirkadiane Rhythmus beim Menschen nicht einfach als Antwort auf die Umweltrhythmen aufzufassen ist, sondern genetisch programmiert ist. Der zirkadiane Rhythmus bleibt beim Ausschluß von allen zyklischen Umweltformationen mit einer ziemlichen Präzision erhalten. Er weicht jedoch um ca. eine Stunde ab, d. h. er beträgt ungefähr 25 Stunden. Aus diesem Grund bedarf der Mensch der Zeitgeber aus der Außenwelt, um so seinen Rhythmus mit den Umweltrhythmen, in erster Linie mit dem Tag-Nacht-Zyklus, zu synchronisieren. (WIRZ-JUSTICE, 1983, 765)

Verschiedene Körperfunktionen wie Wachen und Schlafen, Aktivität und Ruhe, die verschiedenen Schlafphasen, die Kurve der Körpertemperatur, die Ausscheidung vieler Hormone laufen, wie wir gesehen haben, in zirkadianen Rhythmen ab. Diese Rhythmen sind nun zwar endogen, vom Körper selbst erzeugt, werden jedoch darüber hinaus vom Wechsel des Lichtes mitbeeinflußt. (ERNST, 1984, 25)

Diese in uns verankerten zirkadianen Rhythmen verspüren wir vor allem in zwei Fällen, beim Wechsel von der Tag- auf die Nachtschicht und beim Überfliegen von Zeitzonen. Während sich der Schlaf-Wach-Rhythmus nach ein bis zwei Tagen an die neuen Umweltkonstellationen anpaßt, geschieht dies bei der Temperaturkurve und der Folge der Schlafphasen erst nach acht bis zehn Tagen. So lange stellt sich das Temperaturmaximum nicht mehr mit dem Zeitpunkt zusammen ein, wo sich der Mensch auf die Ruhephase einstellt und was der Normalfall wäre, sondern mit dem Aktivitätsbeginn. (ERNST, 1984, 25)

Bedenkt man nun, daß die psychische Leistungskurve weitgehend kongruent mit der Kurve der physiologischen Funktionen verläuft (PFLUG u. TÖLLE, 1971, 122), sieht man, wie weitreichend solche äußeren Eingriffe sein können.

Interessant sind in dieser Hinsicht Beobachtungen wie solche, daß es Menschen gibt, die als Folge von Schicht- oder Zeitzonenwechsel depressiv, überaktiv oder reizbar werden. Darüber hinaus fällt auf, daß gewisse Menschen nach dem Mittagessen schlafen und sich nachher ausgeruht fühlen, während andere tagsüber beim Schlafen »seelisch aus dem Geleise« kommen und übellaunig werden. (ERNST, 1984, 25)

All diese Erscheinungen werden auf dem Hintergrund des Zusammenhangs zwischen den Rhythmen im menschlichen Körper und jenen in seiner Umwelt verständlich.

Aufschlußreich sind hier besonders auch die neuen Schlafforschungen, die sich mit diesem Problem auseinandersetzen. Vor einigen Jahren wurde am National Institute of Mental Health in Bethesda (USA) von einer Forschungsgruppe nämlich die Hypothese aufgestellt, daß bestimmte Depressionsformen mit einer Störung der Tagesrhythmen einhergehen. Tatsächlich erwachen denn viele Depressive am Morgen früh (drei oder vier Uhr) mit einem Stimmungstief auf, welches sich im Laufe des Tages aufhellt und am Abend in eine eigentliche Aktivitätsphase übergeht. Es zeigt sich also, daß die spontane Bedingung des Schlafes früher als bei Gesunden und die höchste Aktivität dann eintritt, wenn andere sich erholen, d.h. die zirkadianen Rhythmen sind hier, gemessen an der Norm, verschoben. (ERNST, 1984, 25)

Bei einem Vergleich der Schlafkurve bei endogener Depression mit einer Normalkurve fällt darüber hinaus auf, daß bei dem an Schlafstörungen leidenden Patienten die zeitliche Struktur fehlt. (PAPOUSEK, 1978, 53)

Diesbezüglich fand man in der chronobiologisch orientierten

Schlafliteratur zudem eine aufschlußreiche Analogie: die Schlafkurven von endogen depressiven Patienten und von Versuchspersonen, die experimentell eine Schlafumkehr durchmachten, zeigen eine »(...) bis ins einzelne gehende phänomenologische Ähnlichkeit (...)« (PAPOUSEK, 1978, 54), wobei man von Schlafumkehr dann spricht, wenn die Schlaf- und Wachzeiten um 12 Stunden verschoben werden, wie dies z. B. bei transatlantischen Reisen bei den äußeren Zeitgebern geschieht. (PAPOUSEK, 1978, 54) Wie hier wird nun auch bei den endogenen Depressionen infolge verschiedener Anpassungszeiten der Rhythmen eine äußere und innere Desynchronisation der Rhythmen festgestellt, die der Schlafstörung zugrunde liegt. (PAPOUSEK, 1978, 54)

Diese Betrachtungsweise führt dazu, wie der Psychiater Kielholz dies sagt, bei den Depressionen von einer Störung der inneren Uhr zu sprechen, was sich eben in Schlaf- und Einschlafstörungen, zerhacktem Schlaf, zu frühem Erwachen, also in Störungen des Schlafrhythmus manifestiert. (KIELHOLZ, 1983, 18)

Solche Erkenntnisse über die Bedeutung des Rhythmus im psychischen Geschehen haben, abgesehen von der medikamentösen Therapie, auch sonst neue Wege in der Therapie eröffnet: Denn beide Aspekte, worunter hier die Depression betrachtet wurde, sowohl die Störung des zirkadianen Rhythmus als auch die saisonale Abhängigkeit, führen zu therapeutischen Gesichtspunkten, die das Phänomen des Rhythmus einbeziehen.

So stellten Hecht und Seidel folgende Forderungen auf:

a) Da Psychopharmaka häufig frequenzverändernde Wirkung haben, müßte man sich fragen, welche Folgen Dauerverabreichung von solchen Medikamenten bei Menschen mit gestörten Rhythmen haben, da es ja gerade gilt, diese zu normalisieren.
b) Es besteht also die Forderung, Medikamente zu entwickeln, welche die gestörte Rhythmik wiederum harmonisieren.

(HECHT u. SEIDEL, 1978, 630–631)

Im Zusammenhang mit Punkt b) der therapeutischen Aspekte ist es auffallend, daß Schlafentzug bei Gesunden erhebliche psychische Störungen hervorruft, ja daß sogar gewisse Erkrankungen wie epileptische Anfälle und schizophrene Manifestationen wahrscheinlich dadurch provoziert werden können, daß hingegen eine Auslösung einer endogenen Depression durch Schlafentzug nicht belegt ist. Daher kommt man zum Schluß, die bei endogener Depression vorliegende andere Beziehung zum Schlaf-Wach-Rhythmus folgendermaßen zu formulieren: »Schlafentzug hat bei manifester endogener Depression einen therapeutischen Effekt« (PFLUG u. TÖLLE, 1971, 122), und Faust spricht geradezu von einer »paradoxen Wirkung des Schlafentzugs«. (FAUST, 1977, 299)

Die Hypothese, daß hier eine Abwandlung des Schlaf-Wach-Rhythmus vorliegt, wird unter anderem durch den Befund gestützt, daß durch einen »einfachen physiologischen Eingriff in den circadianen Rhythmus«, durch Schlafentzug für eine Nacht, die Symptomatik der endogenen Depression eine signifikante Besserung zeigt. (PFLUG u. TÖLLE, 1971, 122) Bei schlafdeprivierten Depressionen liegt denn der therapeutische Effekt darin, daß dieser die gestörten Rhythmen wiederum synchronisiert (HECHT u. SEIDEL, 1978, 629), was eine medikamentöse Behandlung überflüssig machen kann.

Wie bereits erwähnt wurde, spielt zudem das Licht als therapeutischer Faktor eine spezifische Rolle, da seine Wirkung sowohl jahresrhythmisch als auch tagesrhythmisch ist.

Um die Theorie zu prüfen, daß gewisse Depressionen mit einer Störung der zirkadianen Rhythmen verbunden sind und auf eine spezielle Lichttherapie ansprechen, wurden 1981 im National Institute von Mental Health im Raume Washington mit Versuchspersonen Probebehandlungen durchgeführt, wobei die Ergebnisse deutlich dafür sprachen, »(...) daß es eine Gruppe von jahreszeitlichen, ›saisonalen‹ Depressionen gibt und daß sie auf eine spezielle Lichttherapie ansprechen« (ERNST, 1984, 25), welche darin besteht, daß die Zeit der Lichteinwirkung des Winters ausgedehnt wird, um so jene des Frühlings zu imitieren. Die Patienten werden drei Stunden vor Tagesanbruch und drei Stunden abends hellen, weißen Lichtquellen ausgesetzt, wodurch sich nach zwei bis drei Tagen eine Besserung einstellt. Eine Beendigung dieser Therapie oder eine Bestrahlung mit gelbem Licht geht jedoch mit dem Wiedereinsetzen der Symptome einher. (WIRZ-JUSTICE, 1983, 767–768)

Solche Behandlungserfolge stützen also die Theorie, daß die Depression als eine »atavistische Ausdrucksform eines ›photoperiodischen‹ und jahreszeitlich abhängigen Mechanismus« aufgefaßt werden kann. (WIRZ-JUSTICE, 1983, 767)

Wenn Ernst meint, daß sich aus diesem neuen Forschungsgebiet auch transkulturelle und historische Aspekte ergeben, so läßt sich hier eine Verbindung ziehen zu Kapitel 2, wo die Bedeutung des Rhythmus für die früheren Kulturen aufgezeigt wurde.

Da sich nämlich nach einer Untersuchung an amerikanischen Berufsleuten und Hausfrauen gezeigt hat, daß sich die Menschen der USA heute im Alltag eher selten dem Sonnenlicht aussetzen, könnte es sein, daß das Licht als Zeitgeber für zirkadiane Rhythmen weniger wirksam werden kann als zur Zeit, als die Menschen Sammler, Jäger und Bauern gewesen sind. (ERNST, 1984a, 97)

Sozusagen unbewußt verhielten sich die Menschen früherer Epochen also so, daß ihre Rhythmen im Einklang mit der Natur waren.

In dieser Beziehung kann abschließend ein Ausspruch Fröbels, der zunächst als dichterische Schwärmerei anmutet, vielleicht in ein neues Licht gestellt werden: »Die Jahres-, wie die Tageszeiten usw. kommen und gehen. Der Frühling mit seinem Keimen und Treiben und Sprossen und Blühen erfüllt den Menschen, und schon als Knaben, mit Lust und Leben, und reger läuft das Blut, und lauter schlägt das Herz; der Herbst mit seinen fallenden farbigen und bunten Blättern und deren würzigem Duft erfüllt den Menschen, und schon als Knaben, mit Sehnsucht und Ahnung; und der starre, aber klare, stetige und beständige Winter weckt Mut und Kraft, und dies Gefühl von Mut und Kraft, Ausdauer und Entsagung macht frei und froh des Knaben Herz, des Knaben Sinn; (...).« »Alles dies sind Vorahnungen des künftigen, sind Hieroglyphen des stillen noch schlummernden inneren Lebens, sind recht erkannt und gewürdigt und verstanden, Engel, die den Menschen in und durch das Leben führen; (...).« (FRÖBEL, 1973, 236) Wenn wir Fröbels Worte auf dem Hintergrund der neuen Forschungsergebnisse über den Zusammenhang zwischen dem Naturrhythmus und dem Seelenleben betrachten, und wenn wir wissen, daß eine allzu weitgehende Loslösung aus diesem Zusammenhang zu grundlegenden Störungen führt, können wir nun vielleicht verstehen, daß Fröbel die jahresrhythmischen Veränderungen metaphorisch Engel nannte, die uns durch das Leben führen.

3.3.5 Der Schlaf-Wach-Rhythmus

Die Bedeutung des Schlaf-Wach-Rhythmus trat bereits im letzten Kapitel hervor, wo dargestellt wurde, wie neuerdings in der Depressionsforschung diesem Rhythmus sowohl im Hinblick auf seine Störbarkeit als auch auf seinen therapeutischen Charakter Beachtung geschenkt wird.

In ähnlicher Weise wie bei der Depression, nun aber speziell auf den Schlaf-Wach-Rhythmus bezogen, wird das Wissen um rhythmische Vorgänge auch bei Schlafstörungen genutzt.

Während eine dem natürlichen Rhythmus ungemäße Lebensweise zu Störungen führen kann, weiß man nämlich auch von Fällen, wo eine Rhythmusverschiebung geradezu therapeutischen Effekt zeigte. Ein amerikanischer Schlafforscher und Neurologe berichtete z. B. von einem jungen Mann, der seit langem darunter litt, nicht vor 02.00 Uhr einschlafen zu können, obwohl er bereits um 07.00 Uhr aufstehen mußte. Da nun vermutet wurde, daß hier eine Rhythmusstörung vorliegt in dem Sinne, daß der Patient unfähig sei, die Periodenlänge seines Schlaf-Wach-Rhythmus auf weniger als 24 Stunden zu verkürzen, um die Einschlafzeit vorzuverschieben, bestand die Behandlung dieser Störung darin, daß der Patient noch später schlafen ging, d. h.»(...) in einer absichtlichen Verlängerung des Schlaf-Wach-Rhythmus, um die Einschlafzeit rund um die Uhr in die gewünschte Phasenlage zu bringen.« (BORBELY, 1984, 226)

Während zwar die Öffentlichkeit von solchen Forschungsarbeiten kaum Kenntnis nimmt, wird der Mensch heute dennoch vermehrt mit dem Schlaf-Wach-Rhythmus konfrontiert. Seine Aktualität kommt z. B. in Diskussionen zum Ausdruck, wo es um Fragen der Schicht- und Nachtarbeit, der Einführung der Sommerzeit und des Frühjahr- und Herbstschulbeginnes geht, und nicht zuletzt auch durch eine der weitest verbreiteten Zivilisationskrankheiten, eben der Schlafstörung oder Schlaflosigkeit.

Als ein solches Beispiel, wo deutlich wird, daß die Bedeutung des Rhythmus dem Menschen wiederum vermehrt bewußt wird, sei im folgenden der Artikel »Geringe Auswirkungen auf den Menschen. Anpassungsprobleme bei der Umstellung auf Sommerzeit – Schlaf-Wach-Verhalten«, erschienen in der Tageszeitung »Der Bund«, erwähnt, wo wir lesen können, daß die Einführung der Sommerzeit lediglich »(...) eine administrativ verordnete Phasenverschiebung des menschlichen biologischen Systems (...)« sei, jedoch – und dies ist von entscheidender Wichtigkeit – »(...) bei unverändert geophysikalischen Umweltbedingungen«. (BUCHBERGER, 1983, 13)

Bedenkt man den Zusammenhang der Rhythmen des menschlichen Organismus mit den Rhythmen seiner Umwelt, wie dies in Kapitel 3.2.1 dargestellt wurde, so kann hier die Tragweite eines solchen künstlichen Eingriffs geahnt werden.

Dem wurde denn auch Rechnung getragen, indem sich einige Forschungsgruppen in Europa und Australien mit dieser Problematik auseinandergesetzt haben, da es von medizinischem und sozialpolitischem Interesse ist, zu wissen, ob eine solche Zeitverschiebung für den Menschen negative Auswirkungen zeitigt.

Greifen wir deren bisher zu Tage geförderten Erkenntnisse, die sich auf den Schlaf-Wach-Rhythmus beziehen, heraus, so ersieht man, daß in der Woche unmittelbar nach der Frühjahrsumstellung der Zeitpunkt des Zubettgehens und des Aufwachens deutlich später liegt als in der Woche vor der Zeitumstellung. In dieser Woche, bei mehreren Menschen noch eine bis zwei weitere Wochen, erfolgt eine Anpassung des Schlaf-Wach-Verhaltens an die neuen Zeitumstände, was bei jüngeren Menschen im Durchschnitt schneller geschieht als bei älteren.

Dagegen erfolgt die Herbstumstellung meist problemlos und ohne Veränderung des Schlaf-Wach-Verhaltens.

Bezieht man das subjektive Erlebnis mit ein, so stellt sich heraus, daß die sogenannten Morgentypen gegenüber der Frühjahrsumstellung weniger anpassungsfähig reagieren, während bei der Herbstumstellung das gleiche für die Abendtypen gilt.

In bezug auf gesundheitliche Auswirkungen liegen zwar zurzeit keine stichhaltigen Hinweise für eine Gefährdung vor. Immerhin wird jedoch vereinzelt darauf aufmerksam gemacht, daß durch eine Verlängerung der Exposition gegenüber dem Sonnenlicht vermehrt Hautkrebs auftreten könnte oder daß bei Diabetikern eventuell größere Störungen des Blutzuckerspiegels möglich wären und daß es sich außerdem, was für unseren Zusammenhang von Interesse ist, bei den erlebten Nachteilen vor allem um Schlafprobleme handelt. (BUCHBERGER, 1983, 13)

Exemplarisch kann man aus diesem Bericht ersehen, daß der Schlaf-Wach-Rhythmus und seine Einordnung in die Umweltrhythmen für das Leben der Menschen nicht unbedeutend ist.

Der Schlaf-Wach-Rhythmus ist ja ein Rhythmus, der das menschliche Leben von seinem Anfang bis zu seinem Ende durchzieht und – was wichtig ist – im Vergleich zu anderen Rhythmen (z. B. Körperrhythmen) relativ bewußt wahrgenommen wird. Darum gilt der Schlaf als einer der »grundlegenden Lebensvorgänge«. (BORBELY, 1984, 16)

Schon in frühester Zeit wurde diesem Rhythmus zwischen Schlafen und Wachen Aufmerksamkeit geschenkt, und es wurde erkannt, daß er dem gesamten Leben seinen Stempel aufprägt, ja seit »(...) Menschengedenken gibt der Schlaf Anlaß zu Erörterungen als einem grundlegend zum Leben gehörigen Vorgang, von dem jeder Mensch fundamental betroffen ist«. (HUBER-WEIDMANN, 1977, 4)

Diese fundamentale Betroffenheit kommt spätestens dann zum Ausdruck, wenn man sich vor Augen hält, daß der Mensch bis zu drei Wochen ohne Nahrung überleben kann, daß drei Wochen ohne Schlaf aber zu schwersten körperlichen, seelischen und geistigen Störungen führen würden. (LUBAN-PLOZZA, 1968, 9)

Die Zweiheit von Tag und Nacht, Wachen und Schlafen, scheint tatsächlich fundamental im wahrsten Sinne des Wortes zu sein, taucht sie doch bereits in der Schöpfungsgeschichte auf: »Da schied Gott das Licht von der Finsternis. Und nannte das Licht Tag und die Finsternis Nacht. Da ward aus Abend und Morgen der erste Tag.« (1. MOSE, 4–5)

Da also der Tag-Nacht-Wechsel seit Urzeiten mit dem Menschenleben verflochten ist, scheint es verständlich zu sein, daß der durch diesen Rhythmus bedingte Schlaf seit alters her Gegenstand des Nachdenkens war, was viele Überlieferungen aus dem Volk bezeugen. So ist z. B. im Volksmund der Schlaf abwechselnd als Tröster, Dieb oder Schalk beschrieben worden, der uns das halbe Leben raubt. Die Kinder glauben noch heute an einen Kobold, der entgegen ihrem Willen ihnen die Augen zudrückt (z. B. Sandmännchen, Pechmännlein, le sablonnier, the dustman u. a.). (PAULYS REAL-ENCYCLOPAEDIE, 1914, 323)

Stammen solche Anschauungen auch aus einer uralten Weisheit, so können sie auch heute noch erhellend sein bei der Betrachtung des Phänomens des Schlaf-Wach-Rhythmus. In dieser Hinsicht sind auch die aus der Antike stammenden Vorstellungen aufschlußreich. Früher, zur Zeit der Griechen, erlebte der Mensch nämlich den Schlaf als eine Ausweitung der Seele in den Kosmos, wo sie ihre Heilmittel fand, und daher bezogen die Priester des Asklepios den Makrokosmos stets auf den Mikrokosmos Mensch. (HAUSCHKA, 1972, 13)

Dies könnte man dahingehend interpretieren, daß die Einordnung des menschlichen Schlaf-Wach-Rhythmus in die natürliche Rhythmik bedeutsam ist und daß dem Schlaf eine heilende Wirkung innewohnt, was besonders auch Weihinschriften bezeugen, aus welchen man heute weiß, daß Hypnos, der Gott des Schlafes, in Verbindung zu Asklepios gestanden haben muß, was eben auf die heilende Kraft des Schlafes hindeutet. (PAULYS REAL-ENCY-

CLOPAEDIE, 1914, 325–326) Zugleich stand aber Hypnos, als Sohn der Nacht, in enger Beziehung zu Thanatos, dem Gott des Todes, dessen Bruder er war (PASSOUANT u. RECHNIEWSKI, 1981, 13), ja nach Ovid ist der Schlaf sogar »Abbild des Todes«. (BORBELY, 1984, 19) Reste einer solchen Vorstellung finden wir heute z. B. noch in der Sprache, wenn wir bedenken, daß aus dem Hauptwort Schlaf sich der Begriff »entschlafen« für »sterben« ableitet (BORBELY, 1984, 16), was man als Folge des Bewußtseinsverlustes während des Schlafzustandes deuten könnte.

Denkt man an das heutige Problem der menschlichen Freiheit in bezug auf die Gestaltung des Tag-Nacht-Rhythmus, klingt eine Fabel von Hypnos beinahe modern, wo Jupiter, angesichts der Tatsache, daß die Menschen der Einteilung von Tag und Nacht nicht mehr Folge leisten, den Schlaf schafft und ihm die Schlüssel der Augen übergibt. (PAULYS REAL-ENCYCLOPAEDIE, 1914, 328)

Eine Zeit, während der dem Menschen das Bewußtsein entschwindet, scheint also für das Menschenleben notwendig zu sein, Tag-Nacht-Wechsel und Schlaf-Wach-Rhythmus scheinen auf weisheitsvolle Art einander zugeordnet zu sein.

Schlafen und Wachen sind zwei Bewußtheitszustände, die entweder als grundsätzlich verschieden aufgefaßt werden können: »Die Welt des Schlafes und die Welt des Wachens sind so verschieden, daß man sagen könnte, jeder von uns lebe in zwei Welten« (BORBELY, 1984, 15) – oder eher als polar aufeinader bezogen: »Tag und Nacht sind sozusagen Ur-Rhythmen, die von Anfang an der Schöpfung eingegeben sind. Es ist wie ein Aus- und Einatmen, ein Wechsel von ›heraustreten‹ und ›wieder-im-Schoße-der-Gottheit-geborgen-werden‹!« (FRIELING, 1961, 36)

So wird ja durch die Polaritäten von Tag und Nacht das Leben des Menschen in die zeitlichen Phasen von Wachen und Schlafen, von Aktivität und Ruhe gegliedert. Anschaulich schildert dies Bühler, wenn er schreibt: »Würden wir nicht alle vor Ungeduld außer uns geraten, wenn wir mit vollem Bewußtsein – gleichsam als stiller Nachtwächter – neben unserem schlafenden Leib sitzen, seinen stundenlangen gleichmäßigen Atemzügen lauschen und seinem ruhevollen Sich-regenerieren tatenlos zuschauen müßten? Und doch zwingt die Natur uns alle Nacht für Nacht, in dieser vielstündigen ›Tatenlosigkeit‹ wie in einer Art seelischer Ohnmacht zu verharren, obwohl vielen Menschen ›Zeit‹ nur zu oft klingende Münze ist im Sinne des Wortes ›Zeit ist Geld‹.« (BÜHLER, 1978, 4)

Der Unterschied zwischen Wachen und Schlafen wird auch eindringlich vor unsere Augen gestellt, wenn wir sehen, wie etwa ein Kind so tief schlafen kann, daß man es wegtragen kann, ohne daß es aufwacht, und wir gleichzeitig an den entgegengesetzten Zustand höchster Wachsamkeit denken, so daß man sagen kann, daß das »(...) Tiefschlafbewußtsein (...) in polarem Gegensatz zum Wachbewußtsein des Menschen am Tage« (HÖRNER, 1978, 74) steht.

In diese Polarität ist die gesamte Menschheit hineingestellt, ja der kosmisch bedingte Wechsel von Hell und Dunkel beherrscht die ganze Erde. (HELLPACH, 1950, 135)

Global gesprochen kann man davon ausgehen, daß sich die gesamte Lebenswelt diesem Rhythmus einfügt, indem sie das Dunkel zur Ruhe, das Helle zur Tätigkeit benutzt.

Bei den Vögeln entspricht dies noch am genauesten, während es dies beim Menschen nur noch ungefähr tut.

Bekanntlich verschläft der Mensch ja nicht die ganze Nacht, noch durchwacht er (z. B. im nordischen subpolaren Sommer) den ganzen Tag. Trotzdem gilt er mehr oder weniger als ein Nachtschläfer und als ein Tagwacher. Dies wird um so deutlicher, wenn er sogar noch im polaren Jahresrhythmus das Bedürfnis verspürt und auch fähig ist, eine Eigenperiodik zu entwickeln, indem er eine Zeitlang wacht und eine Zeitlang schläft. (HELLPACH, 1950, 135)

Obschon der Schlaf-Wach-Rhythmus in allen Naturreichen vorzukommen scheint, wäre es kaum aufschlußreich, die sogenannten Schlafstellungen der Pflanzen oder die stundenlange Starre der Fische mit dem Schlaf bei höheren Organismen gleichzusetzen.

Von Schlaf kann erst bei allen höheren, wenigstens allen warmblütigen Lebewesen gesprochen werden, wobei charakteristisch für sie ist, daß sie während einer bestimmten Periode des Tages einen Zustand einnehmen, der vor allem gekennzeichnet ist durch die weitgehende Aufhebung der Beziehung zur Umwelt, durch Einstellung aller Ortsveränderung und durch weitgehende Reaktionslosigkeit gegenüber Umweltreizen. (WINTERSTEIN, 1932, 2–3)

Betrachten wir Schlafen und Wachen nach unseren allgemeinen Ausführungen spezifisch unter dem Aspekt des Rhythmus, so werden wir dies in zweifacher Hinsicht tun:

a) Der Schlaf als rhythmisch gegliederter Vorgang
b) Schlafen und Wachen zusammen als rhythmisches Geschehen

a) Im Jahr 1862 hat Ernst Kohlschütter mit seinen Schlafforschungen anhand von Schallreizen den Grundstein dazu gelegt, daß man aufmerksam darauf wurde, daß der Schlaf nicht regelmäßig ist, sondern Vertiefungen und Verflachungen aufweist.

Ergänzt wurden diese Forschungen durch die von Hans Berger entdeckten bioelektrischen Hirnströme und die 1929 vorgestellte Methode des EEG. (JOVANOVIC, 1974, 3)

So wird heute in der Schlafforschung allgemein von einer Phase des Einschlafens (Stadium I), leichtem Schlaf (Stadium II) und tiefem Schlaf (Stadium III und IV) gesprochen, d. h. daß der Schlaf rhythmisch verläuft, in verschiedenen Zyklen. (PASSOUANT u. RECHNIEWSKI, 1981, 24)

Nach Hellpach zeigt die Schlaftiefe insofern einen Rhythmus auf, als sie im ersten Drittel am höchsten ist – wohl aus diesem Grund pocht die Volksweisheit auf den »Schlaf vor Mitternacht« –, von der 4. bis 6. Stunde geringer wird und in der vorletzten oder letzten Stunde wiederum zunimmt. (HELLPACH, 1950, 136–137)

Cartwright differenziert noch zwischen Lang- und Kurzschläfern: Je nachdem, zu welcher Art der Mensch gehört, umfaßt sein Schlaf deutlich unterscheidbare vier bis sechs Zyklen von einer Länge von ungefähr 90 Minuten. (CARTWRIGHT, 1982, 23)

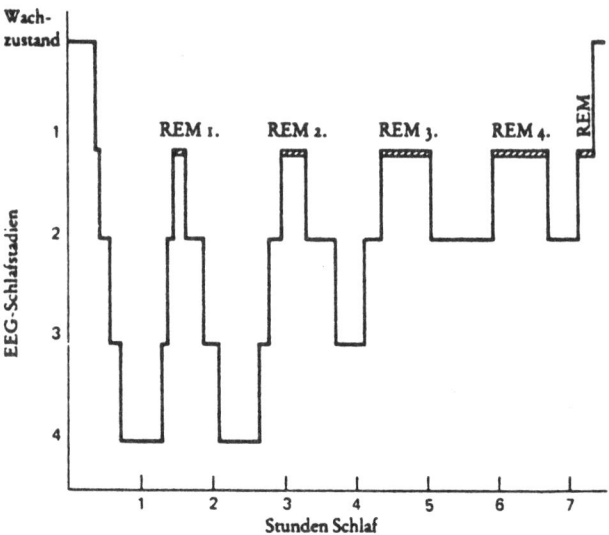

Verlauf eines typischen Nachtschlafs

Diese Zyklen entwickeln sich jedoch erst allmählich. Wie ich bereits in Kapitel 3.3.2 dargestellt habe, ist der Schlaf-Wach-Rhythmus vor der 32. Woche beim menschlichen Fötus noch nicht vorhanden. Dann aber läßt sich ein solcher immer deutlicher beobachten.
Während sich zwar bereits ab Mitte der Schwangerschaft, ca. ab der 20. Woche, ein Ruhe-Aktivitäts-Zyklus abzuzeichnen beginnt, ist nun deutlich ein Schlaf-Wach-Rhythmus von ca. 3½ Stunden erkennbar. (BÜRGIN, 1982, 37)
Auch nach der Geburt macht der Schlaf-Wach-Rhythmus noch verschiedene Wandlungen durch. In der Kindheit beginnt sein Aufbau (für den Schlaf-Wach-Rhythmus des kleinen Kindes ist z. B. typisch, daß er ein polyphasisches Geschehen darstellt, im Gegensatz zum monophasischen Schlaf-Wach-Rhythmus des Erwachsenen), erreicht seinen Reifezustand mit dem Erwach-

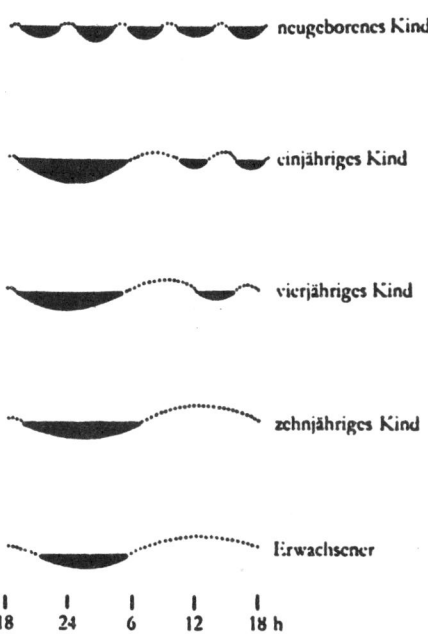

Schlaf- und Wachperioden in verschiedenen Lebensaltern (nach KLEITMAN) (WEINMANN, 1979, 222)

senwerden und baut sich gegen das Alter hin wiederum ab, was sich sowohl auf die Tiefe als auch auf die Länge des täglichen Schlafes bezieht. (PASSOUANT u. RECHNIEWSKI, 1981, 54)
Erst zwischen dem dritten und vierten Lebensmonat tritt nämlich die Umwandlung des polyphasischen in den monophasischen Rhythmus deutlicher hervor. (SITTAH u. RUMLER u. BÖTTCHER, 1981, 695)

b) Im Wechsel von Schlafen und Wachen sind wichtige Merkmale, die nach den in Kapitel 1 dargestellten verschiedenen Definitionsversuchen ein rhythmisches Geschehen charakterisieren, mehr oder weniger deutlich verwirklicht, was z. B. aus folgenden Zitaten zu entnehmen ist:

– Wiederholung oder ständige Erneuerung: »Der Schlaf ist offensichtlich ein biologisch notwendiger, ständig wiederkehrender aktiver Erholungsprozeß.« (HUBER-WEIDMANN, 1977, 3)
– Polarität und Ausgleich: Schlafen und Wachen sind »(...) sehr unterschiedliche Formen menschlicher Existenzweisen«. (HUBER-WEIDMANN, 1977, 9)
– Elastizität und Anpassung: »Für ein normales Leben ist ein regelmäßig alternierender Schlaf-Wach-Rhythmus notwendig, wobei das Verhältnis der auf die einzelnen Phasen entfallenden Zeitabschnitte innerhalb von 24 h ebenso wie die Art und die Regelmäßigkeit des Wechsels der beiden Phasen individuell sehr unterschiedlich sind.« (HUBER-WEIDMANN, 1977, 9)

Unseren Kriterien für ein rhythmisches Geschehen folgend, scheint es also berechtigt zu sein, beim Schlafen und Wachen von einem Rhythmus zu sprechen.

Dieser Rhythmus hat lebenswichtige Aufgaben zu erfüllen und greift in alle wesentlichen Lebensprozesse ein. Im Gegensatz zu früher weiß man nämlich, daß es sich bei der Schlafphase keineswegs um eine Ausschaltung der Funktionen, sondern um eine Umschaltung handelt, weshalb der Schlaf kein passives, sondern ein aktives biologisches Geschehen ist. (HARRER, 1978, 17)

Den meisten Menschen scheint es heute zwar selbstverständlich zu sein, daß unser Leben periodisch durch den Schlaf unterbrochen wird. Weniger bekannt ist demgegenüber die Tatsache, daß diese Phase nicht ein bloßes Negativum darstellt, sondern ebenfalls positive Funktionen umfaßt, wobei es sich um Vorgänge handelt, die der Regeneration, der Erneuerung der Funktionsbereitschaft, dienen. (HESS, 1968, 3)

Auf diesen Sachverhalt wird vor allem auch von anthroposophischer Seite her hingewiesen: Während nämlich für die alten Griechen sowohl Schlaf als auch Tod dem Leben polar gegenüberstanden, indem sie sich gegenseitig ausschlossen, ist vom anthroposophischen Standpunkt aus eine Gleichsetzung von Tag mit Bewußtsein und Leben, und Schlaf mit Tod allzu vereinfachend. Im Gegenteil, durch eine vertiefte Kenntnis der Vorgänge ersieht man, daß das Tagesbewußtsein geradezu mit einer »Herablähmung« der Lebensvorgänge und das Schlafbewußtsein mit ihrem Aufbau einhergeht (HÖRNER, 1978, 74-75): »In dieser Sicht vertauschen Tod und Leben ihre Rolle gegenüber der geschilderten Anschauung der Griechen. Die Absterbeprozesse des Lebens während des Tages werden die Voraussetzung für ein ungetrübtes Bewußtsein. Das erneuernde Leben jedoch, das im Schlaf der Nacht unbehindert aufbauen kann, überwältigt dabei das durch die Sinneswelt angeregte Bewußtsein« (HÖRNER, 1978, 74), was in der Sprache der Mythen als Zweiheit, im Bilde der Bäume des Lebens und der Erkenntnis, dargestellt wird, wobei der Mensch zu früh vom Baume der Erkenntnis ißt und dieser deshalb zum Baume des Todes wird, indem er verdorrt. (HÖRNER, 1978, 75) Dieses Verdorren weist eben auf die Absterbeprozesse während des Wachens hin und der Baum des Lebens auf die regenerierende Wirkung des Schlafes.

In diesem Sinne setzt Ziegler seinen Ausführungen eine Definition des Schlafes voran, die den Schlaf als »rhythmisch wiederkehrenden aktiven Erholungsvorgang des Organismus, gekennzeichnet durch vegetative Umstellung und Bewußtseinsänderungen« charakterisiert. (ZIEGLER, 1981, 1) Hier zeigt sich deutlich die Funktion, die der Schlaf-Wach-Rhythmus für das Leben des Menschen hat, da wir zur Beseitigung von physischen und psychischen Ermüdungserscheinungen des Schlafes bedürfen und somit seine Unersetzlichkeit erfahren. (HUBER-WEIDMANN, 1977, 3)

Denn jedes Mal, wenn wir nach dem Schlaf wieder zu uns kommen, stellt sich nach dem Aufstehen ein Gefühl des Ausgeruhtseins und der Frische ein, womit die ordentliche psychische und physische Leistungsfähigkeit wiedererlangt ist (HUBER-WEIDMANN, 1977, 4), ja der »(...) Wechsel zwischen Schlaf- und Wachzustand betrifft den einzelnen Menschen in seiner psychophysischen Gesamtheit fundamental«. (HUBER-WEIDMANN, 1977, 9) Er ist also sowohl physisch als auch psychisch lebensnotwendig, denn er ist es, der die Aufrechterhaltung des Gleichgewichts gewährleistet. (PASSOUANT u. RECHNIEWSKI, 1981, 229)

Mit dieser Lebensnotwendigkeit rechnet die menschliche Zivilisation, wenn sie eine durchschnittliche Schlafdauer von sieben bis acht Stunden in ihre Lebensordnung einplant.

Unter natürlichen Gegebenheiten wird diese ungefähr in die Stunden zwischen Abend- und Morgengrauen verlegt, in gekünstelter, städtischer Umgebung herrscht jedoch die Tendenz, immer später schlafen zu gehen und dementsprechend auch später zu erwachen. Nach Hellpach ist diese Gewohnheit »naturwidrig« und oftmals gekoppelt mit Komplikationen wie Schlafstörungen, Leistungsstörungen, Gesundheitsstörungen. (HELLPACH, 1950, 135–136)

Während es früher die Natur war, die dem Menschen seine Schlafens- und Ruhezeiten zuwies, da in der Dunkelheit die Aktivitäten eingeschränkt waren, änderte sich dies mit der Einführung des künstlichen Lichts jedoch grundlegend. (BORBELY, 1984, 209) Denn diese »(...)neue Errungenschaft, von Webb als ›Edison-Effekt‹ bezeichnet, verlockt dazu, die abendliche Freizeit auf Kosten der Schlafzeit auszudehnen.« (BORBELY, 1984, 209)

Diese Gewohnheit soll aber insbesondere dem Schlaf und der Erholungskraft abträglich sein, woraus man ersehen kann, daß »(...) doch eine innere Beziehung zwischen Nachtdunkel und Menschenschlaf besteht, die nicht ungestraft ausgeschaltet werden kann«. (HELLPACH, 1950, 136)

Damit berühren wir ein zentrales Problem des Schlaf-Wach-Rhythmus, das heute Gegenstand zahlreicher Untersuchungen geworden ist, nämlich die Nacht- und Schichtarbeit. Dieses Problem formuliert Hildebrandt folgendermaßen: »Die trotz fortschreitender Technik häufiger werdende Nacht- und Schichtarbeit stellt ein Verhalten des Menschen dar, das weder mit den Gegebenheiten seiner natürlichen Umweltzeitordnung noch mit den Eigenschaften seiner biologischen Zeitstruktur in Einklang steht. Es handelt sich allerdings nur um ein, wenn auch extremes, Beispiel einer heute viel allgemeineren Problematik, die den biologischen Zeitkonflikt des Menschen kennzeichnet, der aus seiner fortschreitenden zeitlichen Emanzipation resultiert.« (HILDEBRANDT, 1978, 25)

Die Problematik folgt vor allem aus der Tatsache, daß der Schlaf eng mit den menschlichen biologischen Rhythmen verbunden und zugleich auch von der Umwelt abhängig ist. Denn der Schlaf stellt einen integralen Bestandteil des täglichen Schlaf-Wach-Rhythmus dar und damit überhaupt der biologischen Tagesrhythmen. Damit unterliegt er den gleichen Gesetzen wie der Zirkadianrhythmus, d. h. er wird endogen erzeugt, aber durch äußere Zeitgeber, besonders durch soziale Faktoren, synchronisiert. (WEVER, 1978, 29)

So zählen zu den verschiedenen Variablen, von denen der Schlaf abhängig ist, z. B. die Umwelt, die die Gewohnheit des Schlafens und Wachens prägt, die geographische Beschaffenheit des Landes (im Gebirge wird mehr geschlafen als im Tiefland), die wirtschaftlichen und sozialen Bedingungen, die Beschäftigung des Menschen (z. B. wurde auf Grund ethnologischer Forschungen der Begriff eines »bäuerlichen Rhythmus« eingeführt, da die Bauern im Winter länger schlafen als im Sommer, dies bei Stadtmenschen dagegen nicht feststellbar ist), der Berufsstand (Schicht- und Nachtarbeit oder sonstige veränderte Rhythmen, z. B. bei Ärzten, Künstlern u. a). (PASSOUANT u. RECHNIEWSKI, 1981, 62–64)

Diese Abhängigkeit eines geordneten Schlaf-Wach-Rhythmus von sozialen Faktoren wurde insbesondere auch erhellt durch Experimente, wo Menschen längere Zeit unter Ausschluß aller Zeitgeber lebten, also ohne Synchronisation des Tag-Nacht-Wechsels, wobei sich herausstellte, daß die dann freilaufende zirkadiane Periodik nicht genau 24 Stunden, sondern zirka 25 Stunden beträgt.

In solchen Experimenten sind Wach- und Schlafzeiten nicht festgelegt durch äußere Einflüsse, sondern frei gewählt, d. h. nur durch die »innere Uhr« der Versuchspersonen diktiert. (WEVER, 1978, 24–30) Dabei hat sich also gezeigt, daß »(...) sowohl die zeitliche Beziehung zwischen Schlaf-Wach-Wechsel und physiologischen Körperfunktionen als auch die Schlafstruktur deutlich von der im natürlichen 24-Stunden-Tag beobachteten abweicht«. (WEVER, 1978, 52)

Beim heutigen Stand der Forschung ist es deshalb zulässig, anzunehmen, daß der Mensch, wenn er in Kontakt mit seiner Umwelt bleibt, nicht beliebig seine zirkadianen Rhythmen seinen frei gewählten oder aufgezwungenen Aktivitätszyklen anpassen kann. Eine Synchronisation ist beim Nachtarbeiter unmöglich, da für den Zirkadianrhythmus nicht der Licht-Dunkel-Wechsel oder andere physikalische Umweltreize ausschlaggebend sind, sondern der Sozialkontakt den dominierenden Zeitgeber darstellt. Da der Nachtarbeiter aber im Bewußtsein behält, daß er nicht in Einklang mit der normalen Zeitordnung lebt, leidet er an einer inneren Phasendissoziation seiner Funktionen, die sich nicht dem Aktivitätszyklus einfügen können. (HILDEBRANDT, 1978, 34)

Aber auch in bezug auf die Abstimmung des Schlaf-Wach-Rhythmus auf die Körperrhythmen treten bei Schicht- und Nachtarbeitern Probleme auf. Denn während der Nacht, d. h. im Schlaf, findet im Organismus eine Änderung der Stoffwechsellage statt, indem vom Abbau zum Aufbau hin umgestellt wird. (ZIEGLER, 1981, 6)

Dieser Rhythmus zwischen Abbau und Aufbau ist jedoch für das Leben von fundamentaler Bedeutung, da die Lösung der Beziehung des Organismus zur Außenwelt »(...) den Nervenzentren ermöglicht, geschützt gegen die stoffwechselsteigernden Einflüsse der äußeren Reize, geschützt gegen die ermüdenden Wirkungen der ›Wachheit‹, sich ganz der Erholung, der Beseitigung der durch das Wachsein erzeugten schädlichen Veränderungen zu widmen«. (WINTERSTEIN, 1932, 64)

Schlafen und Wachen können also sozusagen als »unterschiedliche Formen menschlicher Existenzweisen« betrachtet werden (HUBER-WEIDMANN, 1977, 9), da die eine Phase des Rhythmus, das Wachen, geprägt ist von ergotropen Funktionen, die einer Aktivierung der leistungszugewendeten Energien entsprechen, die andere, das Schlafen, durch die trophotrope psychovegetative Reaktionslage dominiert wird, die die ernährungszugewendeten Energien aktiviert. (HUBER-WEIDMANN, 1977, 13)

Diesen Sachverhalt mit einbeziehend, zeigt sich denn die Nacht-

und Schichtarbeit für Hildebrandt insofern problematisch, als erwiesen ist, daß nachts ein Maximum an Ökonomie der körperlichen Leistung besteht, das gegenüber Ausbeutung geschützt wird, da die Vigilanz gleichzeitig minimal ist. Diese Beziehung stellt die Basis für die nächtliche Erholung und Regeneration dar, wird jedoch durch Schicht- und Nachtarbeit erheblich verschlechtert, was aus dem Erholungsdefizit, das bis zu Allgemeinstörungen führen kann, ersichtlich wird. (HILDEBRANDT, 1978, 30–31)

Hildebrandt hat aber auch festgestellt, daß nicht nur der Zirkadianrhythmus erheblich von der Schicht- und Nachtarbeit betroffen wird, sondern daß es auch schnellere Rhythmen sind, die bei Nachtarbeitern eine Koordinationsstörung aufweisen können (z. B. Puls-Atem-Verhältnis). (HILDEBRANDT, 1978, 34)

Hildebrandt hat nämlich gezeigt, wie die Häufigkeitsgipfel, d. h. die Frequenznormen untereinander in einfachen, ganzzahligen Frequenzbeziehungen stehen und daß eine harmonische Frequenz- und Phasenkoordination maßgeblich ist für die Intaktheit der Zeitstruktur in diesem Bereich des Spektrums, wobei diese harmonische Ordnung allerdings einen Idealzustand darstellt, der nur unter trophotropen Bedingungen und besonders im Schlaf annähernd erreicht wird. (HILDEBRANDT, 1978, 27)

Das Verhältnis zwischen Herz- und Atemrhythmus z. B. variiert am Tag sehr breit und stellt sich während des Nachtschlafes auf 1:4 ein. Man sieht also, daß während des Tages bei Arbeit und Leistung das ideale Frequenzverhältnis stets etwas gestört wird und sich nachts wiederum aufbauen muß (HILDEBRANDT, 1978, 27–28), was durch Nacht- und Schichtarbeit erheblich erschwert wird.

So schreibt auch Forêt angesichts der Tatsache, daß aufgrund offizieller Umfragen von 1965 zwanzig von hundert der französischen Arbeiter Schichtarbeit leisten: »Le caractère massif de cette constatation rend aiguë la nécessité d'une meilleure connaissance physiologique de l'homme soumis à des ruptures brusques de rythmes.« (FORET, 1973, 1)

Solche Gesichtspunkte, d. h. der Zusammenhang der Rhyth-

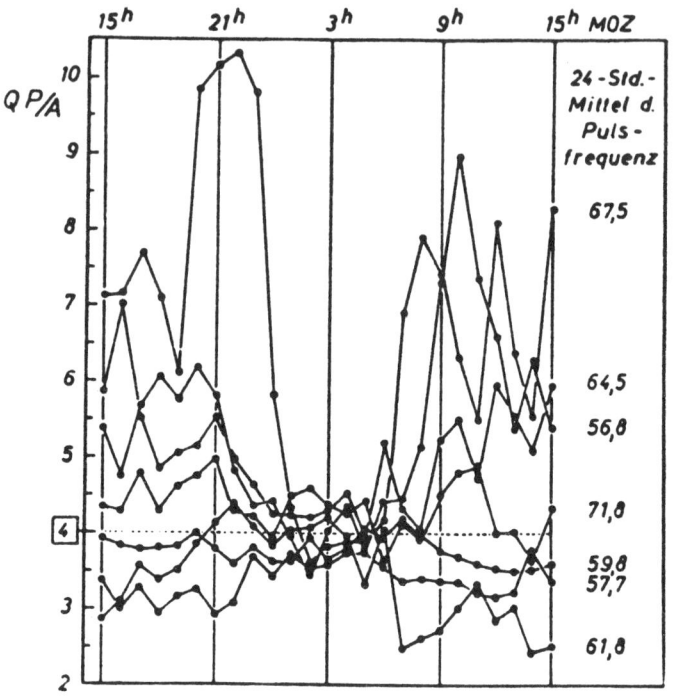

men des Organismus mit den Rhythmen der Umwelt und Syn- und Desynchronisation des gesamten Rhythmusspektrums, müßten daher nach Hildebrandt vermehrt in die Diskussion um Nacht- und Schichtarbeit einbezogen werden. Denn: »Obwohl Nacht- und Schichtarbeit sozusagen schon zu den klassischen Problemen der Chronohygiene zählen, sind weder die pathologischen Folgeerscheinungen noch die präventiven Maßnahmen unter umfassenden chronobiologischen Gesichtspunkten, wie sie sich angesichts des Gesamtspektrums der rhythmischen Vorgänge und ihrer inneren Ordnungsmerkmale ergeben, betrachtet worden.« (HILDEBRANDT, 1978, 34)

Da aber bei der Problematik der Nacht- und Schichtarbeit vor allem die Schlafphase des Schlaf-Wach-Rhythmus betrachtet wird, wird oft vergessen, daß auch die Wachphase für einen gesunden Schlaf-Wach-Rhythmus von Bedeutung ist. Hier scheint eine Bemerkung Bühlers aufschlußreich zu sein, wo er die Art des Wachlebens ins Blickfeld rückt. Die nervöse Zentralerscheinung der Gegenwart, die Schlafstörung, kann nämlich geradezu als symptomatisch für die Unfähigkeit des Menschen, »(...) die vom Leben selbst geforderte Entspannung zu vollziehen«, aufgefaßt werden. Das heißt: »Er kann das Instrument des Wachens, das Zentralnervensystem nicht mehr ›loslassen‹ und dadurch seelisch ausatmen, das heißt aber: einschlafen. Die Segenswelt des Schlafes verschließt sich ihm. So müßte sich jeder Mensch, der beginnt an Schlafstörungen zu leiden, zuerst fragen, ob er das rechte Verhältnis zur Zeit und ihrem rhythmischen Pendelspiel zu verlieren droht oder gar schon verloren hat.« (BÜHLER, 1978, 5)

Ein solcher Verlust hat schwerwiegende Folgen, denn wenn man bedenkt – wie dies insbesondere von anthroposophischer Seite her getan wird –, daß unsere Individualität, unser Ich, im Tag-Nacht-Rhythmus, zwischen Wachen und Schlafen, schwingt, und daß durch das Eintauchenkönnen in den Schlaf Erneuerungskräfte gebildet werden, wird ersichtlich, daß ein bewußter Umgang mit dem Schlaf-Wach-Rhythmus von Bedeutung ist, zumal da heute genügend negative Folgeerscheinungen eines gestörten Tag-Nacht-Rhythmus bekannt sind. (HÖRNER, 1978, 76)

Abschließend meine ich mit Köberle, daß der Mensch, trotz der Freiheit in der Gestaltung seiner Zeitordnung, nicht vergessen sollte, daß er mit der Natur gerade durch den Rhythmus verbunden ist: »Dann aber gilt es auch, solche Verbundenheit zu achten und zu ehren, statt sie zu übersehen.« (KÖBERLE, 1964, 355)

3.3.6 Rhythmus im Kinderspiel

Die Tatsache, daß der Rhythmus eine Beziehung zum Spiel hat, scheint nicht belanglos zu sein, wenn wir an Schillers Ausspruch denken, daß der Mensch nur im Spiel »ganz Mensch« sein kann (SCHILLER, o. J.,191), oder wenn ein amerikanischer Psychologe meint: »Das Spiel ist für das Kind das Wichtigste, was es gibt.« (LEE, zit. nach CHATEAU, 1976,31)

Da das Spiel an vielen verschiedenen Phänomenbereichen und Erfahrungsausschnitten Anteil hat (SCHEUERL, 1983, 33), erstaunt es nicht, daß wir auch hier wiederum mehrere Anknüpfungspunkte zu bereits Erwähntem vorfinden.

Ein solcher zeigt sich z. B. in der Beziehung des Spiels einerseits und des Rhythmus andererseits zu den beiden Dimensionen Raum und Zeit.

Wenn Huizinga zur Definition des Spiels also sagt, daß das Spiel gekennzeichnet sei in seiner Begrenztheit durch die zwei Dimensionen Raum und Zeit, d. h. daß es beginne und ende in einem bestimmten Augenblick und daß es sich bewege innerhalb eines bestimmten Gebietes (HUIZINGA, 1956, 17), stoßen wir auf das, worauf wir hingewiesen haben, nämlich, daß der Rhythmus beiden Dimensionen eignet und er quasi als Bindeglied zwischen beiden betrachtet werden kann, oder wie Mletzko und Mletzko es ausdrücken, daß biologisch gesehen »raum-zeitlich« gleichbedeutend mit »rhythmisch« aufgefaßt wird. (MLETZKO u. MLETZKO, 1977, 138–139)

Ein weiterer Anknüpfungspunkt ergibt sich durch etymologische Gesichtspunkte. Verfolgen wir nämlich das Wort »Spiel« etymologisch zu seinem Ursprung zurück, so sehen wir, daß die Grundbedeutung des althochdeutschen »spil« der Tanz ist (WASSERZIEHER, 1952, 380), was uns indirekt auf den Rhythmus verweist, da nach Trier der Rhythmus ursprunghaft mit dem Tanz verbunden ist. (TRIER, 1949, 11)

An dieser Stelle ist es aufschlußreich, noch einmal die Herleitung des Wortes Rhythmus von Trier in Betracht zu ziehen, wo er nachzuweisen versucht, daß der Ursprungsort des Rhythmus der feiernde Kreis war: »In dieser Gemeinschaft, d. h. in diesem ringförmigen Zaun von Menschen, gelten andere Bräuche, andere Ausdrucksweisen, andere Verständigungsmittel als außerhalb der zäunenden Umringung. Im Ring gilt das Brauchtum der Feier. Man spricht im Ring auf andere Art als draußen. Im Ring spricht man

z. B. in Versen, (...). Feiernde Ringe sind selten geworden. Wir haben sie verloren, ohne recht zu wissen wie, und ganz langsam erst wird uns klar, was wir an ihnen verloren haben. Ein letzter Abglanz leuchtet im Kinderspiel: Wir wolln den Zaun binden...« (TRIER, 1949, 11)

Wenn wir zudem von hier aus zurückkehren zu Kapitel 2, wo der Rhythmus in seiner Beziehung zur Zeit dargestellt wurde, wenn wir uns erinnern, daß die Feier als zeitlicher Fixpunkt in den Naturrhythmus eingebettet ist, so daß wir sogar von einem Festrhythmus sprechen können, so ist es interessant festzustellen, daß der Festrhythmus, wie noch ausgeführt wird, wiederum eine der Quellen ist, aus denen die Spiele erwachsen. (CHATEAU, 1976, 285)

So sehen wir also, wie ausgehend vom Spiel des Kindes über die Etymologie des Wortes Rhythmus (Was-Frage) zum Rhythmus als ordnendem Faktor der Zeit hin (Wann-Frage), der zudem von den zyklischen Naturerscheinungen bestimmt wird (Wo-Frage) – alles Elemente, an denen auch das Spiel Anteil hat –, sich der Kreis wiederum schließt.

So könnte man vielleicht verstehen, daß der Rhythmus von verschiedenen Autoren als etwas wie ein universelles Prinzip betrachtet wird. (vgl. Kap. 1)

In diesem Sinne sieht auch Wegmann einen direkten Bezug zwischen Rhythmus und Spiel, nämlich dadurch, daß bereits im mittelalterlichen Wort »spil« eine geordnete Bewegung enthalten ist, »(...) wie auch im modernen Wortsinn nach Butendijk sehr häufig eine zuckende Bewegung, ein Flimmern, ein Hin- und her-Bewegen, ein pulsierendes Aufquellen – fast durchwegs also eine rhythmische Bewegung – zu finden ist«. (WEGMANN, 1980, 53)

Weil durch eine solche rhythmische Bewegung, wie wir im Kapitel 3.3.2 dargestellt haben, der Mensch schon sehr früh, ja bereits vor seiner Geburt, mit dem Phänomen des Rhythmischen konfrontiert wird, ist er vielleicht nicht zuletzt deshalb in seiner Kindheit, besonders als Kleinkind, ansprechbar für den Rhythmus.

Lange Zeit bildet nämlich der Rhythmus nach Château für die kindliche Wahrnehmung die Haupteigenschaft. So stören z. B. ein

Baby Mißklänge nicht, vorausgesetzt, daß sie rhythmisch sind (CHATEAU, 1976, 122-123), ja nach Château sind sich die Psychologen sogar einig, daß vom sechsten Monat an in den kindlichen Bewegungen festgestellt werden kann, daß das Kleine »(...) dem Zauber des Rhythmus zu unterliegen« scheint. (CHATEAU, 1976, 123)

Zudem deutet die Tatsache, daß das Kind den Rhythmus, den es zunächst passiv genossen hat, bald auch selber aktiv erzeugt, indem es z. B. seine Wiege schaukelt und seine Sprache mit Wiederholungen prägt, darauf hin, daß der Rhythmus ein organisches Phänomen ist. (CHATEAU, 1976, 123)

Blattmann interpretiert den Rhythmus im Kinderspiel geradezu als Fortsetzung des vorgeburtlichen Rhythmuserlebnisses. »Schon vor der Geburt erlebt das Kind die rhythmische Bewegung im Gang der Mutter. Nach der Geburt wird diese fortgesetzt im Auf und Nieder des Wiegenschwungs. Beim Hoppe-Reiter-Spiel taucht der schwingende Rhythmus wieder auf.« (BLATTMANN, o. J., 4)

Die Vermutung, daß der Rhythmus des vorgeburtlichen Lebens wiederum im Kinderspiel auftaucht, könnte dazu führen, dem beizustimmen, wenn Wegmann sagt: »Fast wäre man versucht, das Bülowsche Wort: ›Im Anfang war der Rhythmus‹ auch auf das Spiel anzuwenden. Denn von allen Bewegungsmöglichkeiten überwiegen im Spiel unserer Kinder ganz auffällig die Kreis- und Perpendikelbewegungen. Bewegungen also, die ziellos, endlos, am leichtesten wiederholbar den Rhythmus immer wieder herausfordern.« (WEGMANN, 1980, 53)

Die Wiederholung, auf die Wegmann hier hinweist, und die, wie wir gesehen haben, ein bedeutendes Merkmal für alles Rhythmische bildet, ist denn auch ein wichtiger Faktor im Kinderspiel.

Nicht nur, daß eine der wesentlichsten Eigenschaften des Spiels in seiner Wiederholbarkeit liegt (HUIZINGA, 1956, 17), sondern auch im Spiel selbst regt das Rhythmische zu unablässigem Wiederholen an. (HETZER u. FLAKOWSKI, 1973, 33)

Interessant dazu sind die Ausführungen Châteaus, der nachzu-

weisen versucht, daß das Kind sich durch eine gewisse Ordnungsliebe auszeichnet, was sich augenfällig im kindlichen Arithmetismus sowie im kindlichen Geometrismus kundtut. Daher kommt der Rhythmus als »Wiederholung einer bestimmten Anordnung« dem kindlichen Verlangen, Bekanntes wiederzufinden, entgegen. (CHATEAU, 1976, 122)
Der Rhythmus ist also so etwas wie eine Imitation der Wiederholung. »Man kann daher auch annehmen, daß sich die Liebe zur Wiederholung schon in der Vorliebe für den Rhythmus äußert« (CHATEAU, 1976, 122), was Château geradezu als »Rhythmussuche« bezeichnet. (CHATEAU, 1976, 127)
Die Liebe zur Wiederholung macht sich bei kleinen Kindern über das Spiel hinaus auch im schulischen Bereich bemerkbar, wo sie, entgegen der Meinung der Erwachsenen, daß z. B. das unaufhörliche Schreiben des gleichen Buchstabens zu ermüden sei, dies oft mit großer Freude tun. Dasselbe gilt auch für das Zeichnen; und allen bekannt dürfte wohl sein, daß die Kinder beim Erzählen auf einem gewissen Rhythmus beharren, indem sie vom Erzähler immer dieselben Einzelheiten fordern. (CHATEAU, 1976, 33)
Ebenso meint Wegmann, daß wir mit Verblüffung feststellen, daß Kinder nicht unbedingt stets das Neue, Spannungbringende suchen, sondern oft eine gewisse Monotonie, eine rhythmische Wiederkehr des Gleichen, der Reizüberflutung unserer heutigen Zivilisation vorziehen: »Vor allem dort, wo diese Monotonie wie beim Spiel die Langeweile – der Alptraum moderner Erzieher – schon deshalb kaum aufkommen läßt, weil sie mit einer Kraft im Bunde steht, die eine verhirnte Pädagogik nicht mehr kennt: mit dem Rhythmus.« (WEGMANN, 1980, 52–53)
Das gleiche Phänomen erscheint in den Kinderliedern und Versen, in Abzählreimen u. a., wo die Kehrreime und Wiederholungen eine wesentliche Stellung einnehmen. (CHATEAU, 1976, 133)
Château sieht in der Wiederholung als Bestandteil des Rhythmus sogar eine wichtige Komponente für die kindliche Entwicklung. Denn sie gibt dem Kind das Gefühl des Familiären, des Be-

kannten und festigt so durch den Halt und die Ordnung, die sie vermittelt, seine Persönlichkeit. (CHATEAU, 1976, 135)
Das Kind erlebt so den Rhythmus passiv als äußeren Halt. Dieses Rhythmuserleben wandelt sich jedoch im Laufe der Entwicklung.
Nach de Haes erleben nämlich das Kleinkind und das Schulkind den Rhythmus nicht in gleicher Weise. Während dem Schulkind der aktive Rhythmus ein Lebensbedürfnis ist, gibt sich das Kleinkind mehr passiv dem Rhythmus hin. (DE HAES, ²1983, 10–11) (Hier sei an das Kapitel 1.3 erinnert, wo sich verschiedene Meinungen gegenüberstanden bei der Frage, ob der Rhythmus als etwas Aktives oder Passives aufzufassen sei. Denn die unterschiedliche Erlebnisweise der Kinder könnte hier einmal mehr zeigen, daß ein umfassendes Rhythmusverständnis einem einseitigen vorzuziehen ist.)
Für das Schulkind ist also das rhythmische aktive Tun vorrangig. »Ohne sein Tun, möglichst – z. B. in der Schule – im Künstlerischen äußernden Rhythmus, kann es nicht wirklich gesund leben und sich entfalten. Und die Zahl derer, die psychisch gestört sind, als Folge eines ihnen in der Jugend erteilten unrhythmischen, phantasiearmen, einseitig-intellektuellen Unterrichtes, ist unermeßlich. Ohne den aktiven Rhythmus im Spiel, im Unterricht und im Leben kann das Schulkind weder gesund aufwachsen, noch seine Fähigkeiten und Gaben entwickeln.« (DE HAES, ²1983, 11)
Hier stellt das Spiel also einen Ausgleich zwischen Kopf und Gliedern her, d. h. zwischen der Verstandestätigkeit, die zur Erstarrung neigt, und dem Willen, der den Drang ins Chaotische hat, denn als Vermittler zwischen beiden Polen steht die rhythmische Atmung und Zirkulation, die es anzusprechen gilt, wenn Einseitigkeiten vermieden werden sollen, was vorzüglich durch den Rhythmus im Spiel gelingt. (KISCHNICK, o. J., 5)
Im Unterschied zum Schulkind geht dagegen das Kleinkind im Rhythmus innerlich ganz und gar auf, ohne aber aktiv teilzunehmen. »Passiv, jedoch nur äußerlich passiv, gewissermaßen ›träumend‹, kann das Kleinkind im angeschauten Rhythmus mitleben;

(...).« (DE HAES, ²1983, 11) Daher wäre es falsch, das Kleinkind zu zwingen, aktiv sich am Rhythmus zu beteiligen. Das aktive rhythmische Tun ist seinem Wesen nicht angemessen, da das Kleinkind noch in einer »in Träume gehüllten Welt« lebt, während die rhythmische Aktivität aufweckenden Charakter hat. (DE HAES, ²1983, 11–12)
Während für das größere Kind die Gegenüber-Spiele geeignet sind, in denen der aktive Rhythmus dominiert, sind es für das Kleinkind die Kreisspiele, wo weniger der aktive Rhythmus als die durch den Kreis vermittelte Geborgenheit hervortritt. (DE HAES, ²1983, 51–62)
Hier tritt die Bedeutung des Kreises in Erscheinung, die nicht nur in der frühen Entwicklung des Kindes, sondern irgendwie in der gesamten Entwicklung der Menschheit verankert zu sein scheint. Matys gesteht denn den Kreis- und Reigenspielen eine besondere Bedeutung zu, da in ihnen das Ursymbol des magischen Kreises enthalten ist. Wenn wir z. B. ein zwei- bis dreijähriges Kind in den Sand setzen, wird es einen Kreis um sich ziehen »(...) und dabei etwas wiederholen, was die Menschen in der Frühgeschichte unserer kulturellen Entwicklung getan haben«. (MATYS, 1975, 9–10) Bei der Beobachtung des kleinen Kindes, das Kreise um sich zieht, erinnern wir »(...) uns plötzlich daran, daß in der Steinzeit große Menhire kreisförmig um ein Heiligtum aufgestellt wurden, daß ein bestimmter Raum sichtbar von der Umgebung abgegrenzt wurde«. (MATYS, 1975, 10)
Damit berühren wir wiederum die Rhythmusherleitung Triers, der ja den Ursprung im feiernden Kreis oder Ring annimmt, wo sich die Gemeinschaft zum rhythmischen Versesprechen in einem Kreis von der Umgebung abschließt. (TRIER, 1949, 11)
Während die Kreisspiele also durch das Ursymbolische, das in ihnen enthalten ist, und durch den von der Umwelt abschließenden Charakter dem Kind das Gefühl der Geborgenheit vermitteln, steht in den rhythmischen Gegenüberspielen vor allem im Vordergrund, daß es sich dabei um das Gegenüber der Mitmenschen handelt, wie es sich im Alltag in den Beziehungen der

Menschen untereinander in einem gewissen »sozialen« Rhythmus abspielt. Kontakt und Abstand, Sprechen und Zuhören, Frage und Antwort werden durch zwei Gruppen, die sich in einem rhythmischen Hin und Her bewegen, dargestellt. (DE HAES, [2]1983, 62) Das Merkmal des rhythmischen Spiels bezeichnet Wegmann als »gemeinschaftsbildende Kraft«. (WEGMANN, 1980, 55)

Da der aktive Rhythmus nach de Haes auf dem passiven aufbaut, ist es wichtig, daß das Kleinkind die Möglichkeit hat, zunächst passiv den Rhythmus zu erleben, damit dann später der aktive Rhythmus seine Aufgabe erfüllen kann. Erlebnisse des passiven Rhythmus haben deshalb vorbereitenden Charakter. Solche sind z. B. im rhythmischen Wechsel von Tag und Nacht, in den Jahreszeiten, im rhythmischen Tageslauf der Eltern und noch früher beim Säugling in der rhythmischen Pflege, der Nahrungsaufnahme und Säuberung, möglich. (DE HAES, [2]1983, 16–17)

Nebst den Reigenspielen gibt es jedoch noch eine Fülle anderer spielerischer Tätigkeiten, in denen der Rhythmus enthalten ist. Château nennt z. B. die Tendenz beim Kind, Verse zu skandieren und den Kopf dabei rhythmisch hin- und herzuschaukeln sowie das Puppenwiegen, das rhythmische Klatschen u. a. Auch das Gehen wird beim Kleinkind gerne mit rhythmischen Worten begleitet, und darin sieht Château sogar den Ursprung des Kinderspiels. Zudem existieren auch spezifische Rhythmusspiele, d. h. Spiele, die ganz besonders vom Rhythmus geprägt sind. (CHATEAU, 1976, 124–126)

Auffällig ist vor allem beim kindlichen Spiel die Gestik, die immer wieder rhythmischen Charakter trägt, weshalb Château meint, daß man vielleicht den wahren Ausgangspunkt des Rhythmusbegriffs hier suchen müßte, nämlich in der rhythmischen Gangart.

Der Rhythmus in den Gesten des Kindes besteht nämlich nach ihm zeitlich gesehen vor dem Rhythmus der Sprache. Dieser, der Wort-Rhythmus, wird jedoch meistens von der rhythmischen Geste unterstrichen (CHATEAU, 1976, 324–327): »Die Rolle der Geste ist bezeichnend. Um zum Rhythmus zu gelangen, begnügt sich

das Kind nur schwer mit dem Wort; es braucht die Geste. Und welche Geste wäre ihm dazu nützlicher als der von Natur aus rhythmische Gang?« (CHATEAU, 1976, 327)
Rhythmische Gesten bilden denn fast durchwegs einen Bestandteil des kindlichen Spiels, sei es in Abzählreimen, beim Schaukeln, bei Hand- und Hüpfspielen. (CHATEAU, 1976, 327) Aus dem Gestenrhythmus wird dann erst der Gesang geboren, der, indem er aus der Geste hervorgeht, ebenfalls rhythmisch ist und in gleicher Weise die Spiele unterstützt. (CHATEAU, 1976, 327-333)
Diesen stimmlichen Rhythmus überträgt das Kind später vom Spiel auf das Gebiet der Arbeit. Statt daß es Abzählreime skandiert, werden dann Multiplikationen, Lesestücke, auswendiggelernte Gedichte u. a. rhythmisch gesprochen. (CHATEAU, 1976, 124) (vgl.

Kapitel 4)
Wie wichtig das rhythmische Sprechen für die Entwicklung des kleinen Kindes ist, sehen wir, wenn entgegen der Ansicht Erwachsener, daß das rhythmische, manchmal leierhafte Sprechen, den Kindern abzugewöhnen sei, Wegmann die Bedeutung des Rhythmus im kindlichen Plaudern anerkennt, zumal da erwiesen ist, daß ein unrhythmisches Verhalten tatsächlich zu körperlichen und seelischen Schädigungen führen kann. Deshalb meint Wegmann: »Tadeln wir darum den rhythmisch singenden Tonfall unserer spielenden Kinder nicht allzu sehr. In diesem Tonfall schwingt eine uralte Menschheitserinnerung mit, daß hohe Weisheiten litaneihaft vorgetragen worden sind und so auch wieder am ehesten nacherlebt wurden.« (WEGMANN, 1980, 54-55)
Daß sich beim Kind die Wirkung des Rhythmus bis in die körperlichen und seelischen Vorgänge erstreckt, wird durch den Vergleich mit den Erwachsenen hergestellt. Während sich diese von dem, was sie durch die Sinnesorgane unmittelbar erleben, durch Vorstellung, Gedächtnis und Erinnerung zu distanzieren vermögen, hat demgegenüber alles, was das Kind aufnimmt, direkten Einfluß auf seine Entwicklung bis in die physiologischen Prozesse hinein, da es sich noch nicht mittels des Denkens den Sinneseindrücken

gegenüberstellen kann. So greifen auch die rhythmischen Spiele direkt in seine Organrhythmik ein. (MATTHIOLIUS, o. J., 10–11) Nachdem wir die Beziehung Spiel – Rhythmus im weiteren Rahmen betrachtet haben, wenden wir uns den spezifischeren Aspekten zu.

Château unterscheidet dabei in seinem Buch über das Spiel verschiedene Spielrhythmen:

a) Die jahreszeitliche Verteilung der Spiele.
b) Die Rhythmen in engerem Sinne (Dauer der zeitlichen Begeisterung für ein Spiel).
c) Rhythmen innerhalb ein und desselben Spiels.

(CHATEAU, 1976, 279)

a) Es gibt Spiele, die eng vom Kalender, als einem sozialen Rhythmus, abhängen und zudem mit den Festen verbunden sind. Die Kinder nehmen so an der Festtradition der Erwachsenen teil, wodurch ein gewisser Rhythmus im Auftreten der Spiele entsteht. (CHATEAU, 1976, 279–283)

Daneben fügen sich andere Spiele in den Rahmen des natürlichen Lebens ein, d. h. daß z. B. einige Spiele vom Pflanzenwuchs und der Tierwelt abhängen und dadurch an den allgemeinen Lebensrhythmus gebunden sind. (CHATEAU, 1976, 284–285)

Lebensrhythmus und sozialer Rhythmus können auch gemeinsam den Spielrhythmus bestimmen, was z. B. bei Spielen der Fall ist, die menschliche Tätigkeiten nachahmen, welche an den natürlichen Jahresrhythmus gekoppelt sind, oder in Spielen, die einem Festrhythmus folgen, bei dem die Feste aus dem natürlichen Lebensrhythmus erwachsen (z. B. Weihnachten als Anleihe bei vorchristlichen Religionen, wo die Wintersonnenwende z. B. beim Mithraskult gefeiert wurde, Ostern als ursprüngliches Frühlingsfest). (CHATEAU, 1976, 284–286)

Auch die Bodenbeschaffenheit scheint den kindlichen Spielrhythmus zu beeinflussen und mit ihm zusammen klimatische Faktoren wie Wärme und Kälte, Regen, Trockenheit usw., die ihrerseits den Jahresrhythmus gestalten. (CHATEAU, 1976, 286–295)

Die Spiele sind also eng verwoben mit dem Naturrhythmus des Jahreslaufes, was auch anderen Autoren auffiel (vgl. z. B. Wegmann, 1980, 34–35) und was sogar dazuführte, einen Kalender für die Kinderspiele zu erstellen. (CHATEAU, 1976, 279–283) In diesem Sinne schildert Matys anschaulich, wie z. b. das Marmeln als erstes Spiel im Jahreslauf auftritt, dessen Regeln wahrscheinlich auf der Weitergabe seit der Antike beruhen: »(...) jedenfalls muß uns das Phänomen des jährlichen Auftauchens des ganz an den Vorfrühling gebundenen Spiels in Erstaunen setzen. Weder ein Regelbuch noch ein Erwachsener sagt den Kindern, daß es jetzt Zeit sei, die Marmeln aus der Tasche zu ziehen und zu spielen. Warum diese streng jahreszeitliche Gebundenheit, so möchte man fragen? Sind es alte kultische Zusammenhänge, die an dieses Einhalten des Termins binden? Wir wissen es nicht, stellen nur fest, daß das Kluckern im Jahreslauf kindlicher Spiele am Anfang steht, den bunten Reigen eröffnet.« (MATYS, 1975, 6)

Weitergeführt wird der Reigen der Kinderspiele im Jahreslauf anschließend um Himmelfahrt und Pfingsten herum, wenn viele Kinder das merkwürdige Spiel »Himmel und Hölle« treiben, das eine symbolische Wiederholung astronomischer Vorgänge darstellt, die von den Eingeweihten in früheren Kulturen studiert wurden, und auf dem Sonnen-Rhythmus (Sonnenwenden und Tag- und Nachtgleichen) basiert. (MATYS, 1975, 14–16)

Ebenso ließen sich auch für die anderen Jahreszeiten spezifische Spiele finden, wie etwa für den Herbst: »Wenn die Roßkastanien von den Bäumen fallen, die Kartoffelfeuer in den Schrebergärten der Vorstädte ihre Rauchfahnen in herbstliches Azur emporsteigen lassen, dann ist die Zeit – wer will die Gesetzmäßigkeit bestreiten – des Drachensteigens.« (MATYS, 1975, 25)

b) Den Rhythmus der Spielbegeisterung als Rhythmus im engeren Sinn nennt Château auch Spielperiode.

In eigenen Untersuchungen gelingt es ihm zu zeigen, daß sich die Begeisterung innerhalb eines Spiels in gewisse Perioden gruppieren läßt, die von drei bis vier Tagen bis zu einem Monat dauern (CHATEAU, 1976, 295–298): »(...), eines ist sicher, daß man bei

beiden Geschlechtern eine Tendenz findet, ein Spiel beizubehalten und es während einer gewissen Zeit ausschließlich oder an erster Stelle zu spielen.« (CHATEAU, 1976, 298)
c) Ein dritter Rhythmus im kindlichen Spiel ist jener innerhalb z. B. einer Pause und innerhalb einer Spieltätigkeit. Kinder wechseln mit einer gewissen Regelmäßigkeit ihre Tätigkeiten, wobei ruhige, monotone mit lebhaften alternieren. (CHATEAU, 1976, 300–312)
Zu dieser Art von Spielrhythmus liegen auch andere interessante psychologische Untersuchungen an Kindern verschiedenen Alters vor: Anhand von Beobachtungen (einbezogen wurden Betätigungsperiodik, Spielgegenstandsperiodik, Ortsperiodik, Periodik der Verhaltenstypen, Periodik in der Zuwendung zu Personen) und deren Auswertungen, auf die wir hier nicht näher eingehen können, zeigt Erfmann, daß periodische Erscheinungen im Spiel von zwei- bis vierjährigen Kindern recht häufig sind, oder mit Erfmanns Worten ausgedrückt: »(...) wie erfüllt von Rhythmik und Periodik das Spielverhalten eines jeden Kindes ist.« (ERFMANN, 1956, 375) Dieselben Beobachtungen machte auch Schapitz bei einer Gruppe vier- bis sechsjähriger Kinder (SCHAPITZ, 1956, 43–81), und an diese beiden Arbeiten knüpft Gilles an und untersucht Kinder im Alter von sechs bis zehn Jahren, wobei auch sie feststellt, daß in der zeitlichen Gliederung im Spiel rhythmische Verläufe vorhanden sind. (GILLES, 1965, 106)

Während bei diesen von Château genannten drei Arten von Spielrhythmen der Rhythmus speziell zum Ausdruck gelangt, lassen sich aber noch andere, indirekte Bezüge zwischen Spiel und Rhythmus aufweisen:

1. Wenn Huizinga als Elemente des Spiels Spannung, Gleichgewicht, Auswägen, Ablösung, Kontrast, Variation, Bindung und Lösung, Auflösung (HUIZINGA, 1956, 18) betrachtet, so sind dies Begriffe, die teils in den oben (Kapitel 1.3) erwähnten Definitionsversuchen des Rhythmus entweder enthalten oder mit den dort verwendeten verwandt sind.

2. Der Zusammenhang zwischen Rhythmus und Spiel wird

noch einmal hervorgehoben durch den Vergleich des Spiels beim Menschen mit ähnlichen Verhaltensweisen beim Tier: Bereits beim Affen kann man ja Ansätze zu Rhythmusspielen finden.

Dessenungeachtet besteht aber ein unübersehbarer Unterschied zwischen dem Spiel beim Menschen und jenem beim Tier (CHATEAU, 1976, 353), nämlich darin, daß das menschliche Spiel im Gegensatz zum Verhalten der Tiere »(...) der Sphäre des Festes und des Kults – der heiligen Sphäre – (...)« angehört. (HUIZINGA, 1956, 16)
Dadurch aber wird noch einmal offenbar, daß Rhythmus und Spiel denselben Ursprung haben, daß das Spiel wie der Rhythmus (wie Trier es beschreibt) aus dem feiernden Kreis erwächst.

Das Spiel stellt nämlich wie das Fest etwas Besonderes dar, ein Intermezzo, das außerhalb des gewöhnlichen Lebens steht, und trotzdem wird es durch seine regelmäßige Wiederkehr, durch sein rhythmisches Auftauchen Begleitung und Ergänzung,»(...) Teil des Lebens im allgemeinen«. (HUIZINGA, 1956, 16) Dennoch nimmt es aber nicht den Charakter des Gewöhnlichen an, sondern wahrt seinen Zug zum Erhabenen: »Das Spiel bindet und löst. Es fesselt. Es bannt, das heißt: es bezaubert. Es ist voll von den beiden edelsten Eigenschaften, die der Mensch an den Dingen wahrzunehmen und auszudrücken vermag: es ist erfüllt von Rhythmus und Harmonie.« (HUIZINGA, 1956, 18)

3. So gesehen rückt das Spiel in die Nähe einer heiligen oder kultischen Handlung, die ebenfalls in einem festgelegten Rahmen von Zeit und Raum abgehalten wird (HUIZINGA, 1956, 17), womit wir wiederum an die Definitionsversuche des Rhythmus erinnert werden.

Wenn Huizinga die heilige Handlung geradezu als Spiel bezeichnet, beruft er sich dabei auf Plato, für den sogar eine Identität der beiden feststand. (HUIZINGA, 1956, 25)

Diese Identität drückt Huizinga deutlich aus, wenn er sagt: »Auf den heiligen Festen, die mit den Jahreszeiten wiederkehren, feiert die Gemeinschaft die großen Ereignisse im Leben der Natur in geweihten Vorführungen. Diese stellen den Wechsel der Jahreszeiten dar, in phantasievoll umgestaltender dramatischer Vorführung von Aufgehen und Untergehen der Gestirne, von Wachsen und Reifen der Feldfrüchte, von Geburt, Leben und Tod bei Mensch und Tier. Die Menschheit spielt, (...), die Ordnung der Natur so, wie sie sich ihrer bewußt geworden ist. In einer fernen Vorzeit, (...) hat sie zuerst die Erscheinungen der Pflanzen- und Tierwelt in ihr Bewußtsein aufgenommen und dann auch den Sinn für die Ordnung von Zeit und Raum, für Monate und Jahreszeiten, für den Lauf der Sonne, erworben. Und nun spielt sie diese ganze Ordnung des Daseins in einem heiligen Spiel.« (HUIZINGA, 1956, 22–23)

Betrachtet man zusammenfassend noch einmal den Zusammenhang zwischen Rhythmus und Spiel, d. h. im engeren Sinne die verschiedenen Spielrhythmen und im weiteren Sinne die kulturellen und genetischen Berührungspunkte von Spiel und Rhythmus, könnte man vielleicht Wegmann beistimmen, wenn er, wie oben vermerkt, versucht ist, das Bülowsche Wort »Im Anfang war der Rhythmus« auf das Spiel zu übertragen, um dadurch die Bedeutung des Spiels und gleichzeitig seine Verbindung mit dem Rhythmus hervorzuheben.

3.3.7 Rhythmus und Leistung

»Kann man sich in einer Arbeitswelt, die auf gleichbleibende Leistungen angelegt und angewiesen ist, natürliche Rhythmen leisten? Zu den natürlichen Rhythmen würden auch Leistungsschwankungen und Leistungstiefs gehören. Inwieweit kann das die hochtechnisierte Arbeitswelt tolerieren? (...) Kann z. B. ein Mensch, der von sich permanente Hochleistungen verlangt oder von dem sie verlangt werden, zur Ruhe, zur Besinnung, zur Stille kommen?« (Affemann, 1984, 37)

Solche Fragen, wie sie der Leiter des Instituts »Mensch und Arbeitswelt« in Stuttgart angesichts des Imperativs unseres rational-technischen Zeitalters stellt, zeugen für die Aktualität unseres Themas. Sind doch Probleme dieser Art heute von enormer Bedeutung, insbesondere da die Nacht- und Schichtarbeit, die wenig Rücksicht auf die natürlichen Leistungsschwankungen nimmt, immer mehr in der Arbeitswelt Einlaß findet.

Je nachdem, ob der Rhythmus mehr als exogen oder endogen veranlaßt betrachtet wird, ergeben sich im Hinblick auf den Leistungsrhythmus verschiedene Fragestellungen und entsprechende Untersuchungen: Nachdem vor allem die Naturwissenschaft mit der Hypothese des exogenen Rhythmus arbeitet, hat auch die Pädagogik die Überzeugung einer Wirkung von außen aufgegriffen und darauf aufbauend betont, daß die zeitlichen Verläufe der Natur wie Tag, Monat, Jahr sich in Leistungsschwankungen beim Menschen abbilden. (RÖTHIG, 1966, 15) Die Leistungsschwankungen, die mit den zeitlichen Rhythmen der Natur einhergehen, wurden graphisch als sogenannte Tages- und Jahresleistungskurven (auch Wochenleistungskurven) festgehalten. (RÖTHIG, 1966, 16)

Demgegenüber untersuchen Autoren, die vom endogenen Rhythmus als einer »dem Menschen inhärente Rhythmik« ausgehen, den Leistungsrhythmus in dem Sinne, daß sie den Wechsel von Beschäftigungsabläufen mit variierenden Interessen ins Auge fassen. (RÖTHIG, 1966, 16–17)

Bereits im Jahre 1893 berichtete Bechterew im Sinne der Hypothese vom exogenen Rhythmus von Veränderungen psycho-physischer Funktionen im Verlauf des Tages. (RUTENFRANZ u. HELLBRÜGGE, 1957, 65)

Wichtig schien die Feststellung zu sein, daß den tageszeitlich schwankenden körperlichen Funktionen auch eine wechselnde geistige Leistungsbereitschaft entspricht. (HELLBRÜGGE u. RUTENFRANZ, 1956, 1715)

Im selben Jahr wie Bechterew beobachtete Kräplin, daß die Leistungsfähigkeit bis gegen Mittag ansteigt, daß sie nach dem Essen sinkt und sich nach zwei bis drei Stunden wiederum steigert. (RUTENFRANZ u. HELLBRÜGGE, 1957, 65)

Heute stimmen viele Untersuchungen darin überein, daß der menschliche Organismus im Tageslauf zwei Phasen durchläuft, eine mehr auf Leistung (am Vormittag und am späten Nachmittag) und eine mehr auf Erholung (gegen Mittag und in der Nacht) orientierte. (ULICH, 1961, 128) So spricht die biologische Rhythmusforschung von einer ergotropen und einer trophotropen Leistungseinstellung des Menschen. (HILDEBRANDT, 1964, 306) Die Maxima und Minima der körperlichen Funktionen liegen dabei gehäuft in den ersten Morgenstunden und am frühen Nachmittag,»(...) doch sind die Phasen aller Funktionen so zusammengeordnet, daß mit dem aufsteigenden Tag eine zunehmende Leistungseinstellung, zur Nacht hin eine zunehmende Erholungstendenz resultiert«. (HILDEBRANDT, 1981, 20)

Aus solchen Erkenntnissen der biologischen Rhythmusforschung ziehen nun Hellbrügge und Rutenfranz den Schluß, daß die optimale Form der Arbeitsverteilung dann gewährleistet ist, wenn die Leistung den Höhepunkt in den Vormittagsstunden allmählich erreicht, gegen Mittag absinkt und am Nachmittag sich noch einmal steigert. Weil die physiologische Leistungsbereitschaft also um den Mittag und in den Nachtstunden am geringsten ist, fordert die Arbeit zu diesen Zeitpunkten auch erheblich mehr Einsatz. (HELLBRÜGGE u. RUTENFRANZ, 1956, 1713)

Anhand verschiedener Untersuchungen im industriellen Sektor konnte denn nachgewiesen werden, daß erhöhte Fehlerleistungen nicht wie erwartet gegen Ende der Schicht liegen, sondern regelmäßig zu bestimmten Tageszeiten, eben dann, wenn die physiologische Leistungsbereitschaft minim ist. (HELLBRÜGGE u. RUTENFRANZ, 1956, 1713–1714)

Den beiden Forschern Bjerner und Swensson gelang es z. B., nachdem sie während 19 Jahren untersucht hatten, wie sich die Fehler beim Ablesen von Meßresultaten über den Tag hin verteilen, aufgrund ihres Materials einen 24-Stunden-Rhythmus im physischen Leistungsvermögen aufzuzeigen. (BJERNER u. SWENSSON, 1953, 102–105)

Die Bedeutung der Kenntnis dieses Rhythmus erhellt namentlich aus der Feststellung von Arbeitsphysiologen, daß sich Arbeitsunfälle um 10 Uhr morgens, um 13 Uhr und um 17 Uhr häufen. (JOVANOVIC, 1974, 21)

Ebenfalls die moderne Arbeitspsychologie macht sich solche Erkenntnisse zu Nutzen, indem sie davon ausgeht, daß zu den Leistungstiefpunkten am späten Vormittag und am späten Nachmittag musikalische Rhythmen ausgleichend auf die Leistungsrhythmik des Menschen wirken. (FRANKE, 1964, 40)

Wenn Ulich meint, daß die »(...) Frage der Anpassung der Arbeitssituation an die autonom gesteuerten Tagesrhythmen des menschlichen Organismus (...) eine wissenschaftlich wie praktisch in gleicher Weise bedeutsame Aufgabe« bleibe (ULICH, 1961, 133), so werden wir hier in besonderem Maß auf die Nacht- und Schichtarbeit verwiesen, denn wie Hildebrandt betont, bedeutet Nachtarbeit Leistung ohne biologische Leistungsbereitschaft und zugleich Schlaf bzw. Erholung am Tag ohne Erholungsbereitschaft. (HILDEBRANDT, 1964, 307)

Denn obschon sich Schicht- und Nachtarbeit in vielen Berufen nicht vermeiden lassen, wird es eine vollkommene Gewöhnung des Menschen an die tageszeitlich veränderten Rhythmen kaum geben.

Eine Gefährdung besteht vor allem für die physische und psychische Gesundheit, da z. B. der notwendige Schlaf am hellen und oft zu lauten Tag nicht gefunden wird oder weil sogar darauf verzichtet wird, um sich Hausarbeiten u. a. zu widmen. (FRANKE, 1964, 32)

So gelten denn verminderte Arbeitsleistung bei geistiger Tätigkeit, Schlaf- und Erholungsdefizite, psychologische Belastungen bis zu absenceähnlichen Zuständen von Bewußtseinstrübung, erhöhte Krankheitsanfälligkeit usw. als Folgen der gestörten Beziehung zu den naturgegebenen Rhythmen. (HILDEBRANDT, 1964, 307)

Wenn wir uns zudem an das Kapitel über die körperlichen Rhythmen erinnern, wo dargestellt wurde, wie die meisten Vorgänge im menschlichen Organismus mit den geophysikalischen Rhythmen übereinstimmen und darin verankert sind, verwundert es kaum, wenn bei Nacht- und Schichtarbeitern Probleme mit der Verdauung (die Nahrungsaufnahme erfolgt ja zu einer Tageszeit mit eingeschränkter Verdauungssekretion), gesteigertes Auftreten von Herz- und Kreislaufkrankheiten, hyperthyreotische Zustandsbilder u. a. auftreten. (HILDEBRANDT, 1964, 308)

Diese Krankheitsbilder können als symptomatisch für unsere Zeit gelten, da früher die Arbeit noch viel mehr den sowohl der Natur als auch dem Menschen zukommenden Rhythmen gemäß war.

So wurde z. B. am Abend nach getaner Arbeit Feierabend im wahrsten Sinne des Wortes gehalten, und nach ausreichendem Schlaf ging man erneut und erfrischt zur Arbeit. Abend, Nacht und Sonn- oder Ruhetag bildeten in gewissem Sinne rhythmisch wiederkehrende Kraftquellen für den Alltag und die Arbeit:»Der Feierabend und der Sonntag waren nach altem biblischem Gebrauch ausreichend, daß der Mensch sein Leben lang voll leistungsfähig war.« (FRANKE, 1964, 319–320)

Während also früher das Verhalten des Menschen von den Phasen seines biologischen Funktionswandels bestimmt worden war und damit eine Harmonie zwischen geophysikalischer, biologischer und sozial-kultureller Rhythmik bestand, wird diese heute immer mehr von der zivilisatorischen Entwicklung zerstört. Die Freiheit und Möglichkeit, gegen die naturgegebene Ordnung zu handeln, wächst, was sich insbesondere eben im Bereich der Arbeit und Leistung bemerkbar macht. (HILDEBRANDT, 1964, 306–307)

So findet der Mensch heute Mittel,»(...) die den biologischen Funktionswandel paralysieren, die Ermüdung in Leistungswillen verwandeln und Leistungsbereitschaft zum Einschlafen zwingen«. (HILDEBRANDT, 1964, 306–307)

Die Gefahr, die erst aus dieser Freiheit erwächst, besteht denn darin, daß sich die rhythmische Funktionsordnung, die eng mit den kosmisch-terrestrischen Zeitordnungen gekoppelt ist, nur teilweise, z. B. in den leistungsbestimmten Funktionen, aus diesem Zusammenhang lösen läßt (HILDEBRANDT, 1964, 307):»So bleibt der Mensch, wenn er willkürlichen Zeitordnungen folgt, stets gezwungen, entgegen seiner biologischen Zeitordnung zu handeln und sie zu stören.« (HILDEBRANDT, 1964, 307)

Obschon zweifellos interindividuelle Unterschiede in der Toleranz und Anpassungsfähigkeit bestehen, meint Hildebrandt, daß sicher »(...)eine vollständige Ablösung aller tagesrhythmischen Vorgänge von ihrer normalen Phasenlage ohne völlige Ausschaltung der natürlichen Umweltordnung nicht möglich ist. Das bedeutet, daß in jedem Falle Koordinations- bzw. Synchronisationsstörungen in Kauf genommen werden müssen, die den vegetativen Funktionswandel dissoziieren«. (HILDEBRANDT, 1964, 308)

Dazu tritt als belastendes Moment, daß die verschiedenen Systeme infolge ungleicher Reagibilität nicht gleichzeitig eine Umsynchronisation vornehmen, so daß es zu einem »kritischen Anpassungsprozeß« von sechs bis zehn Tagen mit Koordinationsstörungen kommen kann. (HILDEBRANDT, 1964, 308)

Solche Gesichtspunkte könnten vielleicht den modernen Menschen auffordern, vermehrt daran zu denken, daß der Wechsel zwischen Aktivität und Ruhe »(...) ein allgemeines rhythmisches Naturgesetz, wie es uns das Herz demonstriert« (FRANKE, 1964, 320), ist.

Ist der Mensch jedoch unabdingbar in dieses polare Spannungsgefüge hineingestellt, so ist ihm doch eben die Möglichkeit gegeben, einen rhythmischen Ausgleich zu schaffen, wie dies Hildebrandt vom präventiv-medizinischen Standpunkt aus formuliert: »Der zivilisierte Mensch steht im Spannungsfeld zwischen Leistung und Ordnung. Er vermag die Gefahren des Leistungsschwundes und vorzeitigen biologischen Aufbrauchs nur zu bestehen, wenn er in freier Selbsterkenntnis und Selbstbestimmung immer wieder jene Mitte findet, deren Verlust seinen zivilisatorischen Verfall kennzeichnet.« (HILDEBRANDT, 1964, 315)

Daß diese Mitte jedoch noch zu wenig gesucht und berücksichtigt wird, daß die Auswirkungen einer Mißachtung der Umwelteinordnung des Menschen im Bereich der rhythmischen Funktionsordnung nicht genügend ernst genommen wird, steht in Diskrepanz zur Tatsache, daß sich die Problematik ausweitet, da sogar in vielen Schulen die Tendenz besteht, den Schichtunterricht einzuführen. (HILDEBRANDT, 1964, 308)

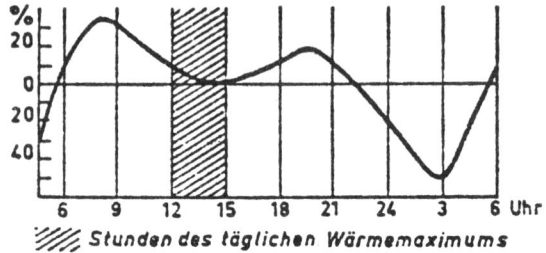

Schema des Verlaufs der physiologischen Leistungsbereitschaft über 24 Stunden (prozentuale Abweichungen vom Tagesdurchschnitt)

Dies war denn auch der Anlaß zu verschiedenen Untersuchungen, die sich mit der tagesrhythmischen Leistungsschwankung bei Kindern befaßten. Während lange Zeit solche Untersuchungen nur bei Erwachsenen durchgeführt wurden, schenkten erst gegen Ende des letzten Jahrhunderts Pädagogen und Ärzte auch dem kindlichen Leistungsrhythmus Beachtung. Dabei ging es ihnen vor allem um eine optimale Unterrichtsgestaltung, um Fragen nach der zweckmäßigen Länge der Schulstunde, nach der Abwechslung von Unterrichtsbelastung und Pause, nach der günstigsten tageszeitlichen Lage der Schulzeit u. a.

Da heute an die Kinder meistens zu allen Tageszeiten gleich hohe Leistungsanforderungen gestellt werden, verdient das Problem der tagesrhythmischen Leistungsunterschiede nach Hellbrügge und Rutenfranz erhöhte Aufmerksamkeit. (RUTENFRANZ u. HELLBRÜGGE, 1957, 66)

So wurde z. B. von Ärzten und Pädagogen immer wieder darauf hingewiesen, »(...) daß ein 8-Stunden-Tag dem kindlichen Leistungsvermögen nicht adäquat ist, und daß insbesondere der Nachmittagsunterricht abzulehnen sei, da er in die Zeit eines physiologischen Leistungsabfalls fällt«. (MOCH, 1976, 5)

Solche Aussagen stützen sich auf Erkenntnisse der biologischen Rhythmusforschung und wurden bestätigt durch Untersuchungen, in denen nachgewiesen wurde, daß »(...) die physiologische

Leistungsbereitschaft in ihrem Tagesgang einer rhythmischen physiologischen Leistungskurve folgt; (...)«. (MOCH, 1976, 5)
Auch Engelmayer meint in seiner »Pädagogischen Psychologie für Schule und Unterricht«, daß Kinder sehr empfindlich auf die »kosmovitale Rhythmik«, ja sogar noch empfindlicher als Erwachsene, ansprächen. (ENGELMAYER, ^{6}1974, 60–61)
Abgesehen von verschiedenen interindividuellen Faktoren, die die tagesrhythmische Leistungskurve des Menschen beeinflussen, ergibt sich ein gesetzmäßiger Verlauf: Die Tagesleistungskurve zeigt zwei Gipfel der Höchstleistung, nämlich um 10 bis 12 Uhr und um 17 bis 19 Uhr. Dazwischen liegt als »Mittagssenke« ein Tiefpunkt, welcher am Ende der Nacht als absolutes Leistungstief seinen niedersten Wert erreicht. (ENGELMAYER, ^{6}1974, 62)
Ein analoger Verlauf der Leistungskurve wurde auch bei Kindern festgestellt. Angeregt durch die früheren Untersuchungen bei Kindern anhand von Rechentests prüften Rutenfranz und Hellbrügge aufgrund sorgfältiger statistischer Auswertungen mit neu konzipierten Rechentests erneut die tagesrhythmische Leistungsbereitschaft bei Kindern. (RUTENFRANZ u. HELLBRÜGGE, 1957, 70–78) Dabei wurden sieben Tage lang in zwei Versuchsreihen an 10–11jährigen Volks- und Oberschülern von 7 bis 21 Uhr in zweistündigen Abständen kurze Rechenversuche gemacht, wobei trotz der inter- und intraindividuellen Unterschiede ein deutlicher Tagesgang sichtbar wurde: Die Rechengeschwindigkeit stieg im Lauf des Vormittags an bis ca. 10–11 Uhr, verlangsamte sich zu einem Tiefpunkt um 14 Uhr, erreichte am Nachmittag einen zweiten Höhepunkt um 17 Uhr und um 18 Uhr und sank ab 19 Uhr bis in die Nacht hinein wieder ab. (RUTENFRANZ u. HELLBRÜGGE, 1957, 80–81)
Deshalb sehen Rutenfranz und Hellbrügge die Annahme als erwiesen an, »(...) daß auch im Schulalter ein tagesrhythmischer Verlauf der physiologischen Leistungsbereitschaft besteht« (RUTENFRANZ u. HELLBRÜGGE, 1957, 80), weshalb sich nun auch die bekannten Klagen der Lehrer über die nachlassende Konzentrationsfähigkeit der Kinder während des Nachmittags erklären lassen. (RUTENFRANZ u. HELLBRÜGGE, 1957, 80) Denn: »Jeglicher

Unterricht und andere schulische Beanspruchung in den frühen Nachmittagsstunden stellen demnach eine ausgesprochene Fehlbelastung dar.« (RUTENFRANZ u. HELLBRÜGGE, 1957, 80) Solche Ergebnisse waren denn auch die Grundlage für die Kritik am Schichtunterricht in den Schulen. Nachdem nämlich an den Münchener Schulen der Schichtunterricht eingeführt wurde, waren es wiederum Hellbrügge und Rutenfranz, die darauf aufmerksam machten, daß dieser für das Kind eine gesundheitliche Belastung darstelle:»Mit diesem Wechselunterricht sind nun schwerwiegende, gesundheitsschädigende Belastungen verbunden, welche besonders deutlich hervortreten, wenn man die tatsächliche Beanspruchung des Kindes an verschiedenen Tageszeiten einmal unter dem Gesichtswinkel der physiologischen Leistungsbereitschaft betrachtet.« (HELLBRÜGGE u. RUTENFRANZ, 1956, 1713)

Hier liegt die Mißachtung der biologischen Rhythmen nicht nur darin, daß die Tagesleistungsschwankungen übergangen werden, sondern ebenso, daß ein Schichtwechsel erfolgt, was immer wieder eine Umschaltung im Organismus fordert. (HELLBRÜGGE u. RUTENFRANZ, 1956, 1716)

Veränderungen in der Leistungsfähigkeit lassen sich aber nicht nur im Laufe des Tages verfolgen, sondern auch durch das Jahr hindurch feststellen.

So wurde z. B. mehrmals bestätigt, daß Unfälle in den Monaten April bis September hochsignifikant über denen der Monate Oktober bis März liegen, wozu genaue Belege jedoch noch ausstehen. (ULICH, 1961, 125–126)

Allgemein geht man aber davon aus, daß der Leistungsgipfel beim Jahresrhythmus im Frühwinter, das Minimum im Hochsommer liegt. (RÖTHIG, 1966, 20)

Dabei fällt auf, daß die körperlichen und geistigen Leistungskurven nicht parallel verlaufen.

Nach Jenny steigt die körperliche Leistungsfähigkeit im Frühsommer steil an und fällt im Spätsommer ab, während die geistige Leistungsfähigkeit ein Maximum im Winter und einen steilen Abfall im Sommer zeigt. (JENNY, 1943, 7)

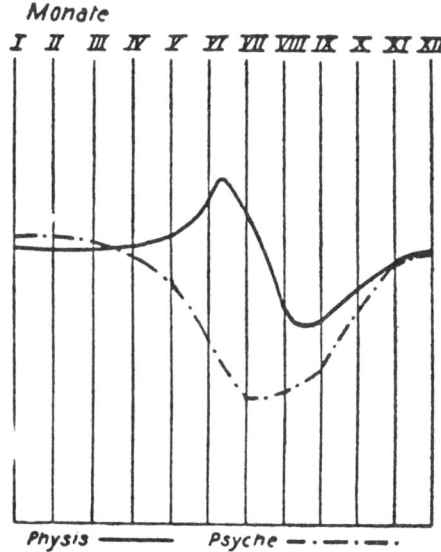

Jahresgang der psychophysischen Leistung

Angesichts dieser Tatsache meint Jenny, daß daher die Schule diesem rhythmischen Geschehen entgegenkomme, wenn sie die Sommerferien auf den Tiefpunkt der körperlichen und geistigen Leistungsfähigkeit ansetzt. (JENNY, 1943, 7)
In ähnlicher Weise betont auch Klufas, daß die Schulleistungen im Herbst und Winter, die körperlichen Leistungen jedoch im Frühling ansteigen, wohingegen der Lerneifer im Frühling nachläßt. (KLUFAS, 1958, 15)
Dieses Phänomen bezeichnet Hellpach als eine Art »Aufspaltung der Gesamtleistung«. (HELLPACH, 1950, 131)

Jahreszeitlich gesehen ergibt sich also ungefähr folgendes Bild: Die körperliche Leistungsfähigkeit zeigt zwei Gipfel, die zwischen Mai bis Juni und zwischen Oktober bis März liegen. Parallel dazu verläuft die Kurve des Gedächtnisses. Umgekehrt dagegen steht es mit der geistigen Produktivität. Ihre Gipfel liegen zwischen Oktober und Januar, ihren Tiefpunkt erreicht sie in den Sommermonaten. (ENGELMAYER, ⁶1974, 61)

Im Unterschied zu diesen Rhythmen der Tages- und Jahresleistung sind die Wochenschwankungen offenbar rein psychogen oder soziogen bedingt.

Untersuchungen darüber wurden verschiedentlich unternommen, stimmen jedoch nicht miteinander überein. Erschwert werden gültige Aussagen durch den vielerorts herrschenden Schichtbetrieb und durch die Verkürzung der Arbeitswoche auf fünf Tage. (ULICH, 1961, 127)

Obschon zwar die Wochenrhythmik mehr eine »(...) habituelle Arbeitsform, die in die allgemeine Lebensrhythmik hineingreift und somit die psychohygienischen Grundlagen der Menschen betrifft, (...)« darstellt, meint Engelmayer jedoch, daß ihre Mißachtung nicht ungestraft bleiben kann, weshalb z. B. die Fünftagewoche in der Schule in Frage zu stellen wäre. (ENGELMAYER, ⁶1974, 63)

Wie oben erwähnt wurde, untersuchten jene Forscher, die – im Unterschied zu den eben erwähnten Theorien, die sich auf einen Zusammenhang zwischen Mensch und Umwelt stützten und den Rhythmus als exogen verursacht betrachteten – den Rhythmus als endogen annahmen, die Leistungsschwankungen losgelöst von Tages-, Jahres- und Wochenrhythmik.

So schrieb z. B. Suffenplan seine Dissertation unter dem Titel »Untersuchungen zur Makroperiodik von Lernaktivitäten bei Neun- bis Elfjährigen in einer Schulsituation mit freier Arbeitswahl«. Themenstellung dieser Arbeit waren das Auftreten und die Erscheinungsweise einer langwelligen, d.h. mehr- bis vieltägig sich abspielenden Rhythmik der Aktivität innerhalb schulischer Interessenbereiche, wobei sich zu dieser Untersuchung das Schulsystem nach dem Montessori-Prinzip anbot. (SUFFENPLAN, 1975, 1)

Dabei gelang es Suffenplan, nachzuweisen, daß bei Kindern zwischen neun und elf Jahren eine deutliche Interessen- und Aktivitätsrhythmik im makroperiodischen Bereich vorliegt, weshalb es sich als Grundforderung seiner Ergebnisse aufdrängt, »(...)

der individuellen Spontanaktivität des Kindes, ihrer Eigendynamik und Eigenrhythmik stärkere Bedeutung für den Gesamtprozeß des Lernens und der Persönlichkeitsentwicklung beizumessen und dieser Spontanaktivität den notwendigen Freiheits- und Betätigungsraum zuzugestehen und zu schaffen«. (SUFFENPLAN, 1975, 267)

In ähnlicher Weise wies auch Gilles in ihren Untersuchungen zur Periodik im Spielverhalten von Kindern darauf hin, daß die Struktur des Antriebs vergleichbar sei mit einer Wellenbewegung, mit einem Maximum an Intensität und einem nachfolgenden Absinken der Energie, und daß dadurch das Verhalten des Kindes rhythmisch gegliedert werde. (GILLES, 1965, 117)

Aus solchen Ergebnissen folgen Konsequenzen für die Unterrichtsgestaltung, d. h. also für die Pädagogik, namentlich aber auch für die Heilpädagogik, wo das Einbeziehen des Leistungsrhythmus in die Unterrichtsgestaltung vorrangig ist, da sich der Rhythmus der Leistungsaktivität nach Bach insbesondere beim lernbehinderten Kind durch Verlangsamung und zeitliche Begrenztheit auszeichnet. (BACH, ^{3}1976, 31)

Ein Einbeziehen des Leistungsrhythmus in den Unterricht liegt, mehr oder weniger bewußt angestrebt, wohl der vielerorts üblichen Fächerverteilung zugrunde, die am Morgen mehr intellektuelle, am Nachmittag mehr musische Fähigkeiten beanspruchende Unterrichtsstoffe vorsieht, was besonders, hier jedoch mit Absicht, in der Waldorfpädagogik zum Ausdruck kommt.

Eine ganz spezielle Berücksichtigung des Leistungsrhythmus, wie sie wohl in dieser Form einmalig ist, finden wir in einer Arbeit einer Waldorflehrerin, auf die wir abschließend kurz eingehen.

Indem sie sich auf Beobachtungen stützt, die nicht in streng wissenschaftlichem Sinne zustande gekommen sind, kann sie allerdings nicht den Anspruch erheben, den wissenschaftlichen Kriterien zu genügen. Da ich aber, wie erwähnt, von einem Wissenschaftsverständnis ausgehe, das besagt: »Kein Gedanke ist so alt oder absurd, daß er nicht unser Wissen verbessern könnte« (FEYERABEND, 1976, 69), meine ich, daß wir auch durch ihre Ausführungen Anregungen zu einem besseren Verständnis des Rhythmus erhalten können, oder daß sie zumindest überlegenswert sind.

Die langjährigen Beobachtungen der Lehrerin Goletz basieren vor allem auf der anthroposophischen Forschungsweise und auf den von dieser beeinflußten Arbeiten der biologisch-dynamischen Wirtschaftweise von Maria Thun.

Ausgangspunkt für Goletz war die Feststellung, daß ihre Schüler an verschiedenen Tagen unterschiedliche Aufnahmefähigkeiten zeigten.

Nachdem sie sich versichert hatte, daß diese unabhängig von ihrer eigenen Stimmungslage und unabhängig vom Wetter auftraten, hörte sie einen Vortrag von Maria Thun über kosmische Zusammenhänge bei Einjahrespflanzen, der ihr half, ihre Beobachtungen zu erklären.

Maria Thun deckte nämlich die Beziehung auf zwischen dem Umlauf des Mondes vor dem astronomischen Tierkreis (geozentrisch, von der Erde aus gesehen) und dem Wachstum der Pflanzenorgane (Wurzel, Blüte, Blatt und Frucht) (GOLETZ, 1984, 10): »Während der Mond in ca. 27⅓ Tagen vor den zwölf Tierkreisbildern entlangzieht (siderischer Mondumlauf), scheinen vier verschiedenartige Kräftewirkungen die vier Organe der Pflanze in deren Ausbildung zu fördern, wenn zu den betreffenden Zeiten der Boden bewegt wird.« (GOLETZ, 1984, 10)

Analog dazu meint nun Goletz, charakteristisches Verhalten bei ihren Schülern (Phantasie, Wachheit, Harmonie, Dumpfheit) entsprechend mit dem Mondumlauf und dem Tierkreis in Verbindung bringen zu können. (Siehe Abbildung folgende Seite)

Sie schreibt dazu: »Zusammenfassend läßt sich folgende Charakteristik der vier besprochenen Phänomene geben:

Im Wachheitstrigon waren die Kinder aufgeweckt, konzentriert, an Rechnen und sachlichen Inhalten besonders interessiert und im Erlernen derselben ausdauernd.

Im Fantasietrigon zeigten sie sich geistig beweglich, fühlten sich aber mehr zu schöpferischem Gestalten als zu sachlichen Inhalten

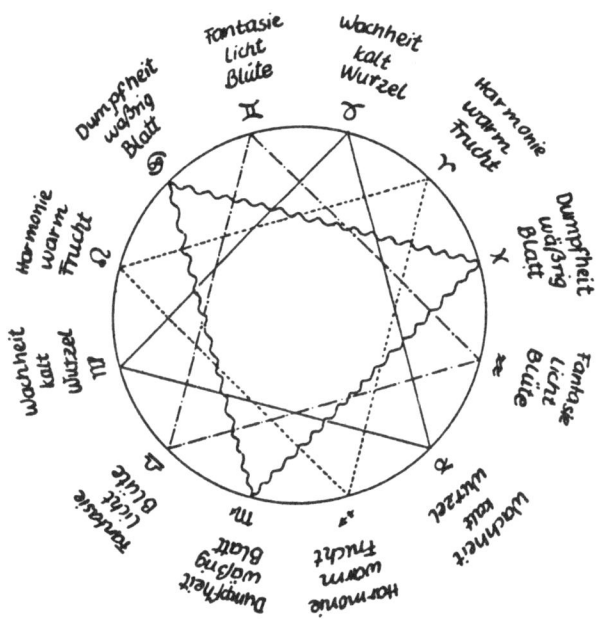

Alle vier durch den Mond vermittelten Tierkreistrigone mit ihren Wirkungen auf Kind, Kleinklima und Pflanze

hingezogen. Von allem Schönen schienen sie mehr bereichert als an den anderen Tagen. Im Dumpfheitstrigon neigten die Kinder zu Trägheit, ihre Denkfähigkeit schien abgedämpft.

Im Harmonietrigon waren sie bei geistiger Beweglichkeit erfüllt von seelischem Gleichgewicht, Vernunft, Herzenswärme, Begeisterung, von verstärkter Fähigkeit, füreinander zu leben.

Es sei betont, daß alle vier Erscheinungen schwerpunktartig auftraten, nicht ausschließlich. Was ich beobachten konnte, war ein Herausgehobensein je eines Phänomens aus dem allgemeinen Verhalten der Kinder.

Diese Erscheinungen traten, wie gesagt, im Zusammenhang mit dem Lauf des Mondes vor dem Tierkreis auf, unabhängig von den

Phasen des Mondes (Vollmond, Neumond usw.).« (GOLETZ, 1984, 18)

Aus diesen Beobachtungen zieht Goletz für ihre Arbeit Schlüsse für ihre praktische Tätigkeit, wobei es darum geht, möglichst dem Rhythmus der Kinder gerecht zu werden. Zusammenfassend gehen wir mit Seidenfaden einig, daß sich der Rhythmus als Phänomen pädagogisch-anthropologischer Betrachtungsweise über die musikalische und gymnastische Erziehung hinaus auch auf den Verlauf eines Schultages mit seinen Akzenten der Spannung und intensiven Arbeit und den Pausen, auf den individuellen Lebens- und Leistungstag mit seinen spezifischen Leistungskurven, auf die Polaritäten Arbeitszeit – Ferien, Arbeit – Spiel, Selbsttätigkeit –»wartendes, stilles Lauschen« erstreckt. (SEIDENFADEN, 1961, 302) Auch das Kind erlebt die verschiedenen Rhythmen, die das Leben durchziehen, und wo diese gestört sind, leidet es darunter. Denn:»Der Wechsel von Ruhe und Angespanntsein läßt sich schon in kurzen Spielhandlungen finden, er zeigt sich in der Tagesleistungskurve, in der Ordnung Arbeitswoche – Feiertag bis hin zu den Jahreszeitenzyklen.« (SEIDENFADEN, 1961, 311)

Daher betrifft nach Engelmayer die Frage des gesunden Energiehaushaltes bei Lernen und Leisten das Wissen darum, daß gesundes Lernen an die biologisch richtigen Arbeitszeiten gebunden ist und nicht ungestraft mißachtet werden darf. Gesundes Lernen verlangt nach Leistungsprogrammen, die die biophysische Rhythmik von Anspannung und Entspannung berücksichtigen (ENGELMAYER, [6]1974, 71), denn:»Die polare Rhythmik von Anspannung und Entspannung ist der Pendelschlag gesunden Lebens und als solcher der Grundrhythmus für andere polare Rhythmen, die im Schulbereich unter psychohygienischen Gesichtspunkten Geltung beanspruchen.

Nur im Gleichgewicht von Aktion und Kontemplation, Lautsein und Stillsein, Geben und Nehmen, Ausdruck und Eindruck, Freiheit und Bindung, körperlicher und geistiger Tätigkeit, intellektueller und musischer Betätigung kommt es zu gesunder, harmonischer Persönlichkeitsentwicklung.« (ENGELMAYER, [6]1974, 72)

3.3.8 Rhythmus und Arbeit

Wenn wir im Kapitel 3.3.6 gesehen haben, daß das Kind den Rhythmus im Spiel später auf die Arbeit in der Schule überträgt (CHATEAU, 1976, 47–51), so ist es fast berechtigt, zu erwarten, daß auch die Arbeit der Erwachsenen rhythmische Elemente aufweist.

Tatsächlich sind denn verschiedene Autoren auf das Thema »Rhythmus und Arbeit« eingegangen.

Schon innerhalb der vielen verschiedenen Deutungsversuche wurde der Rhythmus als ökonomisches Prinzip eines Arbeitsprozesses interpretiert (RÖTHIG, 1966, 40), und es wurde festgestellt, daß zahlreiche menschliche Aktivitäten sich auf rhythmische Art und Weise vollziehen (FRAISSE, 1974, 169): »D'une façon générale, on peut dire tout travailleur cherche à exécuter son travail d'une manière rythmique, dès que ce travail demande un effort soutenu et suivi.« (FOREL, 1920, 27)

Als ein Standardwerk kann diesbezüglich wohl das bereits 1924 in sechster Auflage erschienene Buch »Arbeit und Rhythmus« von Karl Bücher gelten, auf das die meisten späteren Autoren zurückgreifen.

Bücher sieht in den rhythmischen Bewegungen bei der Arbeit etwas Ursprüngliches, da nach seiner Theorie der Bewegungsrhythmus zeitlich gesehen vor dem musikalischen und sprachlichen Rhythmus existierte, ja, der Bewegungsrhythmus erst den Ton- und Sprach-Rhythmus ursächlich hervorbrachte. (BÜCHER, [6]1924, 53)

Bücher analysiert die Bewegung in der Arbeit als aus zwei Elementen sich zusammensetzend, aus einem stärkeren und einem schwächeren: »Hebung und Senkung, Stoß und Zug, Streckung und Einziehung u.s.w. Sie erscheint dadurch in sich gegliedert, und dies hat zur Folge, daß die regelmäßige Wiederkehr gleich starker und in den gleichen Zeitgrenzen verlaufender Bewegungen uns immer als Rhythmus entgegentreten muß.« (BÜCHER, ⁶1924, 23)

Der Rhythmus der Bewegung ist zwar nicht unabhängig vom Ton-Rhythmus, sondern wird durch den Ton-Rhythmus unterstützt, indem dieser, der viele Arbeiten begleitet, den Rhythmus der Bewegungen zum Bewußtsein bringt (Hammerschlag, Sense u. a.) (BÜCHER, ⁶1924, 25) und dann in abgewandelter Form in den Arbeitsgesängen (besonders früherer und anderer Kulturen) in Erscheinung tritt. (BÜCHER, ⁶1924, 41–247)

Die Wirkung des Ton-Rhythmus auf die Intensität der Arbeit liegt darin, daß er das Festhalten an einem gleichmäßigen Zeitmaß unterstützt. Weiter tritt dies auch in Erscheinung »(...) durch das ihm innewohnende musikalische Element (...)«, das anspornend die Arbeit beeinflußt und sie erleichtert. (BÜCHER, ⁶1924, 25) Bücher deutet denn den Rhythmus in den Bewegungen als das »regelnde Element sparsamsten Kräfteverbrauchs«. (BÜCHER, ⁶1924, 435)

Daß der Rhythmus in der Arbeit einer Ökonomie des Kräfteverbrauchs gleichkommt, wird von verschiedenen Autoren immer wieder erwähnt, was folgende Zitate belegen: »La stéréotypie rythmique, chaque fois qu'elle est possible, permet de diminuer nos efforts« (FRAISSE, 1974, 171), – »Tout travail quelconque, en devenant rythmique, diminue l'effort nécessaire. La rythmisation de nos mouvements comporte un principe général d'économie« (FOREL, 1920, 40), – »Rhythmus – so meint man – entspannt, reguliert, befreit, erleichtert, automatisiert die Bewegung und lenkt die Aufmerksamkeit in einer Handlung auf seine außerhalb der unmittelbaren Zeitvorstellung liegenden Belange. Der Rhythmus läßt den Druck der Notwendigkeit einer Handlung in den Hintergrund treten und verleiht ihrem Verlauf eine angenehmere und freudvollere Form«. (RÖTHIG, 1966, 40)

Die Kraftersparnis durch den Rhythmus, insbesondere aber die im letzten Zitat angedeutete, durch den Rhythmus initiierte Freude am Tun, bilden Ansatzpunkte für die Pädagogik und Heilpädagogik, um den Rhythmus in der Praxis fruchtbar werden zu lassen.

So ist man sich heute einig, daß sich rhythmisches Lernen schneller vollzieht als nicht-rhythmisches. Daraus wird gefolgert, daß der Rhythmus den Lernprozeß erleichtert, was z. B. deutlich wird, wenn ein Gedicht schneller auswendig gelernt wird als ein Prosastück. (RÖTHIG, 1966, 47–48) Die Rhythmisation unterstützt nämlich die Gedächtnisleistung beim Auswendiglernen (FRAISSE, 1974, 178), was eben zum Ausdruck kommt, wenn ein Prosastück einerseits und ein Gedicht andererseits auswendig gelernt werden: »Les textes rythmés sont plus facilement appris que les textes non rythmés. Avec quelle facilité les enfants mémorisent-ils des comptines même dépourvues de signification, du type: am, stram, gram...!« (FRAISSE, 1974, 175)

In diesem Zusammenhang wird auch betont, daß der Mensch die Tendenz habe, den Lernstoff durch Rhythmisierung übersichtlicher zu gestalten. (RÖTHIG, 1966, 48) Wenn man z. B. verlangt, neun Zahlen auswendig zu lernen, behält man sie besser, wenn man sie in drei Gruppen, als wenn man sie beziehungslos, ohne Gruppierung präsentiert. (FRAISSE, 1974, 178)

Für die pädagogische und heilpädagogische Praxis von besonderer Bedeutung scheint uns, daß das rhythmische Element nicht nur den Lernprozeß erleichtert, sondern daß er zudem eine positive Stimmung bewirkt.

Bereits 1902 wies Awramoff in seiner Dissertation über Arbeit und Rhythmus auf diesen Effekt hin, wenn er die Qualität des Rhythmus vor allem darin sieht, daß dieser Anregung und Antrieb auf das Bewußtsein ausübe. (AWRAMOFF, 1902, 21)

In der Heilpädagogik wurde dieser Gedanke dann wiederum von Moor aufgegriffen, der die Kräfteersparnis im Zusammenhang mit der freudigen Stimmung begreift: »Denn die geringere Kraftaufwendung und größere Leistung werden dadurch möglich, daß im Rhythmus die beschwingende Wirkung des Gemütes, der Begeisterung mitspricht.« (MOOR, 1965, 368–369)

Bücher erweitert die Wirkung des Rhythmus auf die Arbeit noch einmal, wenn er über das Lustgefühl hinaus, das der Rhythmus erweckt, in ihm noch eine »Quelle ästhetischen Gefallens«

(BÜCHER, ⁶1924, 435) erblickt, womit er den Rhythmus in den Bereich der Kunst rückt, was übrigens auch Forel tut: »Notons à ce sujet la répercussion de ces faits sur l'art. Il est notoire que les sculpteurs grecs, à l'encontre des modernes, donnaient peu de soins à l'élaboration de l'expression dans le visage de leurs statues. La maîtrise des mouvements du corps et des membres, par contre, l'expression du rythme et de l'harmonie constitue l'essence de leur art. (...) L'histoire des civilisations aussi nous prouve que le rythme constituait bien l'élément dominant de la musique et que les rythmes du travail étaient plus en honneur chez les anciens (...).« (FOREL, 1920, 39)

Dieser letzterwähnte Sachverhalt wird heute im Zeitalter der Technik besonders deutlich, wo der Arbeitsrhythmus oft einem Automatentakt weichen muß.

Obschon im modernen Herstellungsbetrieb oft nur noch mit Knopfdruck Prozesse ausgelöst werden können, gibt es immerhin auch heute noch Berufe, wie z. B. Schmied, Steinhauer u. a., die nach Fraisse zum Verständnis des Rhythmus in der Geschichte der Menschheit beizutragen helfen. (FRAISSE, 1974, 169)

Dessenungeachtet stellen jedoch die modernen Arbeitsweisen in bezug auf den Rhythmus und dessen Mißachtung ein schwerwiegendes Problem dar. Bereits Bücher erkannte, daß durch das Aufkommen der Maschine der Rhythmus in eine ganz andere Perspektive tritt, da es nun nicht mehr der Mensch ist, der seinen Rhythmus bestimmt, sondern die Maschine, die ihm den Rhythmus aufdiktiert und den Menschen geradezu an sie fesselt. (BÜCHER, ⁶1924, 460)

Damit berühren wir bereits die Thematik des nächsten Kapitels, da hier der persönliche Rhythmus oder Eigenrhythmus angesprochen wird: »Il faut ajouter que chaque homme a son rythme propre; suivant la longueur des membres et suivant l'amplitude du mouvement, le rythme varie, et lorsque l'ouvrier manie son outil à sa guise, il travaille suivant le rythme qui lui convient le mieux. La machine, au contraire, impose un rythme étranger, elle force la main à l'ouvrier qui par là se fatigue davantage.« (FOREL, 1920, 38)

Durch eine solche Arbeitsweise, die dem persönlichen Rhythmus keine Beachtung schenkt, werden auch Krankheiten, oft bedingt durch Bewegungsmangel, gefördert.

Wie anders war dies früher, als die Bewegungen in manchen Berufen etwas wie »Ur-Gebärden« der Menschheit waren: »Wenn der Bauer über den Acker ging und die Saat in schenkender Gebärde der Erde einverleibte, oder wenn die Ernte entgegengenommen wurde, mühsam mit der Sense geschnitten: es war ein Rhythmus im Miterleben der Jahreszeiten, ein Geben und Nehmen. So war es auch ein rhythmischer Prozeß des schöpferischen Tätigseins im Wechsel mit dem Anschauen des Geschaffenen, wenn der Handwerker seine Arbeit tat.« (KIRCHNER-BOCKHOLT, [2]1978, 217)

Dagegen kann unsere heutige Lebensweise als »widernatürlich« (HISS, 1986, 33) bezeichnet werden. Wie ein Kontrast zu dem oben geschilderten Miterleben der Rhythmen mutet es an, wenn Hiss feststellt, daß es heute der Chronometer sei, der unseren Tag beherrscht und unsere Aktivitäten bestimmt.

Wenn Fraisse daher meint, daß durch die Entwicklung der Technik, besonders die Automation, das Problem des Arbeitsrhythmus in den Hintergrund trete, so müßte man diese Aussage vielleicht dahingehend ergänzen, daß es tatsächlich weniger Berufe gibt, in denen rhythmische Bewegungen grundlegend sind, daß sich aber heute das Problem auf einer anderen Ebene in sehr dringlicher Weise stellt. So versteht sich auch die besorgte Frage des Leiters des Institutes »Mensch und Arbeitswelt«: »Muß aber einer, der sich um des Wohlstandes willen zu sehr der Maschinenwelt verschreibt, nicht selbst Züge der Maschine annehmen? Der Maschinentakt bringt den Menschen aus seinen natürlichen Rhythmen.« (AFFEMANN, 1984, 37)

3.3.9 Der Eigenrhythmus

Insbesondere durch die Thematik des Arbeitsrhythmus im letzten Kapitel werden wir auf ein Phänomen verwiesen, das als »Eigenrhythmus« (RÖTHIG, ²1975, 18) oder als »persönliches Tempo« (RÖTHIG, ²1975, 18) u. a. bezeichnet wird. Deutlich tritt dies z. B. bei Arbeiten in Erscheinung, die mehrere Personen zusammen ausüben. Obschon hier die Tendenz herrscht, daß alle den gleichen Rhythmus annehmen (z. B. Dreschen, Hämmern), besitzt doch jeder einzelne sein eigenes Tempo, einen Rhythmus, der ihm angemessen ist. (FRAISSE, 1974, 172–173)

Aus diesem Grund muß bedacht werden, daß eine Unterordnung des Einzelnen, sei es unter den Rhythmus einer Maschine oder denjenigen von mehreren Personen, nicht unbedingt von Vorteil ist, wie dies Fraisse ausdrückt: »La synchronisation de l'activité de plusieurs travailleurs a l'inconvénient d'imposer un tempo à tous, alors que les études (...) montrent qu'il y a de notables différences individuelles.« (FRAISSE, 1974, 173)

In gleicher Weise schreibt auch Awramoff, daß der Beweis erbracht sei, daß ein vorgeschriebener Rhythmus einen schädigenden Einfluß ausübe, wenn er nicht der betreffenden Person entspreche. (AWRAMOFF, 1902, 11)

Was hier für das Gebiet der Arbeit aufgezeigt wird, kann jedoch auch auf die anderen Kapitel übertragen werden: Im menschlichen Körper lassen sich z. B. unschwer »interindividuelle Unterschiede« (HILDEBRANDT, 1980 a, 3677) konstatieren; die verschiedenen Entwicklungstheorien verstehen die zeitlichen Angaben für ihre Rhythmen nicht so, daß sie sich »mathematisch genau« (TREICHLER, 1981, 12) vollziehen; ebenso treten Rhythmen im emotionalen Bereich nicht bei jedem Menschen in gleicher Weise auf; beim Schlaf-Wach-Rhythmus zeigt spätestens die Tatsache, daß zwischen Morgen- und Abendtypen (SOLLBERGER, 1972, 133) unterschieden werden kann, daß eine individuelle Variationsbreite bestehen bleibt, und sogar beim kindlichen Spielrhythmus stieß man auf einen »jedem Kind eigenen« (GILLES, 1965, 92) Rhythmus.

Der Nobelpreisträger und französische Chirurg Alexis Carrel formulierte diesen Sachverhalt in seinem Buch »Der Mensch – das unbekannte Wesen« folgendermaßen: »Jedes Wesen, unbelebt oder lebendig, umfaßt einen inneren Wandel, eine Abfolge von Zuständen, einen Rhythmus, dieser Wandel ist die innewohnende Zeit.« (CARREL, 1936, 166)

Diesen eigenen Rhythmus gilt es nach Klatt gegenüber den äußeren Rhythmen aufrechtzuerhalten, ohne die äußeren Rhythmen deshalb zu negieren. Es bleibt daher die Frage: »Wie schwingt sich sein Selbst durch diesen fest bestimmten und unveränderlichen Lauf der Gezeiten? Oder anders gewandt: wie behauptet sich sein Selbst in der Zeit?« (KLATT, 1922, 5)

Klatt meint, daß beides zu wenig beachtet werde: »Genau so achtlos und ihrer selbst unbewußt wie die Menschen gewöhnlich hinwegatmen über ihren eigenen Rhythmus, genau so mechanisch leben sie im allgemeinen über die durch den Umlauf der Gestirne bedingten kleineren und größeren Gezeiten hinweg, ohne ihren eigenen Rhythmus darin zu behaupten oder auch nur zu erkennen. Deutlich wird dieser Zustand an der Tatsache, daß der Kalender zu einer ganz mechanisch benutzten Zeittabelle herabgesunken ist. Der Abreißkalender ist heute das Symbol für diese achtlos wegwerfende Gebärde des Menschen. Man reißt die Tage in seinem Leben ab, achtlos einen nach dem andern und so die Wochen, Monate, Jahreszeiten und Jahre.« (KLATT, 1922, 5–6)

Die Erwähnung des Eigenrhythmus oder, anders formuliert, der individuellen Variationsbreite, scheint uns auch deshalb bedeutsam, weil die bisher aufgezeigte »Universalität« des Rhythmus leicht den Anschein wecken könnte, daß hier einem übertriebenen Rhythmusverständnis gehuldigt wird.

Demgegenüber scheint uns eher angebracht, Abstand zu nehmen von einer »›Rhythmus-Mystik‹« (RÖTHIG, 1966, 63), die zur Zeit der Gymnastiktheorie propagiert wurde, wie Röthig sie schildert: »So rufen die Gymnastiker den Menschen auf, sich unter das Gesetz der Naturmächte zu stellen, in das große Erlebnis der ›Weltharmonie‹ einzutauchen und den einseitig ›regulierenden und kanalisierenden Intellektualkräften‹ (Bode) entgegenzutreten. Denn Rhythmus wurzle im Strom des Lebens, und es gelte sich diesem gegenüber zu öffnen.« (RÖTHIG, 1966, 60)

Dem ist entgegenzuhalten, daß aus den oben angeführten Ergebnissen, wo gezeigt wurde, daß das Vorkommen von rhythmischen Phänomenen sehr weitverbreitet ist, nicht der Schluß gezogen werden kann, daß jede Abweichung von einem geordneten Rhythmusverhältnis ungesund oder krankhaft sei. Im Gegenteil, die Rhythmusforschung betont heute geradezu, daß Störungen der rhythmischen Funktionsordnung zum normalen Leben gehören müssen, denn: »Der gesunde Zustand der rhythmischen Funktionsordnung ist (...) nicht die starre Ordnung, sondern ein ausgewogenes Gleichgewicht zwischen Auflösung und Starre, zwischen Leistungsfreiheit und Ordnungsbindungen, das ständig neu behauptet werden muß.« (HILDEBRANDT, 1964, 312)

Nebst dem Hinweis, daß der Mensch sich ja gerade dadurch auszeichnet, dem Rhythmus nicht blind unterworfen zu sein, sondern daß er »(...) über die rätselvolle Freiheit verfügt, aus den Schöpfungsordnungen heraustreten zu können (...)« (KÖBERLE, 1964, 355), erinnern wir daran, daß ein Merkmal für ein rhythmisches Geschehen in den verschiedenen Definitionsversuchen als Elastizität oder Variabilität formuliert wurde, im Gegensatz zum Takt, den eine gewisse Starre charakterisiert.

Trotzdem dürften wir daran denken, daß »(...) die Gefahren einer falschen Maßsetzung unter den zivilisatorischen Anforderungen größer als je sind und immer noch größer werden« (HILDEBRANDT, 1964, 313), oder anders ausgedrückt, »(...) bedeutet Mitleben im Rhythmus der Umwelt noch nicht Unfreiheit, wenn wir diese Periodik in der Umwelt und in unserem Lebensprozeß durchschauen, (...)«. (WACHSMUTH, 1952, 422)

3.4 Zusammenfassung

Nachdem die Was-Frage in den verschiedenen Definitionsversuchen uns auf den universellen Charakter des Rhythmus aufmerksam gemacht hat und nachdem die Wann-Frage dies indirekt noch einmal dadurch erhärtet hat, daß gezeigt wurde, wie der Rhyth-

mus seit Urzeiten das Leben prägt, wurden wir durch die Wo-Frage auf denselben Sachverhalt verwiesen. Wir halten daher fest:
a) Rhythmische Erscheinungen finden wir sozusagen überall, bis in die unbelebte Natur hinein verbreitet.
b) Rhythmische Erscheinungen prägen vor allem das Leben der Pflanzen und Tiere.
c) Beim Menschen kommt der Rhythmus sowohl im körperlichen, seelischen als auch geistigen Bereich vor, was anhand einer Auswahl aus dem Spektrum der rhythmischen Erscheinungen zu zeigen versucht wurde.

Folgende Darstellung soll noch einmal die »Ubiquität« des Rhythmus (SINZ, 1981, 111) verdeutlichen:

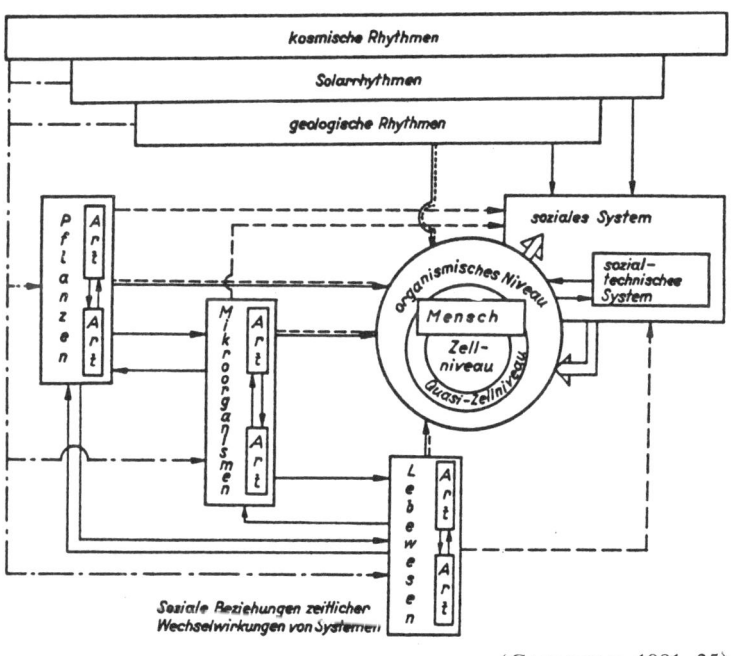

(GASPARJAN, 1981, 35)

257

Die Tatsache, daß der Einfluß des Rhythmus so weit reicht, oder, wie immer wieder betont wird, daß der Rhythmus »eine allgemeine Lebenserscheinung« (SEIDENFADEN, 1961, 44) darstellt, möchte ich jedoch nicht so verstehen, wie es zur Zeit der Gymnastiktheorie getan wurde, nämlich, daß der Rhythmus zu einem überhöhten, unabdingbaren Lebensprinzip hochstilisiert wird, in dem Sinne, daß es gilt, in unbewußter Weise in den Rhythmus einzutauchen. Vielmehr strebten wir in Kapitel 1 bis 3 an, die rhythmischen Erscheinungen gerade ins Bewußtscin zu heben. Denn mit ciner Bewußtmachung ist beabsichtigt, eine Basis für das folgende Kapitel zu schaffen, wo ich von der Annahme Seidenfadens ausgehe, daß der Mensch sich dadurch auszeichnet, daß er nicht im Rhythmus völlig aufgeht, sondern daß er ihn bewußt erleben und sich frei verfügbar machen kann. (SEIDENFADEN, 1973, 268)

Somit habe ich in Kapitel 1 bis 3 versucht, dem ersten Teil des Postulats von Röthig – »Eine aufgaben- und sachorientierte pädagogische Rhythmustheorie muß davon ausgehen, Merkmale und Inhalte des Rhythmus herauszustellen, die anthropologisch bedeutsam (...) sind« – nachzukommen. (RÖTHIG, [2]1975, 18) Zusammengefaßt waren diese in folgenden Sachverhalten zu finden:

1. Nahezu alle Wissensgebiete beteiligen sich an der Erforschung rhythmischer Phänomene. (WASSERMANN, 1981, 839)
2. Die Beobachtung und Beschreibung rhythmischer Phänomene gehört zu den ältesten Erkenntnisgegenständen überhaupt. (WASSERMANN, 1981, 839)
3. Rhythmus finden wir in praktisch allen Bereichen, weshalb man von einer »Ubiquität des Phänomens Rhythmik« (SINZ, 1981, 111) sprechen kann.

Im Folgenden wird es um die Nutzbarmachung des Phänomens Rhythmus für die Erziehung gehen.

Intermezzo

»Nicht da ist man daheim, wo man seinen Wohnsitz
hat, sondern wo man verstanden wird.«
(Morgenstern)

»Was ich da sehe, ist nur Hülle. Das Eigentliche ist
unsichtbar...«
(Saint-Exupéry)

Bevor wir in der Wie-Frage zu den eigentlichen praktischen pädagogischen und heilpädagogischen Gesichtspunkten übergehen, sind einige grundsätzliche Vorüberlegungen notwendig.

Im Unterschied zu einem Exkurs, der eine »Aus-führung« im wahrsten Sinne des Wortes ist, begeben wir uns hier in einen Bereich, den ich als die eigentliche »Mitte«, als das »Herz« allen heilpädagogischen Tuns und Denkens ansehe.

Da einerseits alle »praktische Erziehungsabsicht und jede ideelle Aussage über Erziehung (...) ein Menschenbild, eine Ansicht vom Menschen, zu dem hin erzogen werden soll« (BLEIDICK, 1978, 427) impliziert, und da andererseits gilt, daß vorgelagert »(...) jeder wissenschaftlichen Heilpädagogik (...) die normativen Annahmen über das Bild des Menschen explizit zu machen« (HAEBERLIN, 1985a, 81) sind, sei hier mit unserer Rhythmus-Problematik innegehalten.

Meine Bemühung, ein Menschenbild als Grundlage meines heilpädagogischen Tuns und Denkens zu gewinnen, ist getragen von der Haltung, die Pannikar für das Verstehen folgendermaßen charakterisiert: »Das Verstehen ist nicht eine von der Außenwelt bewirkte Funktion unseres Geistes, sondern ein Akt unseres ganzen Seins. In diesem Sinn ist es geradezu eine Umkehrung, eine Bewegung zur Ganzheit: eine Wendung auf eine umfassende Seinssphäre hin, eine Wendung zu einer höheren und weitergespannten Wahrheit, einer Öffnung zur Fülle hin. Ich kann niemals verstehen, wenn ich auf meinem eigenen unbeweglichen Standpunkt stehenbleibe; ich muß mich ›hinein‹-bewegen, um fähig zu werden, das einzubeziehen, was noch außerhalb von mir liegt. Im wirklichen Verstehen verschwindet nicht nur das Objekt; auch das Subjekt verändert sich, bewegt sich – es ist eine Bewegung auf das Ganze zu: ein wirklicher echter Akt des Überzeugtseins durch Ergriffensein von einer höheren Wahrheit, eine Umkehr, eine Wendung nach vorn, die niemals zum Stillstand kommt und uns antreibt, immer mehr zu verstehen.« (PANNIKAR, 1975, 166)

So möchte ich einige Gedanken wiedergeben, denen ich auf meinem Weg zu einem Menschenbild hin begegnet bin und die ich in dankbarer Haltung gegenüber jenen, die diese erarbeitet haben, quasi als Mosaiksteine mitnehmen möchte, weil sie als wichtig zu erachten sind:

1. Das *Offensein* für alles Neue auf seiten des Erziehers:

»In der täglichen Begegnung mit den Extremsituationen menschlichen Daseins gelangt der Heilpädagoge somit zu Einsichten, die nicht nur das Bild vom Menschen, das sich unsere Zeit macht, korrigieren und vertiefen, sondern zugleich zu einer fruchtbaren Beunruhigung einer sich allzu sicher gebenden Gegenwart beizutragen vermögen.« (BACH, [7]1975, 132)

»Der Erzieher wird unentwegt durch die Intensivform geistiger Behinderung beunruhigt und auf sich selbst zurückgeworfen. Je klarer er diese Situation erfährt, um so tiefer wird er in seinem eigenen Menschsein erschüttert – um so mehr wird ihm diese Erfahrung zur Chance! Er wird dadurch zu jenem vertieften Verstehen seiner selbst, seines erzieherischen Tuns und des behinderten Kindes kommen.« (SIEGENTHALER, 1983, 149)

Die Bereicherung, die dem Erzieher dadurch zukommt, ist folgende: »Daß er zum unausweichlichen Fragen gedrängt wird und dadurch in seiner eigenen Entwicklung Impulse erhält.« (SIEGENTHALER, 1983, 151)

»Die Selbsterziehung des Erziehers bleibt das Wichtigste. Daß er in der Arbeit an sich selber und im Reifen seiner Liebe auf dem Wege bleibe, das ist die Voraussetzung dafür, daß er das Kind auf diesem Weg mitnehmen kann.« (Kobi, ³1977, 271)

2. Ein *umfassendes* Menschenbild:

Ein Menschenbild »(...) in seiner Unendlichkeit und Unfaßbarkeit (...)« (Siegenthaler, 1983, 160)
»Das ›werdende‹ Menschenbild« (Siegenthaler, 1983, 161)
»Das dieser Voraussetzung entsprechende Menschenbild ist durch grundsätzliche Offenheit charakterisiert.« (Siegenthaler, 1983, 162)

»(...) Heilpädagogik wird zum Namen einer Weltanschauung, für welche es weder ›Besondere‹, ›Abgesonderte‹ noch ›Behinderte‹ gibt. Heilpädagogik wird zum Namen jener humanistischen Haltung, welche jedem Menschen Personalität und Humanität zuschreibt.« (Haeberlin, 1985, 95)

Wenn der Geistig-Schwerstbehinderte vom Menschenbild ausgeschlossen würde, käme dies einer »versteckten Euthanasie« gleich. (Siegenthaler, 1983, 165)
»Je mehr es daher einem Menschen gelingt, gerade durch die Auseinandersetzung mit dieser Behindertengruppe in sich selbst ein Menschenbild werden zu lassen, welches jene mit einschließt, um so offener wird es sein.« (Siegenthaler, 1983, 165)
Ein solches »offenes« Menschenbild erkennt auch die »eigene Begrenztheit«. (Siegenthaler, 1983, 166)

»In bezug auf das zentral Menschliche ist damit das behinderte Kind ein genau so vollwertiger Mensch wie wir. Es ist uns tief innerlich verwandt. Umgekehrt sind aber auch wir diesen Kindern verwandter, als es zunächst den Anschein hat: Die Möglichkeit zu allen Abnormitäten, die uns in den Kindern entgegentreten, ist auch in uns vorhanden.« (Holtzapfel, 1978, 11)

3. Die Anerkennung eines *unversehrten Ich* in jedem behinderten Menschen:

»Der Ausgangspunkt liegt darin, daß der Erzieher oder Pfleger stets den Gedanken in sich anwesend macht, hinter dem abnormen Gehabe des Kindes webt eine vollständige Seele, die sich nur auf unvollständige Art offenbaren kann.« (PACHE, ³1977, 37)

»(...) daß die Geistgestalt des Menschen nicht erkranken, aber in ihrer Entfaltung durch ein mangelhaftes Leibesinstrument behindert sein kann.« (KLIMM, 1980, 11)

»(...) das Unverletzliche, Unzerstörbare im Wesen des Menschen, das, was ihn selbst in den Grenzzonen des Daseins als Menschen auszeichnet. Es ist das Schützenswerte, das mir im anderen begegnet.« (SIEGENTHALER, 1983, 155)

Daraus folgt: »Das unerschütterliche innere Appellieren an die Ich-Wesenheit des Kindes ist die erste heilpädagogische Handlung.« (PACHE, ³1977, 38)

4. Erziehung und Heilerziehung heißt:

»Man begibt sich auf einen Weg: den Weg der Heilung, das heißt, den Weg zur Menschwerdung.« (BORT, ³1977, 214)

»Heilen heißt: dem Ich Bahn machen.« (BORT, ³1977, 215)

»Erziehung ist Hilfe zur Vermenschlichung.« (HAEBERLIN, 1985, 17)

4. Die Wie-Frage:
Rhythmus als »Lebenselement« *(Seidenfaden)*

»Neue Ideen sind Samen.« *(Jungk)*

»Wenn man etwas für recht hält,
muß man es auch tun.« *(Hesse)*

4.1 Einleitung

Ähnlich wie in der rhythmisch-musikalischen Erziehung, wo es schwierig ist, präzise zu beschreiben, wie der Rhythmus praktisch zum Zuge kommt, ist dies in bezug auf den Rhythmus im weiteren Sinne ebenso.

Diesen Sachverhalt greift Kobi auf, wenn er von der Enttäuschung spricht, die oftmals auf Seiten von Zuschauern einer Rhythmik-Stunde auftritt, weil ja überhaupt nichts getan werde. (Kobi, 1967, 48)

Demgegenüber wäre gerade dies nach Kobi positiv zu werten. Denn Ziel der Rhythmik, und wie ich meine auch des Einbeziehens des Rhythmus im weiteren Sinne, ist: »(...), aus dem Bereich des Machens und Bewerkstelligens, des Therapeutisierens und Rumorens herauszukommen (...).« (Kobi, 1967, 49)

Durch die Wahl des Titels habe ich anzudeuten versucht, worum es sich hier handeln wird.

Unter »Lebenselement« versteht Seidenfaden nämlich »(...) einen Lebensstoff, durch den sich und in dem sich etwas entfaltet, die gemäße Atmosphäre, die einer Sache förderlich ist« (Seidenfaden, ²1975, 248), und dies, d. h. wie der Rhythmus als solches Lebenselement in der Pädagogik und Heilpädagogik eingesetzt werden kann, ist es, was ich in diesem Kapitel darzustellen beabsichtige.

Wie oben angedeutet, wurde schon früh auf die *praktische Bedeutung des Rhythmus* hingewiesen.

So wurde der Rhythmus z.B. bereits in der Antike als Erziehungsmittel eingesetzt, was alte Überlieferungen uns heute bezeugen wie jene von Platon, daß für die Seele die Musik und damit Harmonie und Rhythmus das Erziehungsmittel sei, für den Leib die Gymnastik. (PLATON, Staat II, 376 E)
Auch hier verzichten wir auf einen historischen Überblick.

Indes kann festgestellt werden, daß eigentlich jedes erzieherische Tun irgendwie mit dem Rhythmus konfrontiert wird, sei es dies in mehr unbewußter Weise wie z.B. in den regelmäßigen Mahlzeiten, in der Tageseinteilung usw., oder bereits bewußter in Kinderversen, Liedern, Spielen bis hin zu den ausgearbeiteten Systemen wie der Rhythmik, der rhythmisch-musikalischen Erziehung u.a.

Abgesehen von den letztgenannten Bemühungen scheint aber in der Pädagogik und in der Heilpädagogik dem Rhythmus immer noch wenig Beachtung geschenkt zu werden, was heute wohl als zeitbedingt angesehen werden kann, wenn man an die Schnelligkeit denkt, die die Gegenwart prägt, oder an die Errungenschaften und Ereignisse, die sich überstürzen, an die Ideen, die auftauchen und untergehen, an die Technik, die immer mehr Gebiete erobert usw. Dies alles steht ja im Gegensatz zum Rhythmus, zu ständigen, aber nicht starren Wiederholungen, zur Verbundenheit mit der Natur und ihren Rhythmen. So meint Affemann wohl mit Recht: »Der Maschinentakt bringt den Menschen aus seinen natürlichen Rhythmen« (AFFEMANN, 1984, 37), und Hoellering betont in gleicher Weise, daß für den Menschen die zunehmende Entfernung von den natürlichen Rhythmen und Lebensbedingungen durch die belastende Einwirkung der Technik eine Bedrohung von außen darstelle. (HOELLERING, ^{7}1979, 61)

Das Einbeziehen des Rhythmus in die Erziehung und Heilerziehung scheint heute also berechtigt zu sein.

Die Feststellung, daß der Rhythmik-Beruf als »zeitgemäß« aufzufassen und dazu bestimmt sei, »(...) dem Menschen zu helfen, ›Maß und Mitte‹ zu finden zwischen einer rationalisierenden Lebensform und einer irrationalen Seinsweise« (ERDMANN, 1968,

20), glaube ich denn ausweiten zu dürfen auf jeden Erzieherberuf, der den Rhythmus in sein Tun integriert.

Ansätze, die zu einem Einbeziehen des Rhythmus in die Pädagogik und Heilpädagogik führen sollen, scheinen zwar vorhanden zu sein. Aber entweder bleiben sie mehr unbewußt oder sie werden vorwiegend im musikalischen und gymnastischen Bereich verwirklicht.

So schrieb Portmann in bezug auf die Rhythmik, daß die »(...) Vernachlässigung, ja Unkenntnis im menschlichen Alltag und vor allem ihre Pflege und Ausweitung in der bewußten Erziehung« (PORTMANN, ²1977, 3) im Gegensatz zu deren wachsenden Erforschung stehe (wobei ich Gewicht auf das Wort »bewußt« lege).

Auch Feudel fragt: »Gehört die Beziehung zum Rhythmischen und damit zur geistbezogenen Bewegung in das pädagogische Denken und Handeln von Grund auf hinein, gewissermaßen als Fundament der Erziehung, oder bleibt sie nach wie vor eine gelegentliche, nicht ganz zu erklärende Zutat am Rande der allein wichtigsten Verstandesbildung?« (FEUDEL, ³1974, 8) Diese wesentliche Frage beantwortet sie nachgehend selbst, wenn sie konstatiert, daß bei einer Überprüfung der Schulwirklichkeit alle vorhandenen Versuche »bestenfalls als moderne Anbauten an das altehrwürdige Gebäude der Erziehung« (FEUDEL, ³1974,17) bezeichnet werden können.

Dagegen läßt sich freilich einwenden, daß bereits seit langem eine Integration des Rhythmus im weiteren Sinne tatsächlich stattgefunden hat, nämlich in der anthroposophischen Pädagogik und Heilpädagogik.

Daß dies übersehen wird, scheint symptomatisch zu sein, was Siegenthaler bezeugt, wenn er darauf aufmerksam macht, daß es erstaunlich sei, daß eine Auseinandersetzung mit der Anthroposophie »(...) und der sie begründenden Pädagogik von nicht-anthroposophischer Seite fehlt, ja meist nicht einmal gesucht wird. (...) Anthroposophische Pädagogik und Heilpädagogik gehören heute zur Wirklichkeit unserer Kultur und sind nicht durch Verschweigen aus der Welt zu schaffen. Dies um so mehr, als gerade in

265

der erzieherischen Praxis Wege eingeschlagen und Erfolge erzielt werden, die außer Zweifel stehen«. (SIEGENTHALER, 1983, 102–103)

Zwar kann in bezug auf die Bedeutung des Rhythmus von einer weitgehenden Übereinstimmung zwischen der anthroposophischen und der erziehungswissenschaftlichen Pädagogik gesprochen werden.»Im Zuge eines Vergleichs muß man aber ebenso feststellen, daß in der *Praxis* die anthroposophische Pädagogik ein weitaus differenzierteres System der Rhythmisierung im kleinen wie im großen, im Unterrichtsablauf wie im ganzen Schulleben, entwickelt hat und mit großer Konsequenz nutzbar macht.« (WINDECK, 1983, 190)

Wenn ich im folgenden der Frage nachgehe, wie der Rhythmus im weitesten Sinne in die Pädagogik und Heilpädagogik einbezogen werden kann, werde ich mich auf die in der traditionellen Pädagogik und Heilpädagogik vorhandenen Ansätze stützen, dann aber auch die anthroposophischen Möglichkeiten berücksichtigen. Denn ich gehe mit Windeck einig, wenn er sagt:»Hier können sich mannigfaltige Anregungen ergeben.« (WINDECK, 1983, 109)

Ich erachte es im methodischen Vorgehen als wichtig, noch einmal zu betonen, daß ich von dem für mich»programmatischen« (KOBI, ^{3}1977, 11) Satz Moors:»Heilpädagogik ist Pädagogik und nichts anderes!« (MOOR, 1958, 12) ausgehe, oder wie Haeberlin sagt:»Heilpädagogik ist in erster Linie Pädagogik.« (HAEBERLIN, 1985, 17)

Diese Annahme erklärt, daß im folgenden nicht immer streng zwischen pädagogischem und heilpädagogischem Bereich getrennt wird.

Da der Rhythmus, wie wir gesehen haben, ein umfassendes Phänomen darstellt, werde ich versuchen, dem auch hier gerecht zu werden und ihn daher in verschiedene pädagogisch-heilpädagogische Situationen hineinzustellen: In die heilpädagogische Förderung einerseits und in die heilpädagogische Lebensgestaltung andererseits. Dabei sind Überschneidungen unvermeidbar, da beides ineinander verflochten ist, weil das Kind in all seinen Funktionsbereichen verbunden ist mit der schulischen Atmosphäre und beides wiederum mit seiner gesamten Lebenswelt.

Zur Auswahl der Literatur sei noch einmal betont, daß es mir darum geht, zu zeigen, daß sowohl die erziehungswissenschaftliche als auch die anthroposophische Heilpädagogik den Rhythmus in ihr Tun integrieren.

Da jedoch nicht auf eine Rhythmus-Literatur, wie sie z. B. für die rhythmisch-musikalische Erziehung besteht, zurückzugreifen ist, gehe ich im folgenden eklektisch vor, wobei ich insbesondere jene Autoren berücksichtigen werde, die meiner ganzheitlichen Sicht des Menschen und meinem umfassenden Verständnis vom Rhythmus nahestehen.

Daß es sich bei der Wie-Frage keineswegs um eine Anleitung von Erziehungsmitteln handeln wird, sei nochmals klargestellt, denn ich gehe mit Klimm einig, wenn er warnt: »Es gibt keine fertigen Rezepte, so wenig wie der Heilpädagoge eine feste Größe ist. Er muß als Therapeut die ihm eigenen Möglichkeiten finden und nach schöpferischen Einfällen suchen.« (KLIMM, 1980, 32)

In diesem Sinne meine ich, daß nebst der Ratio die »raison du coeur« eine entscheidende Rolle spielt. (KOBI, [3]1977, 194)

4.2 Der Rhythmus im weiteren Sinne als Element der heilpädagogischen Förderung

4.2.1 Der Rhythmus als Möglichkeit einer ganzheitlichen Förderung

Die Tatsache, daß der Rhythmus beim Menschen sowohl für den *physischen, psychischen* als auch den *kognitiven* Bereich eine Rolle spielt (vgl. Kapitel 3), weist darauf hin, daß sich der Rhythmus als »ganzheitliches Prinzip« verstehen läßt, d. h. den ganzen Menschen anspricht und dadurch eine ganzheitliche Bildung involviert, wie diese definiert wird: »Unter der G. der Bildung versteht man die ›allseitige Bildung‹ des ›g. Menschen‹ im Hinblick auf seine körperlich-geistig-emotionalen Anlagen innerhalb der naturhaften, technisch-beruflichen, ästhetischen und ethisch-religiösen Welt.« (Enzyklopädisches Handbuch der Sonderpädagogik und ihrer Grenzgebiete, ³1969, 1027)

Etwas anders ausgedrückt finden wir hier Pestalozzis »Herz«, »Kopf« und »Hand«, die Bachmann als Dreiheit menschlicher Wesensteile bezeichnet, denen die verbalen Ausdrücke »Fühlen«, »Denken« und »Handeln« entsprechen (BACHMANN, 1947, 47–48), und die wir bereits bei Paulus als Körper, Seele und Geist (1. Thess. 5,23) finden.

Daß immer wieder auf *diese drei* Bereiche hingewiesen wird, scheint dafür zu sprechen, daß sie tatsächlich wesentlich sind. Der Rhythmus als ein sowohl Körper, Seele als auch Geist beeinflussendes Element erhält dadurch in der ganzheitlichen Förderung eine wichtige Funktion, und wenn in der oben zitierten Definition der ganzheitlichen Bildung außer den drei Bereichen auch noch der Umwelt Rechnung getragen wird, so wird die Bedeutung des Rhythmischen dadurch ausgedehnt auch auf die soziale Erziehung.

Obschon Windeck mit Recht meint, daß die anthroposophische Pädagogik und Heilpädagogik den Rhythmus am konsequentesten als durchgängiges Prinzip anwendet (WINDECK, 1983, 190), oder wie Zeller es ausdrückt, daß hier die Idee des Rhythmischen wie »ein roter Faden« das »Welt- und Menschenbild« durchzieht (ZELLER, 1977, 105), wird auch von anderer Seite, wie wir bereits angedeutet haben, die umfassende Bedeutung des Rhythmus erkannt.

So schreibt Hoellering vom Standpunkt der rhythmisch-musikalischen Erziehung aus, daß sich die rhythmische Erziehung an die *Ganzheit* des Schülers wende, »(...) und zwar in jedem Augenblick der Unterrichtsstunde«. (HOELLERING, 1964, 10)

Schließlich war es ja auch das Ziel der Erziehung durch Rhythmus und Musik von Jaques-Dalcroze, Denken *und* Handeln in ein Wechselspiel zu bringen, so daß eine Harmonie zwischen körperli-

chen und geistigen Bewegungen entsteht (JAQUES-DALCROZE, 1921, 127 u. 198), ja er machte diesen Ausgleich geradezu zum Fundament für die menschliche Freiheit: »Unsere Freiheit als denkende und handelnde Menschen hängt von dieser Einheit der Rhythmen des Denkens und Lebens ab.« (JAQUES-DALCROZE, 1921, 199)
Wie der Rhythmus für diese *Ganzheit,* d. h. für *Körper, Seele* und *Geist* fruchtbar gemacht werden kann, soll im folgenden aufgezeigt werden. Es ist selbstverständlich, daß es sich nur um eine *Auswahl* handelt, da jeder Erzieher auf seine Weise den Rhythmus in sein Tun integrieren wird, im Sinne einer »Improvisation«, wie sie Kobi in ihrer Positivität im Gegensatz zu einem willkürlichen Dilettantismus (KOBI, ^{3}1977, 266) auffaßt.

4.2.1.1 Der motorische Bereich

Da, wie erwähnt, die Rhythmik, die rhythmische Gymnastik, die rhythmisch-musikalische Erziehung, die Eurythmie u. a. nicht berücksichtigt werden kann, sei hier auf weiterführende Literatur verwiesen.

4.2.1.2 Der emotionale Bereich

Wie wir oben gesehen haben, hat bereits Platon erkannt, daß der Rhythmus als Erziehungsmittel für die Seele gilt (PLATON, Staat II, 376 E), und auch Aristoteles wußte um den Einfluß des Rhythmus auf die Seele. (ARISTOTELES, Politik 1340 a 6 u. a 10)
Heute geht in diesem Sinne die rhythmisch-musikalische Erziehung davon aus, daß der Rhythmus der Körperbewegungen indirekt auf die Seele wirkt.
Da insbesondere der Rhythmus, wie wir ihn in Kapitel 4.2.2.1 und 4.3 verstehen, d. h. der Rhythmus als Prinzip des Unterrichtes und der Lebensgestaltung, den emotionalen Bereich anspricht (wir weisen hier exemplarisch auf den Stimmungswechsel im Un-

terricht, auf die emotional bildende Kraft sich wiederholender Ereignisse in Tages-, Wochen- und Jahreslauf, auf den das Gemüt ergreifenden Festrhythmus u. a. hin) und sich dadurch eine Überschneidung der Thematik ergibt, lassen wir es damit bewenden, daß wir hier auf zwei Darstellungen eingehen, die ein ganz spezielles Verständnis vom Rhythmus im Zusammenhang mit der emotionalen Förderung haben: a) auf den Rhythmus, wie ihn Müller auf dem Hintergrund des »Inneren Haltes« von Paul Moor sieht, und b) auf den Rhythmus, wie er in der anthroposophischen Heilpädagogik als zentrales Moment des seelischen Bereiches aufgefaßt wird.

a) Der Rhythmus auf dem Hintergrund des »Inneren Haltes« von Paul Moor:

In ihrer Dissertation »Der Rhythmus, ein Problem der Gemütserziehung in heilpädagogischer Sicht« stellt Müller dar, wie der Rhythmus als ein Moment des »Inneren Haltes« von Paul Moor gesehen und in diesem Sinne heilpädagogisch wirksam werden kann. Es würde den Rahmen sprengen, wollte ich näher auf das Menschenbild Paul Moors eingehen, daher sei auch hier lediglich auf weiterführende Literatur verwiesen.

Zum Verständnis sei nur kurz darauf hingewiesen, daß es sich dabei um ein »ganzheitliches Bild vom Menschen« handelt (MÜLLER, 1965, 10), d. h. um ein »Bild des gesunden, reifen Menschen (...), des Menschen wie er sein könnte« (MÜLLER, 1965, 15), in dem Wollen und Gemüt im Gleichgewicht stehen. »An die Seite der Lebensführung, deren Grundlage das Wollen ist, tritt die Lebenserfüllung, die im Gemüt erfahren wird. Beide müssen sich das Gleichgewicht halten; (...).« (MÜLLER, 1965, 11)

Dies zu gewährleisten wird dem Rhythmus, der zwischen »freiem Belieben« und »strengem Gesetz« (MÜLLER, 1965, 61) vermittelt, übertragen. Denn: »Rhythmus ist Dauer im Wechsel.« (MÜLLER, 1965, 61) »Rhythmus als Moment des inneren Haltes bedeutet, daß die dem Wechsel unterworfenen Gefühle und Stimmungen durch einen dauernd innerlich erfüllenden Gehalt gebunden werden.« (MÜLLER, 1965, 65)

Anhand von Beispielen zeigt Müller auf, wie das Gleichmaß zwischen Gefühl und Wollen gestört und wie es auf dem Hintergrund des »Inneren Haltes« wieder hergestellt werden kann. So gesehen trägt nach Müller der Rhythmus zum inneren Halt des Lebens bei. (MÜLLER, 1965, 110)

Auf die Heilpädagogik bezogen läßt sich sagen, daß ein behinderter Mensch dieses Gleichgewicht in vermehrtem Maße benötigt. (MÜLLER, 1965, 223)

Ihre praktischen Ausführungen nehmen den Ausgangspunkt von der Fragestellung, wie eine Erziehung, vor allem eine Gemütspflege, zu wirken hat, damit trotz der Behinderung ein erfüllter, schwingungsfähiger Lebensrhythmus ermöglicht wird, »(...) damit (...) Fülle und Maß ineinander aufgehen und sich ein lebendiger und doch einheitlicher Rhythmus ergibt«. (MÜLLER, 1965, 229)

Hörverlust

»Gehen wir aus von jenem Zusammenspiel des Erlebens, Vertiefens und Gestaltens, das wir als Rhythmus bezeichnet haben, so wird deutlich, daß dieser Rhythmus durch Schwerhörigkeit und gar durch Taubheit empfindlich gestört sein muß, (...).« (MÜLLER, 1965, 229)

Da das akustische Moment für das stimmungsmäßige Erleben eine große Rolle spielt – als Hörende werden wir mitbewegt, wir schwingen mit –, fällt für das Kind mit Hörverlust eine bedeutsame Erlebnisquelle aus. (MÜLLER, 1965, 229–230)

Wir weisen hier auch darauf hin, daß der Rhythmus zwischen Mutter und Kind, der, wie wir in Kapitel 3.2.2 gesehen haben, für die Entwicklung bedeutsam ist und im vorgeburtlichen Hören des Mutterrhythmus gründet, durch die Taubheit erheblich gestört sein kann.

Müller erwähnt, was dies heißt: die Mutter kann dem Kind kein

Lied vorsingen, Sprüchlein, Gebet, Geschichten usw. bleiben ihm versagt. (MÜLLER, 1965, 230-231) Gerade dies sind jedoch Erlebnisse, die den seelischen Rhythmus zum Schwingen bringen.

Weiter betrifft der Hörverlust auch den »sozialen Rhythmus«, wenn Müller schildert, wie dadurch, daß Kinderlieder, Singspiele, Abzählreime – alles Elemente, die die Kinder zu einer Gemeinschaft vereinigen – für das taube Kind nicht erreichbar sind, das Kind ausgeschlossen wird. (MÜLLER, 1965, 231)

Hier berühren wir zugleich das Hauptmoment des Hörverlustes: die Isolierung, den fehlenden Kontakt, die Einsamkeit (MÜLLER, 1965, 231), womit wiederum ein Ausbleiben wesentlicher Gefühlserlebnisse wie Freude, Trauer usw. verbunden sind (MÜLLER, 1965, 232), die zu einem gesunden seelischen Rhythmus unabdingbar sind.

Eine ebenso große Belastung,»(...) die es dem Gehörgeschädigten erschwert, einen gesunden Lebensrhythmus zu entfalten (...)« (MÜLLER, 1965, 234), stellt die »Ausdrucksnot« (MÜLLER, 1965, 234) dar. Dadurch, daß nur unter erschwerten Bedingungen ein Ausdruck möglich ist (MÜLLER, 1965, 234), ist der Rhythmus von Eindruck und Ausdruck gestört.

Da wir hier den Rhythmus im weiteren Sinne untersuchen, gehen wir auf den gestörten Atem- und Sprechrhythmus (MÜLLER, 1965, 234-237) nicht ein, weisen jedoch darauf hin, daß beides für einen beweglichen seelischen Rhythmus konstitutiv ist.

Das oben Erwähnte, die Erschwernis, am »fließenden Leben« (MÜLLER, 1965, 239) teilnehmen zu können, das »Stocken und Stehenbleiben« (MÜLLER, 1965, 239), verlangen vom Mitmenschen, daß er den Behinderten »(...) mitzieht und am bewegten Leben der Hörenden teilnehmen läßt«. (MÜLLER, 1965, 239)

Dabei spielt die rhythmisch-musikalische Erziehung eine wichtige Rolle (MÜLLER, 1965, 240-243), auf die wir jedoch hier nicht eingehen.

Außerdem geht es darum, den Rhythmus zwischen Erleben und Ausdruck, der hier beeinträchtigt ist, ja zu fehlen scheint, wiederherzustellen dadurch, daß der Erzieher das Kind am Leben teilnehmen läßt, sich aber auch Zeit nimmt, auf es einzugehen. Dem Kind die Möglichkeit geben, sich auszudrücken und gleichzeitig ihm schöne und frohe Erlebnisse vermitteln, kann zu einem harmonisierenden Rhythmus führen. (MÜLLER, 1965, 229-244) »Dieses gleichmäßige, schlichte Aufeinanderhören von Erzieher und Kind, hier unter erschwerten Umständen, kann dem Leben des gehörgeschädigten Kindes erst den rechten Rhythmus geben, der für das Glücken seines Lebens so wichtig ist.« (MÜLLER, 1965, 244)

Blindheit

Der Hauptakzent liegt bei der Blindheit vor allem in der erschwerten Raumorientierung. (MÜLLER, 1965, 244) Diese sich zwar im Körperlichen als Einengung der freien Bewegungsmöglichkeit äußernde Behinderung wirkt sich jedoch nichtsdestoweniger auf den seelischen Rhythmus aus,»(...) denn eine Beeinträchtigung im Bereich des tätigen, aktiven Lebens kann nicht ohne Folgen auf das innerliche, gemüthafte bleiben«. (MÜLLER, 1965, 245)

Dies heißt, daß beim blinden Kind der Rhythmus des inneren Lebens, die Ausgeglichenheit, die sich ergibt, »(...) wenn ein ständiger Wechselbezug besteht zwischen Teilnahme an der Fülle des Lebens, der Treue zu den bereits vorhandenen inneren Bindungen und der Verwirklichung dessen, was innerlich erfüllt, (...)« (MÜLLER, 1965, 245) gestört ist.

Da der Blinde stark zur Verinnerlichung neigt (MÜLLER, 1965, 248), schwingt hier der Rhythmus zwischen Innen und Außen nicht mehr in gesunder Weise. »Blinde neigen dazu, in ihren Erinnerungen, Phantasien, Vorstellungen und Gedankenbildern zu leben, sich damit vom äußeren Leben abzuwenden und ihren Blick nach innen zu kehren.« (MÜLLER, 1965, 248)

Während beim Sehenden die Tendenz herrscht, sich an die Vielfalt der Eindrücke zu verlieren und nicht mehr zur Verinnerlichung des Aufgenommenen fähig zu sein, wodurch ein rhythmisches Gleichmaß verunmöglicht wird, besteht beim Blinden die

Gefahr des Rückzuges auf sich selbst, einer Einseitigkeit, die zwar zu einem tiefen Erleben befähigt, aber zur Lebensfremdheit führt. (MÜLLER, 1965, 248)

Beides ist fern von einem Gleichmaß, einem ausgewogenen seelischen Rhythmus, denn »(...) erst der Wechselbezug von Erleben, innerem Verarbeiten und Verwirklichen (...)« (MÜLLER, 1965, 249) gibt »(...) dem Leben einen fließenden und geordneten Rhythmus (...)«. (MÜLLER, 1965, 249)

Aus dem oben Dargestellten geht hervor, daß die Erziehung des blinden Kindes vorab eine Übereinstimmung von innerer und äußerer Bewegung beabsichtigt. (MÜLLER, 1965, 249)

Wenn wir in Kapitel 1 bei den verschiedenen Definitionsversuchen auf den Zusammenhang vom Rhythmus mit Raum und Zeit verwiesen wurden, so erwähnt hier Müller einen diesbezüglichen interessanten Aspekt: Das blinde Kind steht nämlich in einem gestörten Verhältnis zu beiden Dimensionen. (MÜLLER, 1965, 249) Daher muß das Kind sich bewegen lernen, »(...) damit es in eine Beziehung zum Raum kommt. Dem blinden Kind entgehen die lautlosen Bewegungen und Abläufe der Natur; es kann Tag und Nacht, hell und dunkel, nicht miterleben; erst durch die Gewöhnung an einen gleichmäßig eingehaltenen Tagesablauf nimmt es an der Zeitordnung der anderen teil«. (MÜLLER, 1965, 249–250)

Bedeutsam ist ebenso ein »organischer Unterrichtsrhythmus« (MÜLLER, 1965, 251), der Rezeptivität und Spontaneität in eine gesunde Wechselbeziehung bringt. (MÜLLER, 1965, 251) »Erst der Wechselbezug von innerem Reichtum und Verwirklichung in der äußeren Lebensführung macht das Glücken des Lebens möglich« (MÜLLER, 1965, 252), ein Rhythmus zwischen aktiver und passiver Seite des Lebens ist Voraussetzung zu einem ausgewogenen Leben. (MÜLLER, 1965, 252)

Geistesschwäche

Wenn beim normalen Menschen die innere Selbständigkeit, der Halt in sich selbst Lebensaufgabe ist, und wenn bei ihm dadurch das Leben »von innen her einen bestimmten Rhythmus« (MÜLLER, 1965, 253) erhält, so kann dies beim geistigbehinderten Menschen (ich verwende hier den neueren Begriff der geistigen Behinderung an Stelle von Geistesschwäche, wie er bei Müller zu finden ist), der anlehnungsbedürftig und von äußerer Führung abhängig ist, nicht der Fall sein. (MÜLLER, 1965, 253)

Während in der Normalpädagogik an das »naturhafte, spontane kindliche Lernen« (MÜLLER, 1965, 254) angeknüpft werden kann, das durch den Rhythmus von Staunen (Eindruck), Probieren (Verarbeitung) und sprachlichem und praktischem Anwenden (Ausdruck) geprägt ist, ist dies beim geistigbehinderten Schüler nicht möglich. (MÜLLER, 1965, 254)

Auch der seelische Rhythmus zeigt nicht ein gesundes Gleichmaß. Das Erleben bleibt stimmungsmäßig diffus und wird bestimmt von momentanen Trieben und Wünschen. »Die seelische Bewegung wird nicht von Erlebnis-Höhepunkten ausgestaltet, sondern ist den sich wandelnden äußeren Reizen und Ablenkungen durch eigene momentane Bedürfnisse wahllos ausgeliefert.« (MÜLLER, 1965, 256) Der innere Rhythmus fehlt, »(...) weil sich aus dem einmal Erlebten kein Gehalt herauszuschälen vermag, der von selbst für weiteres Erleben und Verhalten verbindlich würde«. (MÜLLER, 1965, 257)

Um trotzdem einen Rhythmus herzustellen, bedarf der Geistesschwache des ständigen Schutzes, der ihm hilft, Neuem gegenüber zu bestehen. Aber gleichzeitig ist auch die andere Seite, die Fähigkeit, im alltäglichen Leben die notwendigen Dinge freudig und sorgfältig zu verrichten, zu beachten. Beides bildet einen Rhythmus, der beim Geistesschwachen durch eine enge Bindung zu einem Menschen einerseits und dem ständigen Wiederholen und Üben andererseits erreicht wird. (MÜLLER, 1965, 253–264)

»Die Einbettung in gleichbleibende Verhältnisse und die Anlehnung an einen reifen Menschen, auf die der Geistesschwache dauernd angewiesen ist, sind allgemeinmenschliche Möglichkeiten, dem Leben auch dann noch einen Rhythmus zu geben, wenn er nicht mehr aus der eigenen Fülle fließen kann.« (MÜLLER, 1965, 264) Für den geistigbehinderten Menschen spielt die rhythmische Wiederholung eine entscheidende Rolle.»Er kann nur dann sein Leben meistern, fühlt sich aber auch nur dann glücklich und geborgen, wenn sich die Geschehnisse einheitlich und gleichmäßig folgen. Er lernt lediglich das, was man immer und immer wieder übt, und er freut sich über die möglichst gleichartige Wiederkehr schöner Erlebnisse, die in ihm die gleiche Stimmung wieder wachrufen.« (MÜLLER, 1965, 261)

Für den Erzieher bedeutet dies, daß er sein eigenes Erleben vertieft und die Regelmäßigkeit dadurch nicht zu einem sinnlosen Leerlauf werden läßt, sondern dem Geistigbehinderten Anteil an sinnvollen Gehalten gibt. (MÜLLER, 1965, 261)

Für eine ausgeglichene, gleichmäßig-fröhliche Stimmungslage sind äußere Wiederholungen, ein bestimmter Tages- und Wochenlauf, Bedingung (MÜLLER, 1965, 262), und hier vermögen insbesondere die rhythmisch wiederkehrenden, den Zeitablauf akzentuierenden religiösen Erlebnisse im Gottesdienst und in Fest und Feier »(...) dem Leben des geistesschwachen Menschen Geborgenheit und einen aus dem Profanen sich abhebenden stimmungsmäßigen Grundton« (MÜLLER, 1965, 264) zu verleihen.

Der geistigbehinderte Mensch benötigt einen äußeren Rhythmus, der sein Verhalten ordnet und gestaltet.

Körperbehinderung

Beim körperbehinderten Kind ist der Bewegungsrhythmus gestört. Dadurch wird verhindert, daß das, was es innerlich erfüllt, unmittelbar in der äußeren Bewegung seinen Ausdruck findet. (MÜLLER, 1965, 274)

Die seelischen Kräfte werden absorbiert durch die Tendenz, die Behinderung und die dadurch erlebten Reaktionen und Benach-

teiligungen ins Zentrum des Lebens zu rücken. (MÜLLER, 1965, 268) Verengung des Blickwinkels, Resignation, Rückzug und Isolation erschweren einen ausgewogenen seelischen Rhythmus.
(MÜLLER, 1965, 270)
Dazu kommt, daß der Rhythmus von Eindruck und Ausdruck gestört ist, da die Körperbewegung eine Gestaltung der inneren Erlebnisse, eine Verwirklichung spontaner Gefühlsregungen oft unterbindet. (MÜLLER, 1965, 274)
Da die Körperbehinderung nicht beseitigt werden kann, gilt es hier, sie zu akzeptieren und sie als Appell zu betrachten, was dahinführen kann, nicht nur die Last, sondern auch die Verheißung des schweren Lebens zu empfinden. (MÜLLER, 1965, 265-274) »Der Rhythmus des invaliden Lebens wird kein leicht fließender, spielerischer sein. Wir spüren ihm das Ringen mit der Schwere an.« (MÜLLER, 1965, 274)

b) »Die Entfaltung des Rhythmischen Systems« in der anthroposophischen Heilpädagogik:

Im Zentrum der Menschenkunde der Anthroposophie (in der Einführung habe ich auf weiterführende Literatur verwiesen) steht der dreigliedrige Organismus des Menschen: Das Nerven-Sinnes-System für das Denken, das rhythmische System für das Fühlen und das Stoffwechsel-Gliedmaßen-System für das Wollen. (KLIMM, 1980, 14) Dabei vermittelt das rhythmische System zwischen den beiden Polen, dem Nerven-Sinnes-System und dem Stoffwechsel-Gliedmaßen-System, den Ausgleich zwischen Abbau einerseits und Aufbau andererseits. (KLIMM, 1980, 15)
Gesundheit beruht demnach im »prozessualen Gleichgewicht« der gegenläufigen Tendenzen. (KLIMM, 1980, 16)
Ganz ähnlich meinte übrigens Fröbel, daß der Rhythmus vermittelnd wirke zwischen der körperlichen Entwicklung einerseits und der geistigen andererseits. (KÜGLER, 1954, 33)
In diesem Zusammenhang kann der Name »Seelenpflege« in der anthroposophischen Heilpädagogik aufschlußreich sein. Von

der *Seele* aus wird nämlich dem Kind Hilfe zukommen:»Die Mängel zeigen sich an der Leiblichkeit des Kindes. Der Geist kann nicht erkranken; er ist unversehrt, aber er vermag sich durch das gestörte Instrument des Leibes nur unvollkommen zu äußern. Zwischen Leib und Geist vermittelt die Seele. Von hier aus kann das gestörte Verhältnis reguliert werden, eben durch die Pflege des Seelischen. Ein gepflegtes Seelenleben veredelt dann auch die Leiblichkeit und macht sie geneigter, sich für das Geistige aufzuschließen. Auf der anderen Seite wirkt die gepflegte Seele anziehend auf den Geist und ebnet ihm die Wege, auf denen er bis in den Leib hineingreifen kann. Die Seele lebt im Rhythmus und durch den Rhythmus, wie alles Mittlere.« (HOLTZAPFEL, 1978, 8)

Dieser Gedanke liegt in der anthroposophischen Heilpädagogik eigentlich jedem therapeutischen Tun zugrunde:»Rhythmen und die Berücksichtigung von rhythmischen Gesetzmäßigkeiten in der Behandlung sind Kernpunkte der anthroposophischen Methode.« (KLIMM, 1980, 20) Insbesondere alles Rhythmisch-Künstlerische dient dazu, auf das Seelische einzuwirken, so daß Einseitigkeiten ausgeglichen werden. (MAIKOWSKI, [3]1977, 19)

Rhythmisches Ball- und Reifenspiel, rhythmisches Schreiten, das gemeinsame rhythmische Sprechen eines Spruches u. a. (PACHE, [3]1977, 38 u. 48) sind nur einige Beispiele dafür, wie »(...) alle Handlungen und Therapien (...) unter diese Gesetzmäßigkeit gestellt werden«. (KLIMM, 1980, 23)

Obwohl die anthroposophische Heilpädagogik an sich keinen prinzipiellen Unterschied zwischen Pädagogik und Heilpädagogik sieht, kann gesagt werden, daß beim gesunden Kind viel mehr an das rhythmische System appelliert werden kann. Die erzieherischen Bemühungen finden hier einen Strom gesunden Fühlens vor. Beim heilpädagogischen Kind dagegen müssen zuerst Voraussetzungen geschaffen werden, damit es sich gefühlsmäßig mit den Anregungen des Erziehers verbinden kann. (KLIMM, 1974, 28)

»Etwas pointierter könnte man sagen: Die Pädagogik arbeitet mit dem rhythmischen System, während die Heilpädagogik auf seine Entfaltung gerichtet ist.« (KLIMM, 1974, 28)

Das Heilende in der Heilpädagogik besteht dann darin, daß durch heilerzieherische Maßnahmen die Wirksamkeit des rhythmischen Systems, die seelisch-geistigen Kräfte des Kindes gestärkt werden, wobei weniger eine Entwicklung in Richtung der »Normalität« angestrebt wird, sondern vielmehr in Hinsicht darauf, daß »der Leib zu einem etwas besseren Instrument geworden« ist. (VON ARNIM, ²1982, 8)

4.2.1.3 Der kognitive Bereich

Wie bereits im Kapitel über Rhythmus und Leistung angedeutet, macht sich die Pädagogik die Tatsache zunutze, daß rhythmisierter Unterrichtsstoff besser behalten und schneller gelernt wird als nicht-rhythmisierter.

In diesem Sinne verstehe ich unter kognitiven Fähigkeiten nicht nur das logische Denken, sondern, wie es im Lexikon der Pädagogik vorgeschlagen wird, ebenso Wahrnehmung und Gedächtnis. (Lexikon der Pädagogik, 1970, 456)

Müller spricht hier von einer »Rhythmisierung beim Auswendiglernen« und einer »Rhythmisierung als Übungsregel« (MÜLLER, 1965, 116 u. 117). Insbesondere in der Unterstufe werden Rechnungen, sprachliche Ausdrücke, Regeln, Ortsnamen u. a. durch Rhythmisierung ins Gedächtnis eingeprägt. Dabei wirken rhythmisches Klatschen, Stampfen, Gehen, Ballschlagen oder -werfen unterstützend. (MÜLLER, 1965, 117–118) Interessant ist für uns, daß diese Methode für die Pädagogik ursprünglich z. T. aus der Heilpädagogik übernommen wurde, wo sie besonders im Schwerhörigenunterricht eingesetzt wird.

So finden sich in einem Unterrichtsprinzipienkatalog für den Unterricht bei Geistigbehinderten bei verschiedenen Autoren Ausdrücke, die auf eine solche Rhythmisierung hinweisen: Bleidick erwähnt u. a. als methodisches Prinzip die Wiederholung, Bach nennt Stetigkeit, Gegliedertheit, Akzentuiertheit, und Josef spricht von einem rhythmischen Prinzip. (HOFMANN, 1979, 152) Als einen Faktor, wovon der Übungserfolg abhängt, nennt auch

Speck an 6. Stelle: »Rhythmisierte Übungen, z. B. rhythmisiertes Sprechen, erhöhen in der Regel den Übungseffekt.« (SPECK, ³1975, 112) Müller meint sogar, daß das Prinzip der Rhythmisierung auf alle Gebiete, Lesen, Schreiben, Rechnen u. a. angewendet werden könne. (MÜLLER, 1965, 118)

Vielleicht in noch prägnanterer Ausformung und basiernd auf einem anderen Hintergrund werden auch in der anthroposophischen Pädagogik und Heilpädagogik möglichst viele Unterrichtsinhalte rhythmisiert.

Wenn z. B. Ebersole und Kephardt und Ebersole von der erziehungswissenschaftlichen Heilpädagogik her als Grundlage des Rechnens bei lernbehinderten Kindern auf Stufe drei »Zählen als ein regelmäßiger rhythmischer Vorgang« aufführen und meinen, daß alle Rhythmusübungen den Lernprozeß verstärken würden und Voraussetzung zum Rechnen überhaupt seien (EBERSOLE U. KEPHARDT u. EBERSOLE, 1976, 143), scheint hier rein äußerlich eine Übereinstimmung mit der anthroposophischen Heilpädagogik feststellbar zu sein, denn ensprechend führen nämlich Gerbert und Maurer und Oppert »le calcul rythmé« (GERBERT u. MAURER u. OPPERT, 1975, 50) an, und Carlgren erachtet es als besten Weg, das Kind in die Welt der Zahlen einzuführen, wenn dies über die Bewegung und den Rhythmus geschieht. (CARLGREN, 1981, 192) Als Beispiel sei folgendes angeführt:

> »Eins zwei *drei,*
> Vier fünf *sechs,*
> Sieben acht *neun,*
> zehn elf *zwölf*

Die ganze Klasse folgt dem Lehrer. Zwei unbetonte Schritte und dann ein kräftiges Stampfen, die Hände klatschen dazu.« (CARLGREN, 1981, 192)

Abgesehen von der Rhythmisierung des Unterrichtsstoffes spielt der Rhythmus im kognitiven (schulischen) Bereich auch eine Rolle, wo von Üben oder Wiederholen gesprochen wird. Die Wiederholung ist ja, wie wir gesehen haben, ein wesentliches

Merkmal des Rhythmus. Auf diesen Aspekt werden wir jedoch später noch zurückkommen.

4.2.1.4 Der soziale Bereich

Von der rhythmisch-musikalischen Erziehung her wird betont, daß der Rhythmus ein soziales Moment beinhalte. So meint etwa Feudel: »Die gemeinschaftsbildende Kraft, die dem Rhythmischen innewohnt, kann gar nicht genug hoch eingeschätzt werden.« (FEUDEL, ³1974, 110)

In bezug auf die Wie-Frage, d.h. wie der Rhythmus für die Bildung eingesetzt werden kann, ergeben sich denn in der rhythmisch-musikalischen Erziehung Übungen, die unter dem Begriff »soziale Übungen« zusammengefaßt werden. (KELSCH, 1964, 58)

Auch außerhalb der rhythmisch-musikalischen Erziehung kann jedoch die soziale Komponente des Rhythmus fruchtbar gemacht werden. Eine solche Möglichkeit finden wir z.B. bereits in einfachen Kinderliedern und Kinderreigen. De Haes hat für solche Singspielformen, die vorzüglich ein »rhythmisch-soziales« Element besitzen (DE HAES, ²1983, 62), den Ausdruck »Gegenüber-Spiele« geprägt. (DE HAES, ²1983, 39)

Hier geht es vor allem darum, daß zwischen den Kindern ein rhythmisches Hin und Her, ein Sprechen und Zuhören, Schenken und Empfangen stattfindet (DE HAES, ²1983, 68) und daß z.B. ein Kind einem anderen Platz machen, es voraus, links oder rechts gehen usw. lassen muß. (DE HAES, ²1983, 101)

Da ich meiner Untersuchung den Begriff des Rhythmus im *weiteren* Sinne zugrunde gelegt habe, müßten sich außerhalb des mehr musikalisch-gymnastischen Bereiches noch weitere Möglichkeiten ergeben. Dies ist tatsächlich der Fall, wenn z.B. Sollberger von der naturwissenschaftlichen Rhythmusforschung her soziale Aspekte des Rhythmus diskutiert und er dem Rhythmus eine »große soziale Wichtigkeit« (SOLLBERGER, 1977, 137) zuschreibt. Darunter versteht er vor allem Syn- und Desynchronisation, die durch die Beachtung oder Nichtbeachtung natürlicher Rhythmen (z. B. Tag-Nacht-Rhythmus resp. künstliche Beleuchtung) usw. entstehen. (SOLLBERGER, 1977, 137)

Hieraus kann verständlich werden, daß, wie wir später sehen werden, bei den Möglichkeiten der Gestaltung von Tages-, Wochen- und Jahresrhythmus der Rhythmus im weiteren Sinne als sozial fördernd eingesetzt werden kann, wenn durch den für alle verbindlichen Rhythmus Gemeinschaft gestiftet wird. Denn der Gesamtorganismus des Menschen steht nicht isoliert da, sondern ist verbunden mit seiner Mit- und Umwelt,»(...) ist eingebettet bzw. ›angeschlossen‹ an die ihn erhaltende Biosphäre und diese schließlich an die kosmischen (siderischen, planetarischen) Rhythmen und Zyklen«. (ERDMANN, 1982, 32)

4.2.2 Der Rhythmus als Element des heilpädagogischen Unterrichts

4.2.2.1 Der Rhythmus als Gliederung des Unterrichts

Pestalozzis Grundsatz, daß in der Schule Kopf, Herz und Hand oder Denken, Fühlen und Wollen gleichmäßig ausgebildet werden sollen (PESTALOZZI, 1946, 334–356), bildet die Grundlage für das, was heute in der Didaktik als »Unterrichtsrhythmus« bezeichnet wird. (MÜLLER, 1965, 125)

Was darunter verstanden wird, ist schwer faßbar:»Rhythmus im Unterricht kann man miterleben, aber nur schwer beschreiben und in Sätzen festlegen. Das Wichtigste am Unterrichtsrhythmus ist, daß sich Lebendiges gestaltet, daß sich Lebensfülle in ein Maß einfügt. Als Regel und Prinzip formuliert bleibt nur der Rahmen, die Form erhalten.« (MÜLLER, 1965, 114)

Um eine solche »Lebensfülle«, die dennoch nicht zerfließt, sondern durch ein »Maß« gehalten wird, ging es bereits Pestalozzi. In diesem Sinne fordert er einen Wechsel zwischen vielgestaltigen Unterrichtsgegenständen, besonders aber lag es ihm an einem

Gleichgewicht zwischen den intellektuellen und den musischen Fächern. (KÖCK, 1967, 182)

In der Ganzheitsschule wird dem Unterrichtsrhythmus heute Folge geleistet, indem der Stoff, der vermittelt wird, die Ganzheit des Kindes berücksichtigt, was heißt, daß *nicht ein starrer* Stundenplan, sondern die *natürlichen Phasen* des Aufnehmens, Verarbeitens und Gestaltens maßgebend sind: In einer rezeptiven Phase nimmt das Kind den Stoff auf und wird mit der Auseinandersetzung damit insbesondere seelisch angesprochen: »(...) das Staunen und Sichverwundern steht am Anfang jeder Unterrichtsganzheit.« (MÜLLER, 1965, 122) Danach handelt es sich darum, in einer stillen Phase das Aufgenommene zu verarbeiten, zu gestalten oder darzustellen, und zuletzt wird der vom Lehrer richtig eingeordnete und ergänzte und auf das Wesentliche zusammengefaßte Stoff geübt. (MÜLLER, 1965, 123)

Die Wirkung, die aus der Berücksichtigung der rhythmisch wechselnden Dispositionen des Kindes resultiert, beschreibt Müller folgendermaßen: »Auf diese Weise werden je verschiedene seelische, geistige und körperliche Kräfte beansprucht und entfaltet. Es wechseln Gespräch und Schweigen, Gruppenarbeit und Einzelarbeit, Aufnehmen, Verarbeiten, Gestalten, Erlebnis und Ausdruck, Spannung und Entspannung. Dieser Arbeitsrhythmus entspricht den Gesetzen des organischen Wachstums; das Kind kann sich harmonisch mit all seinen Anlagen entfalten.« (MÜLLER, 1965, 123) Im Gedanken der harmonischen Entfaltung, des rhythmischen Ausgleichs, findet sich Müller mit Mattmüller-Frick einig, der in seinem Modell für eine gesellschafts- und zukunftsbezogene Volksschule ebenfalls versucht, dem Unterrichtsrhythmus gerecht zu werden: »Unter Berücksichtigung der begrenzten Aufmerksamkeitsdauer, der raschen Ermüdbarkeit, des Augenblickserlebens, der Freude an Bewegung und Lärm, der Fantasie, dem Bedürfnis nach Spiel und schöpferischem Tun, dem andauernden Verlangen nach Zuneigung und Geborgenheit, u.s.w. versuchen wir, den Unterricht sorgfältig zu dosieren und dabei Rücksicht zu nehmen auf die

Wechselbeziehungen von Stillbeschäftigung und mündlicher Äußerung, von Stille und Lärm, von Ruhe und Bewegung, von selbständigem Tun und konzentriertem Aufnehmen.« (MATTMÜLLER-FRICK, 1969, 17)
Auch in der Heilpädagogik wird dieses Prinzip aufgenommen. So umfaßt z. B. der Heidelberger Bildungsplan der Sonderschule für geistig behinderte Kinder zwei wesentliche Bildungsbereiche:

– Die Bildung der lebenspraktischen Anlagen und
– Die Bildung der seelisch-geistigen Kräfte des Kindes. (HOESS, 1979, 104)

Hieraus wird deutlich, daß ein rhythmischer Ausgleich zwischen zwei polaren Gebieten angestrebt wird.

Ein solcher Ausgleich läßt sich bei der Überprüfung der heilpädagogischen Praxis auf das Einbeziehen des Rhythmus als Unterrichtsprinzip hin aus den zeitlichen Angaben für die Unterrichtsstunden entnehmen, d. h. daß eine starre Lektionsbefolgung, im Gegensatz zu einem freieren Stundenplan, dem Rhythmus der kindlichen Anlagen weniger gerecht wird.

Somit meint Hoess, weniger auf den Inhalt als auf die Struktur des Unterrichts bezogen:»In den verschiedenen Bildungsplänen werden unterschiedliche Zeitangaben für die ›Unterrichtsstunden‹ ausgewiesen. Sie reichen von 30 Minuten (Rheinland-Pfalz und Saarland) über 40 bzw. 45 Minuten bis zu 90 Minuten (Nordrhein-Westfalen). Bei der letzten Angabe wird vermerkt, daß es sich nicht um ›geschlossene Blockstunden‹ handelt. Es soll vielmehr in rhythmischem Wechsel von gezieltem Unterricht und nicht gebundenem Lernen... der Belastbarkeit der Schüler entsprochen werden (...).« (HOESS, 1979, 103)

Dieser Aspekt, die Belastbarkeit, ist von ganz spezifischer Bedeutung in der Heilpädagogik.

Daher legt Bach in einem ausgesprochenen Maß Wert auf den Unterrichtsrhythmus. Denn das Lernen des behinderten Kindes zeichnet sich durch Verlangsamung, Verflachung und zeitliche Begrenztheit aus. Bach unterscheidet daher zwischen Phasen der Hinwendung, Vertiefung, Befestigung, Gestaltung, Ablösung und Entspannung. Durch eine solche rhythmische Abfolge wird der Unterricht strukturiert. (BACH, ³1976, 31) So wird erreicht, daß »(...) die Arbeit durch die sich von Phase zu Phase neu einstellenden Bedürfnisse und Kräfte des Kindes von selbst getragen wird«. (BACH, ³1976, 32)

Eine solche Phasenbezeichnung trägt deutlich den Charakter des Rhythmischen: ein Anschwellen und Abklingen, ein Höhe- und ein Tiefpunkt und dazwischen eine ausgleichende Mitte.

Theile vergleicht denn den Unterrichtsverlauf berechtigterweise mit einer ansteigenden und wieder abfallenden Kurve (THEILE, ²1976,51) und meint damit insbesondere den Wechsel von Spannung und Entspannung, Belastung und Entlastung. (THEILE, ²1976, 62)

In der anthroposophischen Pädagogik kommt der Rhythmus in der Unterrichtsgestaltung besonders auch im sogenannten »Epochenunterricht« zur Geltung. Dabei wird über mehrere Wochen (in den ersten Klassen sind die Epochen noch lang), im rhythmischen Wechsel meist drei bis vier Wochen, während des Hauptunterrichtes jeweils ein Gebiet (Sprache, Erdkunde usw.) erteilt. (CARLGREN, 1981, 86)

Dazu entsteht auch innerhalb der Epoche selbst ein Rhythmus: der Lehrer geht aus von der bildhaften Darstellung, die das Gefühl anspricht, anschließend folgt durch den Schüler eine Eigentätigkeit, eine ausführliche Beschreibung, und zuletzt wird gemeinsam die begriffliche Form erarbeitet. (WINDECK, 1983, 163)

So werden in gleicher Weise, wie oben dargestellt, die verschiedenen Dispositionen des Kindes rhythmisch wechselnd angesprochen.

Aus der Einsicht, daß ein solches Vorgehen für das Kind bedeutsam ist, wird dem Epochenunterricht auch von der erziehungswissenschaftlichen Seite her Wert eingeräumt, wenn Mattmüller-Frick z. B. die positive Wirkung einer freien Fächereinteilung betont, die es zuläßt,»(...) nach anthroposophischen Gesichtspunkten den in mancher Hinsicht günstigen Epochalunterricht durchzuführen, (...)« (MATTMÜLLER-FRICK, 1969, 73), was einer »Anregung«, wie sie Windeck zwischen der erziehungswissenschaftlichen und der anthroposophischen Heilpädagogik als möglich erachtet (WINDECK, 1983, 109), gleichkommt.

Wie im Epochenunterricht der Unterricht als Ganzes, so wird auch die einzelne Unterrichtsstunde rhythmisch gegliedert: ein erster Teil wird geprägt durch künstlerisches Tun. Daran schließt der zweite Teil an, der dem jeweiligen Unterrichtsgegenstand gewidmet ist und im Gespräch zwischen Schüler und Lehrer erfolgt. Den Abschluß bildet ein Erzählteil in den unteren, eine zusammenfassende Darstellung in den oberen Klassen. (WINDECK, 1983, 184)

Zudem macht sich die anthroposophische Heilpädagogik den unterschiedlichen Charakter der einzelnen Unterrichtsinhalte in dem Sinne zunutze, daß je nachdem, ob die Kinder mehr wach oder schläfrig sind, ein gesunder Wechsel zwischen betrachtenden und betätigenden Fächern stattfindet. (PACHE, [3]1977, 50-52)

Darüber hinaus wird auch stimmungsmäßig ein gewisser Rhythmus im Unterricht erzeugt: »Auch eine andere Polarität beachtet man im Unterricht. Man sorgt dafür, daß die Kinder mindestens einmal in der Stunde recht in Heiterkeit kommen und wiederum mindestens einmal etwas erleben, was wie eine in sich gekehrte ›traurige‹ Stimmung hervorruft. Dieser Wechsel kräftigt die seelische Atmung, (...)«. (PACHE, [3]1977, 53)

Ein solcher stimmungsmäßiger Rhythmus ist in gewissem Sinne für das Menschenleben fundamental, d. h. daß, wie es Bollnow ausdrückt, die verschiedenen Stimmungen »(...) in ihrer Polarität einen Grundgegensatz (...)« bilden, »(...) in den das menschliche Leben in allen seinen Verhaltensweisen hineingespannt ist« (BOLLNOW, [3]1983, 48), womit noch einmal ersichtlich wird, daß sowohl die traditionelle als auch die anthroposophische Pädagogik und Heilpädagogik den Rhythmus als Unterrichtsprinzip in seiner Bedeutung für die kindliche Entwicklung erfassen und fruchtbar zu machen versuchen.

4.2.2.2 Die Beachtung des Entwicklungsrhythmus

Während im Unterrichtsrhythmus, wie wir im letzten Kapitel gesehen haben, den verschiedenen Anlagen, die nach Pestalozzi als Kopf, Herz und Hand bezeichnet werden können, Rechnung getragen wird, kann eine harmonische Entfaltung dieser Anlagen, die sich in Entwicklung befinden, auch durch die Beachtung der Entwicklungsrhythmen beeinflußt werden.

Eine solche Beeinflussung steht insbesondere im Zentrum der anthroposophischen Pädagogik und Heilpädagogik; jedoch auch auf der erziehungswissenschaftlichen Seite lassen sich Aspekte aufzeigen, die in ähnlicher Weise den Entwicklungsrhythmus in den Unterricht einbeziehen.

Obschon sich die anthroposophische Psychologie von der an den Universitäten betriebenen unterscheidet,»(...) weist die so aus ›meditativer Bewußtseinserweiterung‹ hervorgegangene Entwicklungspsychologie grundlegende Übereinstimmungen auf mit Ergebnissen der empirischen entwicklungspsychologischen Forschung«. (BARZ, 1984a, 104)

Dessenungeachtet meine ich, daß in der pädagogischen und heilpädagogischen Praxis trotz vieler Übereinstimmungen gewisse Differenzen aufzufinden sind, insbesondere, was den Bewußtseinsgrad im Einbeziehen des theoretischen Wissens um die Entwicklungsrhythmen in den Unterricht und, speziell auf dem heilpädagogischen Sektor, was die Zuteilung der Kinder in die jeweiligen Klassen betrifft, d. h. ob das Kriterium zu einer Klassenzuteilung die Leistung bildet oder das Alter und die entsprechende Entwicklungsstufe, womit dann auch methodische und didaktische Konsequenzen verbunden sind (darauf werden wir später noch zurückkommen).

In der anthroposophischen Pädagogik und Heilpädagogik wird in Abhebung von der herkömmlichen in einer *sehr bewußten* Weise den Entwicklungsrhythmen Rechnung getragen, sowohl in inhaltlicher als auch methodisch-didaktischer Hinsicht:»Das auf erzieherische Werte ausgerichtete didaktische Konzept der Wal-

dorfpädagogik (im allgemeinen wie für verhaltensgestörte bzw.
›schwierige‹ Kinder im besonderen) ist, was die konkrete lernplanmäßige Ausgestaltung anbetrifft, unvergleichbar mit anderen didaktischen Modellen, und zwar allein deshalb, weil hier in einem besonderen Verständnis eine entwicklungspsychologische Begründung zugrunde gelegt wird.« (WINDECK, 1983, 177)

Windeck betrachtet die Abstimmung der Unterrichtsinhalte und -formen auf die jeweilige Entwicklungsphase des Kindes gemäß der anthroposophischen Menschenkunde und deren Entwicklungspsychologie sogar als eines der wichtigsten didaktisch-methodischen Merkmale. (WINDECK, 1983, 14)

Das Spezifikum auf Seiten der anthroposophischen Pädagogik und Heilpädagogik liegt zudem in der Betonung des Zusammenhangs der körperlichen mit der seelisch-geistigen Entwicklung im Unterschied zur herkömmlichen, wo zwischen Psychologie, Anatomie und Entwicklungsphysiologie getrennt wird. (KRANICH, 1983, 54–55)

Trotz dieser unterscheidenden Merkmale darf auch das Verbindende nicht übersehen werden. So finden wir im Band für Pädagogische Psychologie Formulierungen, die der anthroposophischen Betrachtungsweise sehr nahe kommen.

Außerdem verhält sich die Staatsschule auch offen gegenüber der anthroposophischen Pädagogik, wenn wir an die 1942 gegründete Freie Pädagogische Vereinigung denken, die sich vor allem auch darum bemüht, den Lehrplan nach den anthroposophischen Gesichtspunkten der Entwicklungspsychologie zu gestalten. (Gedanken zur Lehrplanrevision 1981/82, FPV)

Es würde zu weit führen, innerhalb unserer Themenstellung genau zu untersuchen, inwieweit die entwicklungspsychologischen Theorien die Praxis leiten und ob dabei der periodischen Entwicklung des Kindes Beachtung geschenkt wird. Auch ist hier nicht der Ort eines Vergleichs der herkömmlichen mit der anthroposophischen Entwicklungspsychologie und der daraus abgeleiteten Methodik und Didaktik.

Im Folgenden soll nur exemplarisch aufgezeigt werden, wie

versucht wird, der Entwicklungsrhythmik des Kindes im Unterrichtsgeschehen sowohl auf erziehungswissenschaftlicher als auch auf anthroposophischer Seite Rechnung zu tragen.

Aus der Kenntnis der rhythmisch sich vollziehenden Entwicklung in Jahrsiebten ergeben sich für die anthroposophische Pädagogik und Heilpädagogik praktische Konsequenzen, die recht einheitlich in jedem Erziehungsgeschehen zum Ausdruck kommen: Als Grundform des frühkindlichen Lernens wird die Nachahmung betrachtet. Das nachahmende Lernen ist in der frühen Kindheit die wichtigste Form und für die Entwicklung die wirkungsvollste Kraft. (KRANICH, 1983, 57) »›Nachahmung‹ als menschliche Grundfähigkeit läßt sich auf eine bestimmte Weise zum Bildungsprinzip für das Vorschulalter erheben.« (VIERL, 1974, 38)

Durch Nachahmung werden in diesem Alter vor allem die spezifisch menschlichen Fähigkeiten der aufrechten Haltung, der Sprache und des Denkens errungen. (KRANICH, 1983, 60) Daher spielt es eine Rolle, daß das Kind in seiner Umgebung sinnvolle und nicht sinnlose oder sogar destruktive Gebärden erlebt. (VIERL, 1974, 39)

Beim behinderten Kind muß die Nachahmung jedoch oft erst angeregt werden, was durch die besondere Betonung bestimmter Gesten (wie z.B. handwerklicher oder häuslicher Tätigkeiten, Gebärden, die bei der Begegnung von Mensch zu Mensch auftreten, oder solcher, die besonders wirkungsvoll sind und sich vom Alltag abheben, der Gebärden bei religiösen und festlichen Anlässen) geschieht. (VIERL, 1974, 39)

Mit Piaget stimmt die anthroposophische Pädagogik darin überein, daß das Kind vor dem siebten Lebensjahr nicht zu gedanklichen Abstraktionen fähig ist, sondern über ein rein bildmäßiges Denken verfügt.

Da nach der anthroposophischen Menschenkunde die Kräfte, die zum abstrakten Denken nötig sind, vor dem siebten Lebensjahr noch zur körperlichen Entwicklung verwendet und erst allmählich frei werden, wäre es schädlich, vor diesem Zeitpunkt lesen und schreiben zu lernen. (CARLGREN, 1981, 163–164)

In diesem Alter haben die Kinder ein Bedürfnis nach Bildern, das erst mit dem Herannahen der Pubertät übergeht in das Bedürfnis, Kausalitäten zu begreifen und mit abstrakten Begriffen zu operieren. Diesem Bedürfnis gilt es zu begegnen durch Märchen und Mythen (CARLGREN, 1981, 176–177):»Wenn man dem elementaren kindlichen Bedürfnis, um das es sich hier handelt, voll entgegenkommen will, gibt es keinen anderen Weg als diesen: die Phantasiebilder müssen während der ersten Schuljahre den ganzen Unterricht beherrschen.« (CARLGREN, 1981, 178)

Im Hauptunterricht nimmt daher in den ersten Jahren der Erzählstoff eine zentrale Stelle ein. (CARLGREN, 1981, 178)

Wenn die anthroposophische Pädagogik bei der Förderung des kleinkindlichen Denkens besonders Wert legt auf die Anregung einer lebendigen Vorstellungstätigkeit, so beruht dies auf demselben Hintergrund.»Das geschieht dadurch, daß z. B. bestimmte Spielsachen in ihren Formen nur andeutend gestaltet werden. Eine Puppe aus Stoff, die nur ganz allgemein die menschliche Form hat, veranlaßt das Kind, das fehlende Detail in seiner produktiven Vorstellungstätigkeit zu ergänzen. Das kleine Kind hat die Neigung, durch seine Phantasie im Spiel den Gegenständen einmal diese, einmal jene Bedeutung zu geben. Diese Neigung wird hier erzieherisch aufgegriffen. Dadurch bindet sich die Vorstellung nicht an die feste Form des Gegenstandes; sie bewahrt sich eine innere regsame Lebendigkeit.« (KRANICH, 1983, 67)

Von daher versteht es sich, daß der Waldorfkindergarten eine seiner erzieherischen Aufgaben darin sieht, die Kinder zu einer reichen Spieltätigkeit anzuregen (KRANICH, 1983, 67), was aber auch die herkömmliche Pädagogik aus der Entwicklungspsychologie entnehmen kann, wenn Zietz als Voraussetzung der Denkerziehung dem Spiel eine wichtige Rolle zuschreibt und in diesem Sinne fordert, daß der Erzieher dem Kind genügend Raum und Zeit zum Spielen einräumen solle. (ZIETZ, 1959, 111–112)

Übereinstimmende Überlegungen finden wir auch in bezug auf den folgenden Entwicklungsrhythmus.

Hier beginnt mit der Sprache ein neuer Abschnitt. Speziell in der Warum-Frage tritt nach entwicklungspsychologischen Gesichtspunkten in Erscheinung, daß nun das Ich erwacht; und erst zu diesem Zeitpunkt ist die planmäßige Förderung des Denkens sinnvoll, jedoch noch nicht durch abstrakte Begriffe, sondern durch anschaulich konkrete. (ZIETZ, 1959, 113–115)»Daher sollte der Unterricht sich so nahe wie möglich an der geistigen Welt des Kindes halten« (ZIETZ, 1959, 115), meint Zietz für die erziehungswissenschaftliche Pädagogik. Auch Kranich sieht vom anthroposophischen Standpunkt aus die Bedeutung dieses Wandels im Auftreten des Ich-Bewußtseins, wenn er sagt, daß die charakteristische Grundhaltung der Nachahmung durch das Ich-Bewußtsein zu einer Tätigkeit werde, die frei gestaltet, was durch Vorbilder in der Umwelt wahrgenommen wird. (KRANICH, 1983, 67–68) Vierl gibt dem Ausdruck, wenn er in seinem Beitrag über den heilpädagogischen Unterricht für diese Entwicklungsphase, d. h. für die Unterstufe, den Titel wählt:»Unterricht auf der Unterstufe: ›Gestaltung‹.« (VIERL, 1974, 40)

Es geht hier darum, daß der Lehrer versucht, das Kind langsam aus dem bloßen Mittun zum selbständigen Tätigsein zu führen. (VIERL, 1974, 40) Wenn das Kind vor allem im künstlerischen Unterricht vom Nachmachen zum Selbermachen kommt,»(...) erlebt es die eigene Macht zur Weltbewältigung«. (VIERL, 1974, 40)

Vornehmlich für das behinderte Kind ist das Erlebnis der Gestaltung wichtig, da es so die Möglichkeit erhält, sich selber lenken zu lernen. (VIERL, 1974, 41) Dazu sind Malen, Formenzeichnen, Eurythmie, Musik u. a. besonders geeignet, der Lehrer kann das Prinzip der »Gestaltung« aber auch auf andere Stoffgebiete übertragen. (VIERL, 1974, 46)

Diesem Prinzip liegt der Gedanke zugrunde, daß, während die Nachahmung auf die Organbildung einwirkt, dies die Gestaltung auf die Vorstellungsbildung tut. (VIERL, 1974, 48)

Mit sieben Jahren vollzieht sich nämlich ein Wandel im kindlichen Bewußtsein. Es wird fähig, Vorstellungen festzuhalten und sie wieder hervorzurufen, zu erinnern. Damit wird auch seine Haltung zur Welt distanzierter. (KRANICH, 1983, 71)

Es deutet sich langsam die Fähigkeit zur gedanklichen Durchdringung an, und es gilt nun, dem Kind Möglichkeiten zu schaffen, damit es diese üben kann: »Worauf es hingegen im zweiten Lebensjahrsiebt pädagogisch ankommt, ist, dem Kind die Gelegenheit zu geben, seine Gedankensicherheit in dem wiederholenden Hin- und Hergehen zwischen der Sinneswahrnehmung und dem selbstgeschaffenen Bild zu kräftigen, weshalb auch die Darstellung gedanklicher Vorgänge zunächst in erzählend-beschreibender Sprache geschieht« (KRANICH, 1983, 78-79), was ganz ähnlich auch die traditionelle Entwicklungspsychologie auf dieser Stufe mit der Pflege der Sprache als gedanklicher Formung meint und daher als das beste Mittel hierzu das Unterrichtsgespräch bezeichnet. (ZIETZ, 1959, 116)

Ebenso könnte man das Prinzip der Gestaltung in der traditionellen Entwicklungspsychologie darin finden, wenn sie davon spricht, daß das Denken handlungsbezogen sei (ZIETZ, 1959, 115) und aus diesem Grund postuliert: »Man sollte dem Kind im Unterricht deshalb nichts nur verbal übermitteln, was auch angeschaut werden kann. Und nichts sollte es nur rezeptiv auffassen und wahrnehmen dürfen, was es ergreifen und betasten kann. Nichts sollte ihm endlich gezeigt werden, was es selber machen und im probierenden Tun selber herausfinden kann.« (ZIETZ, 1959, 115)

Während das Kind vor dem neunten Lebensjahr noch in einer Art Traumwelt lebt, beginnt es sich nun bewußter von der Welt abzugrenzen. (CARLGREN, 1981, 203)

Hansen charakterisiert diesen Zeitpunkt vom erziehungswissenschaftlichen Standpunkt aus durch »andere Weisen der geistigen Verarbeitung« (HANSEN, 1959, 252) oder auch durch eine »Wandlung in der Haltung zur Welt« (HANSEN, 1959, 254), worin er für den Lehrer die Aufforderung erblickt, den Gegenstandsbereich und die unterschiedlichen Verfahren zu erweitern: »Dem Sachunterricht wird die weite Welt geöffnet.« (HANSEN, 1959, 255)

Auch der anthroposophisch orientierte Lehrer wird dieser Entwicklungsepoche gerecht, wenn er nun beginnt, die Welt zu beschreiben, wie sie ist. Zu diesem Zeitpunkt beginnen dann auch die Fächer wie Heimatkunde und Tierkunde, später Geographie,

Pflanzenkunde und Geschichte, welche dem Kind den Zugang zur »weiten Welt« ermöglichen. (CARLGREN, 1981, 203-204)
Analog zur Unterstufe betitelt Vierl das Kapitel über den Unterricht dieser Epoche:»Unterricht auf der Mittelstufe: ›Beschreibung‹« (VIERL, 1974, 51), womit er meint, daß das Kind allmählich durch die Beschreibung zur Begegnung mit der Welt geführt wird. (VIERL, 1974, 52)
Ein weiterer Einschnitt findet um das zwölfte Lebensjahr als Vorstufe zur Pubertät statt:»In bisher unbekannten Tiefen des Gefühls werden Einsamkeit und echte Freundschaft, Selbstbezogenheit und hingebendes Sachinteresse, Tod und Liebe zu ganz persönlicher Erfahrung. Das eigenständige Gefühlserleben erwacht, verwandelt die Beziehung zum eigenen Körper, zur Umwelt, zu den Ideen und Ideologien; es spiegelt sich sowohl in Weltinteresse und Liebesfähigkeit als auch in dem Bedürfnis, Kausalitäten einzusehen und Urteile zu fällen.« (CARLGREN, 1981, 233)
Neue Fächer wie Physik, Chemie und Himmelskunde kommen diesem Bedürfnis entgegen. (CARLGREN, 1981, 232-241)
Übereinstimmend meint auch Zietz, daß das zwölfte Jahr eine neue Stufe der geistigen Reifung bedeute und daß nun der Sinn für das Gesetzhafte erwache (ZIETZ, 1959, 117):»Zugleich werden die Sachdisziplinen unserer geistigen Welt für das Kind bedeutungsvoll, und es beginnt von sich aus damit, seinen Erfahrungskreis systematisch zu erweitern.« (ZIETZ, 1959, 118)
Wenn Zietz aus erziehungswissenschaftlicher Sicht den Sinn aller Erziehung darin sieht, sich selber überflüssig zu machen,»(...) indem sie den Zögling zur Selbständigkeit führt und seine weitere Entwicklung damit der Selbsterziehung überläßt« (ZIETZ, 1959, 125), so umschreibt er damit die Epoche der Oberstufe, in der auch nach anthroposophischer Sicht der Lehrer nicht mehr als absolute Autorität auftritt, sondern wo Kritik und eigenes Urteil gefördert werden. (CARLGREN, 1959, 256)
Abschließend sei noch darauf hingewiesen, daß, wie wir am Anfang des Kapitels angedeutet haben, die anthroposophische Heilpädagogik in vermehrtem Maße auf die Altersgemäßheit des Un

terrichts Wert legt, als dies die herkömmliche Heilpädagogik tut. Dies kommt dadurch zum Ausdruck, daß bei der Klassenzuteilung in letzterer als Kriterium vor allem die Lernleistung steht, obschon eingesehen wird, daß eine starre Handhabung dieses Verfahrens dem in Entwicklung begriffenen Kinde nicht gerecht werden kann. (HAGEMEISTER, 1977, 65)

Die anthroposophische Haltung gegenüber diesem Problem soll folgendes Zitat verdeutlichen: »Der Lehrplan für die Waldorfschulen ist im ganzen so aufgebaut, daß die pädagogisch-heilpädagogischen Wirkungen der verschiedenen Lehrgegenstände berücksichtigt sind und sich dem Lebensalter der Kinder angemessen zuordnen. Aus diesem Grunde konnte aus dem Waldorflehrplan auch die wegweisende Orientierung für die Unterrichtsgestaltung in Schulen für seelenpflege-bedürftige Kinder gewonnen werden. Als ein wichtiges Problem stellte sich dabei die Altersgemäßheit des Lehrstoffes heraus, und zwar deshalb, weil bei Kindern, die einen Entwicklungsrückstand aufweisen, leicht Überforderungen eintreten können, wenn die Altersgemäßheit zu starr gehandhabt wird. Andererseits wird von Außenstehenden oft übersehen, daß mancher Entwicklungsrückstand gerade durch altersentsprechende Anforderungen auch ausgeglichen werden kann, wenn das methodische Vorgehen genügend individualisiert wird.« (VIERL, 1974, 57)

Während Bach im methodischen Vorgehen unter Entwicklungsgemäßheit die Abstimmung der Themen und Methoden auf das Entwicklungsalter des Kindes versteht, d. h. daß sie der »(...) entwicklungsmäßigen Ein-, Zwei-, Drei- oder Vierjährigkeit usw. des Kindes entsprechen und nicht dem Lebensalter, das oft das Doppelte oder Dreifache beträgt« (BACH, [8]1977, 43), geht die anthroposophische Heilpädagogik davon aus, daß die Kinder darunter leiden »(...) wenn ein viel älteres mit einem jüngeren unterrichtet wird« (VON ARNIM, [2]1982, 14), was bei dem oben betrachteten Vorgehen meist der Fall ist.

Als »große Notwendigkeit« (VON ARNIM, [2]1982, 14) bezeichnet deshalb von Arnim die Berücksichtigung des tatsächlichen Alters. Denn: »Die wahre Lebenszeit ist grundlegend für das Seinsgefühl eines Menschen, ganz unabhängig von seinem Wissen und Können.« (VON ARNIM, ²1982, 14)

Während also Bach dem Entwicklungsrhythmus dadurch Rechnung trägt, daß er das Kind auf der Entwicklungsphase anspricht, die mit seinen Fähigkeiten und seiner emotionalen Entwicklung korrespondiert, berücksichtigt die anthroposophische Heilpädagogik den Entwicklungsrhythmus derart, daß sie Wert darauf legt, das Kind als in der seinem wirklichen Alter entsprechenden Entwicklungsphase zu betrachten.

Abschließend können wir sagen, daß allgemein die Bestrebung da ist, in der Erziehung und im Unterricht den Entwicklungsrhythmen des Kindes gerecht zu werden, da man heute in der traditionellen Pädagogik davon ausgeht, daß es kritische Phasen gibt, »(...) in denen bestimmte Erfahrungen, Erstbegegnungen und Übungen die entscheidendsten Erfolge haben (...)« (ROTH, 1959, 90) und daß die Erziehung sich »(...) umso erfolgreicher, (...) je mehr sie phasengemäß« (ROTH, 1959, 90) ist, erweist, was in der anthroposophischen Pädagogik ebenso in der Anerkennung der »7-Jahres-Rhythmen« (SCHNEIDER, 1982, 171) zum Ausdruck kommt, oder wenn Schneider sagt: »Die Einsicht, daß der Prozeß der individuellen Entwicklung in Stufen verläuft, auf denen das Verhältnis von Kind und Welt in immer neuer Art sich gestaltet, ist für die Konzeption einer Erziehungskunst von grundlegender Bedeutung.« (SCHNEIDER, 1982, 176)

Wichtig in bezug auf die heilpädagogische Praxis scheint, daß bei der Beachtung des Entwicklungsrhythmus dem Rhythmischen Folge geleistet wird, d. h. daß sie nicht eine »rigide Handhabung« (SPECK, ⁴1980, 246) wird, sondern flexibel bleibt, was wiederum sowohl auf der erziehungswissenschaftlichen Seite, wo Speck z. B. davor warnt, sie in eine »Gleichschrittmanier« (SPECK, ⁴1980, 246) ausmünden zu lassen, als auch auf anthroposophischer Seite erkannt wird, wenn darauf aufmerksam gemacht wird, daß es der Erzieher in der konkreten Situation »mit der je individuellen Modifikation dieses Entwicklungsverlaufs« (SCHNEIDER, 1982,175) zu tun habe.

4.3 Der Rhythmus im weiteren Sinne als Element der heilpädagogischen Lebensgestaltung

Wie wir zu Beginn unserer Arbeit gesehen haben, verläuft das Leben der Menschen in den zwei Dimensionen Raum und Zeit, wobei heute die Tendenz herrscht, die räumliche Dimension im Vergleich zur zeitlichen überzubewerten, was durch eine materialistische Weltanschauung noch gefördert wird, da der Raum im Unterschied zur Zeit sinnlich wahrnehmbar ist.
Auf diesen Sachverhalt machen einzelne Wissenschaftler aufmerksam. So meint Hildebrandt: »Die Entwicklung der naturwissenschaftlichen Medizin hat seit der Mitte des vorigen Jahrhunderts ganz überwiegend die räumlich-morphologischen Aspekte des gesunden und kranken Organismus berücksichtigt, während die zeitliche Gliederung aller Lebensvorgänge kaum beachtet wurde. Besonders im Hinblick auf funktionelle Gesichtspunkte dürfte aber die Zeitstruktur der Lebensvorgänge vielleicht noch wichtiger sein als die räumliche Struktur und ihre Störungen.« (HILDEBRANDT, 1984, 1)

Im Bereich der Heilpädagogik ist es z. B. Kobi, der den Blick auf die Bevorzugung der räumlichen Komponente richtet: »Es ist merkwürdig, daß man in der Rede von der notwendigen ›Anpassung‹ und ›Einordnung‹ des Kindes in erster Linie und oft ausschließlich an die räumlichen und sozialen Gegebenheiten denkt und dabei das ebenso notwendige Einschwingen (im Sinne einer Rhythmisierung, Kobi, 151) in den Zeitablauf außer acht läßt.« (KOBI, 1977, 127)

In diesem Zusammenhang läßt sich, wie wir in Kapitel 2 gesehen haben, eine weitere Überbewertung konstatieren, nämlich jene der Quantität über die Qualität, die wohl ebenfalls als Nebenprodukt einer materialistischen Gesinnung, die nur das gelten läßt, was man messen und zählen kann, aufgefaßt werden kann.

Diese beiden Punkte, das »notwendige Einschwingen in den Zeitablauf« und das qualitative Zeiterlebnis, werden im Folgenden im Zentrum stehen, wenn dargestellt wird, wie der Rhythmus in der Pädagogik und Heilpädagogik als Element der Lebensgestaltung betrachtet werden kann.

Es wurde bereits angedeutet, daß diese Thematik heute von besonderer Aktualität ist, und so sei noch einmal auf den Biologen Portmann verwiesen, der dem Ausdruck verleiht, wenn er sagt: »Das Spiel mit Zeitraffung und Zeitdehnung, das wir heute schon so großzügig betreiben, führt uns mitten hinein in das Neue, das in unserer Zeit so rasend wächst und um sich greift – in die Verdrängung der ursprünglichen Natur durch eine zweite, künstliche Welt. Die Erziehung unseres Geistes zum Umgang mit der Zeit wird immer dringender.

Der größte Erzieher aber, der das leisten hilft, ist das Leben um uns mit den Rhythmen, die unserem Wesen verwandt sind.« (PORTMANN, o. J., 12)

In die Praxis umgewandelt erscheinen diese Gedanken wohl am prägnantesten in den anthroposophisch orientierten Institutionen, was bereits aus der Tatsache, daß der Rhythmus dort als solcher im Zentrum des therapeutischen Denkens steht (KLIMM, 1980, 20), gefolgert werden kann.

Da der Rhythmus oft nur im musikalischen oder gymnastischen Sinne verstanden und die Rhythmik der Natur dabei vergessen werde, weist Aeppli darauf hin, daß der Rhythmus vielmals zu eng gefaßt wird: »Es ist berechtigt, vom Rhythmus in einem viel umfassenderen Sinne zu sprechen, als dies gewöhnlich geschieht. Gibt es doch auch einen Tagesrhythmus, einen Wochenrhythmus, einen Jahresrhythmus, einen Lebensrhythmus u. s. w. ›Der ganze Mensch ist auf Rhythmus hin veranlagt. – Dieses Eingehen auf den Rhythmus des Lebens ist für alle Erziehung und Unterricht von ganz besonderer Wichtigkeit!‹« (AEPPLI, [3]1973,89)

Weil der Rhythmus in diesem Sinne in besonders ausgeprägtem Maße von der anthroposophischen Pädagogik und Heilpädagogik ernst genommen wird, werden wir vor allem jene Möglichkeiten einer rhythmischen Lebensgestaltung aufzeigen, wie sie uns die anthroposophische Pädagogik und Heilpädagogik bieten. Indes bestehen auch in der traditionellen Pädagogik und Heilpädagogik Ansätze dazu, worauf wir ebenfalls hinweisen werden. So führt Kobi z. B. in seinem »Prinzipienkatalog« zur schulischen Bildung lernbehinderter Kinder in Hilfsklassen unter dem temporalen Aspekt unter anderem eben auch die Rhythmisierung an. (KOBI, 1975, 155)

Ein Unterschied zwischen der herkömmlichen und der anthroposophischen Betrachtungsweise scheint uns jedoch darin zu bestehen, daß in der herkömmlichen Pädagogik und Heilpädagogik beim Einbeziehen der zeitlichen Rhythmen besondere Betonung auf den Aspekt des Lernens gelegt wird, während in der anthroposophischen mehr das Erleben im Vordergrund steht, d. h. daß in ersterer die zeitlichen Rhythmen vorwiegend als Unterrichtsstoff betrachtet werden, während das rhythmische Zeiterleben letztere organisch durchdringt und bereits als solches einen therapeutischen Faktor bildet (ZELLER, 1977, 106), was Pache in die begriffliche Form des »therapeutischen Heimlebens« faßt (PACHE, [3]1977, 116), das in einer von Rhythmen durchzogenen Atmosphäre besteht.

4.3.1 Der Tag

In den meisten anthroposophisch orientierten Instituten wird der Tageslauf nach gleichen Gesichtspunkten gegliedert, wobei zwar zeitliche Differenzen bestehen, der Aufbau jedoch ungefähr identisch bleibt. (ZELLER, 1977, 107)

In ihrer Dissertation beschreibt Zeller sehr ausführlich, wie er gestaltet wird, weshalb wir hier auf sie verweisen und nur kürzer darauf eingehen:

Der Tag nimmt seinen Anfang mit dem Wecken, das oft musikalisch unterstützt wird, woran sich dann eine Zeitspanne von Tätigkeit, die morgendlichen Verrichtungen wie Waschen, Anziehen usw., anschließt. (ZELLER, 1977, 108)

Nach dieser ersten Phase, die quasi als »Vorspiel«, als »Einschwingen« in den Tag aufgefaßt werden kann, folgt die Morgenandacht, die den eigentlichen Tagesbeginn markiert (PACHE, ³1977, 117), wobei Kinder und Erzieher gemeinsam einen der Jahreszeit entsprechenden Spruch sprechen und Lieder singen. (ZELLER, 1977, 108) Die Morgenandacht als festlicher Zeitpunkt, als ein Augenblick der Ruhe, Stille, der inneren Sammlung bildet so den Übergang zum aktiven Tätigsein, zur Arbeit. Der Vormittag ist vornehmlich die Zeit des Lernens und Übens. (PACHE, ³1977, 117) Da es am Morgen leichter fällt, sich gedanklich zu beschäftigen, beginnt in den Waldorfschulen der Schultag mit Fächern, die Wissen, Verstehen, Denken und Vorstellen beanspruchen. Dann folgen Fächer, die einer ständigen rhythmischen Wiederholung bedürfen: Fremdsprachen, Eurythmie, Turnen, Musik, Religion. (CARLGREN, 1981, 83–84) Damit findet ein Ausklingen des von Aktivität geprägten Morgens statt, der mit der Mittagspause in eine Ruhephase übergeht, die durch die würdige Gestaltung der Mahlzeiten ein integrativer Bestandteil des Tagesrhythmus ist. (PACHE, ³1977, 119)

Der Nachmittag ist so mehr dem tätig-genießenden Leben (Malen, Singen, Musizieren, Basteln u. a.) gewidmet. (PACHE, ³1977, 116)

Nach der Mittagsruhe folgt zwar zunächst nochmals eine Phase des Schaffens, jedoch mehr eine solche, die – im Unterschied zum Morgen, wo die intellektuellen Kräfte des Kindes beansprucht werden – die musische Seite anspricht. Wichtig ist am späteren Nachmittag die sogenannte »Erbauungsstunde«, als eine Art »Überleitung in eine abendliche Stimmung« (ZELLER, 1977, 109), wobei Märchen, Legenden, Mythologien, biblische Geschichten u. a. erzählt werden. Für Kinder, die die Bild- und moralischen Inhalte der Erzählstunde nicht aufnehmen können, wird entsprechend eine musikalische Stunde geboten. (PACHE, ³1977, 117–118)

Abgeschlossen wird der Tag durch eine Abendandacht (PACHE, ³1977, 118), und in der Gruppe wird dann der Übergang in die Nacht bei Kerzenlicht und Gebet noch einmal vertieft. (ZELLER, 1977, 110)

Mit einem solchen Tagesrhythmus wird im wesentlichen den

theoretischen Erkenntnissen der Rhythmusforschung (vgl. Kapitel 3) entsprochen. Wir weisen hier zur Erinnerung auf die Körperrhythmen hin, die im großen und ganzen mit den Rhythmen der Natur korrespondieren und die sich in der Tagesleistungskurve entsprechend widerspiegeln.

Wie ich anfangs angedeutet habe, finden wir diese intensive Ausprägung vorwiegend in anthroposophischen Institutionen, obschon auch außerhalb dieser Wert auf einen geordneten Tageslauf gelegt wird.

So hat z. B. bereits Pestalozzi die tägliche Gebetsstunde und die tägliche Morgenandacht als Fundament der Erziehung, d. h. der Aufsicht oder Disziplin betrachtet (KÖCK, 1967, 85), und bei Petersen finden wir unter den Erziehungsprinzipien eine »Rhythmisierung des Schullebens«. (KLASSEN, 1968, 156)

Ähnlich macht auch Bach aufmerksam auf den erzieherischen Wert täglich wiederkehrender Handlungen. (BACH, [3]1976, 44)

Andere Autoren messen dem Erleben des Tagesrhythmus mehr Bedeutung im Sinne eines Unterrichtsstoffes, der dazu dienen soll, dem Kind den zeitlichen Aspekt seiner Umgebung erfahrbar zu machen, bei. So führt denn z. B. der pädagogische Ausschuß der Bundesvereinigung Lebenshilfe e. V. unter den zehn Bildungsbereichen, die eine »Lebenspraktische Erziehung« umfassen soll, im Abschnitt »Räumliche und zeitliche Orientierung« auch »einfachste Zeitorientierung im Tagesablauf« an. (BERNART, [2]1973, 133)

In eben dem Sinne meint Walburg, daß der Tageslauf in Ganztageseinrichtungen eine Möglichkeit biete, Zeitabschnitte darzustellen, auch wenn das Kind die Uhrzeit nicht ablesen kann. (WALBURG, 1979, 91)

Da es hier nicht darum geht, den Tagesrhythmus in diesem Sinne, d. h. als gesonderten Lernstoff darzustellen, sondern als ständig gegenwärtige Erlebnisquelle, die quasi als Lebensgrundlage im weiteren Sinne oder als Rahmen für das Lernen aufgefaßt werden kann, gehen wir nicht näher auf die umfassende Literatur ein, die in der traditionellen Heilpädagogik Möglichkeiten aufzeigt, wie der Tagesrhythmus dem Kind transparent gemacht werden kann.

Abschließend sei noch einmal festgehalten, daß der Rhythmus des Tageslaufes, wie er sich aus der Natur ergibt, mit seinen Höhe- und Tiefpunkten sehr deutlich in der anthroposophischen Pädagogik und Heilpädagogik zum Ausdruck kommt, indem sie Wert darauf legt, daß der Mensch sich in Einklang mit den sich in der Natur abspielenden Rhythmen erlebt, daß er aber auch in der herkömmlichen Pädagogik und Heilpädagogik, wenn auch weniger bewußt und konsequent, beachtet wird, was z. B. auch im Heimalltag, der nach einem gewissen Plan verläuft (KAMINSKI u. KAST u. SPELLENBERGER, 1978, 62), zum Ausdruck kommt.

4.3.2 Die Woche

Wie sich der Tag rhythmisch gliedern läßt mit Höhe- und Tiefpunkten und Übergangszeiten, so auch die Woche.

Die Woche, die für viele geistig behinderte Kinder eine diffuse Vorstellung von gestern, heute und morgen darstellt (JUNG u. KRENZER u. LOTZ, 1976, 46), wird wiederum insbesondere in den anthroposophischen Institutionen als Rhythmus empfunden und demnach bewußt gestaltet, während sich der Wochenablauf in den traditionellen Institutionen mehr von selbst, d. h. aus stundenplanmäßigen oder organisatorischen Gesichtspunkten, ergibt.

Gemäß dem Charakter des Rhythmus werden die sechs Werktage in den anthroposophischen Heimen und Schulen nicht einfach als eine Reihe gleicher Tage aufgefaßt: »Jeder Werktag hat sein besonderes Gesicht. Die ersten laden zu nüchterner emsiger Arbeit ein, die letzten neigen dem Sonntag zu. Von Freitag an ist das spürbar, besonders aber der Samstag hat dadurch seine besondere Struktur.« (PACHE, [3]1977, 119)

In ähnlicher Weise kommt der Gedanke, daß die Tage nicht einfach ununterscheidbare Zeiteinheiten darstellen, auch in der traditionellen Heilpädagogik zur Geltung, hier aber wiederum mehr auf den stofflichen Lerninhalt bezogen, wenn im Handbuch der Unterrichtspraxis mit Geistigbehinderten von Markierungspunkten, von regelmäßig wiederkehrenden Inhalten der einzelnen Wochentage, die Rede ist, die diesen eine gewisse Charakterisierung verleihen sollen. (JUNG u. KRENZER u. LOTZ, 1976, 46)

Da in den anthroposophischen Institutionen der Wochenrhythmus nicht nur durch den unterschiedlichen Stimmungsgehalt der einzelnen Tage, sondern noch dazu durch den mehr arbeitsbetonten Wochenbeginn und das mehr beschauliche Wochenende geprägt wird, hebt sich besonders auch die Wochenmitte heraus. Der Donnerstag wird hier als »eine Art Übergang« betrachtet: »Aus rein therapeutischen Beobachtungen kamen wir dazu, nach den drei ersten Wochentagen mit regelmäßigem Unterricht, Heileurythmie, therapeutischen Übungen usw. den Donnerstag freier zu gestalten, ihn für die schwächeren Kinder als Ruhetag, an dem auch die umfangreicheren Behandlungen stattfinden, für die kräftigeren zu besonderen Unternehmungen, besonderen Jahreszeitarbeiten, Ausflügen und dgl. nutzend. Diese Unterbrechung im rechten Moment – der Mittwoch wäre dazu zu früh – steigert alle Wirkungen. Die ersten drei Tage kann dann viel intensiver gearbeitet werden, der Freitag und Samstag dienen der weiteren Ausgestaltung; da werden die Früchte des anfangs der Woche Gesäten geerntet.« (PACHE, [3]1977, 120) Der Donnerstag kann in gewissem Sinne also als Vermittler zwischen den Polaritäten des Aktivseins und des Ruhens und der Besinnung aufgefaßt werden.

Während die Idee des freien Donnerstags wohl als ein Spezifikum der anthroposophischen Heilpädagogik gelten kann, findet sich eine Übereinstimmung zwischen anthroposophischer und traditioneller Heilpädagogik in der rhythmischen Wochengestaltung formal eher durch die Unterscheidung der Werktage vom Wochenende, wobei auch hier inhaltlich und intensitätsmäßig differenziert werden kann, was Pache zum Ausdruck bringt, wenn für ihn der Samstag nicht nur ein im herkömmlichen Sinne freier Tag ist: »Am Samstag macht man möglichst ›frei‹. In Wirklichkeit aber lädt der Genius des Samstages, je mehr es Abend wird, desto mehr dazu ein, sich zum Sonntag zu rüsten, die Woche rückschauend abzuschließen und den Sonntag anzubahnen, wozu das Säubern und Putzen stimmt, aber auch ein entsprechendes Seelisches hinzukommen sollte.« (Pache, ³1977, 119–120)

In diesem Sinne meint auch Mattmüller-Frick, daß für eine gesellschafts- und zukunftsbezogene Volksschule der Sonntag»(...) vermehrt zum Tage der Besinnung, zum Tage der Seele und des Geistes« (Mattmüller-Frick, 1969, 42) werden könnte.

Dieser Gedanke scheint heute von besonderer Aktualität zu sein, da die Tendenz besteht, daß der »moderne Sonntag« von Rast- und Ruhelosigkeit geprägt wird, was deutlich zum Ausdruck kommt, wenn sich in Schulen und auch im Arbeitsleben Klagen häufen, daß Kinder und Erwachsene am Montagmorgen »unbrauchbar« erscheinen, und was Köberle als Zeichen dafür deutet, daß der Sonntag »verkehrt« gelebt wurde. (Köberle, 1964, 353)

Der Verlust der Sonntagsruhe in der modernen Zivilisation ist gekennzeichnet durch eine »(...) Hast, mit der die Menschen ein größtmögliches Maß an Erlebnissen in diese beschränkten Zeiten hineinzupressen versuchen, so daß sie erschöpft dann am Montag an die Arbeit zurückkehren, (...)«. (Bollnow, 1955, 203)

Dagegen trägt der Sonntag in Wirklichkeit eine Stimmung, die der Unruhe entgegengerichtet ist: »Die Zeit ist stehengeblieben. Es ist eine Pause im Ablauf der geschäftigen Zeit, die hier dem Menschen geschenkt ist. Und es wäre eine Versündigung gegen den Geist des Sonntags, wollte man sich an ihm die Zeit in einer Weise ›vertreiben‹, wie man es vom Alltagsleben her gewohnt ist.« (Bollnow, 1955, 206)

Wenn Bollnow oben zeitlich von einer »Pause im Ablauf der geschäftigen Zeit« spricht, so drückt Albers diesen Tatbestand räumlich aus, wenn er den Sonntag gleichsam als »Hügel auf der Straße unseres Lebens« (Albers, ³1917, 2) bezeichnet, von wo aus wir Rundschau halten können.

Während es dem modernen Menschen näher liegt, den Sonntag als Abschluß der Woche zu empfinden, was im eigentlichen Sinne alttestamentlich ist (Gott ruhte am siebenten Tag), entspricht es der neutestamentlichen Mentalität, den Sonntag vom Auferstehungsmorgen her zu begreifen, als Tag der Erneuerung und Erlösung, und daher als Wochenbeginn zu betrachten (PROHASKA, 1959, 83):»Wir werden nicht mehr vom Wochenende, sondern vom Wochenbeginn rhythmisch bestimmt.«(PROHASKA, 1959, 83) Ein im richtigen Sinne verlebter Sonntag bildet also im rhythmischen Geschehen des Wochenablaufes einen Höhepunkt, der durch seinen feierlichen Charakter die Woche als sinnvolles Ganzes zusammenfaßt: mit den vom sonntäglichen Erleben erneuerten Kräften begibt sich der Mensch in das aktive Tätigsein des Wochenanfangs, um dann allmählich wiederum auf den Sonntag hinzuleben, wo die Arbeit einem ruhigen Sichbesinnen weicht.

Der Sonntag kann so richtig verstanden eine Quelle neuer Kräfte werden, die in den Wochenrhythmus einfließen.

Insbesondere der religiöse Gehalt vermag einen »frohen Aufschwung zu einer neuen Arbeitswoche« (PROHASKA, 1959, 85) zu verleihen:»Die Schäden einer industriellen und technischen Zivilisation sind wieder behoben, der Mensch hat sich aus den Tiefen des Göttlichen in seinem Menschlichen erneuert und steht zu neuer Schaffenskraft bereit.« (PROHASKA, 1959, 85)

So gesehen trägt der Wochenrhythmus eine wesentliche Aufgabe für den Menschen:»Der Wochenverlauf möchte uns letzten Endes anleiten, zwischen äußerer Betriebsamkeit und innerer geistiger Aktivität, zwischen der rechten Zuwendung zur Erde und der Hinwendung zu Gott die Mitte zu finden.« (BÜHLER, 1965, 78)

4.3.3 Der Monat

Abgesehen davon, daß der Monatsrhythmus in der Pädagogik und Heilpädagogik als Unterteilung des Jahres in zwölf Zeiteinheiten, deren Namen zu lernen sind (JUNG u. KRENZER u. LOTZ, 1976, 58–59), betrachtet wird, kann er auch deutlich erfahrbar gemacht werden, indem den Kindern die Möglichkeit gegeben wird, den Monatsrhythmus verbunden mit der Natur zu erleben (Januar: Schlittenfahren usw.). (JUNG u. KRENZER u. LOTZ, 1976, 59)

In den anthroposophischen Institutionen wird der Monatsrhythmus noch dadurch hervorgehoben, daß er durch die Epoche

gestaltet wird, d. h. daß meistens mit dem Monatsbeginn eine alte Epoche zu Ende geht und eine neue beginnt. (WINDECK, 1983, 187)
Dabei wird ein rhythmischer Wechsel in der Art der Anforderung angestrebt (z. B. folgt auf eine Deutschepoche eine naturwissenschaftlich praktische Epoche). (WINDECK, 1983, 188)
Ganz besonders aber wird der Monatsrhythmus hier durch die sogenannte Monatsfeier geprägt (WINDECK, 1983, 188), an der die verschiedenen Klassen einander und den Eltern zeigen, was sie im Unterricht gelernt haben, was durch Gedichte, Lieder, kleine oder größere dramatische Spiele geschieht. (CARLGREN, 1981, 119) Carlgren bezeichnet die Monatsfeier sogar als »in gewissem Sinne das ›Herz‹ der ganzen Waldorfpädagogik«. (CARLGREN, 1981, 119)
Einerseits erlebt das Kind also mit dem Monatsrhythmus den Rhythmus der Natur, andererseits durch den Epochenwechsel einen Rhythmus von Vollendung (Epochenende) und Neubeginn. Das Kind hat das Gefühl, etwas »›geschafft‹« (WINDECK, 1983, 188) zu haben und kann mit neuem Interesse auf das Kommende blicken. (WINDECK, 1983, 188)

4.3.4 Das Jahr

Der Jahresrhythmus wird in öffentlichen wie in anthroposophischen Institutionen durch Anfang und Ende des Schuljahres markiert, wobei auch hier graduelle Unterschiede in der Ausprägung bestehen. (WINDECK, 1983, 188)
In anthroposophischen Schulen erhält der Beginn des Schuljahres ein besonderes Gewicht durch den Zeugnisspruch, der dem Schüler vom Lehrer als ein »seelisches Leitmotiv« für das kommende Jahr mitgegeben wird. (WINDECK, 1983, 188)
Insbesondere aber sind es die Jahreszeiten, die dem Jahresrhythmus sein Gepräge geben und mit ihnen die Jahreszeitenfeste. (WINDECK, 1983, 189)
Der Zeitrhythmus des Jahreslaufes wird in seiner Vierheit von

Herbst, Winter, Frühling und Sommer durch die Jahreszeitenfeste hervorgehoben.

Daher meint Windeck: »Die Bedeutung dieser jahreszeitlichen Feste (Michaeli ›als Fest des Aufwachens gegenüber den Verfallstendenzen der Natur‹, die Adventszeit als Zeit froher Erwartung, Ostern ›mit seinem Reichtum an Entdeckungen in der erwachenden Natur‹ und Johanni ›als Fest der Sonne und der Elemente‹), erst recht aber die Gestaltung dieser Feste in der Schule macht deutlich, daß entsprechend dem Jahresverlauf und seinem innewohnenden Rhythmus die Schüler rhythmische Impulse für ihr Zeitgefühl, aber auch für ihr inneres und äußeres Lebensgefühl erhalten sollen.« (WINDECK, 1983, 189)

Auch in der traditionellen Pädagogik und Heilpädagogik wird der Jahresrhythmus mit seinen Jahreszeiten einbezogen, wenn hier auch das Schwergewicht wiederum auf das Lernen des Jahres als Zeiteinheit gelegt wird.

Indes spielt auch für das Lernen das Erleben der unterschiedlichen Qualitäten eine Rolle. Die verschiedenen Jahreszeiten, die vom Kind zunächst unbewußt erlebt werden, werden durch bestimmte Tage (Weihnachten, Ostern, Geburtstag), die stark gefühlsbetont sind, geprägt. Zudem führt das »gezielte Bewußtmachen« seiner Umwelt dazu, daß das Jahr als zeitliche Ordnung erkannt und eingeordnet werden kann. (JUNG u. KRENZER u. LOTZ, 1976, 52)

Eine solche »gezielte« Möglichkeit, wie der Jahresrhythmus auch heute, wo er vielfach durch die Technik nivelliert wird, noch bewußt erlebt werden kann, zeigt der Biologe Portmann in seinem Artikel »Natur und Großstadt«. Er führt uns durch das ganze Jahr, indem er aufmerksam macht auf »Kleinigkeiten« der Natur, die sich in den verschiedenen Jahreszeiten abspielen, wie z. B. Schneeglöcklein, Schmetterlinge, Bäume usw. (PORTMANN, 1983, 3–6) »Wenn wir redlich suchen, so findet sich schließlich doch mehr als wir erwarten, wenn wir uns im verborgenen Naturleben der Großstadt zusammen umsehen und dann und wann im Jahreslauf miteinander manches Unscheinbare beschauen!« (PORTMANN, 1983, 3)

Eine weitere Möglichkeit bietet sich z. B. auch im Kinderspiel an. Hier erinnern wir an den äußeren Jahresrhythmus und an die darin verankerte Abfolge mancher Kinderspiele (vgl. Kapitel 3.3.6).

Außerdem prägt der Jahresrhythmus aber auch inhaltlich dem Spiel seinen Stempel auf: Während der Winterszeit, nach Weihnachten, wird es besonders Ereignisse des Christgeburtsgeschehens beinhalten. Sobald aber die Tage länger werden, steht die sich entfaltende Natur im Zentrum. Samen, Sonne und Blumen werden beobachtet und im Spiel oder durch Lieder und Sprüche dargestellt. Nach Ostern verlegen sich Spiel und Geschäftigkeit immer mehr nach draußen bis zum Höhepunkt des Sommers, der im Sommerfest kulminiert. Gegen Herbst sind es dann Früchte, Kastanien, Eicheln und bunte Blätter, die die Aufmerksamkeit auf sich ziehen, und nicht selten wird den Kindern Gelegenheit gegeben, mitzuerleben, wie das Korn gedroschen und das Brot gebacken wird. In dieser Zeit, da die äußere Natur abstirbt, wird in anthroposophischen Institutionen das Fest des heiligen Michael gefeiert, später, mit Laternen, jenes des heiligen Martin. Das Adventsgärtlein (ein alter Brauch, der vorwiegend in anthroposophischen Institutionen gepflegt wird) und der heilige Nikolaus leiten über zu Weihnachten, wodurch sich der Jahreskreis wiederum schließt. (PICHT, 1983, 51–52)

So wird im Spiel und Fest und mit der Natur der Jahresrhythmus vom Kind in einer intensiven Weise miterlebt. Im Wechsel zwischen Innen und Außen, zwischen Spielen in der Natur und im Haus wird ein heilsames Gleichgewicht erreicht.

Dadurch erlebt sich das Kind in Einklang mit den es umgebenden Rhythmen, wie es Prohaska schildert: »Es gibt eine Zeit der Eroberung der Außenwelt und eine Zeit der Besinnung zur Erfassung des Sinngefüges von Dingen, Menschen und Ereignissen.« (PROHASKA, 1959, 89)

4.3.5 Der Rhythmus im weiteren Sinne als Element der Festgestaltung und der religiösen Erziehung

Nachdem wir gesehen haben, wie der Rhythmus im weiteren Sinne im heilpädagogischen Alltag durch ein bewußtes Miterleben des Tages-, Wochen-, Monats- und Jahresrhythmus fruchtbar gemacht werden kann, werden wir im Folgenden aufzeigen, daß eine weitere Möglichkeit darin liegt, auch jene Momente außerhalb des Alltages, nämlich Fest und Feier, bewußt in die Erziehung einzubeziehen.

Die Feststellung, daß Fest und Feier »(...) sehr zentral zum menschlichen Leben zu gehören (...)« scheinen (NEF, 1969, 36) und der Hinweis darauf, daß man von Fest und Feier eigentlich nur mit dem Blick auf das Ganze der Welt und des Daseins sprechen kann (NEF, 1969, 137), sowie die anläßlich einer Vorlesung geäußerte Meinung Moors, daß die pädagogische Frage nicht laute, wie man Feste organisieren soll, sondern vielmehr, wie man alle Tage leben müßte, damit man fähig wäre, Feste zu feiern, wenn sie fallen (NEF, 1969, 53), begründen unser Vorgehen, hier nicht in erster Linie der praktischen Festgestaltung nachzugehen, sondern vielmehr die Beziehung von Fest und Feier zum Rhythmus aufzuzeigen. Diese grundlegenden Gedanken möchten im Sinne Moors dazu führen, einen Hintergrund zu vermitteln, auf dem ein sinnvoller Festrhythmus ermöglicht wird, und zu zeigen, daß aus dem Sachverhalt der Beziehung zwischen Feier und Rhythmus vieles dafür spricht, gerade für die Heilpädagogik die Feier aus ihrem »Aschenputtel-Dasein« (BOLLNOW, 1964, 75) zu erlösen. In seinem Buch über die Festgestaltung als Förderung des entwicklungsgestörten und behinderten Kindes schreibt Morgenstern: »Das Feiern eines Festes ist eine Notwendigkeit« (MORGENSTERN, 1979, 9), womit er, wie ich zeigen werde, indirekt auf die Bedeutung des Rhythmus hinweist.

Die Bedeutung des Rhythmus als ein das Menschenleben prägendes Prinzip zeigt sich nämlich besonders deutlich, wenn wir

den Blick auf die Beziehung richten, die zwischen Rhythmus und Fest und Feier und dem religiösen Leben besteht.
 Eine solche Beziehung ergibt sich aus verschiedenen Sachverhalten. Ich beziehe mich zunächst auf die Kapitel des ersten Teils, auf die Was-, Wann- und Wo-Frage.
 Bereits aus der *Etymologie* des Wortes Rhythmus folgt, daß Rhythmus und Fest zusammengehören: Wie wir gesehen haben, leitet Trier das Wort Rhythmus vom feiernden Kreis ab, wo Tanz und Vers im Mittelpunkt stehen. Diesen beiden Elementen des feiernden Kreises ist als Gemeinsames der Rhythmus gegeben. (TRIER, 1949, 136)
 Wenn wir zudem in den *Definitionsversuchen* des Rhythmus immer wieder auf die beiden grundlegenden Dimensionen Zeit und Raum verwiesen wurden, so werden wir dies wiederum bei Fest, Feier und religiösem Leben. Das Wort Feier stammt vom lateinischen feriae. Feriae waren jene Tage, an denen keine Geschäfte vorgenommen wurden. (NEF, 1969, 9) Damit wird die Feier vom Zeitlichen her bestimmt.
 Andererseits geschieht dies ebenso vom Räumlichen her, wenn wir auf den Herleitungsversuch des Wortes Rhythmus von Trier zurückkommen, wo die räumliche Dimension ein wesentliches Moment darstellt in bezug auf den feiernden Kreis: »Zur Feier gehört das, was man ihren Zaun nennen kann, die Ausgrenzung der Feiernden aus dem Alltag.« (TRIER, 1949, 135)
 In seinem Buch »Citadelle« drückt St. Exupéry diese beiden das Fest charakterisierenden Dimensionen deutlich aus, wenn er schreibt: »Il est bon que le temps soit une construction. Ainsi je marche de fête en fête, et d'anniversaire en anniversaire, de vendange en vendange, comme je marchais, enfant, de la salle du conseil à la salle du repos, dans l'épaisseur du palais de mon père, où tous les pas avaient un sens.« (ST. EXUPERY, 1948, 29)
 Mit Kerényi gehen wir also einig, »(...) daß ein Zeitpunkt oder ein Zeitabschnitt, ja die Zeit selbst ebenso ›heilig‹ sein kann wie ein Ort oder der Raum überhaupt.« (KERENYI, 1939, 62–63)
 Bedeutsam ist hier der Hinweis von Barz, daß z. B. in der Weih-

nachtsgeschichte (Lukas 2, 1–20) aus den Formulierungen hervorgeht,»(...) daß das Weihnachtsgeschehen ein Ereignis in Raum und Zeit ist. (Es begab sich zu der Zeit / es geschah zu der Zeit / es kam die Zeit, daß sie gebären sollte / sie hatten keinen Raum in der Herberge)«. (BARZ, 1984, 29–30) Daraus leitet sie für die Praxis ab, daß die weihnachtliche Gestaltung der Wohnung ein Zeichen setze dafür, daß»(...) wir bereit sind, Weihnachten in uns Raum zu geben« (BARZ, 1984, 30) und daß die Adventszeit dazu diene, die»sich erfüllende Zeit« vorzubereiten. (BARZ, 1984, 30)

Auch Nef spricht in diesem Sinne davon, daß es zum Fest gehöre, den Raum zu gestalten. Der Festraum muß begrenzt und umgrenzt sein und darüber hinaus durch die Ausschmückung eine besondere Atmosphäre ausstrahlen:»Der festliche Raum soll nicht nur begrenzt sein, sondern er soll ein völlig › anderer ‹ sein als der alltägliche Raum.« (NEF, 1969, 57)

Im Kapitel der Was-Frage stellte ich *die drei Komponenten:* Polarität und Ausgleich, ständige Erneuerung oder Wiederkehr und Elastizität und Anpassung als wesentliche Merkmale eines rhythmischen Geschehens dar.

Hier sei darauf hingewiesen, daß wir auf dieselben Punkte auch im Zusammenhang mit Fest, Feier und religiösem Leben stoßen. So bilden z. B. Fest, Feier und Sonntag eine *Polarität* zum Alltag, wodurch ein Ausgleich zustande kommt. Die Vergänglichkeit der gewöhnlichen Zeit wird unterbrochen durch eine»verwandelte Zeit«, durch eine»hohe Zeit«. (KERENYI, 1939, 62)

Hier drängt sich die Frage auf, wieso bei den heutigen Definitionsversuchen des Rhythmus der Sachverhalt der Periodizität oder Wiederkehr jenen der Polarität verdrängt. (WIESER, 1973, 27)

Wenn Wieser meint, daß das Wort Rhythmus»dem Blick auf eine höhere Ordnung, die das Menschendasein mit dem kosmischen Dasein in Verbindung bringt«, entstammt, so deutet sich bereits eine mögliche Antwort an: Nach Wieser erklärt sich der Sachverhalt dadurch, daß mit der Entwicklung des Ich, der Individualität, das kosmische Bewußtsein abnimmt, was zu einer Abwendung von der göttlichen Welt führt. (WIESER, 1973, 26–27) Anders ausgedrückt kann man vielleicht sagen, daß wir heute in einer Zeit leben, wo wir uns mehrheitlich horizontal, d. h. auf das Irdische bezogen, orientieren, im Gegensatz zu früher, wo der Mensch mehr vertikal, d. h. auch mit der göttlichen Welt verbunden, lebte, womit wir die beiden Merkmale des Rhythmus, die fließende Richtung der Periodizität und das Hin- und Herschwingen zwischen zwei Polen ansprechen.

Dieses Verbundensein mit einem Höheren, das uns heute abgeht, wird wiederhergestellt und erlebt in Fest und Feier, denn: »›Nicht sofern er Mensch ist, sondern nur insofern ein Göttliches in ihm ist‹, kann der Mensch feiern, so heißt es bei Aristoteles.« (Lexikon der Pädagogik, 1953, 2)

»Hohe Zeiten« *kehren rhythmisch wieder,* wobei sie aber nicht gleich bleiben, sondern immer erneut gestaltet werden wollen und von sich aus erneuernd wirken. Die Feste gliedern die dahinfließende Zeit, bilden Einschnitte, wobei darunter ein »Neubeginn«, ein wirklich »neues Leben« verstanden wird. »Der Gedanke der Verjüngung, der Wiedergeburt, der Erneuerung gewinnt von hier aus seine Bedeutung.« (BOLLNOW, 1955, 199)

Das Kriterium der ständigen Erneuerung, oder wie es auch benannt wird, der Wiederkehr oder Wiederholung, ist im Fest auch dadurch erfüllt, daß die Feste eine »(...) Wiederholung der durch die Vorahnen geheiligten Tradition sind, die oft als in mythischer Vorzeit von den Göttern eingesetzt betrachtet werden, (...)«. (NEF, 1969, 30)

Aus dem Gedanken der Wiedergeburt und Erneuerung wird auch deutlich, daß alles Starre dem Festlichen entgegengesetzt ist, daß dieses *elastisch* bleibt und dennoch sich anpaßt. Wenn wir z. B. an das Osterfest denken, wird dies verständlich: Ostern wird, wie wir gesehen haben, nicht auf ein festes Datum gelegt, sondern wechselt ständig. Dennoch paßt es sich in den Jahreslauf ein, indem es am Sonntag nach dem ersten Vollmond nach Frühlingsbeginn gefeiert wird. Bühler spricht vom »beweglichen Osterfest«.

(BÜHLER, 1965) Aber auch Feste, die immer wieder am gleichen Datum gefeiert werden, bleiben elastisch, da, wie wir gesehen haben, vom astronomischen Gesichtspunkt her jedes Jahr anders ist. (BÜHLER, 1965, 29) In diesem Sinne formuliert Flau das Anliegen seines Buches, nämlich »(...) daß dieses Lebendige, dieses Sichwandelnde, Rhythmische, einziehe in die alltäglichen und festtäglichen Verrichtungen unseres Lebens«. (FLAU, 1983, 70)

Bezugnehmend auf die Wann-Frage läßt sich festhalten, daß Feste und Feiern, wie der Rhythmus als solcher, *seit Urzeiten* die Menschheit begleiten. Mit Recht beginnt im Lexikon der Pädagogik deshalb der Abschnitt über Fest und Feier mit dem Schöpfungsbericht aus der Bibel: »Das Wort der Genesis: ›Am siebenten Tage ruhte Gott. Er übersah alles, was er gemacht hatte. Er segnete den Tag und heiligte ihn‹, scheidet den Fluß der Tage, damit die Lebenszeit, in Tage des Werkens und Feierns.« (Lexikon der Pädagogik, 1953, 2)

Wenn wir gesehen haben, daß der Rhythmus die Zeit strukturiert, so können wir dies in noch vermehrtem Maße von Fest, Feier und Sonntag feststellen.

Fest und Feier sind äußerst *eng mit der Natur* verbunden. Viele Feste sind im Naturjahr verankert, und damit wird das Fest auch von hier her gestaltet, das heißt von der Pflanzen- und Tierwelt.

Wie das Fest mit der Natur verbunden ist, so ist es dies ebenso mit dem Menschen. Ja, Feste zu feiern ist eine spezifisch menschliche Tätigkeit, ist eine Angelegenheit des Menschen, »(...) und nur des Menschen«. (NEF, 1969, 36)

Somit können wir, auf die Wo-Frage eingehend, sagen, daß Fest und Feier zwar eine menschliche Ausdrucksform darstellen, daß aber gerade durch Fest und Feier der Mensch in Verbindung mit der gesamten Natur um ihn treten kann.

Was für das Fest gilt, d. h. die Tatsache, daß das Fest eine typische Angelegenheit des Menschen, ein im tiefsten Wesen des Menschen begründetes Geschehen darstellt, kann, wie wir in Kapitel 3 gesehen haben, teilweise auch vom Rhythmus gesagt werden.

Haben wir insbesondere im Zusammenhang mit dem Eigenrhythmus auf den spezifisch menschlichen Freiheitsgrad gegenüber den Rhythmen aufmerksam gemacht, so offenbart sich dieser Tatbestand auch hier als menschliches Spezifikum:»Gerade darin zeigt sich dann wieder, daß der Mensch nicht einfach eingebaut ist in den Ablauf der Natur, daß er deutlich daraus heraustritt und daß der Zeitablauf seines Erlebens ein anderer ist als der der Natur.« (NEF, 1969, 27)

Die Feste sind zwar geprägt von den Jahreszeiten. Dessenungeachtet aber ist doch ein deutliches Eingreifen, ein aktives Teilnehmen am Naturgeschehen von Seiten des Menschen feststellbar. (NEF, 1969, 27)

Fest, Feier und religiöses Leben gehören eng zusammen, was z. B. bereits aus der etymologischen Herleitung des Wortes Feier zu ersehen ist, das ja ursprünglich geschäftsfreie Tage bezeichnet. Daher ist die Bedeutung der Feier »(...) in erster Linie diejenige der Ruhe, des Ausruhens, am stärksten noch anklingend im Ausdruck Feiertag«. (NEF, 1969, 9)

Da aber der Ruhetag in unserer Kultur vor allem der Sonntag und christliche Festtage sind, versteht es sich, daß das Wort Feier erst im Christentum als Lehnwort aus dem Lateinischen in unserer Sprache auftaucht. (NEF, 1969, 9) »Feier hat demnach neben der Bedeutung des Nichtarbeitens auch diejenige des Gottesdienstes.« (NEF, 1969, 9)

Auf diesen Sachverhalt, d. h. auf die ursprüngliche Beziehung zum Kultischen weist auch die sprachliche Herleitung des Wortes Fest, vom Lateinischen fas, fes = religiöse Handlung, oder von fanum = heiliger Bezirk hin. (Lexikon der Pädagogik, 1953, 2)

Dagegen leitet sich das Wort Fest auch vom lateinischen festus ab und hat im Deutschen das Wort »Dult« (Jahrmarkt) verdrängt. (NEF, 1969, 10)

Daher läßt sich sagen, daß, wenn überhaupt eine scharfe Unterscheidung der Worte Fest und Feier möglich ist, so dadurch, daß Feier mehr den Tag der Ruhe und der kultischen oder religiösen Handlung, Fest mehr den Tag der frohen, gehobenen Stimmung, der Freude, bezeichnet. (NEF, 1969, 10–11)

Das Verhältnis von Fest und Feier hat Bollnow in diesem Sinne besonders in Hinsicht auf die verschiedene Gestimmtheit dargestellt. (BOLLNOW, 1955, 213–223) Oft (und auch in unserer Arbeit) werden jedoch beide Begriffe synonym verwendet, d. h. daß Feier ebenfalls ein fröhliches, Fest ebenso ein ernstes Geschehen bedeuten können. (NEF, 1969, 10–11)
Da wir hier nicht näher auf die Definition der beiden Begriffe eingehen können, fassen wir das Gemeinsame zusammen, das, wie ich meine, im Hinblick auf unsere Thematik des Rhythmus aufschlußreich sein kann: »Es ist dieses Herausgehobensein aus dem gewöhnlichen Leben, dieses Bedeutungsvolle, ›Göttliche‹, dieses Übersteigen des Alltages, dieser Durchbruch auf eine andere Ebene, in eine andere Sphäre.« (NEF, 1969, 12)
Dieses Andere, dieses Herausgehobensein ist es ja, das die ewig dahinfließende Zeit strukturiert, gliedert und damit ermöglicht, die Zeit nicht nur als »atemberaubend« zu erleben. Die Feste bilden Haltepunkte, »(...) auf die das ganze Leben bezogen ist«. (BOLLNOW, 1955, 235)
Ohne Feste und Feiern ist die Zeit nämlich strukturlos. St. Exupéry verwendet dafür ein sprechendes Bild, wenn er von einem Jahr ohne Gesicht (ST. EXUPERY, 1948, 31) spricht.
Denn die Zeit als solche »(...) kennt keine natürlichen Haltepunkte und auch in sich keine rhythmische Gliederung, sondern sie läuft pausenlos ihren atemberaubenden, sich immer mehr beschleunigenden Gang«. (BOLLNOW, 1955, 197) Dies führt zu Symptomen, die für den modernen Menschen typisch sind, wie Hetze, Zermürbtheit, ja Ausgeliefertsein an die Zeitlichkeit. (BOLLNOW, 1955, 197)
Wenn wir mit Bollnow fragen, ob dies so sein muß, so ergibt sich folgende mögliche Antwort: Im Unterschied zur geradlinigen, in die Zukunft verlaufenden Zeit des Menschen, kennt die Natur eine andere, »zyklische« Zeit. »Die Planeten bewegen sich in ewig gleichen Kreisen, und mit der Planetenbewegung der Erde ist auf dieser der ewige Wechsel der Jahreszeiten, von Frühling, Som-

mer, Herbst und Winter, mit der kreisenden Bewegung der Erde zugleich der Wechsel der Tageszeiten, von Morgen, Mittag und Nacht gegeben. Alles Leben auf der Erde unterliegt darum diesem ewigen Kreislauf von Blühen und Welken.« (BOLLNOW, 1955, 198) Damit trägt das Naturgeschehen den Stempel einer sinnvollen Ordnung oder, mit einem Ausdruck Bollnows, einer »geheiligten Ordnung«. (BOLLNOW, 1955, 198)
Der Rhythmus gliedert also die Zeit und bildet Marksteine oder Haltepunkte, die der »reißenden Zeit« Einhalt gebieten.

Solche sinnstiftenden Marksteine oder Einschnitte sind im menschlichen Leben vorzüglich die Feste und Feiern, die ihrerseits wiederum oft im Naturrhythmus verankert sind. »Das Festivitätsgefühl als eine Wirklichkeit des menschlichen Daseins – (...) – bedeutet, daß die Menschheit fähig ist, in rhythmischen wiederkehrenden Zeitabschnitten beschaulich zu werden und in diesem Zustand den höheren Wirklichkeiten, auf denen ihr ganzes Dasein ruht, unmittelbar zu begegnen.« (KERENYI, 1939, 74)

So können wir also in dem Sinne auf die Frage Bollnows antworten, daß der Festrhythmus, der im Naturrhythmus verankert ist, dem Menschen die Möglichkeit bietet, seinem Ausgeliefertsein an die Zeitlichkeit zu entrinnen.

Denn Fest und Feier zeichnen sich durch ein völlig anderes Zeitbewußtsein aus. Bollnow bezeichnet es als »Zeitlosigkeit«, worunter er ein Verhältnis zur Zeit begreift, das nicht mehr durch die Sorge, durch die angespannte Sicht in die Zukunft geprägt ist. (BOLLNOW, 1955, 210)

Eben dieses Gefühl der Zeitlosigkeit macht die »anthropologische Bedeutung der Sonntagsruhe in ihrer ganzen Wichtigkeit« (BOLLNOW, 1955, 208) aus und damit auch, in noch verstärktem Maße, der Feier und des Festes. (BOLLNOW, 1955, 210)

Dieser anthropologischen Bedeutung spürt Nef nach, wenn sie meint, daß das veränderte Zeitbewußtsein in der Feier ein Zeichen sei, »(...) daß es sich hier um Fragen der Transzendenz, um metaphysische Fragen handelt«. (NEF, 1969, 29)

Ja, der Mensch fühlt sich geradezu »(...) in einen Raum versetzt, wo die Zeit für ihn stillesteht«. (BOLLNOW, 1955, 210) Hier erinnern wir an den tief bedeutsamen Ausspruch im Parzival: »Du siehst, mein Sohn, zum Raum wird hier die Zeit« (WAGNER, 1950, 39), den Gebser in moderner Form wieder aufgreift, wenn er sagt, daß Raum und Zeit durch Einsteins Theorien zu einer Einheit verbunden werden. (GEBSER, ²1945, 32) Damit wird auch wieder der Bezug zum Religiösen ersichtlich, da die Feier als »Begängnis und Einweisung des Zeitlichen in das Ewige« (Lexikon der Pädagogik, 1953, 2) betrachtet werden kann, womit wir eben wieder die beiden Dimensionen Raum und Zeit berühren, die, wie wir gesehen haben, durch den Rhythmus verbunden werden und hier in Fest und Feier geradezu in eine Einheit verschmelzen.

Ein in diesem Sinne aufgefaßtes Begehen von Festen, d. h. das Erlebnis einer gewissen »Zeitlosigkeit«, einer »Hohen Zeit«, die auf das Ewige hinweist, ist heute dem durch die in die Zukunft drängende Zeit getriebenen Menschen oft fremd.

Der oben angesprochene Aspekt von Fest und Feier, ihr eigentlich tieferer Sinn, ihr religiöser Bezug oder, wie es hier gesagt wird, das Wissen darum, daß Fest und Feier eine »Einweisung des Zeitlichen in das Ewige« darstellen, wird heute kaum mehr beachtet.

So scheint Nef berechtigterweise auf die Fragwürdigkeit vieler Feste und Feiern hinzuweisen (NEF, 1969, 12-24), gerade wenn wir an die wirtschaftlichen Interessen, die oft dahinter stehen, denken. Dies, aber auch die Tendenz, Kritik an Fest und Feier zu üben, sowie die Wiedereinführung alter Festbräuche u. a. können gewissermaßen als symptomatisch für unsere Zeit gelten, ja scheinen, bezogen auf unsere Problematik »(...) zu zeigen, daß das Fest ein Thema ist, das uns nicht gleichgültig sein darf und das gerade heute seine spezifische Bedeutung hat«. (NEF, 1969, 16)

Nef spricht in diesem Sinne von einer »Krise des Festes« (NEF, 1969, 16), und daher scheint es sinnvoll, darüber nachzudenken, warum Fest und Feier heute in Frage gestellt werden können und warum viele Menschen Mühe bekunden, in hergebrachter und sinnerfüllter Weise Feste zu feiern. (NEF, 1969, 16)

Denn: »Wir stehen ja heute vor der Tatsache, daß der Jahreslauf mit seinen Festen uns kaum noch als ein sinnvolles Ganzes erscheint und erlebbar wird. Die Feste werden bestenfalls noch aus historischen Überlieferungen heraus begangen und sind oft schon gänzlich sinnentleert.« (FLAU, 1983,5)

Als Grund dazu führt Nef unter anderem an, daß sich die früheren Träger der traditionellen Feste, die festgefügten Gemeinschaften wie Kirche, Großfamilie, Dorfgemeinschaften usw. auflösen oder daß ihre Bedeutung relativiert wird. (NEF, 1969, 20)

In diesem Sinne weist Müller auf den »›Verlust der Mitte‹ als Charakteristikum unserer Zeit und Kultur« (MÜLLER, 1965, 162) hin, wobei sie damit unter Mitte nicht nur die tragende Gemeinschaft, sondern in erster Linie auch das Religiöse versteht, das für die Gemeinschaft erst bindend und verbindend wirkt (MÜLLER, 1965, 162–163): »Für Fest und Feier fehlt darum der verbindende religiöse Kern, (...). Wenn es im Mittelalter Zeiten gab, in denen der Kalender über 100 jährliche Feiertage aufwies, so erklärt sich der Unterschied zur heutigen Zeit nicht nur aus unserem gehetzten Leben, sondern auch daraus, daß wir nichts mehr zu feiern haben. Es gibt die heilige Mitte nicht, die eine Menschengruppe zu einer Gemeinschaft verbinden könnte. (...). Es fehlt das Gültige und Anerkannte, das eine Gruppe von Einzelnen mit ihren Sonderanliegen zur Gleichgestimmtheit einer Feier, zur Einstimmigkeit eines gemeinsamen Rhythmus bringen könnte.« (MÜLLER, 1965, 162–163)

Die christlichen Feste von Weihnachten und Ostern werden zwar noch vom ganzen Volk gefeiert, jedoch drohen sie profaniert zu werden und in Geschäftigkeit unterzugehen. (MÜLLER, 1965, 163) Hier sieht Müller denn die Aufgabe der Schule, zu helfen, die »überkommenen Gehalte« zu bewahren und noch »vorhandene Bindungen« zu pflegen. (MÜLLER, 1965, 163) Diese Aufgabe könne insbesondere durch weltanschaulich geprägte Schulen wahrgenommen werden: »Es ist ein Vorteil der weltanschaulich geprägten Schulen, daß sie von einer gemeinsamen anerkannten Mitte aus das Schulleben gestalten und darum besser Feste feiern können.« (MÜLLER, 1965, 164)

Daher versteht es sich, daß in den anthroposophischen Institutionen das religiöse Leben, der Gottesdienst, der rhythmisch wiederkehrend das Wochenende zum Höhepunkt werden läßt, und die Feste einen wichtigen Bestandteil bilden (WEIHS, 1974, 152–153), zumal der Rhythmus als solcher hier schon einen therapeutischen Faktor darstellt.

Hier wird auch in besonders ausgeprägter Weise der Festrhythmus und mit ihm das religiöse Leben mit dem Naturrhythmus zusammengesehen, wodurch beide in ihrer Sinnhaftigkeit gewinnen.

So sind in den anthroposophischen Institutionen die Jahresfeste fest in das Schul- oder Heimleben integrierte Höhepunkte, die durch Bühnenspiele, die sich jährlich wiederholen, den Jahresrhythmus betonen. (KLIMM, 1980, 22) In diesem Sinn üben Ritter-Georg-Spiele, das Adventsgärtlein (ein alter Brauch, wo jedes Kind eine Kerze an einer im Mittelpunkt einer Tannenzweigspirale stehenden Kerze entzündet), besonders aber die in der Weihnachtszeit aufgeführten Spiele von »Adam und Eva«, »Christgeburt« und »Drei Könige« (nach alten Volksspielen) eine tiefe Wirkung aus, so daß auch intellektuell beschränkte Kinder »das Archetypische« darin voll aufnehmen können. (PACHE, ^{3}1977, 121–122)

Aber auch in der traditionellen Pädagogik und Heilpädagogik wird das Feiern von Festen oft auf den Hintergrund des natürlichen Jahresrhythmus bezogen. Morgenstern spricht z. B. von Ordnungseinheiten, die sich aus dem Wechsel der Jahreszeiten ergeben und Basis für die Festgestaltung bilden (MORGENSTERN, 1979, 10): »Der größte Teil der Feste, die wir begehen, ist hineingenommen in den Jahreskreislauf und hat auch zu einem wesentlichen Teil dort seinen Ursprung. Lange Tage und kurze Nächte bestimmen den Festcharakter ebenso mit wie die kalte Jahreszeit mit ihren kurzen Tagen und langen Nächten. Auch wenn wir die Welt mit hunderten von Kilowatt Strom und Millionen von Glühbirnen und Autoscheinwerfern erhellt haben, so sind wir doch angewiesen auf den Jahreslauf der Natur (...).« (MORGENSTERN, 1979, 13)

Dieser Sachverhalt, d. h. die Verbindung der Feste mit dem Naturrhythmus, unterstützt die Ansicht Müllers, daß – obschon bei Fragen, wie Feste in der Schule gestaltet werden können, oft der Einwand auftauche, die Kinder sollen daheim feiern – die überlieferten Feste gerade ihrem Wesen nach nicht Privatsache sind (MÜLLER, 1965, 164), sondern den Menschen mit seiner Um- und Mitwelt verbinden, d. h. ein soziales Element in sich tragen.

Zudem weist der Zusammenhang mit dem Naturrhythmus darauf hin, wie Bollnow sagt, daß jedes Fest seinen »besonderen, unverwechselbaren Stimmungscharakter, den im einzelnen zu untersuchen eine lohnenswerte Aufgabe wäre« (BOLLNOW, 1955, 211), trägt. Aus verschiedenen Hinweisen, insbesondere von anthroposophischer Seite, wird nämlich darauf aufmerksam gemacht, wie sich dieser Stimmungscharakter aus der Zusammenschau mit dem Naturrhythmus herauskristallisiert.

Die allerältesten Feste sind ja jene, die zu Ehren der Sonne gefeiert wurden. Babylonier, Assyrer, Ägypter, die klassischen Völker des Altertums, Germanen, Slawen und Kelten, sie alle feierten die Sonne an ihren markanten Punkten von Sonnenwende, Tag- und Nachtgleiche in Winter-, Sommer-, Frühlings- und Herbstfesten. (ALBERS, ^{3}1917, 10)

Damit repräsentiert der Zeitabschnitt eines Jahres einen vollständigen Lebensprozeß, »eine immer wiederkehrende Entwicklung«, deren Stufen als Anfang, Wachsen und Vollendung bezeichnet werden können. In der Natur entsprechen diesen Stufen die Jahreszeiten Frühling, Sommer und Herbst, während der Winter als sonnenlose Zeit den Ausgangspunkt der Entwicklung darstellt. (ALBERS, ^{3}1917, 24)

Wesentlich ist, daß Albers von einer »innigen Beziehung des Naturlebens zu dem Menschen« (ALBERS, ^{3}1917, 27) spricht, worunter er an Weihnachten das Sehnen nach Erlösung durch Licht, im Frühling den Sieg des Lichtes über die Finsternis, im Sommer die Erfüllung und Durchdringung mit dem Licht und im Herbst den Kampf um das Licht versteht, Prozesse, die sich sowohl draußen in der Natur im Verhältnis der Sonne zur Erde, als auch in der Seele des Menschen im Verhältnis des Menschen zum Geiste, vollziehen. (ALBERS, ³1917, 24–28)

Alles religiöse Leben ist also eingebettet in den Naturrhythmus und wird von ihm her mitgeprägt, was in den Jahreszeitenfesten besonders deutlich zum Ausdruck gelangt. (WEIHS, 1974, 153)

Waren früher die Feste reine »Naturfeste«, so richtete sich das Bestreben der christlichen Kirche später danach, sie zu bloßen Erinnerungsfesten zu machen. (ALBERS, ³1917, 29) Daher werden meist nur Weihnachten, Ostern und Pfingsten gefeiert, womit ein Teil des Jahreskreises »festlos« bleibt. Im Unterschied dazu schließt sich in den anthroposophisch orientierten Institutionen der Jahreskreis, wenn hier auch Johanni und Michaeli gefeiert werden. (LAUER, 1979, 58–59)

Grundlegend hierfür ist der oben erwähnte Gedanke, daß eine Verwandtschaft zwischen Mensch und Natur bzw. Erde besteht, die sich darin zeigt, daß beiden die Rhythmen von Schlafen und Wachen, von Sommer und Winter gemeinsam sind (LAUER, 1979, 64): »Beim Menschen bedeutet der Wachzustand die Winterphase des Leibes und die Sommerphase des Geistes; der Schlafzustand dagegen die Sommerphase des Leibes und die Winterphase des Geistes. Bei der Erde stellt der Sommer den Schlafzustand derjenigen Hemisphäre dar, in der er gerade herrscht, der Winter dagegen den Wachzustand jener Hemisphäre, die sich in ihm befindet. Ferner: Wie das Erdenleben des Menschen begrenzt ist durch Geburt und Tod, so verläuft auch das materielle Dasein der Erde zwischen Prozessen, die als deren Geburt und Tod bezeichnet werden können.« (LAUER, 1979, 64)

Eine solche Beziehung zwischen Mensch und Jahreslauf wurde früher noch in den Mysterien, also im religiösen und kultischen Leben, erkannt und gepflegt. (LAUER, 1979, 68–71)

In dieser Hinsicht scheint für das Verständnis der Feste im Jahresrhythmus wesentlich, daß die Gestimmtheit des Menschen im

Sommer und Winter den Urpolaritäten von Außen und Innen entspricht und daß auch die Erde einen solchen Atemrhythmus durchmacht. (FLAU, 1983, 7) Bildlich gesprochen kann man sagen: Wenn der Mensch sich im Sommer der Natur hingibt, ist die Kühle des Bewußtseins notwendig, im Winter, wenn er sich aus ihr zurückzieht, braucht er innere, seelische Wärme. (FLAU, 1983, 7) Von einer solchen Anschauung kann nun wiederum eine Brücke geschlagen werden zum religiösen, christlichen Hintergrund der Jahreszeitenfeste, wenn die tiefe Beziehung zwischen dem Charakter der Jahreszeiten und den Stationen des Christuslebens erkannt wird. (LAUER, 1979, 11): Im Winter, in der Zeit, wo die Natur in der Erde ruht, kam Christus zur Erde und ist seit Golgatha mit dieser verbunden. Im Sommer, wenn die Sonne am Tag der Sonnenwende wieder abnimmt, werden wir an Johannes den Täufer erinnert: »Er muß wachsen, ich aber muß abnehmen.« Im Frühling beginnt die Auferstehung der Natur im Keimen und Wachsen, wir feiern die Auferstehung von Christus. Im Herbst beginnt die Natur zu sterben, das Sonnenlicht weicht der Finsternis, im Herbst beginnt im Innern der Kampf der Seele um das Licht, der Kampf des Michael gegen den Drachen. (LAUER, 1979, 11 u. 45)

Hieraus wird ersichtlich, daß durch das Christusgeschehen Christus als göttliche Wesenheit mit der Erde verbunden ist, daß sie »(...) lebt und webt (...) mit den Rhythmen, in denen sich das Leben der Erde bewegt.« (LAUER, 1979, 11)

Im Unterschied zu den früheren reinen Naturfesten können »(...) von nun an die einstigen jahreszeitlichen Naturfeste als Christusfeste beziehungsweise die bisherigen christlichen Feste als Jahreszeitenfeste gefeiert werden, und das heißt: aus bloßen Festen der Erinnerung an Vergangenes zugleich zu Feiern des Gegenwärtigen zu werden«. (LAUER, 1979, 76)

Es geht hier, wie erwähnt, nicht darum, konkret auf praktische Fragen der Festgestaltung einzugehen. Die Literatur hierüber ist äußerst umfangreich. Immerhin können allgemeine Gedanken, wie oben dargestellt wurde, unser praktisches Tun beeinflussen.

Zudem scheint es bedeutsam, angesichts der Tendenz, daß das Nützlichkeitsdenken dazu führt, daß in der Schule das Fest dem pädagogischen Nutzen unterstellt wird (NEF, 1969, 21) – will man in pädagogischer Hinsicht von Fest und Feier sprechen –, nie »(...) das Ganze des Festes und der Feier (...) in ihrer tiefen menschlichen und religiösen Bedeutung (...)« (NEF, 1969, 42) aus den Augen zu verlieren. Damit entgehen wir der Gefahr, »(...) die Feier und das Fest zum bloßen Erziehungsmittel herabzuwürdigen«. (NEF, 1969, 42)

Wenn wir zu der am Anfang dieses Kapitels zitierten These Morgensterns zurückkehren, so können wir sagen: »Das Fest ist mehr als eine zwangsläufige, eventuell als biologisch zu bezeichnende Notwendigkeit zwischen Pflichterfüllung und Freiheit. Wenn das Fest als Gegenpol zum Ausgleich von Spannungen zwischen Pflichterfüllung und Freiheit gesehen wird, ist es im eigentlichen Sein eine Abstraktion und damit auch bestreitbar. Kommt der Geist jedoch dazu, wird die Determiniertheit aufgehoben. In der Verbindung des Festes mit dem Geist erübrigt sich die Notwendigkeit der Beweisbarkeit. Durch den Geist erkennt man, ob man will oder nicht, das Fest. (...). Ein Mensch, der nicht mehr aus und mit dem Geist lebt und empfindet, wird auch kein Fest mehr feiern, wird im letzten auch seine Freiheit verlieren.« (MORGENSTERN, 1979, 10)

Und abschließend meine ich mit Nef: »Wir haben hier versucht zu zeigen, mit welch komplexem und zentralem Gegenstand wir es zu tun haben, wenn wir von Festen und Feiern sprechen wollen, so bekannt und vertraut uns das Erleben des Festlichen und Feierlichen auch sein mag.« (NEF, 1969, 37)

4.4 Zusammenfassung

Nachdem im ersten Teil gezeigt wurde, daß der Rhythmus eine universelle Erscheinung ist, d. h. daß er sowohl in der unbelebten Natur, bei Pflanzen, Tieren als auch beim Menschen vorkommt, ging es in diesem Kapitel darum, aufzuweisen, daß der Rhythmus nicht nur einen abstrakten Begriff, ein Schlagwort romantischer und lebensphilosophischer Denker darstellt, sondern konkret in die Pädagogik und Heilpädagogik einbezogen werden kann.

Bezugnehmend auf Röthig, der, wie erwähnt, in Frage stellte, ob eine Rhythmusinterpretation im Sinne Portmanns, d. h.' Rhythmus als eine Grundeigenschaft des Lebens, die den Menschen mit allen Bereichen unseres Daseins verbindet, für die pädagogische Praxis maßgebend sein könne (RÖTHIG, ^{2}1975, 17–18), meine ich, daß meine Darstellungen dafür sprechen, daß der Rhythmus in diesem Sinne sehr wohl in der Pädagogik und Heilpädagogik fruchtbar gemacht wird und werden kann.

So kann der Rhythmus einerseits als Grundeigenschaft des Lebens die Ganzheit des Menschen ansprechen, d.h. in der motorischen, emotionalen, kognitiven und sozialen Förderung bestimmend werden und zudem Erziehungs- und Unterrichtsprozesse unterstützen. Andererseits vermag er, als Verbindung zu allen Daseinsbereichen im Erleben der zeitlichen Rhythmen und der in diesen verankerten Festen, Brücke zu Natur und Mitmensch zu werden.

Hierfür ist jedoch notwendig, daß wir uns von dem bisher überbewerteten »Raum-Erleben« lösen und den Blick auf die zeitliche Dimension richten und hier wiederum nicht beim quantitativen Aspekt stehen bleiben, sondern das Qualitative miteinbeziehen, was beides durch den Rhythmus gewährleistet wird.

5. Die Warum-Wozu-Frage:
Rhythmus als Hilfe auf dem »Weg zur Bestimmung und Erfüllung menschlichen Seins« *(Speck)*

»...hinter der Wissenschaft die Dinge spüren und verehren, auf die es eigentlich ankommt und über die so schwer zu sprechen ist.«
(Heisenberg)

»Was wichtig ist, sieht man nicht...«
(Saint-Exupéry)

5.1 Einleitung

Nachdem im letzten Kapitel gezeigt wurde, daß es grundsätzlich möglich ist, den Rhythmus im weiteren Sinne in die Pädagogik und Heilpädagogik einzubeziehen, wenden wir uns nun der Frage nach dem Sinn und der Bedeutung eines solchen Einbeziehens zu, wobei mit »Sinn« in einem philosophischen Verständnis der »(...) Wert und die Bedeutung (das Interesse), die eine Sache o. ein Erlebnis für mich oder für andere hat« (Philosophisches Wörterbuch, 1961, 532), gemeint ist.

Durch die Doppelfrage Warum-Wozu ist darauf hingewiesen, daß es sich hier um Verschiedenes handeln wird: Begriffe wie Grund, Zweck, Ziel, Bedeutung u. a., die umgangssprachlich oft synonym verwendet, philosophisch aber exakt voneinander abgegrenzt werden können, umschreiben weitgehend mein Anliegen.

Bildlich gesprochen möchte ich einerseits »den Blick zurückwenden« und darstellen, *warum* der Rhythmus im weiteren Sinne für die Pädagogik und Heilpädagogik bedeutsam sein kann und *warum* er dort, wo er einbezogen wird, als bedeutsam betrachtet wird (→Grund). Andererseits »richten wir den Blick in die Zukunft« mit der Absicht, sein Ziel oder seinen Zweck zu erfassen, d. h. *wozu* der Rhythmus im weiteren Sinne dienen kann (→Zweck).

Im ersten Fall suchen wir nach *Gründen*, die ein Einbeziehen des Rhythmus sinnvoll erscheinen lassen, wobei ich unter Grund folgendes verstehe:»Wegen der Schwierigkeit, wenn nicht Unmöglichkeit, eine einheitliche Bedeutung von ›Grund‹ anzugeben, empfiehlt es sich, von der dem allgemeinen Sprachgebrauch vertrautesten Bedeutung auszugehen. Das ist aber die von ›Erkenntnisgrund‹ im Sinne von ›etwas, mit dessen Hilfe das Fürwahrhalten von Urteilen begründet werden kann‹. (...) Alles, was geeignet ist, das Fürwahrhalten eines Urteils zu legitimieren, kann im einen weiten Sinne Grund desselben heißen.« (Handbuch philosophischer Grundbegriffe, 1973, 643)

Im zweiten Fall der Sinnfrage suchen wir nach dem *Zweck* oder *Ziel*. Denn:»In vielen Fällen läßt sich die Frage nach dem Sinn von Phänomenen oder Möglichkeiten als die Prüfung ihrer Tauglichkeit zur Erfüllung einer Funktion verstehen.« (Handbuch philosophischer Grundbegriffe, 1974, 1326)

Beides sei jedoch in einem sehr weiten Sinne verstanden, denn ich distanziere mich sowohl von einem einseitigen kausal-deterministischen als auch von einem einseitigen Nützlichkeitsdenken.

Bei dieser Sichtweise schließe ich mich Heitler an, wenn er in bezug auf kausal-deterministische Erklärungsversuche im Bereich des Menschlichen sagt:»Die kausal-deterministische Denkweise hat sicher keinen, oder nur höchst bescheidenen Platz für alles, was den Menschen angeht. (...) Jede Anwendung auf Menschliches ist nicht nur von Übel, sondern auch gänzlich unberechtigt.« (HEITLER, 1961, 12) Ebenso gehe ich mit Gebser einig, der das bloße Nützlichkeitsdenken etwas Wichtigerem unterordnet:»Der Nützlichkeitsstandpunkt ist im heutigen Menschen so vorherrschend, daß er gar nicht mehr auf den Gedanken kommen kann, es gäbe auch noch etwas Anderes und womöglich Wichtigeres als den Nutzen.« (GEBSER, ^{2}1945, 25)

Ein weites Verständnis von Grund und Zweck erlaubt, im Folgenden die beiden Begriffe nicht streng zu unterscheiden. Daß nämlich beide sehr oft ineinander übergehen, hat bereits Novalis erkannt, als er schrieb:»Zweck und Grund sind eins – nur jener heraus – und dieser hinein gesehen.« (NOVALIS, 1962, 476)

In Kapitel 1 haben sich drei wesentliche Grundmerkmale des

Rhythmus herauskristallisiert, die von verschiedener Seite, sowohl naturwissenschaftlicher, geisteswissenschaftlicher als auch anthroposophischer, als wichtig erachtet werden. Es sind dies:
1. Die Beziehung des Rhythmus zu Zeit und Raum
2. Der Mensch und Natur verbindende Charakter des Rhythmus
3. Polarität und Ausgleich / Wiederholung / Elastizität

Wenn Röthig postuliert, daß eine aufgaben- und sachbezogene pädagogische Rhythmustheorie davon auszugehen habe, Merkmale und Inhalte des Rhythmus herauszustellen, die für die Anthropologie eine Rolle spielen (RÖTHIG, ^{2}1975, 18), so möchte ich nun hier dieses Vorgehen weiterführen, indem ich die mir einmal als bedeutsam erschienenen Merkmale des Rhythmus in einen weiteren anthropologischen und pädagogisch-heilpädagogischen Zusammenhang stelle, um von hier aus zu ergründen, warum sie uns relevant erscheinen.

Damit soll gezeigt werden, welche Bedeutung *durch diese drei Wesenszüge* dem Rhythmus in Hinsicht auf ein Einbeziehen in Pädagogik und Heilpädagogik zukommt.

5.2 Raum und Zeit als Grunddimensionen des Menschseins

Wenn in Kapitel 1 dargestellt wurde, daß die Chronobiologie davon ausgeht, daß Raum und Zeit grundlegende Existenzformen sind (MLETZKO u. MLETZKO, 1977, 8), so gilt das nicht nur für den biologischen, sondern ebenso für den weiteren anthropologischen Bereich.

Pädagogische und heilpädagogische Bedeutung erhalten beide Dimensionen insbesondere dann, wenn wir bedenken, daß der Mensch bereits von seinem Lebensbeginn an mit ihnen konfrontiert wird. Hier jedoch sind es weniger Raum und Zeit als mathematische, abstrakte Größen, sondern vielmehr Raum und Zeit, wie sie unter anderem z. B. Bollnow versteht, als erlebte Qualitäten. (BOLLNOW, 1963, 16–18)

In beachtenwerter Weise hat nämlich Scheurl als Physiker nachgewiesen, daß die Tendenz der Naturwissenschaft, alles Qualitative zu vernachlässigen und nur das Quantitative als objektiv gültig anzuerkennen, auf falschen Annahmen beruht: »Denn jede Beobachtung und jeder Gegenstand existiert nur in und durch seine spezifischen Qualitäten.« (SCHEURL, 1977, 143)

Die Bedeutung von Raum und Zeit für den Menschen wird im folgenden durch einzelne ausgewählte Gesichtspunkte, insbesondere auch aus der Sicht Bollnows, der sich ausführlich mit dieser Problematik im Zusammenhang mit der Pädagogik beschäftigt hat, dargestellt.

Ziehen wir in Betracht, daß diese beiden Dimensionen als Wesensmerkmale des Rhythmus bezeichnet werden können – Jaques-Dalcroze betrachtet Raum und Zeit sogar als Urelemente des Rhythmus (JAQUES-DALCROZE, 1921, 199) –, erhellt daraus gleichzeitig die anthropologische und somit auch die heilpädagogische Tragweite des Rhythmus.

5.2.1 Aspekte zum Raum

Wenn Hömberg erwähnt, daß Bollnow von der »›Räumlichkeit als einer Wesensbestimmung des Menschen‹« (HÖMBERG, 1978, 89) spricht, drückt sie damit eigentlich bereits die ganze Wichtigkeit dieser Dimension für den menschlichen Bereich aus, insbesondere, und dies vor allem in pädagogischer und heilpädagogischer Sicht, wenn wir noch dazunehmen, daß bei Bollnow das Verhältnis zum Raum eng verbunden ist mit dem Gefühl der Geborgenheit. (HÖMBERG, 1978,88)

Schon im vorgeburtlichen Leben spielt ja der Raum, wie dies im Kapitel 3.3.2 dargestellt ist, für den werdenden Menschen eine Rolle.

Hier ist es der Raum der Gebärmutter, der bestimmend ist für die Entwicklung des Kindes, besonders – und dies ist für unsere Thematik von Interesse – jedoch sind es die rhythmischen Erlebnisse in diesem Raum, wie z. B. der Herzschlag der Mutter (CLAU-

SER, 1971, 44–47), was Clauser veranlaßt, von einer »Prägung durch den mütterlichen Herzschlag« (CLAUSER, 1971, 46) zu sprechen, und woraus er schließt, daß sich für die Pflege der Frühgeborenen kontinuierliche, rhythmisch-akustische Reize positiv auswirken könnten (CLAUSER, 1971, 47), ja, daß den rhythmischen Reizen im Rahmen einer »›Psychologie der Ungeborenen‹« (CLAUSER, 1971, 48) hohe Bedeutung zukomme.

So täuscht ja z. B. das rhythmische Wiegen den »Mutterraum«, die Gebärmutter, vor und übt einen beruhigenden Effekt aus (CLAUSER, 1971, 48), woraus zu ersehen ist, daß der Rhythmus auch für den entscheidenden Zeitpunkt der Geburt, d. h. für den Übergang vom »Mutterraum« in den »Weltraum« und damit für die spätere Entwicklung entscheidend sein kann.

Clauser drückt dies folgendermaßen aus: »Das entscheidende pränatale Erlebnis ›Mutter‹ ist dabei ein akustisch-rhythmisches: erlebt im rhythmischen Wiegen des Gangs, im rhythmischen Auf und Ab der geräuschvollen Atmung und im rhythmischen Schlag des Herzens. Die Trennung von Mutter und Kind bei der Geburt bedeutet den Verlust dieser Ur-Erfahrung. Dieses erste ›Ab-Stillen‹ sollte so allmählich wie möglich geschehen. Der neue Lebensraum darf adäquater, akustisch-rhythmischer Reize nicht entbehren.« (CLAUSER, 1971, 49)

Nach Clauser spricht denn vieles dafür, daß dieses Urerlebnis des Rhythmus für das spätere Leben entscheidend sein soll (CLAUSER, 1971, 49), denn er behauptet, daß »(...) zunächst rhythmisch-akustische Reize (...) dem Säugling das Wohlbefinden vorgeburtlicher Geborgenheit simulieren und deshalb beruhigend wirken«. (CLAUSER, 1971, 52)

Es wurde in Kapitel 3.3.2 darauf hingewiesen, was es für das Kind, insbesondere für die Beziehung Mutter-Kind, die ausschlaggebend für das Einleben in den Welt-Raum ist, bedeutet, wenn der Rhythmus im Mutterraum gestört ist.

Bollnow weist diesem Welt-Raum geradezu eine anthropologische Funktion zu, nämlich im Vorgang zur Selbstwerdung. Der Mensch braucht dazu einen Raum der Geborgenheit (BOLLNOW,

1963, 136), der Mensch hat die »(...) unabdingbare Aufgabe, diesen Raum der Geborgenheit zu schaffen, (...)«. (BOLLNOW, 1963, 138)

Hieraus resultiert eine wichtige pädagogische und heilpädagogische Aufgabe: Bedenken wir, daß wir in der Heilpädagogik oft Kindern begegnen, die eine solche Geborgenheit vermissen, denen eine gewisse Orientierung fehlt, müßte die Vermittlung eines Gefühls der Sicherheit als bedeutsamer Auftrag betrachtet werden.

In diesem Sinne ist die Bemerkung Specks zu verstehen, der am Beispiel des geistigbehinderten Kindes zeigt, daß das Leben mit seiner Vielfalt und Komplexität die Gefahr des Sich-Verlierens birgt (SPECK, [3]1975, 75) und daß das »Zuhausesein in der Welt« (SPECK, [3]1975, 79) einen Faktor zur Lebenserfülltheit des Geistigbehinderten darstelle.

Wenn wir vorhin vom entscheidenden Augenblick der Geburt als quasi von einem Überschreiten einer Schwelle vom mütterlichen Uterus, einem Raum der Geborgenheit und des rhythmischen Erlebens, in den Raum der Lebenswelt sprachen, so eröffnet sich hier eine neue Perspektive, wenn wir davon ausgehen, daß »(...) der Mensch oder das Ich im Leib, im Haus, in den Dingen, in der Welt, in Raum und Zeit« (BOLLNOW, 1963, 281) wohnt. Wir berühren hier das Phänomen der menschlichen Inkarnation. Mit der Inkarnation ist »(...) im Grunde nur eine andere Umschreibung desselben rätselhaften Verhältnisses zum Raum gegeben, durch das ich im Leib körperlich und damit räumlich geworden bin, (...)«. (BOLLNOW, 1963, 291)

Der These der Existenzphilosophie vom »Geworfen-sein in die Welt« stellt Bollnow jedoch die Tatsache gegenüber, daß der Mensch zunächst »›in die Wiege des Hauses‹« gelegt wird (hier sei daran erinnert, daß das Schwingen einer Wiege eine rhythmische Bewegung ist), womit er betont, daß der Raum in erster Linie ein bergender ist und erst sekundär als »feindliche Welt« erlebt wird. (HÖMBERG, 1978, 90)

Daraus folgt, wie wichtig die Aufgabe ist, die die Pädagogik im

Verleihen eines richtigen Raum-Gefühls wahrnehmen kann und welche Bedeutung das Verhältnis zum Raum für die Entwicklung des Kindes hat:»Wenn (...) das Wohnen das Verhältnis zum Eigenraum kennzeichnet und mit diesem Begriff, (...), ein besonders inniges Verhältnis, ja ein ›Inkarniert-sein‹ gemeint ist, dann, so vermutet Bollnow, heißt das, ›daß irgend etwas von dem in der Inkarnation im Leib bezeichneten Verhältnis (...) beim Wohnen im Raum überhaupt wiederkehrt‹.« (HÖMBERG, 1978, 91) Denn aus der Tatsache, daß der Mensch analog zur Seele, die gleichsam den Körper als Raum bewohnt, in seinem Haus inkarniert ist, schließt er, daß»(...) sich die Entfaltung des Wesens des Menschen nicht ohne den Zusammenhang mit einem Raum vollziehen kann«.

Von hier aus, d. h. von der Beziehung zwischen Inkarnation und Raum und Rhythmus, kann vielleicht verständlich werden, daß die anthroposophische Pädagogik und Heilpädagogik die Inkarnation als rhythmischen Vorgang betrachtet und den Schlaf-Wach-Rhythmus gewissermaßen als kleinen Inkarnationsvorgang, und daß sie aus diesem Grund insbesondere in der Heilpädagogik auf den Rhythmus Wert legt:»Mit dem Einbeziehen des Tag- / Nachtrhythmus bzw. Wach- / Schlafrhythmus wird die Verbindung zum Inkarnationsprozeß hergestellt, der ebenfalls in Abhängigkeit von rhythmischen Vorgängen, besonders im Zusammenhang mit dem Wachen und Schlafen sowie der Atmung erklärt wird.« (ZELLER, 1977, 107)

Der bewußten Pflege des Tagesrhythmus in den anthroposophischen Institutionen liegt eben der Gedanke zugrunde, daß sich am Morgen die Individualität des Kindes stärker mit der Leiblichkeit verbindet, sich also inkarniert, daß sie dagegen am Abend sich zu lösen beginnt, sich exkarniert (ZELLER, 1977, 107), was Bollnow bildlich ausdrückt, wenn er vom Leib als Raum der Seele spricht. (BOLLNOW, 1963, 291)

Das Ich wendet sich also jeden Tag neu der Außenwelt zu, ermattet jedoch nach und nach, bis es in den Schlaf geht. (VIERL, 1977, 2)»So führt der Schlaf-Wach-Rhythmus als Lebensrhythmus den großen Schicksalsrhythmus von Exkarnation und Inkarnation in kleineren Schwingungen weiter.« (VIERL, 1977, 2) Das Einbeziehen des Tagesrhythmus kann so gewissermaßen als »Inkarnationshilfe« aufgefaßt werden.

Zu Beginn des Aufwachens befindet sich der Mensch nämlich in einem Zustand, den man als »Raumlosigkeit« bezeichnen könnte und der noch nicht ichhaft durchdrungen ist. (BOLLNOW, 1963, 177–178) Erst allmählich beginnt der Aufbau des Raumgefühls und parallel dazu der des eigenen Ich (BOLLNOW, 1963, 180): »Erst mit der Beendigung der Lokalisation im Raum ist dann der Mensch im vollen Sinne wieder er selbst. Den Raum zurückgewinnen bedeutet also zugleich das Selbst zurückgewinnen. Daraus ergibt sich die entscheidende Wichtigkeit des Raumes für die Konstitution des Selbst« (BOLLNOW, 1963, 182), ja deshalb »(...) ist der Raum die unentbehrliche Vorbedingung für die Ausbildung eines sich in Freiheit zu sich selbst verhaltenden Ich«. (BOLLNOW, 1963, 182)

Hier tritt vor allem auch ein heilpädagogisches Moment in Erscheinung, wird doch oft von einer gestörten Identitätsfindung bei Behinderten gesprochen, was Josef folgendermaßen beschreibt: »Das Ich (– Bewußtsein) bildet sich nicht recht aus. Ohne erkanntes oder erlebtes Ich kann es aber auch zu keiner klaren Trennung von Ich und Umwelt kommen, das Du wird nicht vom Ich distanziert. (...). Eine allseitige Interessen- und Teilnahmslosigkeit resultiert aus der Tatsache, daß keine Ich-Findung stattgefunden hat.« (JOSEF, 1979, 264)

Daraus leitet Josef ein »pädagogisches Programm« ab, das darauf hinzielt, das, was im Normalfall funktional geschieht, hier systematisch aufzubauen. (JOSEF, 1979, 264) (Nach den oben dargestellten Ausführungen könnte hier auch das Einbeziehen des Rhythmus unterstützend wirken.)

In gleicher Weise entwickelt Speck die These vom »(...) Selbstsein auch des Geistigbehinderten als einer unabdingbaren Voraussetzung seines In-der-Welt-seins« (SPECK, ^{3}1975, 79), was vielleicht erhellend sein kann für die in der anthroposophischen Heilpädagogik grundlegende Anschauung, daß es sich bei den Geistigbehinderten um eine Inkarnationsstörung handelt, daß das Ich des Menschen unverletzlich ist, jedoch nicht richtig den Leib ergreifen kann, und daß es deshalb notwendig sei, dem Ich dazu zu verhelfen, sich in unserer Welt einzuleben.

Wenn nämlich von Arnim sagt: »Wir können Behinderung als einen unvollkommenen einseitigen, mit Schwierigkeiten verbundenen Inkarnationsvorgang auffassen« (VON ARNIM, ²1982, 7), so sind die heilpädagogischen Methoden deshalb darauf ausgerichtet, diesen Vorgang zu unterstützen, den Leib zu einem besseren Instrument zu machen, damit die Individualität des Kindes sich harmonischer mit der Welt verbinden und seine Lebenserlebnisse durchmachen kann. (VON ARNIM, ²1982, 8)

Indem Bollnow die Lokalisation im Raum mit dem Ich-Bewußtsein verbindet, ergibt sich eine weitere Perspektive, wenn wir daran denken, daß (wie besonders in Kapitel 2 dargestellt) im Raum an den Rhythmen der Gestirne die Zeit abgelesen wird, d. h. daß der Mensch sich im Raum orientiert, was Bollnow folgendermaßen ausdrückt: »Der Mensch richtet sich nach dem Stand der Sonne. Mit ihrer Hilfe ›orientiert‹ er sich im Gelände.

Das Wort ›orientieren‹ kommt bekanntlich von Orient, der Gegend des Sonnenaufgangs, und heißt also im wörtlichen Sinn: die Richtung des Sonnenaufgangs bestimmen, wenn wir uns auch im täglichen Leben, besonders wenn wir im übertragenen Sinn von geistiger Orientierung sprechen, dieser Herkunft des Worts selten bewußt sind.« (BOLLNOW, 1963, 63)

Auch hier läßt sich die Verbindung zur Heilpädagogik herstellen, wenn wir bedenken, wie gerade den Behinderten oft das Orientierungsvermögen fehlt.

Daher fordert z. B. Bernart, daß innerhalb der Schulbildung für geistig Behinderte den Kindern räumliche und zeitliche Ordnungsprinzipien gegeben werden, damit sie diese erfahren und anwenden lernen: »Raum, Zeit und Zahl sind rein geistige Kategorien, die jeder Mensch erfahren muß, weil wir in einer Welt leben, die durch Raum, Zeit und Zahl geprägt und geordnet ist.« (BERN-

ART, ²1973, 76) Dies kann durch musisches Tun geschehen (BERNART, ²1973, 79) oder, angesichts des Zusammenhangs zwischen Raum und Rhythmus, wie ich meine, durch rhythmische Erlebnisse.

Die anthropologische Bedeutung der Orientierung im Raum kann aber noch weiter gefaßt werden: Der Raum im anthropologischen Sinne ist strukturiert durch die verschiedenen Richtungen. Spezifisch von Bedeutung ist der Raum für den Menschen, weil die Vertikale grundsätzlich zum Menschen gehört. Sie ist es, die den Menschen durch seine aufrechte Körperhaltung vom Tier unterscheidet.»Gegenüber dem an die Horizontale gebundenen Tier gewinnt der Mensch durch die Aufrichtung von der Erde den freien Blick, den Abstand von den Dingen, befreit die Hände von den Funktionen des Fußes und gewinnt in ihnen das Organ weltumgestaltender Arbeit.« (BOLLNOW, ³1983, 78)

Im moralischen Sinne entspricht der Vertikalen die Aufrichtigkeit:»Von da aus bekommen auch die Grundbestimmungen des Oben und Unten ihren bestimmten Sinn.«(BOLLNOW, ³1983, 78) In anthropologischer Sicht spielen ebenso die Horizontale (Blick, Bewegung) und Rechts und Links eine Rolle, und auch sie umfassen eine übertragene moralische Komponente. (BOLLNOW, ³1983, 78)

Heilpädagogisch erhält dieser Gesichtspunkt eine vertiefte Bedeutung, wenn wir in Betracht ziehen, daß z. B. bei geistig Behinderten die aufrechte Haltung vielmals unter erschwerten Bedingungen erworben wird, oder wenn z. B. bei Legasthenikern der Sinn für Rechts und Links ein Problem darstellt. So geht ja z. B. die anthroposophische Heilpädagogik davon aus, daß der Legastheniker Mühe hat, Richtungen zu unterscheiden, und sie spricht hier von einem»Links-Rechts«-Problem. (WEIHS, 1974, 49) In gleicher Weise erwähnt auch Grissemann im Zusammenhang mit der Legasthenie eine Links-Rechts-Orientierungsschwäche und eine Schwäche in bezug auf die Raumorientierung. (GRISSEMANN, 1974, 67–74)

Insbesondere spielt der Raum aber dort eine Rolle, wo es um das Gefühl der Geborgenheit und Sicherheit geht.

Im Unterschied zur Existenzphilosophie, wo der Raum als »wesensfremdes feindliches Medium« (BOLLNOW, ³1983, 80) betrachtet wird, postuliert Bollnow für einen Menschen, der »mehr sein soll, als ein ewiger getriebener Flüchtling« (BOLLNOW, ³1983, 80), ein neues Verhältnis zum Raum. Dieses wird bestimmt durch eine Stelle im Raum, wo sich der Mensch »zu Hause« fühlt. Dieses »zu Hause«, ein Innenraum, der sich vom Außenraum abtrennt, verleiht menschliche Geborgenheit und ist konstitutiv für die Sicherheit des Lebens. (BOLLNOW, ³1983, 78–82)

Es muß wohl kaum erwähnt werden, daß dies in spezieller Hinsicht für die Heilpädagogik gilt.

Dem modernen Menschen droht jedoch allgemein die Gefahr der Entwurzelung, da ihm die Mitte nicht mehr objektiv gegeben ist durch den Bezug auf die Mitte des Raumes überhaupt. »Der Mensch wird heimatlos auf der Erde, weil er an keinen Ort mehr besonders gebunden ist.« (BOLLNOW, 1963, 124) Daraus entsteht eine dringliche Aufgabe, die Bollnow folgendermaßen umschreibt: »Wenn es wichtig ist, daß der Mensch in seinem Raum wieder eine solche Mitte findet, wenn, (...), die Erfüllung seines Wesens an das Vorhandensein einer solchen Mitte gebunden ist, dann findet er diese Mitte nicht mehr als etwas Gegebenes vor, sondern er muß sie erst schaffen und sich von sich aus in ihr begründen (...).« (BOLLNOW, 1963, 125)

Eine Mitte zu schaffen wird also die entscheidende Aufgabe des Menschen. (BOLLNOW, 1963, 125)

Wenn Müller in diesem Zusammenhang, wie wir erwähnt haben, vom »›Verlust der Mitte‹ als Charakteristikum unserer Zeit und Kultur« (MÜLLER, 1965, 162) gesprochen hat, so tat sie dies, um auf die Notwendigkeit von Fest und Feier hinzuweisen, die mit ihrem Rhythmus im Jahreslauf verbindend wirken, d. h. »(...) zur Einstimmigkeit eines gemeinsamen Rhythmus« (MÜLLER, 1965, 162–163) führen. Fest und Feier, die, wie wir gezeigt haben, eine enge Beziehung zum Rhythmus und damit auch zum Raum haben, können also als Elemente betrachtet werden zur Schaffung einer »Mitte«, wie sie Bollnow als unabdingbar für die Wesensentfal-

tung des Menschen darstellt. Durch ihre Einbettung in den Naturrhythmus, durch die rhythmische Wiederkehr ihres Begehens, durch den gemeinschaftsbildenden Charakter vermögen sie jene Geborgenheit zu verleihen, die zu schaffen Aufgabe des Menschen ist. (BOLLNOW, 1963, 138)
Das ist wiederum im heilpädagogischen Bereich besonders wichtig, was z. B. Bach vermerkt, wenn er vorschlägt, »(...) die großen Feste im Schuljahresablauf mit einer gewissen Stetigkeit des Ritus zu begehen, um tragende Erlebnisse zu ermöglichen«. (BACH, [3]1976, 44)
Nebst der zeitlichen ist ja auch die räumliche Abgrenzung der Feste von »ausschlaggebender Bedeutung (MORGENSTERN, 1979, 7), wenn es darum geht, dem Behinderten Sicherheit in seiner Umwelt zu vermitteln«. (MORGENSTERN, 1979, 7) Denn nicht nur das Streben nach Veränderung, sondern auch die Sicherheit in der Tradition ist dem Menschen eigen. (MORGENSTERN, 1979, 9) So gesehen sind Feste »(...) Markierungen im Zeitenlauf; sie verweisen die Kinder auf geistige Zusammenhänge und sind – so könnte man sagen – wie Meilensteine auf dem Weg zu ihrem eigenen Selbst«. (WEIHS, 1974, 153)
Der Gesichtspunkt des Raumes beinhaltet auch eine soziale Komponente. Diese müssen wir hier aufgreifen, weil eine ganzheitliche Förderung an ihr nicht vorbeigehen kann.
Bollnow spricht in dieser Beziehung vom »Raum des menschlichen Zusammenlebens« (BOLLNOW, 1963, 256) und im Gegensatz dazu vom »Kampf um den Lebensraum«. (BOLLNOW, 1963, 256) Hier tritt die Liebe als »raumschaffende Kraft« (BOLLNOW, 1963, 261) hervor, die, obschon sie den Raum weitet, dennoch Geborgenheit verleiht im »Raum des liebenden Zusammenlebens«. (BOLLNOW, 1963, 257) Für die Heilpädagogik hat Moor diesen Gedanken aufgegriffen, wenn er sagt: »Aber dieser grenzenlose Raum, wie Liebende ihn sich gegenseitig und beständig erzeugen, hat zugleich den Charakter der ›Heimat‹, (...).« (MOOR, 1951, 159)
Bollnow interpretiert in diesem Sinne in sprechender Weise ein

Gedicht an eine Rose von Rainer Maria Rilke:»Seule, ô abondante fleur, tu crées ton propre espace;«(RILKE, 1966, 334), wenn er schreibt:»Dies ist zunächst ein anschaulich erfaßtes Bild. Aber wenn wir uns erinnern, daß die Rose für Rilke, bis in seinen hintergründigen Grabspruch hinein, Sinnbild des menschlichen Lebens ist, ›äußerstes auch uns‹, so muß man, selbst auf die Gefahr hin zu vergröbern, fragen, was dieser ›Rosenraum‹ nun im Bereich des menschlichen Lebens bedeuten kann, und man wird antworten müssen, es sei der Raum reiner Gewaltlosigkeit, in dem sich reines geistiges Dasein entfaltet. Es schafft seinen eignen Raum, ohne ihn jemand anders streitig zu machen.« (BOLLNOW, 1963, 262–263) Dem andern wird also durch die Liebe nicht nur kein Raum streitig gemacht, sondern im Gegenteil, es wird für ihn noch Raum dazu, neuer Raum geschaffen. (BOLLNOW, 1963, 263)

Hier berühren wir einen wichtigen Punkt der Heilpädagogik: die Achtung der Individualität des behinderten Menschen, oder anders gesagt, geht es um die»Schlüsselfrage«(HAEBERLIN, 1985, 15):»– Sind wir der Meinung, daß ein behinderter Mensch Subjekt bleiben soll, auch wenn die Behinderung noch so schwer ist?

– Oder sind wir der Meinung, daß ein Mensch umso mehr als abhängiges Objekt behandelt werden soll, je stärker die Behinderung ist?« (HAEBERLIN, 1985, 15)

Hier wird ersichtlich, daß der von Bollnow geforderte Raum der Liebe besonders für die Heilpädagogik von Bedeutung ist, da erst in einem so verstandenen Raum zwischen dem Erzieher und dem Kind der»heilsame Rhythmus«(VIERL, 1977, 19) entstehen kann, »(...) der zum hilfreichen Wegbereiter für jedes Ich wird«. (VIERL, 1977, 19)

5.2.2 Aspekte zur Zeit

Nach Speck bildet nicht nur das In-der-Welt-sein, sondern ebenso das In-der-Zeit-sein ein wesentliches Charakteristikum des Menschen. (SPECK, [4]1980, 140)

Auch hier richten wir den Blick weniger auf die abstrakt gemessene Uhrzeit. Denn »(...) was durch die Uhr beobachtet und gezählt wird, ist nicht die Zeit selbst, sondern die Ortsveränderung einer beweglichen Vorrichtung«. (SCHEURL, 1977, 138) Vielmehr beziehen wir uns auf die Weise, wie der Mensch konkret in seinem Leben die Zeit erfährt. (BOLLNOW, ³1983, 90) »(...); denn seit Bergson wissen wir, daß die konkret erlebte Zeit von der mit den Uhren gemessenen Zeit abweicht, daß sie verschieden ist je nach der seelischen Verfassung des erlebenden Menschen. Sie fließt langsam dahin im Zustand banger Erwartung oder tödlicher Langeweile, sie entschwindet wie im Flug beim fröhlichen Spiel und erfolgreicher Tätigkeit, sie scheint im Augenblick höchsten Glücks ganz zu entschwinden. Und mannigfach verschieden ist wiederum die Art, wie der Mensch sich zur Zeit verhält: ob er sie sorgfältig zu nutzen sucht oder achtlos verstreichen läßt, ob er unbeschwert in den Tag hineinlebt oder ob er sorgenvoll der Zukunft entgegensieht und sich auf das, was sie bringt, einzurichten versucht. So entsteht die Frage nach dem richtigen Verhältnis zur Zeit, und daraus ergibt sich unmittelbar eine pädagogische Aufgabe von grundlegender Bedeutung.« (BOLLNOW, ³1983, 90)

Die Frage nach der Zeit stellt denn ein in anthropologischer Hinsicht fundamentales Problem dar. Dessenungeachtet scheint »(...) nichts selbstverständlicher für das Bewußtsein als seine Bezugnahme auf die Zeit« (Handbuch philosophischer Grundbegriffe, 1974, 1799) zu sein.

Gestern, Heute, Morgen usw. sind täglich verwendete Begriffe; wir fragen nach der Uhrzeit, stellen fest, daß die Zeit nicht mehr reicht, planen für die Zukunft, feiern in Erinnerung an ein Geschehen usw. (Handbuch philosophischer Grundbegriffe, 1974, 1799), ohne daß uns die Zeit zu einem bewußten Problem wird.

Hier sei jedoch darauf hingewiesen, daß die Selbstverständlichkeit im Umgang mit der Zeit nicht immer gewährleistet ist.

Gerade im heilpädagogischen Bereich treffen wir oft auf das Phänomen, daß die Bezugnahme auf die Zeit nicht ohne weiteres erfolgt und daß das Zeitgefühl nicht selten gestört sein kann. Konkret denken wir hier z. B. an den Mongolismus, wo der Erzieher

Kindern begegnen kann, die in einer gewissen »Zeitlosigkeit« leben: »Technik und Terminkalender (...) und andere Zeichen unserer Zeit existieren für den Mongoloiden nicht.« (HOLTZAPFEL, 178, 64)
Bekannt ist auch, daß subjektive Verzerrungen der Zeit psychopathologische Erscheinungsbilder sind. Bei den autistischen Kindern ist z. B. das »Zeit- und Kausalitäts-Erleben« vollständig blockiert, indem Zeit und Kausalität geleugnet werden,»(...) denn der Fluß der Zeit wird als bedrohlich erlebt, zerstört er doch die starre Gleichförmigkeit, mit der sich diese Kinder gegen das Leben abkapseln«. (FRIEDRICH-BARTHEL, 1979, 49)
Hier dürfte die Bedeutung des Rhythmus besonders in Erscheinung treten, wenn wir daran denken, daß der Rhythmus eine gewisse Sicherheit in das alltägliche Leben bringen kann. Denn: »Sobald der Tagesablauf des Behinderten strukturiert wird, entsteht ein zeitliches Ordnungsgefüge, welches zur Stabilität und Sicherung verhilft.« (SIEGENTHALER, 1983, 185)
Wenn wir den Blick auf die Entwicklung des Menschen richten, so sehen wir, daß die Zeit etwas ist, das gelernt werden muß, wobei es das Paradox der Zeit ist, daß das Zeitlernen ein Lernen in der Zeit darstellt. (Handbuch philosophischer Grundbegriffe, 1974, 1807)
Bekanntlich ändert sich das Zeiterleben parallel zur Entwicklung: »Der junge Mensch hat ein anderes Verhältnis zur Zeit als der Erwachsene oder der Greis. Das Kind lebt überwiegend in der Gegenwart und ist voll Erwartung auf das Kommende. Der alte Mensch schaut zurück und hat den Reichtum seines Lebens in der Erinnerung an die Vergangenheit.« (Lexikon der Pädagogik, 1955, 1050)
Das sechsjährige Kind erlebt die Zeit vorwiegend rhythmisch. (Hier sei an das in Kapitel 2 Ausgeführte erinnert: daß auch in der Entwicklung der Menschheit in einer früheren Zeitepoche ein mythisches Zeiterleben vorherrschend war, das durch rhythmische Phänomene geprägt wurde, wie z. B. Mondwechsel, Tages-, Jahreszeiten usw., und daß dieses erst allmählich von einem abstrak-

ten Zeitbegriff abgelöst wurde.) So bildet auch beim Kleinkind der Rhythmus von Tag und Nacht, Sonntagen und Festtagen und der Jahreszeiten einen wichtigen Faktor. »Es freut sich auf Weihnachten und den nächsten Geburtstag, hat aber noch kein Zeitwissen.« (Lexikon der Pädagogik, 1955, 1050) Dieses entsteht erst mit dem Zahlbegriff, wenn sich das Kind an Uhren und Kalendern zu orientieren beginnt. (Lexikon der Pädagogik, 1955, 1050) Auch hier spielt der Rhythmus eine Rolle, wenn die erwarteten Freudentage wie Weihnachten, Geburtstag usw. mit den Jahreszeiten geordnet werden. (Pädagogisches Lexikon, 1970, 1429) Erst in der Pubertät erlebt der Jugendliche dann seine »Zeitlichkeit«, d.h. die Tatsache, daß er in eine Zeit hineingestellt ist und eine gewisse Lebenszeit hat. Damit beginnt er auch die existentiell-geschichtliche Zeitlichkeit zu sprengen,»(...) indem er die Z.linie vorwärts und rückwärts bis ins Unendliche verlängert und (...) dieser schwindelerregenden Z.linie gegenüber einen Halt (...)« sucht. (Lexikon der Pädagogik, 1955, 1050)

Hier wird deutlich, daß mit dem Erleben der Zeit eine pädagogisch-heilpädagogische Aufgabe verknüpft ist. Bollnow weist daher darauf hin, daß zwar die Frage nach der menschlichen Zeitlichkeit in der Philosophie bereits seit Jahrzehnten vorrangig war und daß das Wesen des Menschen von da her in einer ganz neuen Weise aufgeschlossen wurde (BOLLNOW, o.J., 7): »Aber eines ist dabei bisher viel zu wenig beachtet worden: das sind die Folgerungen, die sich von hier aus für das menschliche Verhalten zur Zeit ergeben, also die ethische und die daraus entspringende pädagogische Perspektive.« (BOLLNOW, o.J., 8)

Denn die Aufgabe, den werdenden Menschen zu einem rechten Verhältnis zur Zeit anzuleiten, ist um so wichtiger,»(...) als der Mensch nicht wie das Tier (soweit wir darüber Aussagen machen können) in einer fraglosen Weise in der Zeit aufgeht, sondern sich zu ihr in einer verschiedenen, angemessenen oder unangemessenen Weise verhalten kann. Die Erziehung zum richtigen Verhältnis zur Zeit ist also eine entscheidend wichtige erzieherische Aufgabe, die bis heute noch kaum erkannt und noch weniger in Angriff genommen ist«. (BOLLNOW, o. J., 9)

Gerade heute scheint diese Aufgabe von besonderer Aktualität zu sein, wenn wir erfahren, wie die »Bedrohung durch den Verlust des Zeitmaßes, das uns von der Natur gegeben ist« (PORTMANN, o. J., 12) eine große Gefahr darstellt. Deutlich wird hier der Bezug zum Rhythmus, wenn Portmann sagt, daß der größte Erzieher dazu »(...) das Leben um uns mit den Rhythmen, die unserem Wesen verwandt sind«, sei. (PORTMANN, o. J., 13)

In Hinsicht auf die heilpädagogische Problematik sei erwähnt, daß im Zusammenhang mit der psychomotorischen Unruhe im Kindesalter gerade dieser Faktor, d. h. das richtige Zeitmaß von Bedeutung ist: Das »enfant instable« oder das unruhige Kind kann begriffen werden, wenn vor allem die qualitative Seite der Zeit und damit auch der Rhythmus berücksichtigt wird. »›Il manque de rythme‹ sagt Chorus in diesem Sinne zutreffend.« (KOBI, 1967, 31)

Vermißt werden nach Kobi beim Instabilen einerseits Rhythmus, andererseits Führung, d. h.: »Was uns am ›enfant instable‹ zum pädagogischen Problem wird, ist dessen Maßlosigkeit.« (KOBI, 1967, 31)

Dieses Problem und das Problem, das richtige Verhältnis zur Zeit zu finden, scheint nicht nur für das psychomotorisch gestörte Kind zu bestehen, sondern gewissermaßen so etwas wie eine »Schicksalsfrage des Menschen« (BOLLNOW, o. J., 13) zu sein, was heute die Haltung des Menschen gegenüber der Zeit bezeugt: »So steht der Mensch erschüttert vor der zerrinnenden Zeit. Er sieht sein Leben unwiederbringlich dahinschwinden und fragt sich: bin ich wirklich so hilflos diesem Dahinschwinden ausgeliefert, oder gibt es doch einen Halt in der unaufhörlich schwindenden Zeit?« (BOLLNOW, o. J., 13)

Worum es dabei geht, kann analog dem »Wohnen im Raum« als »Wohnen in der Zeit« bezeichnet werden (BOLLNOW, o. J., 112), was der Mensch jedoch lernen muß.

Während nämlich die nichtmenschliche Lebenswelt quasi von Geburt an auf ihren eigenen Rhythmus abgestimmt ist, gehört es

zum Menschsein, daß er diesen zuallererst lernen muß. (Handbuch philosophischer Grundbegriffe, 1974, 1806) Dieses Lernen kann so aufgefaßt werden, daß es zu einer Strukturierung des bedrohlichen Zeitflusses führt. Das Bewußtwerden der Rhythmen, der ständig wiederkehrenden Ereignisse von Tag und Nacht, Jahreszeiten usw., in die der Mensch selbst miteingeschlossen ist, gebietet dem unaufhörlich vorwärtsfließenden Zeitstrom einen Halt, ja »Zeitlernen ist somit als ein wesentliches Moment des Orientierungs- und Identifizierungsprozesses zu verstehen«. (Handbuch philosophischer Grundbegriffe, 1974, 1806)
In diesem Sinne wird im heilpädagogischen Bereich von verschiedenen Autoren das Zeitlernen, das Transparentmachen zeitlicher Abläufe, als Orientierungshilfe beschrieben. (vgl. z. B. SPECK, [3]1975, 86)
Noch weiter faßt Windeck die Wirkung des Rhythmus, wenn er außer der rein zeitlichen Orientierung, die zu einem Halt führt, die zeitlichen Rhythmen auch als Vermittler einer Stabilisierung der Stimmungen betrachtet. (WINDECK, 1983, 181) Ein besonderes Schwergewicht erhält dieses Moment unter dem Aspekt der Verhaltensgestörtenpädagogik und ganz besonders in einer belastenden Umwelt, wie sie in der modernen Zivilisation häufig anzutreffen ist: »Ist deshalb schon dem nicht-verhaltensgestörten (Schul-)Kind › der Rhythmus in Unterricht, Erziehung und Tageslauf‹ ein › Lebensbedürfnis‹ und trägt zu einer ›organischen‹ oder ›hygienischen Erziehung‹ (W. SCHAD) bei, so ist ›die bildende Kraft zeitlicher Rhythmen‹ bei verhaltensgestörten Schülern von gleichsam therapeutischem Wert.« (WINDECK, 1983, 182)
Die Pflege der zeitlichen Rhythmen kann so als Grundlage zu einem richtigen Verhältnis zur Zeit dienen, d. h. dazu, daß der Mensch sich nicht vom reißenden Zeitstrom bedroht, sondern sich im Einklang mit der Zeit erlebt, die »sinnvoll« gegliedert, also nicht leer und abstrakt, sondern erfüllt ist: »Schon der Wechsel von Tag und Nacht, aber auch jener der Jahreszeiten und wiederum der von den Menschen gemeinschaftlich eingerichteten überindividuellen Lebensordnung bedingt, daß es in jedem Zeitpunkt immer Zeit für

etwas ist, für etwas Bestimmtes, das zu dieser Zeit zu tun sei. Schon die Erziehung des neugeborenen Kindes beginnt mit dem Einfügen in die periodisch gegliederte Zeit. Es lernt durch Gewöhnung, wann es Zeit zum Schlafen und zum Wachen, zur Nahrungsaufnahme usw. ist. Aber so ist auch das Leben des erwachsenen Menschen gegliedert: Es ist Arbeitszeit, Essenszeit, Freizeit, Schlafenszeit usw. Alle Zeit ist in einer vorgegebenen Weise Zeit für etwas, und der Mensch muß lernen, sich in der richtigen Weise in diesen Rhythmus einzufügen und die aus ihm entsprungenen Anforderungen zu erfüllen.« (BOLLNOW, [3]1983, 92)

Ebenso wie der Raum ist auch die Zeit nicht strukturlos.»Sie hat auch in sich eine eigene Gliederung, und zwar eine solche, die nicht erst vom Menschen hineingetragen, sondern die im Geschehen selbst begründet ist.« (BOLLNOW, [3]1983, 92)

Hier werden wir an die Feste erinnert, die den Zeitenlauf ordnen und gliedern und ihrerseits im Naturgeschehen verankert sind. Dadurch wird die Zeit zur »Zeit für etwas« (BOLLNOW, [3]1983, 92): aus dem Alltag, der Zeit für die Arbeit treten wir heraus in eine Zeit für die Feier.

Bemerkenswert scheint hier der Hinweis Nefs zu sein, daß es für den Geistigbehinderten noch wichtiger als für den normalen Menschen ist, die Zeit als strukturiert zu erleben, »(...) feststehende und bekannte Orientierungspunkte in seinem Lebensablauf zu haben, nach denen er sich ausrichten kann, die eine gewisse Ordnung in das Fortschreiten der Zeit bringen, eine Ordnung, die zugleich eine erfüllte Ordnung ist. Daraus wird ersichtlich, welch große Bedeutung es für den Geistesschwachen hat, daß z. B. jeder siebente Tag ein Sonntag ist, daß der Geburtstag das Ablaufen eines Lebensjahres markiert, daß die traditionellen Feste den Ablauf der Jahreszeiten versinnbildlichen (...)«. (NEF, 1969, 131)

Die Gefahr unserer Zeit liegt ja darin, daß zu jeder Zeit alle Genüsse und Freuden erreichbar sind. »Eine Gefahr und ein Grund mehr, warum wir das Fest nicht mehr als Heraustreten aus dem Alltag erfahren.« (MORGENSTERN, 1979, 9)

Dies dürfte nicht nur zu einer »Orientierungslosigkeit« im Leben im weitesten Sinne führen, sondern auch zu einer Abflachung der Gefühlswelt. Denn Fest und Feier können pädagogisch ebenfalls als sinnvoll betrachtet werden, insofern sie verbunden sind mit der Bildung echter Gefühle. So steigert sich z. B. die Zeit auf ein Fest hin zu einem Höhepunkt, »(...) sie zentriert sich auf ein Ziel und konzentriert sich auf eine Bedeutung hin« (NEF, 1969, 52), und gemäß dem Rhythmischen klingt die Festfreude nach, die Zeit trägt noch »Bedeutungshaftigkeit« in Erinnerung an das Vorhergegangene: »Wo das Fest gelungen ist, weicht die freudige Erregtheit, die vor dem Fest herrscht, einer ruhigen und geruhsamen Erfülltheit.« (NEF, 1969, 52)

Wenn wir bedenken, daß das Leben im Heim oft von einer gewissen »Gleichförmigkeit« geprägt wird (KAMINSKI u. KARST u. SPELLENBERGER, 1978, 131), erhalten die Feiern als Höhepunkte einen besonderen Stellenwert für die Heilpädagogik.

Man könnte in Hinsicht auf eine emotionale Förderung sagen, daß die Zeit, die durch die Feste zu einer rhythmischen wird, geradezu die Gefühle »schwingungsfähig« macht, d. h. daß die oft starre, angespannte Stimmung des Arbeitsalltages abgelöst wird durch eine besinnliche, ruhige Festzeit. Da das »geistige Werden« beim Geistigbehinderten zunächst dadurch bedroht wird, »(...) daß es von außen nicht in Bewegung und Schwingung versetzt und die Seele damit eigentlich ›ins Leben gerufen‹ wird« (SPECK, ³1975, 81), stellt sich für die Heilpädagogik die Aufgabe, »das innere Bewegtsein«, die »›Beseeltheit‹« (SPECK, ³1975, 81) zu ermöglichen.

Bei den von Nef als »Verwahrloste« bezeichneten schwererziehbaren Kindern steht dieser Aspekt im Zentrum der Erziehung, da das Fest echte Gefühle vermittelt: Staunen, Freude, Trauer, Erschütterung usw. Fest und Feier verlangen Engagement und Teilnahme von dem Kind, das sich nur schwer von einem Gehalt ergreifen läßt (NEF, 1969, 135–140), und das Erleben der festlichen und feierlichen Stimmung trägt somit zum inneren Halt bei. (NEF, 1969, 70)

Eine geordnete, ausgeglichene, gleichmäßige Stimmung und

Umgebung sind gewissermaßen auch Tragkräfte für das geistigbehinderte Kind: »Ein bestimmter Tages- und Wochenverlauf ordnet das Wartenmüssen und die Befriedigung der natürlichen Bedürfnisse, weckt und erfüllt auch das Verlangen nach heiteren Stunden. Die Einheitlichkeit der Lebensführung, in die sich Freude und Anstrengung gleichmäßig einfügen, ist ein Vorteil der Heimerziehung. Sie kann das Bedürfnisleben, das, je schwerer der Grad des Schwachsinns ist, einen um so breiteren Platz im Leben einnimmt, in regelmäßige Bahnen lenken und die Gelegenheiten des Aufstehens, Essens, Schlafengehens so gestalten, daß etwas von menschlicher Wärme dabei ist.« (MÜLLER, 1965, 234)

So versteht Nef als das Wichtigste am Fest nicht die Aktivität, sondern »das aus innerem Erfülltsein sich von selbst Ergebende«. (NEF, 1969, 55)

In diesem Zusammenhang sei erwähnt, daß die bewußte Pflege der Feste in den anthroposophischen Institutionen aus der Einsicht resultiert, daß gerade dadurch gewisse Gefühle wie Liebe, Gerechtigkeit, Gutes, Böses usw., die für das behinderte Kind oft schwer intellektuell erfaßbar sind, erfahrbar gemacht werden können.

Daher werden den Kindern immer wieder dieselben Festspiele aufgeführt: »Durch die Spiele wird eine besondere pädagogische Wirkung erzielt: wenn ein Kind vom Kindergartenalter an durch seine Schulzeit immer wieder die Aufführungen sieht, können ihm auch bei schwacher Auffassungsgabe seelische Begriffe zum Erlebnis werden. Viele kommen zunächst nur zu konkreten dinglichen Vorstellungen wie Tisch, Teller, Tür und Haus. Durch das bildhafte Erleben von seelischen Vorstellungen kann man ihnen auch weniger anschauliche Begriffe wie Liebe, Schönheit, Tapferkeit, Güte und Weisheit nahebringen. Das prägt sich im Laufe der Jahre ein und wird lebendig; (...).« (KLIMM, 1980, 23)

Die in der Feier enthaltene pädagogische Komponente betrifft aber nicht nur die Seite des zu Erziehenden, sondern auch den Erzieher selbst. Müller meint daher, daß es durchaus nicht gleichgültig sei, wie der Lehrer die Sonntage verbringt, »(...) ob er am Montag als reicherer Mensch in die Schulstube kommt und ob er am Samstag die Vorfreude auf den Sonntag mit den Schülern teilen kann«. (MÜLLER, 1965, 166)

Davon ausgehend, daß es immer »Zeit für etwas« (BOLLNOW, ³1983, 92) ist, kann auch verständlich werden, daß die Erkenntnis der Entwicklungsrhythmen und ihr Einbeziehen in die Pädagogik und Heilpädagogik nicht gleichgültig sein dürfte.

Denn hier geht es ja auf Seiten des Erziehers darum, im richtigen Augenblick das zu tun, was dem Kind angemessen ist: »Und pflegen wir bei dieser Entwicklung vom richtigen Zeitpunkt ab – nicht zu früh und nicht zu spät – die erwachenden bewußten Seelenfähigkeiten, so werden wirklich gesundes und kräftiges Seelenleben und Denken der Erfolg sein!« (HESSENBRUCH, 1938, 31) Eine zu späte Inanspruchnahme einer bestimmten Fähigkeit kann zu ihrer Verkümmerung, eine zu frühe zu einer Schwächung sowohl des physischen Organismus als auch der geistigen Kräfte führen (HESSENBRUCH, 1938, 31), was Hessenbruch an Fallbeispielen darstellt (HESSENBRUCH, 1938, 34–39) und was er als »Rhythmusstörungen« (HESSENBRUCH, 1938, 36) bezeichnet.

So meint er zusammenfassend: »Auf Einsicht in das Entwicklungsgeschehen gegründetes bewußtes Handhaben aller leiblichen und seelischen Erziehungs- und Entwicklungsfaktoren des heranwachsenden Menschen im Einklang, gleichsam in Resonanz mit dem Ablauf des Rhythmusgeschehens, verhütet Störungen, Schwächen und Krankheiten und befestigt die leibliche wie seelische Gesundheit.« (HESSENBRUCH, 1938, 40)

Da das Lernangebot immer eine Spezialität, eine Auswahl aus der Allseitigkeit darstellt, ist diese Spezialität dann berechtigt, wenn sie mit einer bestimmten Entwicklungsstufe korrespondiert und wenn sie den Entwicklungsschritt ermöglicht, welcher der jeweiligen Lerndisposition zugrunde liegt. (SCHNEIDER, 1982, 177)

Die These Bollnows, daß es immer »Zeit für etwas sei«, führt darüber hinaus zu einer sozialen Komponente des Rhythmus, wenn wir bedenken, wie das menschliche Leben sich in Rhythmen abspielt, d. h. daß die »Zeiten für etwas« aufeinander abgestimmt sind (z. B. gemeinsame Essens- und Schlafenszeiten, Arbeitszeit usw.). So meint z. B. Sollberger, daß die Rhythmen »von großer sozialer Wichtigkeit« seien (SOLLBERGER, 1972, 137), denn wir »(...) machen uns immerhin eine rhythmische Lebensform zu eigen, die, während sie unserem zirkadianen Rhythmus entspricht, auch unsere Tätigkeit mit derjenigen anderer Leute synchronisiert«. (SOLLBERGER, 1972, 137)

Diese soziale Komponente tritt insbesondere auch beim Festrhythmus hervor, wo sich zu einer bestimmten Zeit eine Gemeinschaft zusammenfindet. So schreibt Müller: »Feste und Feiern stiften Gemeinschaft; die Feiernden verbinden sich zu einem Ganzen.« (MÜLLER, 1965, 162) Dieses Moment erhält in der Heilpädagogik eine besondere Bedeutung, wenn wir uns bewußt werden, daß z. B. der geistigbehinderte Mensch oft in Gefahr ist, obwohl er auch im »menschlich-sozialen Kommunikationsfeld« steht, an den Rand gedrückt zu werden. (SPECK, ³1975, 43)

Daß Fest und Feier den Menschen zum anderen Menschen führen (KLASSEN, 1971, 76), erhält hier deshalb eine konkrete Bedeutung. Das Miterleben des Festrhythmus kann so gesehen dem geistigbehinderten Menschen die Gelegenheit eröffnen, in die Gemeinschaft aufgenommen zu werden, Gemeinschaft und gleichzeitig ein Stück Kultur zu erleben und zu erfahren, was Speck beschreibt, wenn er als zentralen Bereich des sozialen Feldes für Geistigbehinderte das interpersonale und zwischenmenschliche Geschehen betrachtet und erwähnt, daß ihm auch »kulturelles Milieu« zugänglich werde. (SPECK, ³1975, 47)

Zudem können Gemeinschaft und Kultur – um die Tragweite des Begehens eines Festrhythmus aufzuzeigen – als Voraussetzung zur Persönlichkeitsbildung aufgefaßt werden: »Das religiöse Leben der Gemeinschaft, gefördert von den Künsten, bildet den geistigen Mutterboden, auf dem ein Kind schrittweise zu seiner eigenen Bedeutung und Identität findet.« (WEIHS, 1974, 154)

Das Leben und Mitschwingen in den zeitlichen Rhythmen bildet denn einen Teil zur Ganzheitsbildung, ohne den das Erziehungsziel bruchstückhaft bleibt, und Bach macht in bemerkenswerter Weise darauf aufmerksam, daß Maß und Intensität der Lebenstüchtigkeit von der Lebenserfülltheit abhängen: »Es geht also um die Erziehung zur Lebenstüchtigkeit *und* Lebenserfülltheit, (...)« (BACH, [8]1977, 23), denn auch der Geistigbehinderte bleibt ohne Lebenserfülltheit nur ein »Zerrbild« (BACH, [8]1977, 23), weshalb das Ziel jeglicher Erziehung auch für ihn im Erlangen eines »tragenden Lebensrhythmus« (MOOR, 1965, 375) liegt.

5.3 Der Rhythmus als Verbindung zwischen Mensch und Welt

Als ein zweites bedeutendes Merkmal des Rhythmus hat sich uns in Kapitel 1 aus den verschiedenen Rhythmusinterpretationen die Beziehung zwischen Rhythmus und Natur einerseits und Rhythmus und Mensch andererseits ergeben, oder anders ausgedrückt, die Verbindung, die durch den Rhythmus zwischen Mensch und Welt besteht, weshalb z. B. Laubi sagt: »Der Rhythmus ist (...) das uns innewohnende Urgefühl, das uns mit der äußeren Natur verbindet.« (LAUBI, 1923, 168)

Dagegen steht aber gleichzeitig fest, daß uns »(...) das umfassende Weltgefühl, das Gefühl für die Einheit des ganzen Weltalls fast verloren gegangen (...)« ist. (JENNY, 1943, 1)

Durch die Bedeutung, die deshalb der Verbindung Mensch-Welt von verschiedenen Seiten, z. B. jener der Anthropologie oder Pädagogik, zugemessen wird, erhält der Rhythmus eine zentrale Stellung für das Menschsein überhaupt, besonders dann, wenn das Selbstverständnis des Menschen von diesem Aufeinanderverwiesensein seinen Ausgang nimmt.

Daß dies der Fall ist, bezeugen anthropologische Beiträge wie z. B. »Die Stellung des Menschen im Kosmos«, eine Abhandlung von Scheler, oder »Der Mensch im Kosmos«, eine naturwissenschaftliche Betrachtung von Teilhard de Chardin, u. a., in denen deutlich die Wichtigkeit der Natur oder des Kosmos für den Menschen zum Ausdruck kommt.

Das Menschenverständnis basiert nämlich zu einem großen Teil

auf dem Bild des Menschen, der mit den Füßen auf der Erde steht, den Kopf zum Himmel emporhebt und mit den Händen frei zum Schaffen und Wirken in der Natur ist, d. h. der Mensch verbindet sich mit seiner Umwelt, mit allem, was unter, über und neben ihm ist. (BORT, ³1977, 143)
Dieses Bild drückt sich bis in die Sprache aus, wo z. B. das lateinische homo (von humus) und das gleichwertige hebräische Adam den Erdgebundenen oder das griechische Anthropos den (zu den Göttern) Hinaufschauenden bezeichnen, und erklärt, »(...) wie der Mensch sich selber innerhalb seiner Weltschau verstanden hat«. (LUYTEN, 1974, 11)
So meint Graber geradezu, daß das Selbstverständnis »(...) auf der Verwurzelung des Menschen in seiner materiellen und lebendigen Welt« ruhe. (GRABER, 1974, 23)

Auf diese Verwurzelung sind wir vor allem in Kapitel 2 gestoßen, wo wir gesehen haben, wie der Mensch früher noch viel intensiver mit der Natur und somit den Rhythmen seiner Umwelt verbunden war, daß aus dieser Verbundenheit, wie ich dargestellt habe, das Zeiterlebnis des Menschen hervorging und die bis heute gültige Zeiteinteilung, die rhythmische Zeitordnung.

Von Bedeutung scheint hier auch die Tatsache zu sein – deren wir uns oft nicht bewußt sind –, daß sich die Rhythmen in Natur und Kosmos nicht vollständig unabhängig vom Menschen abspielen, sondern daß sich gerade in den Rhythmen gewisse Beziehungen zwischen Mensch und Welt offenbaren.

Auf solche wurde bereits früher hingewiesen. Noch einmal sei an das Zahlenverhältnis der Pulsschläge und Atemzüge (72:18) und an die 25'920 Atemzüge in 24 Stunden erinnnert, was wir beides in kosmischen Verhältnissen wiederum auffinden.

Übereinstimmungen dieser Art bilden seit ältester Zeit, »(...) seit es eine Chronologie, eine Zeitrechnung, die von den Himmelsvorgängen abgelesen wurde, gibt, einen Gegenstand des größten Staunens (...)«. (SCHUBERT, 1954, 4)

Ich führe solche »›mirabilia numerorum‹« (Zahlenzauber) nicht an, um Aberglauben und Spekulation zu wecken. Vielmehr dienen sie dazu, wie Schubert es formuliert, einzusehen, daß »(...) auch heute, auf Grund einer neuen Synthese der Wissenschaften, sich ein Forschungsweg auftun will, der den Rhythmus im Menschen zusammenschließt mit dem Rhythmus der großen Welt«. (SCHUBERT, 1954, 5)

Wie bereits erwähnt, handelt es sich dabei nicht um kausale Beziehungen in Form von Ursache und Wirkung, sondern um eine Kongruenz, um ein Zugleich von kosmischen und irdischen Gesetzmäßigkeiten (SCHUBERT, 1954, 6–7), d. h.: »Im Rhythmischen fallen kosmisches und irdisches Geschehen zusammen.« (SCHUBERT, 1954, 7)

Die in früheren Zeiten empfundene Verwurzelung des Menschen in Natur und Kosmos hat sich jedoch geändert, und heute droht der Mensch den Zusammenhang vollständig zu verlieren. Graber schildert diese Entwicklung vom anthropologischen Standpunkt aus folgendermaßen: »Während der Mensch früherer Zeiten in einem weitgehend unmittelbaren Bezug zur Welt stand: die Schönheiten der Natur und das Geheimnis, das sich in ihr ausdrückte, in direktem Kontakt empfunden hat, aber auch die Gefahren und das Ausgesetztsein, die eigene Ohnmächtigkeit und Verletzlichkeit gegenüber den kosmischen Mächten in einer unmittelbaren Weise erfahren mußte, lebt der heutige Mensch nurmehr in einem sehr indirekten Bezug zur Welt.« (GRABER, 1974, 29)

Die Art und Weise, wie der Mensch heute in der Welt steht, wird charakterisiert durch eine weniger unmittelbare Begegnung des Menschen mit »dem Geheimnis und Urgrund des Seins der Dinge« (SCHÜEPP, 1974, 75): »Selbst der Bauer, dessen Beruf noch vor wenigen Jahrzehnten ganz ausgeprägt ein ursprüngliches Verhältnis zur Natur einschloß, kennt dieses Verhältnis heute in der Folge der Technisierung, Spezialisierung und Rationalisierung nicht mehr in gleicher Weise.« (SCHÜEPP, 1974, 75)

Was hier für den gesamten anthropologischen Bereich ausgesprochen wird, beschäftigt insbesondere die Pädagogik. Denn wenn die Natur um uns einen wesentlichen Bereich im Entwicklungsgeschehen darstellt (SCHIMON, o. J., 3), so ist es berechtigt, den eben geschilderten Prozeß zu verfolgen mit dem Blick darauf, wie eine neue Begegnung, eine neue Verwurzelung des Menschen in Natur und Kosmos möglich sein könnte.

So bedauert Schimon, daß die Kinder in den Ballungszentren der Städte und Hochhäuser kaum mehr ohne Hilfe der Erwachsenen zum Erleben der Natur kommen (SCHIMON, o. J., 1), und Müller macht darauf aufmerksam, daß das Stadtleben eine »mitreißende, unheimliche Gewalt« ausübe (MÜLLER, 1965, 87): »Das Kind lernt durch Kinobild und Verkehrstod nicht die große Rhythmik der Natur von Werden und Vergehen kennen, in die es auch einbezogen ist, (...).« (MÜLLER, 1965, 87)

Die Beziehung des Menschen zur Natur hat sich dazu noch dahingehend geändert, daß der Mensch sich nicht nur aus der Verbindung loslöst, sondern zudem die Natur zu unterwerfen beginnt: »Die Natur ist inzwischen von der umgreifenden zur angegriffenen, von der majestätischen zur unterworfenen geworden; ihre Gesetze sind in unsere Hände geraten... Heute ist nicht mehr das Dasein an die Welt als Natur ausgeliefert, sondern diese Welt-Natur ist in steigendem Maße dem Zugriff des Menschen preisgegeben.« (DUBACH, 1979, 47)

So pessimistisch solche Ausblicke auch erscheinen mögen, darf trotzdem nicht vergessen werden, daß ein gewisses Maß an Loslösung aus dem Eingebettetsein in die Naturrhythmen vielleicht notwendig ist, um neu eine Stellung des Menschen im Kosmos zu begründen, von der aus er bewußt die Rhythmen in und um ihn ergreift und gestaltet.

In diesem Sinne versteht Seidenfaden das spezifisch menschliche Rhythmuserleben: »Der Mensch hat insofern an der allgemeinen Naturerscheinung Rhythmus in besonderer Weise Anteil, als er ihm nicht einfach – wie das Tier – unterworfen ist, sondern auch zu seinem bewußten Erleben, Erkennen, Gestalten und Nachgestalten fähig ist.« (SEIDENFADEN, 1973, 268)

Damit stoßen wir wiederum auf den bereits erwähnten Hinweis, daß es nicht darum geht, wie dies früher insbesondere getan wurde, in einer falsch verstandenen Rhythmus-Schwärmerei ein Einswerden mit den Rhythmen des Kosmos anzustreben. Wenn dies pädagogisch in den ersten Jahrzehnten dieses Jahrhunderts von romantischer und lebensphilosophischer Seite her propagiert wurde, so bezeichnet Röthig diese Strömung mit Recht als »Zuflucht zum Transrationalismus, zur Weltharmonie, zur kosmischen Sinnhaftigkeit« (RÖTHIG, ²1975, 17), die sich vor allem auf die von Klages vertretene Lehre beruft, »(...) daß die innere Gesetzlichkeit des Lebens vom Rhythmus beherrscht sei. Das universale, rhythmische Geschehen durchpulse alle Organismen, und es sei Aufgabe des Menschen, die ursprüngliche Bindung an das pulsierende rhythmische Leben aufrechtzuerhalten (...)«. (RÖTHIG, ²1975, 17)

Demgegenüber dürfte in Kapitel 3.3.9, wo vom Eigenrhythmus gesprochen wurde, ersichtlich geworden sein, daß der Mensch nicht vollständig von den äußeren Rhythmen bestimmt wird, sondern daß er sich durch einen gewissen Freiheitsgrad diesen gegenüber auszeichnet, so wie dies Schaad schildert: »Ein Organismus ist nicht ein besserer Anteil seiner Umwelt, und er ist auch nicht ein für sich abgekapseltes System. Sein offenbares Geheimnis ist, in spezifischer Variation beides sein zu können: eine Eigenwelt, die offen für ihr Umfeld ist.

Kann er wirklich beides zugleich sein? Genau genommen ist er es erst im abwechselnden Miteinander, und das ist sein Leben in Rhythmen. In abwechslungsreichen und ähnlich bleibenden Wiederholungen ist er zeitweise mehr er selber, und dann öffnet er sich wieder dem Lebensumkreis und wird ökologisches Organ desselben.« (SCHAAD, 1984, 9–10)

In diesem Sinne kann auch im anthropologischen Bereich der Ausspruch Gehlens verstanden werden, daß der Mensch weltoffen ist, was heißen soll: »(...) er entbehrt der tierischen Einpassung in ein Ausschnitt-Milieu.« (GEHLEN, 1978, 62)

Während das vollständige Aufgehen in den kosmischen Rhythmen, wie Seidenfaden es sagt, nicht dem Menschen entspricht, so ist aber auch eine vollständige Isolation eben seinem Wesen nicht gemäß.

Wenn daher Hellpach schreibt: »Unser hominider Organismus ist in die kosmischen Rhythmen von Jahr und Tag unentrinnbar hineingestellt – (...)« (HELLPACH, 1950, 125) und Teilhard de Chardin: »Der Mensch kann sich nicht vollständig schauen außerhalb der Menschheit, noch die Menschheit außerhalb des Lebens, noch das Leben außerhalb des Universums« (TEILHARD DE CHARDIN, 1959, 7), so werden wir hier daran erinnert, wie dies oben (Kapitel 3) gezeigt wurde, daß es viele Beziehungen zwischen dem Naturrhythmus und dem Menschen gibt.

Ich erwähne hier zur Erinnerung z. B. den Zirkadian-Rhythmus, der sich vor allem im physischen Organismus äußert, den Schlaf-Wach-Rhythmus, seelische Rhythmen, Leistungsrhythmen u. a.

Unter diesem Gesichtspunkt scheint die Feststellung Klufas' berechtigt zu sein: »Der Mensch ist nicht isoliert. Er ist als Teil eines höheren Organismus in die Ganzheit des irdischen und kosmischen Geschehens eingebettet. Mit seinem Körper und einem Teil seiner Seele steht der Mensch in der Natur und nimmt an ihr teil.« (KLUFAS, 1958, 16)

Aus der Sicht des Anthropologen meint denn Löwith geradezu, daß sogar unser Geist, wenn auch wesensverschieden von der Natur, in seinem primitiven Dasein eins mit ihr ist: »Die erste natürliche Bestimmtheit des Geistes betrifft das planetarische Leben der Erde sowie das solarische und lunarische Leben, und weil die Erde durch ihre Beziehung zur Gestirnwelt mitbestimmt ist, betrifft sie auch das siderische Leben. Kein Menschenleben kann sich diesen kosmischen Bezügen entziehen, (...).« (LÖWITH, 1975, 334)

Es handelt sich hier also darum, das richtige Maß zu finden zwischen dem »Mitschwingen« mit den Naturrhythmen und der Konstitution eines »Eigenrhythmus«.

Pädagogisch gesehen stellt sich jedoch das Problem, daß heute die Tendenz überwiegt, losgelöst von der Natur zu leben, so daß die Kinder oft gar nicht mehr die Möglichkeit haben, das Naturgeschehen wahrzunehmen. Bedenken wir aber, wie dies Graber getan hat (GRABER, 1979, 23), daß das Selbstverständnis des Menschen auf der Verwurzelung in seiner Welt beruht, so stellen sich hier für die Pädagogik wesentliche Aufgaben, wenn nicht das Gefühl der völligen Entwurzelung und Isolation sich ausbreiten soll, wie dies Monod in pessimistischer Weise schildert:»Der alte Bund ist zerbrochen; der Mensch weiß endlich, daß er in der teilnahmslosen Unermeßlichkeit des Universums allein ist, aus dem er zufällig hervortrat.« (MONOD, 1971, 219)

Angesichts dieses Ausblicks spricht Schimon vom pädagogischen Standpunkt aus von einem Bedürfnis des Menschen, »(...) sich wieder mehr der Natur zu nähern, (...)« (SCHIMON, o. J., 1), und Teilhard de Chardin unterstreicht diese Ansicht in beachtenswerter Weise, wenn er sagt:»Denn meines Erachtens gibt es für das denkende Wesen keinen entscheidenderen Augenblick als den, wo ihm gleichsam die Schuppen von den Augen fallen und es entdeckt, daß es nicht einsam in den Einöden des Weltalls verloren ist, (...).« (TEILHARD DE CHARDIN, 1959, 8)

Diese Entdeckung zu fördern aber hilft, wie wir gesehen haben, der Rhythmus, und durch diese Funktion oder Aufgabe erhält dieser eine zentrale Stellung insbesondere auch in der Pädagogik. Denn:»Nirgends wird die Einheit des inner- und außermenschlichen Lebens und deren Zuordnung aufeinander evidenter als auf dem Feld des rhythmischen Geschehens.« (SCHUBERT, 1954, 2)

Ein intensives Naturerleben gehört also zu einer»heilenden Möglichkeit«, ein»geistiger Umgang« mit den Naturerscheinungen kann zu einer»›Einbildung‹ des Naturlebens im wörtlichsten Sinne dieses Begriffs führen«. (PORTMANN, 1951, 455)

Ökologische Forschungsergebnisse und ganz besonders die Rhythmusforschung bestätigen ja die Verbindung von Mensch und Umwelt und führen zu Schlüssen,»(...) die zwingend dazu herausfordern, u. a. das Gebiet der Menschenkunde, (...), anzuschließen an die der Forschung immer näherrückenden Reiche des gesamten tellurischen, atmosphärischen, ja des siderischen Lebens, d. h. des Lebens von der Erde, Umkreis und Gestirnall«. (SCHUBERT, 1954, 2)

Der Biologe und Anthropologe Portmann schildert auf eindrückliche Weise, wie der Mensch durch den Rhythmus auf die Umwelt hingeordnet ist:»Beherrscht wird die primäre Beziehung zur Welt durch den Wechsel von Tag und Nacht und durch die Gegensätze dieses Tag-Nacht-Wechsels in den verschiedenen Breiten, in denen Menschen ihre Heimat gefunden haben. Wir denken dabei zuerst an das bewußte Erfahren, an das Wissen um Tag und Nacht und die Unterschiede im Erlebnisgehalt der zwei Sphären. Aber gerade dieser vertraute Rhythmus unseres Daseins weist auf verborgenere Gründe unseres Welterlebens hin, denn er verbindet uns mit allem, auch dem bewußtlosen Lebendigen. Im Menschen wie in Tieren und Pflanzen, auch in den einfachsten zelligen und nichtzelligen Lebensformen, ist dieser Rhythmus am Werk, in allen hat die große irdische Gegebenheit von Tag und Nacht ihre Entsprechung im inneren Wechsel der Lebenstätigkeit, in Rhythmen, die sich jenseits von allem Bewußtsein durchsetzen und deren Erzeugung wir heute als eine Grundeigenschaft des Lebensstoffes, des Protoplasmas, erkennen. Daß in unseren Breiten, wenn wir für den Augenblick von den polaren Sonderverhältnissen absehen, ein Rhythmus von annähernd 24 Stunden dem lebendigen Geschehen eingegliedert ist, ist eines der erstaunlichsten Phänomene, welche die vergleichende physiologische Forschung zutage gefördert hat. Es bestehe kein Zweifel daran, daß dieser Rhythmus von ererbten Strukturen geleistet wird; ebenso deutlich ist aber andererseits, daß er von äußeren Einwirkungen gesteuert werden kann. Vom Menschen sind doch etwa 40 Lebensfunktionen bekannt, die solche Rhythmen zeigen. Wir wissen, daß sie ererbt sind, sich aber erst etwa im zweiten Monat nach der Geburt auf die Alltagsverhältnisse einstellen, während neugeborene Säuglinge oft sehr stark Rhythmen unterworfen sind, die vom Mutterkörper bestimmt wurden, die z.B. von ungewöhnlichen Arbeitszeiten der Mütter herrühren. Ich hebe diese unbewußte Verwurzelung des Welterlebens im tiefsten Lebensgrund hervor, weil die Wandlungen unserer Daseinsform in der Gegenwart auch in diesen urtümlichen Wechsel eingreifen. Wir verlängern den Tag in die Nacht; wir zwingen unseren Organismus durch immer raschere Flugreisen, in kürzester Frist in andere Tagesrhythmen sich einzuschwingen.« (PORTMANN, 1964, 11–12)

Die medizinische Rhythmusforschung beschränkt sich denn nicht nur darauf, den Zusammenhang von menschlichen und kosmischen Rhythmen festzustellen und zu beschreiben, sondern schließt aus den Ergebnissen, »(...) daß der Mensch auf die Verankerung seiner Circadianrhythmik in einer erdspezifischen Umweltordnung angewiesen ist, wenn er nicht die Basis seines biologischen Zeitorganismus gefährden will«. (HILDEBRANDT, 1981, 21)

Auf diesen Sachverhalt baut Erdmann ihre pädagogische Hypothese auf: »(...) die psychosomatische Funktionstüchtigkeit ist gewährleistet – (...) – durch unendlich viele rhythmisch verlaufende, sich selbst regulierende und untereinander beeinflussende Teilfunktionen. Der Gesamtorganismus wiederum ist eingebettet bzw. ›angeschlossen‹ an die ihn erhaltende Biosphäre und diese schließlich an die kosmischen (siderischen, planetarischen) Rhythmen oder Zyklen.« (ERDMANN, 1982, 32)

Die Tatsache, daß der Mensch sowohl physisch als auch psychisch auf die Verwurzelung in die Umweltrhythmen angewiesen ist und daß das Selbstverständnis des Menschen wesentlich durch seine Stellung im Kosmos geprägt wird, scheint in bedeutsamer Weise dafür zu sprechen, den Rhythmus in der Pädagogik und Heilpädagogik miteinzubeziehen.

Unter diesem Aspekt kann z. B. die Beachtung des Tages-, Wochen-, Monats- und Jahresrhythmus als sinnvoll erachtet werden, und die Betonung des Festzeitenrhythmus erscheint in einem neuen Licht.

In diesem Sinne meint Marti, daß das Kind im Alter von sieben bis vierzehn Jahren noch ganz besonders mit der Umwelt verbunden ist: »Aus seinem natürlichen Bedürfnis lebt das Kind innig die Rhythmen der Welt mit. Es lebt ganz im Rhythmus der Jahreszeiten, in die es sich durch seine jahreszeitlich wechselnden Spiele einfügt. Wenn die Erwachsenen es richtig leiten, so fügen sie dazu den Rhythmus des seelischen Jahres und lassen es tief den Jahreslauf miterleben. Miterleben der Welt und des Menschen ist hier das Zauberwort; (...).« (MARTI, 1945, 6)

Durch den Rhythmus wird es also möglich, daß, wie Graber es formuliert, der Mensch »(...) endlich aus seiner selbstverschuldeten Isolation herauskäme. Er erschiene wieder mit seiner soliden Verwurzelung im Kosmos einerseits, mit seiner Offenheit auf das Dasein andererseits« (GRABER, 1974, 20), was einem Bedürfnis des Menschen entspricht.

So schreibt Klein in einem Artikel über die Aufgabe des Kinderbuches, daß die Kinder eine tiefe Sehnsucht haben, »(...) viel von der Welt und den Menschen zu erfahren«. (KLEIN, 1975, 554) Da dem Menschen heute aber vor allem die Vorstellung seiner Stellung im Weltall fehlt, kann durch das Erkennen der Rhythmen, d. h. durch die Kongruenz menschlicher, tierischer, pflanzlicher und kosmischer Rhythmen wieder ein Zusammenhang des Menschen mit seiner Umwelt bewußt gemacht werden (KLEIN, 1975, 555–556), weshalb es darum geht, »(...) im Kind solche Empfindungen anzuregen (...), daß es sich im Zusammenhang mit dem Kosmos erleben kann«. (KLEIN, 1975, 556)

Ausgehend davon, daß Heilpädagogik nichts anderes ist als Pädagogik, daß jedoch gewisse Prozesse intensiviert werden müssen, wird die Bedeutung des Rhythmus auch hier für die Heilpädagogik ersichtlich: Als zentrales Problem stellt sich ja in diesem Bereich immer wieder die Selbstfindung des Behinderten, d. h. aber sein Selbst- und Weltverständnis oder, anders ausgedrückt, seine Stellung in der Welt und seine Beziehung zur Um- und Mitwelt.

Wenn wir dabei bedenken, daß durch die Behinderung oft Schwierigkeiten auftreten – es sei hier exemplarisch nur auf das autistische Kind hingewiesen, das in einer gewissen Isolation gegenüber seiner Mitwelt lebt und bei dem gleichzeitig eine erschwerte Ich-Bewußtseins-Bildung vorliegt –, wird es verständlich, daß hier der Rhythmus in besonderem Maße fruchtbar werden kann.

Bach meint in diesem Sinne, daß die erste Voraussetzung zur

Lebenserfülltheit des behinderten Menschen das »Sich-zu-Hause-fühlen in dieser Welt« (BACH, ⁸1977, 25) sei: »(...) im Zu-Hause-sein in einer Welt, die zu ihm spricht, die ihm etwas sagt, die eine Welt für ihn ist, die nicht leer, gleichgültig und tot ist, besteht die Lebenserfülltheit des Geistigbehinderten, die seinem Leben Sinn gibt, es vom bloßen Dasein zum Menschsein werden läßt.« (BACH, ⁸1977, 26–27)

Angesichts der Tatsache, daß das geistige Leben des geistigbehinderten Kindes dadurch bedroht ist,»(...) daß ihm die Umwelt zur Kulissenwelt der Beziehungs- und Bedeutungslosigkeit wird, d. h. zu einem fremden, unheimlichen Etwas« (SPECK, ³1975, 86), besteht die pädagogische Aufgabe auch nach Speck darin, daß der Geistigbehinderte »(...) seine Welt finden, gliedern und gestalten kann, um in ihr heimisch zu werden«. (SPECK, ³1975, 86)

Wenn wir an den Anfang des Kapitels das Bild des Menschen auf der Erde (homo), der zu den Göttern emporblickt (anthropos), gestellt haben, so haben wir nun gesehen, daß der Rhythmus ein Element im Werden zum homo darstellt, in dem Sinne, daß der Rhythmus den Menschen mit der Welt, den Naturreichen verbindet, und daß dasselbe aber auch beim Werden zum anthropos gilt, wenn hier insbesondere der Festzeitenrhythmus den Menschen auf das Göttliche verweist, wenn abgesehen davon aber auch der Naturrhythmus oder das Staunen über die verschiedenen Erscheinungen des Rhythmischen zu einem religiösen Erlebnis führen, wovon z. B. Poseidonios zeugt, ein stoischer Philosoph, der ca. im Jahr 90 vor unserer Zeitrechnung eine höhere Macht geahnt habe, als er als erster wissenschaftlich geschulter Forscher die Gezeiten und den Mondrhythmus beobachtet hat: »Da erkannte er – staunend als Naturforscher, verehrend als Religionsphilosoph –: der Logos durchwaltet in rhythmischen Schwingungen kraft seiner ›Sympathie‹ den Kosmos.« (NORDEN, 1928, 7)

Wenn Morgenstern also dafür plädiert, daß wir nichts unversucht lassen sollten,»(...) im religiösen Bereich dem Behinderten seinen Fähigkeiten entsprechend alle Möglichkeiten zu erschließen« (MORGENSTERN, 1979, 70), so kann das Miterleben im Festzeitenrhythmus als solche Möglichkeit betrachtet werden. Damit wird es zu einem Baustein zur Erfüllung der für den geistigbehinderten Menschen besonders wichtigen Aufgabe der »Erschließung des Lebenszutrauens«. (SPECK, ³1975, 81) Denn nach Klassen liegt der anthropologische Sinn von Fest und Feier darin, daß eine Zustimmung zur Welt möglich wird,»(...) daß der Mensch, trotz aller Sorgen, aller Trauer, der Schuld und des Schreckens, sich erfährt als im Schöpfungsgrund der Welt aufgehoben«. (KLASSEN, 1968, 76)

So können wir abschließend festhalten, daß der Rhythmus als Verbindung zwischen Mensch und Natur dazu führen kann, in der Natur das Fenster zu sehen, durch das sich Gott offenbarte (HEITLER, 1979, 9) oder »(...) daß in der Natur und im Menschen Göttliches wirkt«. (HEITLER, 1979, 37)

5.4 Die Wesensmerkmale: Wiederholung, Polarität und Elastizität

In Kapitel 1 haben sich aus den verschiedenen Definitionsversuchen des Rhythmus die drei Wesensmerkmale: Wiederholung, Polarität und Elastizität herauskristallisiert.

Von da her ergeben sich in Hinsicht auf die Pädagogik und Heilpädagogik aufschlußreiche Gesichtspunkte in bezug auf die Sinn-Frage.

Obschon diese drei Merkmale nicht typisch sind für das Begriffsvokabular des Pädagogen und Heilpädagogen (die Begriffe Polarität und Elastizität suchen wir vergebens in pädagogischen Wörterbüchern), bieten sie sich hier als Ordnungskriterien an, und es wird sich zeigen, daß auch sie eine pädagogische und heilpädagogische Dimension besitzen.

Immerhin läßt sich ja vielleicht bereits von einem Alltagsverständnis her einsehen, daß den drei Wesensmerkmalen des Rhythmus, der Wiederholung, der Polarität und der Elastizität eine gewisse anthropologische Bedeutung inhärent ist: Jeder Atemzug wiederholt sich, Schlafen und Wachen kehren täglich wieder. Freude und Trauer, Jugend und Alter, Aktivität und Ruhe u. v. a. sind Polaritäten, zwischen die das Menschenleben eingespannt ist. Und bekanntlich gibt es dort, wo Leben ist, nie starre Gesetzmäßigkeit, immer verbleiben gewisse individuelle Spielräume, Variabilität oder Elastizität.

a) Wiederholung

»Repetitio est mater studiorum« (Lexikon der Pädagogik, 1951, 897) – dieser Ausspruch zeugt davon, daß bereits von alters her der Wiederholung ein pädagogischer Wert zugestanden wurde. Dieser ist nicht nur auf das Lernen im engeren Sinne beschränkt, wenn er auch im Lexikon der Pädagogik zunächst zwar auf den schulischen Bereich bezogen wird:»Die W. – Repetition – ist eine bewußte Erziehungsmaßnahme. Durch ein nochmaliges Zur-Sprache-Bringen eines bereits im Unterricht vorgebrachten Lerngegenstandes wird versucht, im Lernenden das von diesem bereits erfaßte Geistesgut zu festigen, es ihm einzuprägen.« (Lexikon der Pädagogik, 1951, 897) Durch eine solche bewußte Wiederholung wird angestrebt, daß der Lernstoff »Besitz« wird. (Lexikon der Pädagogik, 1951, 897)

Wie in Kapitel 4.2.1.3 angedeutet, erhält die Wiederholung in diesem Sinne insbesondere auch in der Heilpädagogik eine zentrale Stellung, wenn wir an die Bemerkung Ennens, der die Wiederholung als Methode der pädagogischen Förderung betrachtet, denken, daß bei der Erziehung des Schwerst-Geistigbehinderten ein »Höchstmaß an Wiederholung« erforderlich sei. (ENNEN, 1979, 211) Auch Speck stimmt dem zu, wenn er schreibt, daß das Üben in Form von Wiederholung beim Lernen des geistigbehinderten Kindes einen breiten Raum einnehme (SPECK, ^{3}1975, 86), und dieselbe Ansicht äußert Mattmüller-Frick anschaulich:»Wiederholung und Übung ist die wichtigste Grundlage des Unterrichtes. Dasselbe muß in der gleichen Anordnung sechs- bis zehnmal bearbeitet werden, wenn es ›sitzen‹ soll.« (MATTMÜLLER-FRICK, 1969, 83)

Durch Piaget wissen wir, daß die Wiederholung in den primären Zirkulärreaktionen, wo der Säugling versucht, zufälliges Verhalten zu wiederholen (GINSBURG u. OPPER, [2]1978, 52), sich als Grundbedürfnis des Menschen und als Grundlage zum Lernen äußert.

Insbesondere in der anthroposophischen Pädagogik und Heilpädagogik bildet denn das rhythmische Lernen durch rhythmisch wiederkehrende Epochen gewissermaßen das Fundament des Unterrichtes (siehe Kapitel 4.2.2.1).

Die anthroposophischen Ausführungen scheinen mir hier in bezug auf die Fragestellung »Warum – Wozu« aufschlußreich zu sein. Damit berühren wir nämlich ein wichtiges Prinzip der anthroposophischen Pädagogik und Heilpädagogik, das sogenannte »Erinnern und Vergessen«. Wie in der Biologie das Samenkorn eine Pause des Ruhens braucht, so wirkt auch beim Lernen das gleiche Prinzip. (RAUTKE, 1983, 261) Um dies zu verstehen, ist es notwendig, einen Blick auf den Schlaf-Wach-Rhythmus zu werfen, zumal da Schlafen und Vergessen eine enge Beziehung zueinander aufweisen: »Schlafen und Vergessen sind Zustände, die es dem Ich ermöglichen, sich gegenüber seinen Eindrücken aufrecht zu erhalten, nicht mit ihnen identisch zu werden.« (VON ARNIM, 1974, 65)

Nebenbei sei hier vermerkt, daß auch Nietzsche die Notwendigkeit des Vergessens in Erwägung zog und ein richtiges Gleichgewicht zwischen Erinnern und Vergessen gefordert haben soll (BOLLNOW, [3]1983, 94), und nach Bollnow sind Erinnern und Vergessen Voraussetzungen dazu, »(...) die Vergangenheit in fruchtbarer Weise in die Gegenwart einzubeziehen (...)«. (BOLLNOW, [3]1983, 99) So gesehen ist das Vergessen nicht einfach ein passiver Vorgang, ein Verdämmern der Bewußtseinsinhalte, denn der Mensch könnte sein Ich-Sein ohne das Vergessen nicht aufrechterhalten (VON ARNIM, 1974, 61): »Der Übergang des Vorstellungsinhaltes in den unbewußten Zustand ist eine Notwendigkeit zur reinen Aufrechterhaltung des bewußten Ich gegenüber seinen Eindrücken« (VON ARNIM, 1974, 63), die Unterbrechung des Tagesbewußtseins durch den Schlaf verhilft dem Ich zu seinem Selbstbewußtsein. (VON ARNIM, 1974, 66)

Während heute allgemein der Blick auf die Zeiten des Lernens, auf die bewußten Fähigkeiten und auf die Verfügbarkeit der bewußtseinsmäßigen Inhalte gerichtet ist und Vergessen mit Schwächung des Bewußtseins und Ermüdung mit Hinderung gleichgesetzt werden, wird in der anthroposophischen Pädagogik und Heilpädagogik das fruchtbare Moment dieser Zustände erkannt und bewußt gehandhabt: »Die Entwicklung der seelischen Fähigkeiten setzt (...) die Spannung von Tag und Nacht voraus, von Wachen und Schlafen, Bewußtem und Unbewußtem, Lernen und Vergessen. Und wie tiefes Schlafen ein volles Wachen ermöglicht, so gründliches Vergessen ein frisches Lernen.« (RAUTKE, 1983, 261)

Das Einbeziehen der Nacht als Pause zwischen zwei Unterrichtstagen hat nach Windeck für die Didaktik und Methodik des Epochenunterrichtes Konsequenzen auch unabhängig davon, ob man die menschenkundlichen Voraussetzungen dazu akzeptiert. (WINDECK, 1983, 161) Die große Pause zwischen den Epochen trägt demnach positiven Charakter: sie erneuert das Interesse, weckt neue Aufmerksamkeit und festigt das in der Vergangenheit Erworbene. (RAUTKE, 1983, 261)

Am Anfang der Epoche kann der Lehrer die Erfahrung machen, daß zwar viel vergessen ist. Doch taucht das Vergessene wieder auf, und oft sind bei dieser Wiederholung frühere Mängel ausgeglichen und Schwierigkeiten überwunden. (RAUTKE, 1983, 261)

Hier wird erlebbar, daß der Epochenunterricht tatsächlich dem Rhythmischen sehr nahekommt, da ja, wie wir gesehen haben, ein rhythmischer Vorgang nicht Wiederkehr des genau Gleichen, sondern Erneuerung bedeutet. Der Inhalt der rhythmisch wiederkehrenden Epochen ist niemals der gleiche, sondern er taucht in gereiftem Zustand, auf einer höchren Stufe, jedoch in ähnlicher Form wieder auf: »Da die Epochen mitunter nur zweimal im Jahr das gleiche Fach fortsetzen, haben die Kinder Zeit zum Vergessen. Was die Nacht zwischen den Unterrichtstagen, das bedeutet die Pause zwischen den Epochen des Faches. Um aus Kenntnissen Fähigkeiten zu bilden, ist das Erinnern und Wiederbegegnen des Untergesunkenen genau so wichtig, wie das Erwachen aus dem Schlaf. (...). Immer wieder ist die Erfahrung überraschend, daß gerade das mit Begeisterung aufgenommene, in sich zu einem Bilde ausgestaltete Unterrichtsgebiet beim ›Wieder-Holen‹ einen höheren Reifegrad, eine inzwischen erwachsene Fähigkeit zeigt. Aber auch das nicht voll Verstandene – z.B. im Rechnen – kann plötzlich leicht und selbstverständlich wiedererscheinen.« (CARLGREN, 1981, 86)

Diese Überlegungen spielen insbesondere auch dort eine Rolle, wo es um das behinderte Kind geht. Es ist das »lebendige Gedächtnis«, das mehr ist als nur Wiederholung. (VON ARNIM, 1974, 60)»Das heilpädagogische, das im eigentlichen Sinne erzieherische und für das Kind letzten Endes Verhaltens-bestimmende Element tritt nicht dort in Erscheinung, wo gefragt wird, auf welche Weise irgend welche Inhalte gedanklich oder im Verhalten möglichst effektiv reproduziert werden können und nach welchen Methoden man zu suchen habe, um das zu erreichen. Der bildende Prozeß, auf den es wirklich ankommt, liegt vielmehr da, wo es um die Ausgewogenheit, um Harmonie in jenem Geschehen geht, das sich zwischen Vergessen und Erinnern abspielt.« (VON ARNIM, 1974, 74)

Die Bedeutung des Epochenrhythmus für den Bereich der Heilpädagogik wird auch von erziehungswissenschaftlicher Seite her anerkannt, wenn Windeck sagt: »Insgesamt kann man feststellen, daß der Epochenunterricht eine Form von Lernorganisation ist, deren Vorteile sich auch unter sonderpädagogischem Aspekt nutzbar machen lassen und deren Übernahme in das öffentliche Schulwesen lohnt.« (WINDECK, 1983, 166)

Als Vorteil versteht Windeck vor allem seinen »weitläufigen, aber andererseits auch konzentrierenden Charakter« (WINDECK, 1983, 168), der für Kinder mit ungegliederter Aufmerksamkeitsstruktur und erhöhter Ablenkbarkeit zur Orientierungshilfe werden kann. Denn im Epochenunterricht können sie miterleben, wie die Unterrichtselemente aufeinander aufbauen, wie eine Epoche sich in die andere fortsetzt und der Zusammenhang gewahrt wird. Außerdem ist für sie der Rhythmus von betrachtenden und betätigenden Fächern von besonderer Bedeutung und ebenso die Tatsache, daß im Epochenunterricht der Schüler über längere Zeit bei der Sache bleibt. (WINDECK, 1983, 168)

Weiten wir den Geltungsbereich der Wiederholung vom Lernen im engeren Sinne aus, so stoßen wir auf eine bedeutsame Bemerkung Morgensterns, daß der Mensch nicht immer neue Eindrücke und Erlebnisse fordere, sondern daß er ein gewisses Verlangen nach rhythmischer Wiederkehr, nach »Sicherheit einer gelebten Tradition« habe. (MORGENSTERN, 1979, 9)

In diesem Sinne meint auch Simonis: »Das A und O eines gesunden Gedeihens des Kindes ist die Beachtung des Rhythmus (...). Zur gleichen Zeit pünktlich täglich die Mahlzeiten, zu gleichen Zeiten auch den Schlaf! Das festigt in dem Kinde einen bestimmten Rhythmus. Dieser ist das gesunde, unsichtbare Rückgrat für das Einleben des kleinen Wesens in die sonst stark unrhythmische Erwachsenenwelt.« (SIMONIS, [2]1972, 29)

Das kleine Kind scheint geradezu unbewußt ein Verlangen nach rhythmischen Wiederholungen zu haben. In vielen Märchen wird diesem Grundbedürfnis begegnet, weil hier ein wesentliches Element in der Wiederholung liegt. So wird z. B. in Schneewittchen rhythmisch sieben Mal die gleiche Situation geschildert. Außerdem entsteht ein Rhythmus, wenn der Erzieher täglich mit den möglichst gleichen Worten erzählt. (GLAS, 1954, 145)

Wie ein Märchen in bezug auf den Rhythmus direkt auf das Kind einwirkt, schildert Marti anschaulich, wenn er schreibt: »Man beobachte einmal ein Kind, das einem Märchen zuhört! Was es in seiner mitfühlenden Seele erlebt, offenbart sich in seinem Atem: die Spannung, wo es den Atem anhält; die Behutsamkeit beim Gang durch den Wald, wo es wie vorsichtig atmet; der befreite Atemzug, wenn der Märchenprinz eine Tat vollbracht hat.

Wenn man auch den Herzschlag beobachten könnte, so würden auch da alle Gefühle, die das Kind erlebt, sich in den Schwankungen und Änderungen des Rhythmus abbilden.« (MARTI, 1945, 5)
Die Wirkung eines Märchens, das regelmäßig zu einer bestimmten Tagesstunde erzählt wird, liegt darin, daß sich das Kind im »Wiedererleben und Wiederbegegnen« über eine längere Zeit hin stets aufs neue an das gleiche Bild einer Geschichte erinnern muß und so seine Willenskräfte stärkt. (VON ARNIM, 1968, 5)
Auch nach Glas wirken solche rhythmischen Erlebnisse bis in die Atmung und den Blutkreislauf. Sie haben eine allgemein harmonisierende Kraft, insbesondere aber sollen sie, wie alles Rhythmische des täglichen Lebens, zur »Harmonisierung der Gefühle« verhelfen. (GLAS, 1954, 112)
Eine solche »Harmonisierung der Gefühle« erhält einen zentralen Akzent, wenn sie im Kontext der Gesamterziehung gesehen wird, nämlich als Baustein zur »religiösen Haltung« (HAEBERLIN, 1985, 84), die auf eine »zeitweise Überwindung des angeborenen Reiz-Antwort-Schemas« (HAEBERLIN, 1985, 84) angewiesen ist. Damit meinen wir ein »Teilziel der Gesamterziehung« (HAEBERLIN, 1985, 84), eine Voraussetzung für die Vermenschlichung. Dieses Ziel kann als »Erwerb einer emotionalen ›Technik‹« betrachtet werden, welche dazu führt, den angeborenen emotionalen »Reiz-Antwort-Zwang« zu unterbrechen. Es sind dies »emotionale Gewohnheiten« (HAEBERLIN, 1985, 84): »Dabei handelt es sich um die Angewöhnung eines Rhythmus in der Gestaltung des Tageslaufs (bzw. Wochen- und Jahresablaufs), der die Pflege von regelmäßig wiederkehrenden emotionalen Befindlichkeiten ermöglicht. Beispielsweise kann die Gewohnheit, in einer Erziehungsgemeinschaft täglich zur gleichen Zeit eine halbe Stunde zu singen, zu spielen, zu feiern, einen Rhythmus im emotionalen Leben des Kindes schaffen. Die Eröffnung jeden Schultages durch besinnliche fünf Minuten ist vielleicht bei vielen Lehrern verpönt, aber auch dies wäre ein Beispiel für einen äußeren Rhythmus, mit dem man zur emotionalen Stetigkeit erziehen kann.« (HAEBERLIN, 1985, 84)

Dadurch, daß die »emotionalen Gewohnheiten« Voraussetzung zur Entwicklung einer religiösen Identität bilden (HAEBERLIN, 1985, 84), scheint die Einbeziehung des Rhythmus in die Erziehung eine gewichtige Stellung in der Pädagogik und Heilpädagogik zu erhalten.

In ähnlicher Weise spricht Aeppli davon, wenn er schildert, wie früher das Rhythmische eine »volkserzieherische Bedeutung« hatte, da es insbesondere den Willen ansprach (AEPPLI, ³1979, 89): »In solchen Tatsachen liegt z. B. die Bedeutung der sich rhythmisch wiederholenden Jahresfeste oder eine Wirkung aller kultischen Handlungen. Wir wissen, wie sich hier Wort und Geste, das ganze Ritual, in beinahe gleicher Weise wiederholen. Gerade durch diese rhythmischen Wiederholungen bei den kultischen Handlungen wird die Willensnatur des Menschen angesprochen. Oder denken wir an das tägliche Gebet, an den Morgenspruch, an das tägliche oder sonntägliche Lesen derselben Texte usw.« (AEPPLI, ³1979, 89)

Da wir in einem Zeitalter leben, das auf Einmaligkeit eingestellt ist, »(...) auf schnell ablaufende, so vorbeihuschende Bilder und Vorstellungen, wobei auch gleich jedes neue Bild das vorangegangene auslöscht« (AEPPLI, ³1979, 89), wo »Zerstreuung« anstatt »Sammlung« gesucht wird (AEPPLI, ³1979, 89), mag es besonders wichtig sein, den Rhythmus in der Erziehung zu beachten.

Dieser Sachverhalt wird in einem Bericht der sozial-pädagogischen Einrichtung »Humanus-Haus« in Worb-Beitenwil erwähnt und speziell auf die heilpädagogische Situation bezogen. Dabei wird deutlich, daß es sinnvoll ist, angesichts der modernen Lebenshast, »(...) einen Lebensrhythmus zu pflegen, der dem jungen behinderten Menschen entspricht (...)« (Humanus-Haus-Nachrichten, 25, 1983, 28): »Dazu braucht es einen anderen Lebensstil, einen Tages-, Wochen- und Jahresrhythmus, der die Seele atmen läßt und der die Willenskräfte stärkt und formt – einen Rhythmus, der uns auch seelisch ein- und ausatmen läßt.« (Humanus-Haus Nachrichten, 25, 1983, 29)

In gleichem Sinne meint auch Maikowski, daß im Hinblick auf

eine »Heilende Erziehung als Zeitnotwendigkeit« die Bildung von formenden Lebensrhythmen durch regelmäßige Verrichtungen im Tageslauf, durch Morgen- und Abendfeier, Ordnung der Mahlzeiten, Verteilung der geistigen und praktischen Arbeiten einen wesentlichen Faktor darstelle. (MAIKOWSKI, ³1977, 20–21) Eine rhythmische Ordnung des täglichen Lebens führt zu kraftsparenden Gewohnheiten und zur Stärkung des Willens: »Das immer wieder Tun von Gleichem oder Ähnlichem kostet ab und zu Überwindung und Anstrengung. Dies wirkt sich günstig auf die Willensbildung aus.« (LANG, 1977, 407)

Ausgehend vom Sprichwort: »Rhythmus ersetzt Kraft!« greift Anders denselben Gesichtspunkt auf, wenn sie von »lebenstärkenden Tages-Rhythmen« spricht und damit meint, daß es »(...) das rhythmische Erfüllen kleiner und größerer Pflichten, von anderen oder sich selbst auferlegt (...)« ist, »(...) was sich als ungeheuer wertvoll, weil heilsam erweist«. (ANDERS, 1984, 48) Denn dadurch, daß wir bewußt den Tagesablauf rhythmisch sinnvoll planen, kann dem heute weitverbreiteten »Von-außen-geführt-Werden« ein »Sich-selbst-Führen« entgegengesetzt werden. (ANDERS, 1948, 48)

Einen in dieser Hinsicht weiterführenden Beitrag verdanken wir Kobi, der in der Auseinandersetzung mit dem Problem der psychomotorischen Unruhe auf das Phänomen der Wiederholung stößt und ihm einen hohen Stellenwert zugesteht.

Kobi zeigt die Bedeutung der Wiederholung am Beispiel des »enfant instable« auf, das durch den Verlust von Rhythmus und Führung durch seine Maßlosigkeit zum pädagogischen Problem wird. (KOBI, 1967, 31) Diese Tendenz drängt sich nach Kobi in unserer Zeit in den Vordergrund und wird noch unterstützt durch den heute weitverbreiteten Hang zum Quantitativen. (KOBI, 1967, 32) Erwähnenswert scheint hier, daß Kobi auch noch eine soziale Komponente herausarbeitet: jedes Maß entsteht nämlich durch ein »In-Beziehung-Setzen« einer Größe zu einer anderen, was man Messen nennt: »Jedes Maß dient als Ordnungsinstrument der Weltbewältigung. Wo ein Maß einer Konvention unterworfen

wird, erfüllt es ferner eine soziale Funktion. Es bildet eine Grundlage zwischenmenschlicher Verständigung. Jedes Maß, das eine soziale Funktion erfüllen soll (...), bindet daher den einzelnen. Dieser muß sich, will er die Verständigungsgrundlage nicht zerstören, ans Maß halten: er muß maßhalten.« (Kobi, 1967, 33)
Die Tatsache, daß das Kind zunächst noch über kein Maß verfügt (Kobi, 1967, 34), erhellt hier die Bedeutung des Rhythmus in der Pädagogik: »Der Rhythmus vermag ein Lebewesen so weit ordnend zu tragen und dem Chaos zu entheben, als es sich nicht anschickt, sich über dieses Leben zu erheben.« (Kobi, 1967, 34) Auch Kobi spricht von einem »kindlichen Wiederholungsbedürfnis«. (Kobi, 1967, 38) Die Wiederholung steht nach ihm denn in enger Beziehung zum Messen, da das Messen direkt aus dem wiederholten Anlegen der gleichen Maßeinheit hervorgeht. Daher ist sie bestimmend für das »allmähliche Hineinwachsen ins Maß«. (Kobi, 1967, 38) »Hat ein Kind durch Zufall oder indem es durch andere Personen darauf hingewiesen wurde, einmal einen bestimmten Handlungsablauf entdeckt, wird es alsogleich von einem merkwürdigen Drang erfüllt, dasselbe noch einmal und noch einmal zu versuchen.« (Kobi, 1967, 38)
Damit werden wir von der Wiederholung als Erziehungsmittel, wie wir sie am Anfang des Kapitels erörtert haben, weggeführt zu einer als »zweckfrei« verstandenen Wiederholung, die keine Einübungszwecke verfolgt. Eine solche Art von Wiederholung finden wir in alten Zaubersprüchen, in Refrains, Kinderspielen, religiösen Texten u. a., und sie »(...) enthebt den Menschen des geradlinigen Strebens auf ein Ziel hin; sie führt statt dessen ›im Kreis herum‹. Sinnbild der ›ewigen Wiederkehr des gleichen‹ ist daher das Karussell, das denn auch das beliebteste ›Fahrzeug‹ des kleinen Kindes darstellt«. (Kobi, 1967, 39)
Eine so verstandene Wiederholung vermittelt Abrundung, Vertrautheit, Sicherheit, Halt, und ihr Fehlen bedeutet das Ausbleiben einer »stabilisierenden Kraft«, die zu dem modernen Symptom »Verlust des Maßes« führt. (Kobi, 1967, 38–39)
Rhythmisch wiederkehrende Erlebnisse, die im Tages-, Wo-

chen- und Jahreslauf möglich sind, bilden deshalb einen wichtigen Faktor zum Aufbau eines Grundvertrauens des Kindes in seine Umgebung:»Die Vorfreude auf die Sonntage, Jahreszeiten und Jahresfeste und ihre immer wiederkehrende Erfüllung, den eigenen Geburtstag nicht ausgenommen, geben der Kinderseele das sichere Vertrauen: So war es, so ist es wieder, und ich merke, ich kann darauf vertrauen, es wird wieder so sein.« (LANG, 1977, 407) Gerade hierin zeigt sich die heilpädagogische Dimension: Die Orientierung in Zeit und Raum stellt besonders für den behinderten Menschen ein schwieriges Problem dar und somit auch die Gewinnung eines Grundvertrauens:»Da er nicht Abstand nehmen kann von der konkreten Situation, da er nicht in seiner Vorstellung einordnen und umordnen kann, was er erlebt hat, ist für ihn alles Unerwartete und Unvorhergesehene, alles irgendwie Außergewöhnliche ein Anlaß zur Verwirrung.« (NEF, 1969, 131) Auf diesem Hintergrund wird verständlich, daß Nef die Wiederholung, insbesondere das Gleichbleibende des Festes, als»äußeren Halt« bezeichnet. (NEF, 1969, 132) Das rhythmische Begehen von Fest und Feier ist eine wertvolle Hilfe für den geistigbehinderten Menschen: er weiß, was von ihm erwartet wird, er kann sich ausdenken, was auf ihn zukommt. (NEF, 1969, 132)

Aus dem bisher Gesagten läßt sich denn unschwer ableiten, daß z. B. für das autistische Kind eine rhythmisch sich wiederholende Lebensgestaltung ein »äußerer Halt« sein kann.

In diesem Sinne können Geburtstagsfeiern, Weihnachtsfeiern, tägliche Versammlungen der ganzen Schule dem Leben einen Rhythmus aufprägen, den das autistische Kind als wohltuend empfindet. (WING, 1961, 61)

Wenn Kobi also sagt:»In der Wiederholung, so meinen wir, ist ein wesentliches Stück Ichfindung möglich, während ohne Wiederholung ein Kind nicht zu sich selbst finden kann« (KOBI, 1967, 39), und wenn von Arnim die Wiederholung, den Vorgang zwischen Erinnern und Vergessen, als Weg »(...) zu einem Bewußtsein seines in der Dauer lebenden Ich« betrachtet (VON ARNIM, 1974, 78), findet der Rhythmus, in dem die Wiederkehr oder Erneuerung ein tragendes Element ist, so eine gewichtige Begründung zur Einbeziehung in die Erziehung und Heilerziehung.

b) Polarität und Ausgleich

»Das Geeinte zu entzweien,
Das Entzweite zu einigen, ist das Leben der Natur,
Dies ist die ewige Systole und Diastole,
Die ewige Synkrisis und Diakrisis,
Das Ein- und Ausatmen der Welt,
In der wir leben, weben und sind.« (GOETHE, 1963, 162)

In diesem bekannten Zitat Goethes ist eine bedeutsame Tatsache ausgesprochen, die insbesondere anthropologisch und daher für die Pädagogik und Heilpädagogik relevant zu sein scheint.

Nach Goethe gehören Polaritäten in den Bereich der Urphänomene (RIEMANN, 1954/55, 163), also in ein Gebiet, das unzertrennlich mit dem Dasein verknüpft ist, ja er nennt die Polarität sogar die ewige Formel des Lebens. Auch nach Heraklit ist der Vater aller Dinge der Krieg, welcher Entzweiung und somit Polaritäten schafft, und dieser Gedanke scheint sich zu bewahrheiten, wenn wir in Betracht ziehen, daß sich der Mensch von Anfang an in »kosmologischen und biologischen gegensätzlichen Spannungseinheiten« vorfindet (BUCHER, 1983, 25): »Gegensätzliche Phasen wechseln zeitlich und der Form nach in mehr oder weniger großer Regelmäßigkeit miteinander ab: Tages- und Jahreszeiten, klimatologische Verhältnisse, Atmung, Wachsen und Schwinden, anschwellen und abnehmen, steigen und fallen sind aufeinander in lebendig rhythmischer Gleichmäßigkeit bezogen.« (BUCHER, 1983, 25)

Dies meint wohl auch Haase, der für eine musische Erziehung plädiert, wenn er sagt: »Gibt es ein allgemeines Lebensgesetz, dem man das musische Leben zuordnen, unter dessen Gebot man es stellen kann? Was aber heißt Leben? Leben bedeutet Nehmen und Geben, Einatmen und Ausatmen, Eindruck und Ausdruck.

Immer aber muß beides in einem da sein. Fehlt eines von beiden, dann ist das Leben unvollständig.« (HAASE, 1973, 250)
Zur Zeit der Romantik wurden solche Gedanken der Polarität zum Weltpolarismus ausgeweitet. Dieser sprach sich aus im Vergehen und Werden, im rhythmischen Wechsel von Tag und Nacht, Dunkelheit und Helle, Winter und Sommer, Welken und Wachsen, Sterben und Geborenwerden, Bewahren und Austeilen, Haften und Schweifen, Zügeln und Treiben und in Gegenüberstellungen wie Erde – Himmel, Mond – Sonne, Wasser – Feuer, Weib – Mann, unten – oben, hinten – vorn, links – rechts. (KLAGES, 1974, 537)
Ich erwähne dies hier, um zu zeigen, wie weitverbreitet das Phänomen der Polarität ist, da diese in dem uns interessierenden Bereich des Menschlichen geradezu als ein das Menschenleben konstituierender Faktor betrachtet wird: »Jeder Mensch, wo immer er steht, kann erkennen, daß sich das Leben zwischen zwei gewaltigen polaren Mächten hin und her bewegt (...) Involution – Evolution, Systole – Diastole, Verhärtung – Auflösung, Punkt und Umkreis sind Ausdruck der Urgesetzlichkeit unserer Welt. Als Menschen stehen wir, das Gleichgewicht suchend, zwischen diesen polar gerichteten, aber doch zusammengehörenden, in uns sich verbindenden Kräften.« (HORNY, 1982, 1)
In polaren Verhältnissen, nämlich im Gegensatz von Geborgenheit und Offenheit, liegt ja bereits der entwicklungspsychologische Ausgangspunkt für das neugeborene Kind: »Dieser Gegensatz findet sich in unzähligen Varianten durch das ganze menschliche Leben hindurch: Du – Ich, Gemeinschaft/Gesellschaft – Kleingruppe / Individuum, Entspannung – Spannung, Ausatmen – Einatmen, Bindung – Freiheit, Tradition – Veränderung, (...).« (BUCHER, 1983, 24)
Wenn wir denn mit Horny, Bucher u. a. in Betracht ziehen, daß sich das Menschenleben zwischen Polaritäten abspielt, so scheint es wichtig zu sein, angesichts der entgegenstehenden Pole oder des polaren Spannungsverhältnisses, das mit seinen Antinomien faszinierend sein kann, nicht das Ganze aus den Augen zu verlieren, nämlich den durch den Rhythmus gewährleisteten Ausgleich.

Hier zeigt sich gerade die umfassende Bedeutung des Rhythmus, ohne den das Leben in Einseitigkeit verharren würde:»Der Rhythmus tritt stets nur im Spannungsfeld von Polaritäten in Erscheinung und spielt dabei eine verbindende, vermittelnde Rolle. Darin liegt seine eigentliche Bedeutung begründet. Er führt die Polarität ohne Kurzschluß immer neu zum Ausgleich und ermöglicht so die Ganzheit des Geschehens. (...). Ohne die Vermittlung des Rhythmus kann die Idee des Ganzen, die sich fast immer an Gegensätzen entzündet und in ihnen verankert, nicht vollkommen in Erscheinung treten.« (BÜHLER, 1965, 23)

Für den anthropologischen Bereich, speziell für den Menschen, der sich als dialogisches Wesen begreift, spricht Bucher diesen Gedanken aus, wenn er sagt:»Der Gegensatz – ›dieses eigentümliche Verhältnis, in dem jeweils zwei Momente einander ausschließen, und doch wieder verbunden sind, ja ... einander geradezu voraussetzen‹ – ist für das menschliche, ja vermutlich für alles geschöpfliche Sein, wesentlich und bestimmend. Das Leben empfängt seine Kraft aus der Spannung, die im rhythmischen Wechsel sich wieder entspannt. Nicht allein die ungestörte Harmonie läßt den Menschen wachsen und die Gemeinschaft sich entfalten, sondern ebenso das zweiseitige Streben von zwei (oder mehreren) Polen her zur Harmonie hin. Im Wechsel kann jeder Pol klarer und schärfer hervortreten und rückwirkend den anderen stärken.« (BUCHER, 1983, 24–25)

Dieser Sachverhalt spielt im anthropologischen Bereich bis in die Denkweise des Menschen eine Rolle: Insbesondere heute eignet nämlich dem Denken des Menschen das Charakteristikum, sich in entgegengesetzten Kategorien abzuspielen, was nicht nur zu Sturheit, Fanatismus und Dogmatismus führt, sondern in krankhafte Erscheinungen wie z. B. Schizophrenie ausarten kann.

Es ist das Verdienst des Kulturphilosophen Gebser, darauf aufmerksam gemacht zu haben, daß der Begriff der Polarität fälschlicherweise oft synonym zu Dualität oder Gegensatz verwendet wird, was dazu führt, daß die Pole als unvereinbar, sich gegenseitig ausschließend betrachtet werden. (GEBSER, 1974, 25–26)

In seinen Ausführungen stellt Gebser denn heraus, daß die Bewußtseinsstruktur des modernen Menschen so geartet ist, daß er in Gegensätzen denkt, d. h. sein Denken ist »(...) nicht zusammenfügend (syn-), sondern zerreißend (dia-)« (GEBSER, 1974, 27), während zu einer früheren Zeit ein »Spannungsbogen zwischen den einander ergänzenden Polen« (GEBSER, 1974, 27) möglich war. Gebser spricht vom »Symbolon«, das Einigkeit bewirkt, und vom »Diabolon«, durch welches das Ganze auseinandergerissen wird, was sich schließlich sogar im philosophischen und politischen Denken niederschlägt. Erwähnt werden diesbezüglich Theorien von Hegel, Marx, Engels, Mao-Tse-Tung (GEBSER, 1974, 27–28), worauf wir hier nicht weiter eingehen können. Wir weisen nur darauf hin, um die Relevanz der Polarität und des Rhythmus zu verdeutlichen.

Noch im Mittelalter soll aber in der breiteren Volksschicht die Spaltung in die dualistische Sichtweise von Diesseits und Jenseits nicht bekannt gewesen sein (GEBSER, 1974, 30): »Die Goldgrundmalerei ist, kulturphänomenologisch gesehen, sogar ein Beweis dafür, daß diese dualistische Aufspaltung auch für den mittelalterlichen Künstler keine Gültigkeit hatte.« (GEBSER, 1974, 30)

Heute nimmt das »Entweder – Oder«-Denken, das einen mental-rationalen Charakter trägt, jedoch breiten Raum ein, nachdem früher das mythische Denken als ein »Sowohl – als – auch« das Ganze erfaßte. (GEBSER, 1974, 30)

Anthropologisch gesehen scheint es wichtig zu sein, dieses Ganze im Blick zu haben, wenn Einseitigkeiten vermieden sein sollen.

Gerade heute steht ja z. B. die Frage nach dem polaren Verhältnis Mann – Frau im Vordergrund. Während früher auf das Matriarchat das Patriarchat folgte, sieht Gebser heute die Zeit als reif dazu an, daß das Patriarchat vom Integrat abgelöst wird (GEBSER, 1974, 48): »Das will besagen, daß nicht mehr nur die Mutter oder der Vater in den Vordergrund gestellt werden, sondern der Mensch schlechthin, in dem Mutter und Vater, also der Mensch in Frau und Mann anerkannt wird, wodurch erstmals ohne Auf- und

Abwertung der einen oder des anderen die Menschheit ins Blickfeld rückt, in der sie integriert sind. Die Anerkennung des integrierten Menschen, der bewußt beider Pole teilhaftig ist, ist gleichzeitig Anerkennung des Integrats, das über die matriarchale oder patriarchale Vorherrschaft hinaus und beide integrierend dem Menschheitlichen das Primat gibt.« (GEBSER, 1974, 48)

So weit weg diese Gedankengänge über die Polarität zunächst vom heilpädagogischen Bereich zu sein scheinen, so ergeben sich beim Überdenken doch wichtige Bezüge: Wenn wir – was für das heilpädagogische Tun und Denken eine Grundlage abgibt – nach dem Menschenbild, das uns leitet, fragen (HAEBERLIN, 1985, 11), so scheint es ausschlaggebend zu sein, ob für uns ein Menschenbild Gültigkeit hat, das nur den einen Pol anvisiert, oder ein solches, das als ein Ganzes beide Pole umschließt.

Ich kann hier nur andeuten, was ich damit meine: Im ersten Fall würde das bedeuten, daß wir bezogen auf das Kind nur das Gesunde anerkennen. Unser Menschenbild wird eines sein für den »normalen« Menschen, und nur für ihn. Der Behinderte wäre davon ausgeschlossen. Bezogen auf das Verhältnis zwischen Erzieher und Kind, käme der Seite des Erziehers ein starkes Übergewicht zu. Im zweiten Fall, wenn wir uns für die Ganzheit entschließen, hat »(...) für das behinderte Kind das gleiche Menschenbild Gültigkeit (...) wie für uns selbst«. (HAEBERLIN, 1985, 11) Das heißt, daß wir als Ziel vor uns haben: »Das menschliche Wesen so zu formulieren, daß der Nichtbehinderte in gleicher Weise mitgemeint ist wie der Behinderte.« (SIEGENTHALER, 1983, 160) Bezogen auf das Verhältnis Erzieher – Kind würde man im Sinne des ganzheitlichen, beide Pole umschließenden Menschenbildes sagen können: »Da sind Tore aufgesprengt, wo es sich zeigt, was Erziehungsgeschehen als Verhältnis meint: Daß da zwei Menschen, sonst meilenweit voneinander getrennt durch das Anderssein, sich in der Gemeinschaft erleben.« (SIEGENTHALER, 1983, 144)

In diesem Zusammenhang scheint es wichtig zu sein, daß wir unter Polarität »(...) die lebendige Konstellation des Sich-Ergänzenden, des Sich-Entsprechenden, des Einander-Bedingenden

(...)« (GEBSER, 1974, 49) verstehen und den Rhythmus in seiner »verbindenden und vermittelnden Rolle« anerkennen. (BÜHLER, 1965, 23)

Wenn nämlich nach Heraklit Hades und Dionysos derselbe ist, so heißt das: »Der dunkle Gott, der Herr über die Unterwelt und das Totenreich ist identisch mit dem Gott des Feuers, des Rausches und des Lebensbereiches; mit nochmals anderen Worten: Tod und Leben sind das Ganze des ungeteilten Lebens (...)« (GEBSER, 1974, 50), und wir glauben hier ergänzen zu dürfen, daß auch Gesundheit und Krankheit, behindertes und nichtbehindertes Leben in diesem Sinne aufeinander bezogen sind und zusammen ein Ganzes bilden.

Damit kommen wir der eigentlichen pädagogischen und heilpädagogischen Fragestellung näher.

Ganz in ähnlichen Gedankengängen äußert sich nämlich Morgenstern zur Notwendigkeit, mit Behinderten Feste zu feiern: »Wir stellen in unseren Gedanken häufig die Nacht dem Tag gegenüber, dem Wachsein die Müdigkeit, wir sehen eine Wertigkeit in der Gegenüberstellung von Oben und Unten, wir vergleichen das Gute mit dem Bösen, das Schöne mit dem Häßlichen. Dabei gerät uns nur allzuleicht der tiefe, wahre Sinn dieser Gegenüberstellung aus den Augen, wir werten unsere Überlegungen, wir stellen sie als gut und böse gegenüber. Ist aber der tiefe Sinn dieser Gegenüberstellungen nicht vielmehr im Ausgleich zweier Kräfte zu suchen, die sich die Waage halten, ja sich ergänzen, gegenseitig stärken und weiterbringen? So ist das Fest nicht Belohnung für getane Arbeit, sondern sinnvolle, ja notwendige Ergänzung von Anspannung und Arbeit. Es ist einer Waage vergleichbar, die behutsam im Gleichgewicht gehalten werden will, sollen nicht wesentliche Lebenselemente in Gefahr geraten.

Das Feiern eines Festes ist eine Notwendigkeit.« (MORGENSTERN, 1979, 9)

In der Polarität, im Wechsel von Spannung und Entspannung, von Arbeit und Ruhe, insbesondere aber im vermittelnden Ausgleich, wird ein wesentlicher Sinn des Festrhythmus gesehen.

So zählt Nohl »das Pulsieren aller Lebensfunktionen im Rhythmus von Spannung und Entspannung« zu den Aufbaugesetzen der menschlichen Existenz (NOHL, 1946, 32), ja die »(...) Einhaltung des richtigen Rhythmus von Spannung und Entspannung ist die Bedingung eines gesunden Lebens«. (NOHL, 1946, 37) Darin liegt für Nohl die eigentliche Bedeutung des Sonntags und der Feiern: nämlich im Gegengewicht zum heutigen Arbeitstempo. (NOHL, 1946, 38) In diesem Sinne spricht auch Nef von der »Feier als Gegenpol zur Arbeit« (NEF, 1969, 42), wenn sie als Schülerin Moors innerhalb des »Inneren Haltes« die Feier der Seite des Gemütes zuordnet und sie jener des Willens mit der Arbeit gegenüberstellt. (NEF, 1969, 43) Aber auch sie betont, daß es sich dabei nicht um Ausschließlichkeiten handelt. Vielmehr geht es darum, den Spannungsbogen zwischen der Vielzahl der Polaritäten des menschlichen Lebens aufrechtzuerhalten (NEF, 1969, 45): »›Tätiges Leben‹ und ›empfangendes Leben‹ nennt Moor die beiden Pole, die hier gemeint sind: Leisten und Aufnehmen, Vorwärtsstreben und schauend Stillestehen, Geben und Sich-beschenken-lassen. (...), was sehr deutlich zeigt, daß es sich um zwei einander entgegengesetzte Pole handelt – Pole, die sich ergänzen, gegenseitig bedingen, nicht ohne einander bestehen können – und nicht um Gegensätze im Sinne einer bloßen Negation, (...).« (NEF, 1969, 45–46)

Gerade dieser Sachverhalt, d. h. die Wechselwirkung zwischen Arbeit und Alltag und das bewußte Heraustreten aus diesem Alltag, das einem Grundbedürfnis entspricht, kann nach Morgenstern in seiner Bewußtwerdung dazu führen, die Notwendigkeit, auch mit Behinderten Feste zu feiern, einzusehen. (MORGENSTERN, 1979, 7)

Der pädagogische und heilpädagogische Wert von Fest, Feier und Sonntag zeigt sich aber auch darin, daß sie durch die Polaritäten die Zeit strukturieren, und zwar in dem Sinne, daß für das Kind durch Markierungspunkte Durchhalten und Einsatz trotz der vielen Schwierigkeiten und Widerstände, die sich ihm oft entgegenstellen, sinnvoll werden und die Zeit überschaubar wird: es sieht ein Ende der Arbeit, einen Ruhetag und einen Neubeginn vor sich. (NEF, 1979, 51) Der einseitigen Arbeitszeit wird also ein Gegengewicht entgegengestellt im Sonn- oder Feiertag.

Diese vermögen sich dann ihrerseits positiv auf die Arbeitszeit auszuwirken: Während die Zeit vor der Feier sich zu einem Höhepunkt steigert, sich auf ein Ziel und eine Bedeutung zentriert, strahlt sie nach der Feier in gleicher Weise etwas von der erfüllten Stimmung aus, und es »(...) weicht die freudige Erregtheit, die vor dem Fest herrscht, einer ruhigen und geruhsamen Erfülltheit«. (NEF, 1969, 52)

Wenn, wie in Kapitel 4 dargestellt, in der Schule angestrebt wird, daß während einer Schulstunde möglichst frohe und traurige oder ernste Stimmungen abwechseln, so wird dies auch durch das Fest gewährleistet. Im Zusammenhang mit der Polarität ist nun der Sinn des rhythmischen Stimmungswechsels eben im Ausgleich zu sehen, der Einseitigkeiten vermeiden und die Seele schwingungsfähig machen will, was ja besonders in der Heilpädagogik notwendig wird, wo wir oft Kinder antreffen, die sich durch gewisse Einseitigkeiten auszeichnen.

Nach Hanselmann ist ja z. B. das Kennzeichen der Psychopathie »die dauernde Disharmonie zwischen Denken, Fühlen und Wollen« (HANSELMANN, [9]1976, 304), die dadurch zustande kommt, »(...) daß eine Seite des Seelenlebens die andern dauernd überwuchert oder von den andern dauernd überwuchert wird« (HANSELMANN, [9]1976, 304), und seine Erziehungsmaßnahmen zielen darauf ab, die Polaritäten auszugleichen. (HANSELMANN, [9]1976, 306-329)

Daß der Rhythmus – hier im Sinne des Heraustretens aus dem Alltag und des Erlebens einer festlichen Stimmung – ausgleichend wirken kann, schildert Morgenstern, wenn er schreibt, daß man beim Feiern beobachten kann, daß angespannte, stille Kinder plötzlich froh, laut, ja sogar distanzlos werden: »Die freie und frohe Stimmung beim Feiern hat ihre Distanz, die angelernt und im Alltag notwendig und erforderlich ist, aufgehoben.« (MORGENSTERN, 1979, 20) Demgegenüber ändern unruhige, laute Kinder ihre Grundstimmung oft dahingehend, daß sie durch die frohe

Stimmung des Festes ruhig und angepaßt werden oder sich sogar zurückziehen. (MORGENSTERN, 1979, 21)

Der Ausgleich zwischen Ruhe und Arbeit wird von Nef als Voraussetzung für eine Erziehung zur reifen Persönlichkeit bezeichnet (NEF, 1969, 101), womit sie geradezu ein »volkspädagogisches« Motiv auszusprechen scheint, wenn wir an die heute weit verbreitete Tendenz denken, daß oft kein Gleichgewicht gefunden werden kann (z. B. der Manager-Typ, der kaum einen Augenblick der Ruhe findet, aber in den Ferien stundenlang untätig am Strand liegen kann), oder wie dies Müller schildert: »Vielleicht hat das Gehetze und Getriebe der Wochentage die Empfänglichkeit unseres Gemütes verwahrlosen lassen. Es wurde von derart starken Reizen überschwemmt, daß es die Stille und Besinnlichkeit nicht mehr erträgt. Man geht dem Horchen und Schweigen, dem Warten und Geschehen-Lassen aus dem Wege, weil man sich davor fürchtet.« (MÜLLER, 1965, 165)

Dagegen bekennt sich Nef zur Notwendigkeit der Pause und Freizeit, die Ruhe und Ausgleich bringen: »Arbeit ist immer in gewissem Sinne einseitig und daher auch ermüdend, anstrengend. Wir brauchen Ausspannung, Ruhe, Schlaf und Erholung.« (NEF, 1969, 49) Eine solche Pause als Ausgleich zur gewöhnlichen Zeit kann eine »feierliche Pause« (NEF, 1969, 50) sein, ein Augenblick der Stille, des Innehaltens, des Staunens und der Ehrfurcht (z. B. beim Betrachten eines Baumes), aber auch ein Moment, der durch eine kleine zeremonielle Handlung markiert wird (z. B. Tischgebet, Warten, bis alle am Tische sitzen usw.). (NEF, 1969, 50)

Wichtig in der Erziehung ist also nicht nur, die Zeit zur Arbeit richtig nutzen zu lernen, sondern ebenso die Zeit zur Muße zu finden. Hier geht es darum, die Zeit verfließen zu lassen. (BOLLNOW, o. J., 28–29) Es kommt für »(...) die seelische Gesundheit entscheidend darauf an, daß der Mensch auch das richtige Mußeverhalten erkennt, und es ist wichtig, das in seinen Tagesablauf einzugliedern«. (BOLLNOW, o. J., 29)

Stimmungsmäßig tragen vor allem auch die Jahreszeitenfeste

ausgleichenden Charakter. In diesem Sinne spricht Lauer von der gegenpoligen Beziehung, die zwischen je zwei der Jahreszeitenfeste besteht. (LAUER, 1979, 58) Beim Feiern kann denn das Kind intensiv die verschiedenen Stimmungen von Weihnachten und Sommerfest oder Johanni, von Ostern und Herbstfest oder Michaeli erleben und in dieser Stimmung mitschwingen.

Den Ausgleich zwischen den verschiedenen Seiten des Menschseins oder eine Bewahrung vor Einseitigkeiten und deren Heilung strebt, wie wir gesehen haben, auch die ganzheitliche Erziehung an. Begründend hierfür könnte die Bemerkung Holtzapfels sein, daß im Rhythmischen »(...) immer die Gesundheitskräfte, der Ausgleich, das Suchen des Gleichgewichts zwischen den in die Einseitigkeit führenden Polaritäten« liegen. (HOLTZAPFEL, ^{2}1970, 40)

Nach Hoellering dürften wir, solange wir uns kein Bild vom »menschlichen Ganz-Sein« machen, nicht von »Ganzheitspädagogik« sprechen. (HOELLERING, 1964, 17) Dazu gehört jedoch ein Anerkennen von Polaritäten (Konstruktiv – Destruktiv, Männlich – Weiblich, Persönlich – Sachlich), »(...) und daß es sich hierbei um innerliche Wirklichkeiten handelt, die letztlich nur von jedem einzelnen gelöst, d. h. integriert werden können«. (HOELLERING, 1964, 12)

Von der Tiefenpsychologie her beinhaltet die Ganzheit die Polaritäten zwischen Leib und Geist, Anpassungsfähigkeit und Selbständigkeit (HOELLERING, 1964, 10), wobei das Gleichgewicht, »das Schwingen in den polaren Spannungen« (HOELLERING, 1964, 10) immer wieder neu gefunden werden muß. (HOELLERING, 1964, 10)

Entsprechend wird in der anthroposophischen Menschenkunde ein Gleichgewicht zwischen den Polaritäten »Sinnes-Nerven-System« und »Stoffwechsel-Gliedmaßen-System« angestrebt, was insbesondere in der Heilpädagogik im Mittelpunkt steht.

In diesem Sinne spricht Holtzapfel von einer »dreifachen Polarität«, die er auf Erscheinungsbilder bei kindlichen Störungen bezieht. (HOLTZAPFEL, 1978, 97) Um den Ausgleich herzustellen, muß dabei der Krankheitsprozeß auf die entgegengesetzte Seite hinübergeschoben werden (HOLTZAPFEL, 1978, 104):»Eine Einseitigkeit wird dadurch ins Gleichgewicht gebracht, daß ihr die andere Polarität entgegengestellt wird. Auch der gesunde Mensch verdankt seine Gesundheit der Tatsache, daß die Polaritäten sich bei ihm die Waage halten. Vorhanden sind die Einseitigkeiten auch in ihm. (...). Nicht dadurch, daß sich die Polaritäten neutralisieren. Das würde einen charakterlosen Mittelzustand ergeben. Sondern dadurch, daß sie sich abwechseln, indem einmal die eine und einmal die andere Polarität vorherrscht, indem ein Rhythmus entsteht.« (HOLTZAPFEL, 1978, 108)

Alle Polaritäten, Ruhe und Bewegung, Erinnern und Vergessen, Aufwachen und Einschlafen u. a. sind denn notwendige »menschenbildende« Prozesse (HOLTZAPFEL, 1978, 108):»Ist der Mensch gesund, so schwingt er zwischen diesen Polaritäten hin und her. Im Rhythmus liegt Gesundheit. Ist der Mensch krank, so bleibt er in einer dieser Einseitigkeiten stecken. Wenn wir ihn heilend behandeln wollen, so bringen wir die fehlende Polarität in rhythmischer Wiederholung an ihn heran.« (HOLTZAPFEL, 1978, 109)

In diesem Zusammenhang nennt König den Begriff der Polarität als einen »der möglichen Ausgangspunkte einer neuen heilpädagogischen Diagnostik«. (GOTTSCHALT, 1979, 110)

Einseitigkeiten können wir nämlich besonders oft im heilpädagogischen Feld beobachten: Wir denken z. B. an das antriebsarme und im Gegensatz dazu an das hyperaktive Kind. Ebenso gibt es Kinder, die übersensibel sind und jede Veränderung registrieren, und im Gegensatz dazu die oft als schwachsinnig bezeichneten Kinder, die nur beschränkt ihre Umwelt wahrzunehmen scheinen.

Speck spricht vom Extrem der psychischen Spannungslosigkeit, von wo aus die Skala bis zum anderen Extrem des rastlosen Angetriebenseins reicht. (SPECK, ^{3}1975, 52)

Als Polaritäten können auch das autistische Kind und das mongoloide Kind gesehen werden, wenn wir dies z. B. unter dem sozialen Aspekt tun. Bekanntlich stellt eines der Kardinalsymptome des Autismus die Isolation oder Abkapselung dar, während manche mongoloide Kinder sich als anschmiegsam und kontaktfreudig geben. Aus diesem Grund wird von verschiedener Seite für eine gemischte Kindergruppe plädiert, weil sich die verschiedenen Polaritäten untereinander ausgleichen und harmonisieren können.

Hier wird die Argumentation verständlich, daß der Unterricht des autistischen Kindes in einer Institution für nur autistische und psychopathische Kinder dazu führt, daß das autistische Kind seine Probleme in einer Potenzierung, Vervielfältigung, erlebt. (WEIHS, 1974, 96)

Dagegen kann das Leben mit anderen Kindern eine wohltuende Wirkung im Sinne eines Ausgleichs ausüben. (WEIHS, 1974, 96) Dies ist besonders der Fall, wenn mongoloide und autistische Kinder gemeinsam unterrichtet werden: »Das mongoloide Kind neigt dazu, liebevoll, offen, voller Schalk und sehr kontaktfreudig zu sein, und besonders günstig ist, daß es sich nicht zurückgestoßen fühlt, wenn es keine Erwiderung findet.« (WEIHS, 1974, 96)

Der Rhythmus, der, wie wir gesehen haben, stets ausgleichend wirkt, erhält somit in der Heilpädagogik eine zentrale Stellung.

Ein Unterricht, der im Rhythmus zwischen Ruhe und Bewegung, frohen und ernsten Stimmungen, Tätigkeit und Beschaulichkeit usw. abwechselt, vermag so diesen Einseitigkeiten zu begegnen, was ebenso durch das bewußte Miterleben der zeitlichen Rhythmen (z. B. Aktivität am Morgen, Beschaulichkeit gegen Abend, Hingegebensein an die Natur im Sommer, Auf-sich-selbst-verwiesen-sein im Winter) erreicht werden kann.

Denn insbesondere das geistigbehinderte Kind scheint darauf angewiesen zu sein, daß das »Mitschwingen« und »Angesprochenwerden« im Zentrum der heilpädagogischen Bemühungen steht. (SPECK, [3]1975, 82)

Aber auch in der Erziehung der verhaltensgestörten Kinder spielt der rhythmische Ausgleich eine Rolle. Hier handelt es sich oft um gewisse Gefühlseinseitigkeiten oder um Einseitigkeiten im Bezug auf das soziale Leben. Daher kann von den aufgezeigten

Möglichkeiten vor allem auch der Festrhythmus ausgleichend wirken, wenn wir bedenken, daß beim Feiern Gemeinschaft erlebt wird und daß man innerlich ergriffen wird. Einen in dieser Hinsicht wesentlichen Aspekt zeigt Nef auf, wenn sie darlegt, daß das Erleben qualitativ verschiedener Zeiten in der Erziehung für Verwahrloste auch dahingehend sinnvoll ist, daß die Festzeit eine Gelegenheit zur Bewährung als Zeichen eines Vertrauens bietet, das dem Kind entgegengebracht wird: »In einem institutionalisierten und festgelegten Ablauf des Alltags ist ein Fest, eine Feier immer ein gewisses Durchbrechen der Ordnung. Alles wird plötzlich anders gemacht, vieles wird gestattet, was normalerweise verboten ist. Raumgestaltung und Zeitablauf werden absichtlich verändert. Die ›Hierarchie‹ von Vorgesetzten und Untergebenen wird teilweise aufgehoben, man begegnet sich auf einer ganz anderen Ebene.« (NEF, 1969, 139)

Abschließend können wir den für das Musische geäußerten Grundgedanken Haases, der an den Anfang dieses Kapitels gestellt war, wieder aufnehmen und auf den Rhythmus übertragend sagen: »Wenn also alles Leben im Bilde des Wechselspiels zwischen Eindruck und Ausdruck verstanden wird, dann ist das musische Leben (...)« und nun auch das vom Rhythmus geprägte Leben »(...) der Zusammenklang von beiden, die coincidentia oppositorum« (HAASE, 1973, 250), womit noch einmal auf die Polarität und den ganzheitlichen Charakter des Rhythmus hingewiesen sei.

Noch einmal möchte ich betonen, wie wichtig es ist, die Polaritäten und den Rhythmus als für die Entwicklung notwendig zu betrachten. Denn Polarität und Ausgleich gehören unabdingbar zu Prozessen, die als Entwicklung aufgefaßt werden können; und zu einer solchen gehört – wenn wir uns zu einem »werdenden Menschenbild« (SIEGENTHALER, 1983, 161) bekennen – jedes pädagogisch-heilpädagogische Verhältnis. In diesem Sinne formuliert Bucher die Relevanz von Rhythmus und Polarität: »Eine dynamische Bewegung fließt im rhythmischen Hin und Her von einem Pol zum andern, und beide werden umfaßt von einer Art ›Synthese‹

auf höherer Ebene. – Ähnlich entwickelt sich der Mensch ›vorwärts‹ und ›aufwärts‹.« (BUCHER, 1983, 30) In diesem Entwicklungsgeschehen kommt auch der Polarität, in gleicher Weise wie dem Wesensmerkmal der Wiederholung, somit eine anthropologisch gesehen wichtige Funktion zu, nämlich daß auch die Polarität eine Komponente zur Ich-Findung darstellt: »Denn die Selbständigkeit der menschlichen Person ist darin begründet, daß sie im Spannungsfeld zahlreicher innerer Polaritäten steht.« (SCHNEIDER, 1982, 177)

c) Elastizität und Anpassung

Obschon das dritte Wesensmerkmal des Rhythmus, das wir als wichtig erachtet haben, die Elastizität oder Variabilität, für unseren Bereich, d. h. für die pädagogisch-heilpädagogische Fragestellung weniger aufschlußreich zu sein scheint, als die beiden vorhergehenden, ergeben sich auch hier einzelne Aspekte, die die Bedeutung des Rhythmus erhellen können.

Um zunächst wieder vom allgemeinen anthropologischen Standort auszugehen, weisen wir darauf hin, daß insbesondere heute dieses Wesensmerkmal des Rhythmus an Relevanz gewinnt, wenn wir von der erwähnten Klages'schen These »Rhythmus gegen Takt« auf unsere moderne Arbeits- und Lebenswelt blicken, wo das Leben in der Großstadt in das Gleichmaß eines eintönigen Taktes eingezwängt ist (JORES, 1938, 737), wo viele Gebiete von einer gewissen Taktmäßigkeit, von Schematismus und Starrheit geprägt sind, was sich bis in den Wortschatz hinein kundtut, wenn wir z. B. an Wörter wie »Vorprogrammierung«, »Taktfahrplan«, »Serienprodukt« u. a. denken.

Auch in der Wissenschaft ist kaum Platz für Unvorhergesehenes. Daher postuliert Kobi für die Anerkennung der Subjektivität, die, im Unterschied zur Objektivität, die Möglichkeit bietet, »die unerwartete ›Drehung des Sisyphos‹ zu vollziehen, anders zu sein, Voraussagen Lügen zu strafen, aus dem Gesetze auszubrechen (...)«. (KOBI, 1979, 40)

Bedeutsam scheint hier der Hinweis zu sein, daß vor allem im menschlichen Bereich die Forderung nach Reproduzierbarkeit absurd ist. Gerade hier zeigt sich nämlich, daß das dritte Wesensmerkmal des Rhythmischen, die Elastizität, wichtig und dem Menschen gemäß ist. In diesem Sinne warnt Kobi vor einem »petrifizierenden Objektivismus«. (KOBI, 1977, 14) Denn: »Pädagogik hat nichts mit stummen und definiten, ahistorischen Objekten, trägen und stabilen Faktoren, sondern mit dynamischen Konstellationen und reagiblen Subjekten zu tun.« (KOBI, 1977, 14)

Von den oben geschilderten Lebensweisen, die vom Takt beherrscht werden, ist der Schritt zum Pathologischen und damit zur Heilpädagogik nicht schwer zu vollziehen.

Speck geht von der Annahme aus, daß die Verschiedenheit zwischen dem sogenannten Gesunden und dem Behinderten im seelisch-geistigen Bereich auf Seiten des Geistigbehinderten insbesondere auch in der Dynamik bestehe, d.h. daß er über eine weniger dynamische Verschiebbarkeit der seelischen Systeme verfüge, was sich in einer größeren Sprödigkeit, Starrheit und Schwerbeweglichkeit des Geistigbehinderten manifestiert. (SPECK, [3]1975, 38) Starrheit, Pedanterie und Fixiertheit charakterisieren den Geistigbehinderten, der »(...) an bestimmten Gewohnheiten mit besonderer Ausdauer festzuhalten pflegt«. (SPECK, [3]1975, 38–39)

Wenn wir hier unserem heilpädagogischen Tun und Denken ein ganzheitliches Menschenbild, d.h. eines, das zugleich für uns und für den Behinderten Gültigkeit hat, zugrunde legen, so erscheint uns ein Hinweis Specks in diesem Zusammenhang bemerkenswert: »Wenn anthropologisch gesehen der Mensch das bildungsbedürftige Wesen ist, dessen Leben nicht instinktmäßig festgelegt, also lediglich gegeben, sondern im eigentlichen aufgegeben ist, d.h. ein variables und durch ›innere Erfahrung‹ (Moor 1958) personal zu ordnendes Leben ist, so muß sein Lernen ein bildendes sein. Damit will gesagt sein, daß ihm die Variabilität der ihm zugänglichen Welt erfahrbar gemacht werden muß, damit es in der Auseinandersetzung mit ihr lernt, sein Leben aufzubauen, seinen Platz unter den

Menschen einzunehmen, und seine ihm mögliche Lebenserfüllung zu finden.« (SPECK, ³1975, 106)

Damit wird das dritte Wesensmerkmal des Rhythmus, Elastizität oder Variabilität, geradezu zum heilpädagogischen Programm erhoben. Die Bedeutung des Rhythmus scheint nämlich, wie ich bereits früher angedeutet habe und wie es besonders in Kapitel 3.3.9, wo vom Eigenrhythmus die Rede war, zum Ausdruck kam, unter anderem auch darin zu liegen, daß der Rhythmus sich selbst relativiert, d. h. daß es sich nicht um ein Gesetz handelt, das nach vorhersagbaren Regeln abläuft. Mit Recht bemerkt Fraisse deshalb, daß sich der Gewinn durch die rhythmische Erziehung in sein Gegenteil verkehrt, wenn damit ein starrer Automatismus und nicht »une éducation vivante« gemeint ist. (FRAISSE, 1974, 288)

Gerade durch das Wesensmerkmal der Elastizität eignet dem Rhythmus jedoch ein gewisser Spielraum, eine Variationsbreite, was eben erst dem Menschen eigentlich entspricht, wenn wir davon ausgehen, daß der Mensch sich durch seine Weltoffenheit (GEHLEN, 1978, 62) auszeichnet.

Dieser Aspekt spielt in der Heilpädagogik eine wichtige Rolle, wenn wir an das Lernen des Geistigbehinderten denken.

Würde hier die Variabilität im Sinne Specks (SPECK, ³1975, 106) nicht mitberücksichtigt, d. h. daß das Lernen ausschließlich durch gewisse Gewohnheiten bestimmt wäre, so fände sich der geistigbehinderte Mensch in der Komplexität unserer Welt kaum zurecht oder, mit einem heilpädagogischen Terminus ausgedrückt: es würde ihm die Fähigkeit zum Transfer fehlen.

In diesem Sinne meint Speck, daß der Unterricht schließlich eine »adäquate Begegnung mit der Wirklichkeit« (SPECK, ³1975, 161) ermöglichen sollte, worunter er aber wie Piaget ein Lernen versteht, das dynamisch ist, das sowohl »Adaptation« als auch »Akkommodation« beinhaltet. (SPECK, ³1975, 161) Folgerichtig nennt er dann bei den Gedanken über das Lernen unter Punkt c: »Durch variierende Wiederholungen soll die Übertragung von Lerninhalten auf ähnliche Lerngegenstände und Situationen vorbereitet und geübt werden.« (SPECK, ³1975, 162) Hier scheint für unsere Thematik besonders das Wort »variierend« aufschlußreich zu sein, zumal da sich »(…) menschliches Lernen, wenn es Bildung bewirken soll, immer auch einen Übertragungsspielraum für eigene Bewährung schaffen und die Variabilität individuualen Verhaltens ermöglichen muß, (…)«. (SPECK, ^{3}1975, 168)

Im Wesensmerkmal der Elastizität zeigt sich also die Relevanz des Rhythmus für die Heilpädagogik, wenn ein rhythmisches Lernen, eine rhythmische Lebensgestaltung nicht starr, sondern flexibel ist und stets offen bleibt für Variationen.

Nachdem ich in früheren Kapiteln den »Halt« und die »Sicherheit«, die der Rhythmus vermittelt, als heilpädagogisch bedeutsam dargestellt habe, so ist hier zu sehen, daß dem Rhythmus – der, wie in Kapitel 1 gezeigt, gewissermaßen als »janusköpfig« betrachtet werden kann – ebenso durch den »Fluß«, das »Lebendige«, Wichtigkeit zukommt.

Wenn wir uns an die kontroversen Meinungen in bezug auf die etymologische Herleitung des Wortes Rhythmus erinnern, wo sich die Ansichten vor allem in die beiden Lager von »Halt« und »Fluß« spalteten, so sehen wir hier, daß beides gleichzeitig in das heilpädagogische Tun einfließen kann. Beim autistischen Kind z. B. kann dies deutlich gemacht werden: Hier sind der Widerstand gegenüber Veränderungen einerseits und besondere Ängste andererseits schwerwiegende Symptome. (WING, 1971, 34–36) Entsprechend kann hier der Rhythmus sinnvoll eingesetzt werden als Vermittler von »Fluß und Halt«, d. h. der Fluß vermag die stereotypen Gewohnheiten aufzulockern, der Halt dagegen kann der Angst begegnen, indem er Sicherheit verleiht. Wing schildert in dieser Hinsicht, wie es Müttern gelungen ist, den Widerstand gegenüber Veränderungen zu brechen, indem sie die Gewohnheiten im Verrichten des Haushaltes jeden Tag leicht abgeändert haben, so daß sich die Kinder an kleine Variationen gewöhnen konnten. (WING, 1971, 80)

Wing kommentiert diese Maßnahmen, indem sie auf das Paradoxon hinweist, daß die autistischen Kinder über diese Variationen hinaus gleichzeitig Ordnung und Halt brauchen: »Das mag den Anschein erwecken, als widerspräche es meiner zuvor gemachten Aussage, daß autistische Kinder Ordnung in ihrem Leben brauchen.« (WING, 1971, 80)

Nebenbei sei hier erwähnt, daß Professor Uwe Stuecher aus Minnesota/USA sich in einem persönlichen Gespräch anläßlich seiner Gastvorlesung über autistische Kinder an der Universität Freiburg (Schweiz), im Sommersemester 1983, über die Bedeutung des Rhythmus für die Erziehung des autistischen Kindes positiv geäußert hat und besonders diesen doppelseitigen Aspekt angesprochen hat, d. h. daß eine rhythmische Lebensweise einerseits wohltuend sei, weil sie Sicherheit und Vertrauen bringt; daß andererseits eine rhythmische Lebensgestaltung geeignet sei – da dem Rhythmischen eine gewisse Variationsbreite inhärent ist –, die Veränderungsangst des autistischen Kindes durch den Einbau kleiner Abweichungen zu lösen.

Dieses Prinzip, d. h. eine rhythmische Lebensweise, die jedoch elastisch bleibt, ist nicht nur für das autistische Kind, sondern allgemein für die Heilpädagogik relevant: Wenn wir z. B. daran denken, wie die Wiederholung den Lernprozeß der geistigbehinderten Kinder beeinflußt, so ist gleichzeitig zu berücksichtigen, daß dabei nicht ein »totes mechanisches ›Einschleifen‹« (Heilpädagogik auf anthroposophischer Grundlage, o. J., 8) angestrebt werden sollte.

Daß diese Tendenz nicht nur im heilpädagogischen Bereich beobachtet wird, sondern bis in die Wissenschaft verfolgt werden kann, dokumentiert Herzka, indem er auf die psychotische Struktur, die oft im Wissenschaftsbetrieb herrscht, aufmerksam macht, wenn er als Analogie zwischen Wissenschaftlichkeit und Psychose unter anderem »die Tendenz zur Wiederholung und Stereotypie« (HERZKA, 1986, 264) herausstellt.

Die Tragweite jedoch eines heilpädagogischen Denkens, das nicht mechanisch im Sinne einer taktmäßigen, reproduzierenden Wiederholung, sondern das elastisch, flexibel, variationsfähig ist, wird auch evident, wenn es die Haltung dem Kind gegenüber beeinflußt. Jeder Haltungszug – so meint Bach – »(...) wird sinnlos, wenn er zur Routine erstarrt oder wenn er allen Kindern in schematischer Gleichmäßigkeit begegnet. Wirkliche, d. h. wirkende heilpädagogische Haltung ist darum nicht zuletzt durch Lebendigkeit charakterisiert. Sie ereignet sich jedem Kind gegenüber anders und in jeder Situation neu. Selbst bei dem gleichen Kinde wird sich die Haltung des Erziehers im Laufe der Zeit wandeln müssen (...). So ist die Wandlungsfähigkeit von Kind zu Kind, von Situation zu Situation der Maßstab für die Echtheit der Haltung«. (BACH, [8]1977, 62) Auf dieses Problem werden wir jedoch im nächsten Kapitel noch zurückkommen.

5.5 Die Bedeutung des Rhythmus für das heilpädagogische Denken

Nachdem ich dargestellt habe, was das Einbeziehen des Rhythmus in die Heilpädagogik, d. h. in das heilpädagogische Tun, bedeutet, möchte ich abschließend noch exemplarisch darauf hinweisen, daß sich rhythmische Elemente oder Merkmale des Rhythmus nicht nur im praktischen Feld auswirken, sondern daß der Rhythmus im weiteren, oder hier in einem weitesten Sinne, auch das heilpädagogische Denken beeinflussen kann.

a) Polarität und dialektische Methode (bei Emil E. Kobi)

Unter den Forschungsmethoden, die für die Heilpädagogik von grundsätzlicher Bedeutung sind (KOBI, [3]1977, 227), referiert Kobi an vierter Stelle die sogenannte dialektische Methode.

Wenn wir, seinen Ausführungen folgend, betrachten, was Kobi darunter versteht, so ist hier ein Bezug zum Phänomen des Rhythmus festzustellen, ohne daß Kobi diesen erwähnt. Kobi stellt das dialektische Denken »allen Weisen ›einstrahligen‹ Denkens« (KOBI, [3]1977, 240) gegenüber und meint damit ein Denken, das gekennzeichnet ist durch eine nach Klafki benannte unaufhörliche Bewegung zwischen zwei Momenten. (KOBI, [3]1977, 241)

Diese ist möglich, wo die beiden Seiten nicht als echte Antinomien, die gegen-gesetzlich sind und sich somit ausschließen, in Erscheinung treten, sondern wo – und damit wird der Zusammenhang mit dem Rhythmus deutlich – das Verhältnis als polar, als ursprünglich in Relation befindlich gedacht wird. (Kobi, ³1977, 240)

Ein »einreihig-lineares« Denken (Kobi, ³1977, 241) betrachtet Kobi als von »(...) tödlicher Wirkung für ein erzieherisches Verhältnis, während umgekehrt die dialektische Methode angesichts der großen Zahl polarer Beziehungen, die wir im Erziehungsfeld antreffen, als lebensnah, lebensbejahend und in einem gewissen Sinne sogar als lebenserhaltend, lebenerzeugend bezeichnet werden darf«. (Kobi, ³1977, 241–242)

Die Bedeutung eines solchen Vorgehens liegt mit Kobi gesprochen vor allem auch auf Seiten des Erziehers, »(...) der dadurch seine Bereitschaft unter Beweis stellt, sich immer wieder in Bewegung zu setzen und das Leben tatsächlich zu erfahren und nicht zu erstehen«. (Kobi, ³1977, 242)

Auf den Rhythmus als Vermittler zwischen Polaritäten werden wir insbesondere dort verwiesen, wo Kobi davon spricht, was an dieser Methode für die Heilpädagogik von Belang ist. Zusammengefaßt sind es folgende Punkte: Vermeidung von Einseitigkeiten und Absolutierungen, Auflösung von Vorurteilen, Ausweitung des Deutungshorizontes im Sinne, auch das Fremde miteinzubeziehen, »(...) als angehörig zu erfassen, es wenigstens interessant zu machen (d.h. in die Dazwischen-Stellung des ›Interessanten‹ zu bringen)« (Kobi, ³1977, 242), Heranführung an die intersubjektive Wahrheit, Anstoß zum Aufbruch, zum »In-Bewegung-Bleiben«. (Kobi, ³1977, 242–243)

Kobi erwähnt, daß die dialektische Methode außer bei Moor noch kaum in das heilpädagogische Denken Eingang gefunden habe. (Kobi, ³1977, 243)

Trotzdem erörtert er dessen Fruchtbarkeit am Beispiel des Verhältnisses von Anpassung und Selbstsein (Kobi, ³1977, 244–245): Durch das dialektische Denken wird hier die »Fraglosigkeit und

Selbstverständlichkeit« der heutigen Rehabilitationsbestrebungen ins Auge gefaßt:»Es wäre nämlich denkbar, daß die genannte Trotzdem-Haltung – (...) – gar nicht mehr einer Bejahung des Gebrechlichen entspringt, sondern ihn im Gegenteil in seinem Sosein negiert (...).« (KOBI, [3]1977, 244) Das entscheidende Moment des dialektischen Denkens liegt hier denn darin, daß wir das Gebrechen bejahen, ertragen und ihm »vielleicht sogar einen Sinn« (KOBI, [3]1977, 245) abgewinnen. So gesehen ist die dialektische Methode für die Heilpädagogik von existentieller Bedeutung. Denn:»Heilpädagogik kann dadurch zu einem ganz machenden (und in diesem Sinne ›heilenden‹) Kulturfaktor werden, daß sie im erzieherischen Bereich das dialektische Verhältnis zwischen Normalem (dem Üblichen und Erwünschten) und dem Abnormen (dem Ungewohnten und Unerwünschten) als ein solches der gegenseitigen Abhängigkeit erhellt und erhält.« (KOBI, 1977a, 10)

b) Rhythmische Elemente in der pädagogischen Aufgabenstellung (bei Otto Speck)

Speck unterscheidet vier Komponenten der pädagogischen Aufgabenstellung für das geistigbehinderte Kind: Erschließung des Lebenszutrauens, Ausbildung von Lebensfertigkeiten, Vermittlung von Lebensorientierung, Bildung von Lebenshaltungen (SPECK, [3]1975, 81), bei deren Beschreibung auffällt, daß sich hier Beziehungen zum Rhythmus und dessen Merkmalen ergeben.

Erschließungen des Lebenszutrauens: Hier liegt der besondere Akzent in der Geborgenheit, auf dem »Getragensein«. Es geht darum, Freude und Hoffnung zu ermöglichen, was vor allem auch durch das Spiel, das, wie wir gesehen haben, viele rhythmische Elemente beinhaltet, und durch die religiöse Erziehung, die, wie ich dargestellt habe, Beziehungen zum Rhythmus aufweist (SPECK, [3]1975, 82–83), erreicht werden kann.

Ausbildung von Lebensfertigkeiten: Diese Komponente umfaßt weitere Teilbereiche, von welchen wir in Hinsicht auf den

Rhythmus folgende herausgreifen: Soziale Umgänglichkeit (ich weise hier auf den gemeinschaftsbildenden Charakter des Rhythmus hin), musisches Tun und Handfertigkeit (rhythmische Erziehung im engeren Sinne), kognitive Techniken (unter welche das Erleben von Raum- und Zeitbegriffen gerechnet wird). (SPECK, [3]1975, 84–85)

Vermittlung der Lebensorientierung: Diese besteht vor allem darin, die beiden Dimensionen Raum und Zeit, in denen sich das Leben abspielt, begreifbar zu machen, womit die Bedeutung des Rhythmus wiederum in Erscheinung tritt (vgl. auch Kapitel 5.2.1 und 5.2.2). Speck zieht als Orientierungsmöglichkeiten unter anderem »zeitliche Einheiten (Tages-, Wochen-, Jahres- und Jahreszeitenlauf, Feste und Feiern, Kirche und religiöses Leben)« in Betracht. (SPECK, [3]1975, 87)

Bildung von Lebenshaltungen: Diese werden als Ergebnis von Lebenszutrauen, Lebensfertigkeiten und Lebens- und Weltorientierung verstanden (SPECK, [3]1975, 89–90), welche, wie oben gezeigt wurde, alle eine Beziehung zum Rhythmus haben.

c) Der Rhythmus als Moment des Menschenbildes
(bei Paul Moor)

In Moors Menschenbild vom »Inneren Halt«, auf das hier nicht näher eingegangen werden kann, können verschiedene Bezüge zum Rhythmus festgestellt werden.

Auf solche stoßen wir spätestens dann, wenn Müller sagt: »Innerhalb des nach pädagogischen Gesichtspunkten entworfenen Menschenbildes, das Moor den Inneren Halt nennt, nimmt der Begriff des Rhythmus (...) einen ganz bestimmten Platz ein.« (MÜLLER, 1965, 64)

Während Müller den Rhythmus im »Inneren Halt« von Moor in erster Linie auf Seiten des Gemütes, also nur auf der einen Seite des Inneren Haltes, quasi lateral, lokalisiert, was sie folgendermaßen ausdrückt: »Rhythmus als Moment des inneren Haltes bedeutet, daß die dem Wechsel unterworfenen Gefühle und Stimmungen durch einen dauernden innerlich erfüllten Gehalt gebunden werden« (MÜLLER, 1965, 65), läßt unser weites Verständnis des Rhythmus eine Lokalisation desselben auch zentral zu, nämlich als Ausgleich, als Mitte zwischen den beiden Seiten, des Wollens einerseits und des Gemütes andererseits.

Wesentlich in dieser Hinsicht ist, daß der »Innere Halt« auf den zwei Komponenten Halt als Willensstärke oder Halt im tätigen Leben einerseits und Halt als Gemütstiefe oder Halt im empfangenden Leben andererseits beruht. (MOOR, 1951,198–229) Fassen wir diese als Pole auf, die in einem sich bedingenden Spannungsverhältnis stehen, so tritt der Rhythmus als Ausgleich in Erscheinung: Gemüt und Wollen müssen sich das Gleichgewicht halten.»(...) denn Wollen ohne Gemüt würde erstarren, Gemüt ohne Wollen zerfließen.« (MÜLLER, 1965, 11)

An den Erzieher wird angesichts dieses polaren Verhältnisses oder dieser dynamischen Wechselwirkung entsprechend eine zweifache Anforderung gestellt: »(...) nämlich Erziehung des Willens und Pflege des Gemütes, pädagogischer Zugriff einerseits und pädagogische Zurückhaltung andererseits.« (MÜLLER, 1965, 11)

Hier scheint sich ein Rhythmusverständnis als adäquat zu erweisen, wie ich es in Kapitel 1 nach der Darstellung der kontroversen Meinungen von »Fluß« oder »Halt« vorgeschlagen habe: nämlich ein beide Pole umfassendes. Besonders deutlich wird dies, wenn Müller das ausgeglichene Menschsein ins Zentrum der pädagogischen Bemühungen bei Moor stellt: »(...); wir suchen das rechte Maß, welches die Mitte hält zwischen starrem Wollen und zerfließendem Gemüt« (MÜLLER, 1965, 60), wozu eben der Rhythmus dient, der »(...) vermittelt zwischen freiem Belieben und strengem Gesetz«. (MÜLLER, 1965, 61)

Wenn Haeberlin die Zielvorstellung Moors, den »Inneren Halt«, charakterisiert als »Selbstsicherheit, Willensstärke, Geschlossenheit des Charakters« (HAEBERLIN, 1985, 70) auf der Willensseite und als Fähigkeit »(...) tiefe und stetige emotionale Bindungen zu Personen und Dingen einzugehen (...)« (HAEBERLIN,

1985, 70) auf der Gemütsseite, so kann der Rhythmus sowohl in Hinsicht auf beide Komponenten haltgebend wirken – wir denken z. B. an die willensstärkenden rhythmischen Wiederholungen oder an die ausgleichende Wirkung rhythmisch wechselnder emotionaler Stimmungen – als auch, wie vorhin erwähnt, als Vermittler zwischen beiden Seiten aufgefaßt werden, denn weder der »(...) einseitig willensstarke Mensch noch der einseitig gefühlsreiche Mensch hat nach der Auffassung von Moor den inneren Halt erreicht« (HAEBERLIN, 1985, 70), sondern erst durch den die Polaritäten ausgleichenden Rhythmus, durch »(...) die Verbindung eines tiefen Gefühlslebens mit einem festen Willen« (HAEBERLIN, 1985, 70) sind die Voraussetzungen dazu erfüllt.

d) *Der Rhythmus und die Frage nach dem Sinn der Behinderung in der anthroposophischen Heilpädagogik*

Obgleich es nicht meine Absicht ist, die anthroposophische Heilpädagogik und deren erkenntnistheoretische und menschenkundliche Voraussetzungen darzustellen, erscheint es mir im Zusammenhang mit der Frage, wie der Rhythmus auch im Denken des Heilpädagogen aufzufinden ist, jedoch notwendig, hier auf eine der wesentlichsten anthroposophisch-menschenkundlichen Grundlagen hinzuweisen, da sie geradezu das Zentrum des anthroposophisch orientierten heilpädagogischen Denkens bildet.

Siegenthaler betrachtet diesen Grundgedanken sogar auch losgelöst von der anthroposophischen Denkweise als vollgültig (SIEGENTHALER, 1983, 108) und formuliert ihn folgendermaßen: »Das Verstehen des kindlichen Wesens beschränkt sich in anthroposophischer Sicht nicht bloß auf die Frage: wer ist das Kind in seinem Wesen?, sondern geht darüber hinaus in die weit wichtigere Frage: Welche Aufgabe hat dieses Kind in seinem Erdenleben zu erfüllen? Welches ist sein Auftrag, den es aus der geistigen Sphäre in die Erde hineintragen soll? Warum wählte das Geistige, um sich auf der Erde darzustellen, gerade diese Form der körperlichen Behinderung? Was will es damit sagen?« (SIEGENTHALER, 1983, 108)

Zu einem Versuch, diese Frage zu beantworten, ist ein Denken, das den Rhythmus einbezieht, ist der Gedanke der Reinkarnation, d. h. des rhythmischen Wechsels von Inkarnation und Exkarnation, unerläßlich, ja das »Wesensbild« des behinderten Kindes erhält erst dadurch seine Vollständigkeit. (BORT, ^{3}1977, 213)

Denn diese Frage, warum es Menschen gibt, die aus der vorgeburtlichen, geistigen Welt nicht die notwendige Gesundheit mitbringen,»(...) findet eine Lösung in dem Reinkarnationsgedanken. So wie Lessing meinte, dasselbe ergebe sich mit Notwendigkeit aus der Betrachtung des Darinstehens des Menschen in den verschiedenen historischen Epochen – von einer Verkörperung in einer bestimmten Zeit und Kultur zu einer nächsten in einer ganz anderen sich entwickelnd, immer neues erkennend, strebe der Menschengeist zu der in seinem Wesen liegenden Vollständigkeit hin, – so weist eine abnorme Inkarnation in ihrer Beengtheit und Einseitigkeit gerade auf die Notwendigkeit anderer hin, in denen die Individualität das Entbehrte, Ergänzende zu immer vollständigerer Menschlichkeit hinzu erlernen kann«. (PACHE, ^{3}1977, 35)

In diesem Sinne spricht Vierl in Anlehnung an Rudolf Steiner von Schicksals- und Lebensrhythmen (VIERL, 1977, 1), d. h.: Das Ich des Kindes kommt aus einer vorgeburtlichen, geistigen Welt in die irdische Lebenswelt,»(...) es muß im Vorgeburtlichen den Übergang finden von der voraufgehenden Bejahung der Geistwelt, (...), zur neuen Bejahung des Erdenschicksals, das nun vor ihm liegt. (...). Und nicht immer reicht die Kraft zur Wende der Bejahung voll aus«. (VIERL, 1977, 1)

Aus dieser Anschauung resultieren wesentliche Grundeinsichten für die anthroposophisch orientierte Therapie: Der Rhythmus als therapeutische Hilfe vermag dem Kind den Übergang, die Wende zu erleichtern. Es ist jene Wende, die im Kleinen jeden Tag im Schlaf-Wach-Rhythmus nachklingt: »So führt der Schlaf-Wach-Rhythmus als Lebensrhythmus den großen Schicksalsrhythmus von Exkarnation und Inkarnation in kleineren Schwingungen weiter.« (VIERL, 1977, 2)

Die Erlebnisse im Lebensrhythmus »pflanzen« sich dann in den

Schicksalsrhythmus fort, d. h. daß sie im günstigsten Fall die »Wendefähigkeit« des Ich beweglich machen können, damit es schwingungsfähiger wird gegenüber beiden Seiten, der Geistwelt und der irdischen Lebenswelt. (VIERL, 1977, 2)

Wenn Pache sagt: »Unzulänglichkeiten, welche in geistigen Vorgängen ihren Ursprung haben, können auch nicht anders als mit Mitteln gebessert werden, die einen geistigen Ursprung haben« (PACHE, ^{3}1977, 36), so können wir hier tatsächlich den Rhythmus in Betracht ziehen, zumal da, wie wir gesehen haben, Georgiades davon ausgeht, daß Rhythmus »etwas auf das Geistige« (GEORGIADES, 1958, 64) Hinweisendes sei.

Unter dem Gesichtspunkt des Schicksalsrhythmus von Inkarnation und Exkarnation verlieren denn auch Fragen nach dem Sinn und vor allem nach der Schuld ihre Schwere. Wenn sich bei noch so viel Bemühungen auch kein sichtbarer Erfolg einstellt, so weiß der Heilpädagoge, daß meist mit längeren Zeiträumen, d. h. mit solchen, die wir oft nicht überblicken können, gerechnet werden darf, eben mit dem Schicksalsrhythmus: »Das Rätsel, das uns in einem Seelenpflege-bedürftigen Kind entgegentritt, weist durch sich selbst über die Grenzen von Geburt und Tod hinaus. Es deutet auf ein vergangenes Leben, in dem die Keime für die diesmalige Inkarnation gelegt wurden; es läßt ein künftiges Erdenleben ahnen, in dem das eigentliche Resultat eines scheinbar ergebnislos verbrachten Lebens sichtbar werden wird.« (HOLTZAPFEL, 1978, 14)

Die Frage, wer die Schuld für die Behinderung trägt, erweist sich daher als nicht sinnvoll, denn es handelt sich unter dem Aspekt der Reinkarnation um einen Ausgleich von einem früheren Leben, der notwendig ist für die betreffende Individualität, oft aber kann sie auch als freiwilliger Entschluß betrachtet werden, um die Entwicklung der Menschheit weiterzuführen, um Leid in Weisheit zu verwandeln (BORT, ^{3}1977, 217), was deutlich auch im Neuen Testament bei der Heilung des Blinden (Johannes 9,2) zum Ausdruck kommt.

5.6 Zusammenfassung

Nachdem ich im ersten Teil (d. h. mittels der Tatsache, daß sich praktisch jedes Wissenschaftsgebiet mit dem Rhythmus befaßt, mit dem Hinweis, daß der Rhythmus seit ältester Zeit mit der Menschheit verbunden ist, und mit der Feststellung, daß rhythmische Phänomene in allen Naturreichen, ausgesprochen beim Menschen, zu konstatieren sind) ein Bewußtsein für die universale Bedeutung des Rhythmus in Hinsicht auf die Natur und besonders auf den Menschen schaffen wollte, war es mein Ziel, dies in Kapitel 5 noch eingehender und hier in vermehrtem Maß für den anthropologischen, spezifisch jedoch für den heilpädagogischen Bereich zu tun.

Dadurch, daß wir die von den verschiedenen Wissenschaftsrichtungen als wesentlich erachteten Merkmale des Rhythmus auf einem anthropologischen und speziell pädagogisch-heilpädagogischen Hintergrund betrachtet haben, war es möglich darzustellen, was das Einbeziehen des Rhythmus in die Erziehung und Heilerziehung bedeutet, wobei angesichts der Komplexität dieser Thematik nicht der Anspruch, dieses ausgeschöpft zu haben, erhoben werden kann.

Wenn der Titel »Warum-Wozu« die Erwartung einer Darstellung des Rhythmus unter dem Aspekt einer Mittel-Ziel-Relation geweckt hat, bedeutet dies nicht, daß damit das Wesen des Rhythmus erfaßt wäre. Eine Anschauung, die den Rhythmus zu einem bloßen »Erziehungsmittel« reduzieren würde – d. h. wenn wir Kobis Begriff vom Erziehungsmittel (KOBI, [3]1977, 261 u. 264) unterstellen, daß der Rhythmus nur sporadisch zur Anwendung käme und ausdrücklich auf ein Ziel ausgerichtet wäre –, ginge am Wesen des Rhythmus vorbei.

Schon eher gerecht würden wir dem Rhythmus, wenn wir ihn (nach KOBI, [3]1977, 261 u. 264) als Erziehungsfaktor oder, wenn er in das Denken und Tun des Erziehers aufgenommen wird, als erzieherische Haltung, die sich durch Stetigkeit und Kontinuität auszeichnet, betrachteten.

Damit erklärt sich, weshalb die »Warum-Wozu-Frage« nicht in

einer verkürzten Sichtweise beantwortet wurde, die im Sinne von »wenn – dann« dem Rhythmus bestimmte exakt beschreibbare, eventuell sogar meßbare Ergebnisse, Erfolge, Ziele oder Zwecke zuschreiben will.

Da Warum-Fragen »eine besondere Gefahr« (SIEGENTHALER, 1983, 171) in sich tragen, weil sie nach kausalen Zusammenhängen drängen, exakte Antworten erheischen (SIEGENTHALER, 1983, 171), habe ich die »Warum-Wozu-Frage« vielmehr so gestellt, daß deutlich werden konnte, daß der Rhythmus nur in einem Gesamtzusammenhang zu sehen ist, oder, wie Siegenthaler es für die tiefgreifenden Sinn-Fragen im Bereich der Geistig-Schwerstbehinderten formuliert, daß es um den »Rückbezug der Wirklichkeit auf den Gesamtzusammenhang, der als ›Sinn bezeichnet wird‹«, geht. (SIEGENTHALER, 1983, 172)

Wenn Jores zwar mit Recht sagt, daß die praktische Bedeutung der Rhythmusforschung außerordentlich groß sei (JORES, 1938, 738), darf nicht vergessen werden, daß der Rhythmus nach Georgiades etwas auf das Geistige Hindeutendes sei (GEORGIADES, 1958, 64), d. h. daß er mit physischen Mitteln nicht so einfach zum Objekt, das meßbar ist, gemacht werden kann. Damit wird dem Rhythmus in Hinsicht auf die Pädagogik und Heilpädagogik allerdings kein Abbruch getan, denn – wie Georgiades behauptet – er weist nicht nur auf das Geistige hin, sondern zugleich auch auf das ganzheitliche menschliche Sein (GEORGIADES, 1958, 64), das in der Pädagogik und Heilpädagogik – wenn wir ein Menschenbild, wie es z. B. Haeberlin entworfen hat (HAEBERLIN, 1985), unterstellen – im Zentrum steht.

Durch die Betrachtung der Wesensmerkmale des Rhythmus unter anthropologischen und pädagogisch-heilpädagogischen Gesichtspunkten haben sich denn wesentliche Faktoren herausgestellt, die auf das ganzheitliche menschliche Sein angelegt sind und die ein Einbeziehen des Rhythmus in die Heilpädagogik, wie im letzten Kapitel beschrieben, als sinnvoll erscheinen lassen.

In einzelnen Stichworten lassen sich diese folgendermaßen zusammenfassen:

- Geborgenheit, Sicherheit, Halt
- Orientierung in Raum und Zeit
- Beziehung zur Umwelt
- Willensbildung
- Ausgleich, Harmonie, Schwingungsfähigkeit
- Religiöse Bindung
- Ich-Findung

Es sind dies Begriffe, die nicht mit einem bloßen Nützlichkeitsdenken vereinbar sind. Deshalb sei hier noch einmal darauf hingewiesen, daß es womöglich – und dies vielleicht gerade besonders in der Heilpädagogik – noch etwas anderes und Wichtigeres als den bloßen Nutzen gibt (GEBSER, ^{2}1945, 25), daß es sich hier vielleicht um etwas handelt, »(...) das über alle elementaren Notwendigkeiten der Erhaltung, über alle bloßen Zweckmäßigkeiten utilitärer Art hinausweist«. (PORTMANN, 1951, 454)

Wenn ich mit meiner Darstellung bezweckt habe, die Bedeutung des Rhythmus für die Heilpädagogik herauszustellen, so gehe ich nichtsdestoweniger dennoch mit Bach einig, daß die Erreichung eines Zieles in der Erziehung nicht machbar ist, daß der Erzieher aber zur Ermöglichung beitragen kann. (BACH, ^{8}1977,29)

Für mich heißt dies, daß der Rhythmus also weder in kurzsichtiger Weise zur Erreichung eines Zieles eingesetzt, noch daß im Rhythmus selbst bereits ein Ziel gesehen werden kann. Haeberlin sagt dies konkret auf den Rhythmus bezogen, wenn er davor warnt, den Rhythmus als isoliertes Erziehungsziel aufzufassen: »Die erzieherische Pflege eines äußeren Rhythmus des emotionalen Lebens kann zwar die emotionale Offenheit für überdauernde Lebensinhalte erleichtern, aber die Bindung an Lebensinhalte kann dadurch nicht verursacht werden.« (HAEBERLIN, 1985, 84) Lediglich eine Voraussetzung dafür zu schaffen, das liegt in der Hand des Erziehers.

Eine solche freilassende Voraussetzung zu gewährleisten, kann aber gerade durch den Rhythmus geschehen, wie dies Siegenthaler in Hinsicht auf die Erziehung der Geistig-Schwerstbehinderten schildert, wenn er sagt, daß durch regelmäßige Zuwendung sich ein Rhythmus bildet,»(...) der den Anruf zur Ausrichtung auf ein zukünftig Erwartendes werden läßt (...)« (SIEGENTHALER, 1983, 126), was heißt, daß der Rhythmus eine Atmosphäre, eine Basis abgeben kann, auf der sich Entwicklungsmöglichkeiten eröffnen. Denn, wie wir besonders aus der anthroposophischen Heilpädagogik wissen, die den Blick auf den großen Schicksalsrhythmus richtet, geht es darum, auch bei vermeintlichen Stillständen »den langen Atem des Lebenslaufes« (SIEGENTHALER, 1983, 99) in unser heilpädagogisches Tun und Denken einzubeziehen oder, wie es auch außerhalb der anthroposophischen Heilpädagogik der Direktor der Schweizerischen Epilepsie-Klinik erwähnt, mit Zeitspannen zu rechnen, die wir heute nicht zu überblicken vermögen. (SIMMLER, 1984, 6)

Wenn ich hier noch einmal die Faktoren betrachte, die ich als wichtig erachtet habe und die weniger als Gründe oder Zwecke im engeren Sinn eines Einbeziehens des Rhythmus denn vielmehr als Bausteine zu einem sinnerfüllten Leben zu bezeichnen sind, so kann deutlich werden, daß es sich dabei nicht um kurzfristige Ziele, sondern um Faktoren handelt, die sich in längeren Zeiträumen entwickeln und sich in den »langen Atem des Lebenslaufes« einfügen, denn auch das Leben der Behinderten ist ein »auf-dem-Wege-sein«. (SPECK, ^{4}1980,129)

III. Schlußteil

»Das schönste Glück des denkenden Menschen ist, das Erforschliche erforscht zu haben und das Unerforschliche ruhig zu verehren.«

(Goethe)

1. Zusammenfassung

Nachdem durch die Rhythmusforschung der Rhythmus wiederum ein anerkannter Begriff geworden ist, war es mein Ziel, insbesondere seine Bedeutung für den Menschen bewußt zu machen, d. h. für die Pädagogik und im Speziellen jene für den behinderten Menschen, d. h. für die Heilpädagogik.

Dies habe ich in fünf Fragestellungen angestrebt. Zunächst haben wir geklärt, was Rhythmus überhaupt ist (Was-Frage). Hier ging es weniger um eine definitorische Klärung des Begriffes »Rhythmus« (d. h. um eine Festlegung des Begriffes in der Art einer expliziten Definition: Rhythmus ist...), als vielmehr darum, quasi in einem »Annäherungsverfahren« das Wesen des Rhythmus immer besser kennenzulernen. Wir haben dazu aus der Perspektive verschiedener Wissenschaftspositionen auf den Rhythmus geblickt, auf seine Erscheinungsformen, auf das, was über ihn gesagt wird, auf seine Bezüge zu Welt und Mensch usw. So haben sich uns verschiedene charakteristische Merkmale ergeben: Bereits in der etymologischen Untersuchung waren es »Fluß« und »Halt«, später in den naturwissenschaftlichen, geisteswissenschaftlichen und anthroposophischen Ansätzen kamen noch »Wiederkehr«, »Polarität« und »Variabilität« dazu. Darüber hinaus ist aufgefallen, daß eine enge Beziehung zwischen dem Rhythmus und Zeit und Raum einerseits und zwischen dem Rhythmus und Welt und Mensch andererseits festgestellt wird.

Bleibt der Rhythmus nach Georgiades auch ein »unsichtbarer Gott, der tausenderlei Gestalt annimmt, und doch ungreifbar bleibt« (GEORGIADES, 1958, 66), so haben wir uns dennoch auf diese Weise im Sinne von Steglich (STEGLICH, 1949, 141–142) für die Mannigfaltigkeit der rhythmischen Erscheinungen aufgeschlossen.

In einem nächsten Schritt (Wann-Frage) wurde deutlich, daß der Rhythmus im weiteren Sinne ein Phänomen ist, seit Urzeiten mit Welt und Mensch verbunden. Schon die Entstehung des Lebens soll nach Mletzko und Mletzko (MLETZKO u. MLETZKO, 1977, 138) auf rhythmischen Vorgängen beruhen, und der Einfluß des Rhythmus wirkt weiter in den die ganze Menschheit umfassenden Rhythmen der Gestirne, d. h. im Tages-, Wochen-, Monats- und Jahresrhythmus. Diese wurden bereits sehr früh von den Menschen bewußt erfahren, ja durch die Rhythmen erwachte das eigentliche Zeiterleben der Menschen. Somit wurden sie Bestandteile des Lebens, d. h. an ihnen richtete sich das landwirtschaftliche, religiöse, kulturelle Leben aus. Hier liegt denn auch die Wurzel der Kalendersysteme, und auch unsere heutige Zeitordnung basiert, wenn dies auch meist nicht bewußt ist, auf den Rhythmen der Gestirne, ja, wir können auch heute noch sagen, daß die »Grundbausteine jeder Zeitenordnung (...) zunächst die naturgegebenen Rhythmen des Gesamtkosmos, die sich aus dem Zusammenspiel der Erde mit den sie umgebenden Weltkörpern ergeben« (BÜHLER, 1965, 19) sind.

Auf dieser Annahme gründet das Wissenschaftsgebiet der Rhythmusforschung, das, nachdem der Zusammenhang zwischen Mensch und Rhythmus lange Zeit ignoriert worden war, wiederum neu auf die rhythmischen Phänomene aufmerksam macht. Hier ist vor allem auch die sogenannte Chronohygiene von Bedeutung, da in unserer Zeit durch die Technik und die hektische Lebensweise dem Rhythmus kaum Rechenschaft getragen und meistens sogar vergessen wird, daß die Natur um uns und auch unser eigener Organismus viele rhythmische Vorgänge aufweisen, deren Beachtung für ein gesundes Leben bedeutsam ist.

Das Auftauchen dieser rhythmischen Strukturen in der Natur und im Menschen war denn unser nächstes Anliegen (Wo-Frage). Tatsächlich ist nämlich das Phänomen des Rhythmus, wie Sinz sagt, »ubiquitär« (SINZ, 1981, 111). So haben wir sowohl in der unbelebten Natur als auch im Pflanzen- und Tierreich und vor allem beim Menschen rhythmische Strukturen konstatiert und gesehen, daß der Rhythmus überall eine wichtige Rolle spielt. Der Thematik entsprechend haben wir dann den Blick auf die menschlichen Rhythmen gerichtet und festgestellt, daß hier das gesamte Leben, ja bereits das Leben vor der Geburt, rhythmisch strukturiert ist, daß der Rhythmus sowohl im körperlichen als auch im seelischen und geistigen Bereich bestimmend ist, und es ist Capra zuzustimmen, der in seinem Entwurf zu einem neuen Weltsystem dem Rhythmus eine gewichtige Stellung einräumt: »Bei der künftigen Ausformulierung der neuen ganzheitlichen Weltanschauung dürfte die Idee des Rhythmus wahrscheinlich eine grundlegende Rolle spielen.« (CAPRA, 1983, 333)

Nach diesem ersten Teil, der vor allem dazu diente, das Wesen des Rhythmus im weiteren Sinne zu erfassen – denn »(...) die Begründung und Füllung des sonst leeren Rhythmusbegriffs mit Anschauung fordert in besonderer Weise ein Auf-den-Grunddringen, fordert vor allem auch die Fähigkeit, über das Befangensein im eigenen, unter Umständen noch gehemmten oder verbildeten Grundrhythmus hinaus zu klarer und deutlicher Anschauung möglichst vieler Rhythmus-Erscheinungsweisen vorzudringen, um aus möglichst vielseitiger Anschauung das Wesen des Rhythmus erhellen zu können« (STEGLICH, 1949, 141–142) –, der eine Art Basis bildet für den zweiten Teil, habe ich kurz innegehalten, um in einem Intermezzo meine anthropologischen Grundannahmen darzulegen, bevor ich zu praktischen Gesichtspunkten überging. Damit sollte nicht nur den wissenschaftlich-methodischen Forderungen Genüge geleistet werden, sondern ich ging davon aus, daß manches dadurch im Folgenden verständlicher werden könnte, besonders in der Sinn-Frage, welche die streng objektive Ebene übersteigt.

Im zweiten Teil widmete ich mich der Frage nach der Anwendung, d.h. der Fruchtbarmachung des Rhythmus im weiteren Sinne, und anschließend den sich daraus ergebenden Fragen nach dem Sinn einer solchen Einbeziehung des Rhythmus in die pädagogische und heilpädagogische Praxis.

In der Frage nach dem Praxisbezug (Wie-Frage) zeigte der Rhythmus zunächst wiederum seinen universellen, allesdurchdringenden Charakter. Dies wurde deutlich, wenn wir gesehen haben, daß er als ganzheitliches Erziehungsprinzip betrachtet werden kann, d. h. daß er alle Bereiche des menschlichen Lebens anspricht, den körperlichen, seelischen, geistigen und sozialen. Aber auch in der Beachtung des Unterrichtsrhythmus, wo eine Ganzheit, eine Ausgewogenheit oder Harmonie angestrebt wird, und nicht zuletzt auch in der Berücksichtigung der Entwicklungsrhythmen, wo der Unterrichtsinhalt und das didaktisch-methodische Vorgehen dem Kind auf seiner jeweiligen Entwicklungsstufe angepaßt werden, zeigten sich Möglichkeiten, den Rhythmus im pädagogisch-heilpädagogischen Tun zu berücksichtigen. Darüber hinaus eröffnen sich solche vor allem auch in dem das schulische Feld übersteigenden und das Leben erst vollständig machenden Bereich: in der Lebensgestaltung. Tag, Woche, Monat und Jahr können durch eine bewußt rhythmische Gestaltung für die Pädagogik und Heilpädagogik zu einer tragenden, heilsamen Atmosphäre werden. Dies geschieht vor allem auch durch eine Betonung der qualitativen Seiten der Zeit, d. h. etwa durch den Morgenspruch und das Abendgebet, durch den emsigen Wochenbeginn und den beschaulichen Sonntag. Insbesondere aber durch den Jahresrhythmus wird das Kind dann seine Verbundenheit mit dem Naturrhythmus erleben, wenn wir im Frühling und gegen den Sommer hin mehr nach außen gewandt leben und im Herbst und gegen den Winter uns wiederum mehr nach innen wenden. In diesem Sinne offenbaren sich die großen Jahresfeste, die ein wesentliches Element in der Lebensgestaltung darstellen, als prädestiniert zur Unterstützung einer rhythmischen Lebensweise: an Ostern erleben wir die Auferstehungskräfte, das Erwachen der Natur, an Johanni oder zur Sommersonnenwende ist es die Kraft der Sonne, das Reifwerden und die Ernte, an Michaeli der Kampf um das schwindende Licht, die Finsternis, die im Herbst wiederum überhandnimmt, und an Weihnachten die Geburt des inneren Lichtes in der Dunkelheit des Winters, die Anlaß zur Feier und damit zum Hinblicken auf den Naturrhythmus geben.

Wenn von Arnim sagt: »Es ist nicht gleichgültig, ob das Kind bewußt an dem Erwachen der Natur im Frühjahr teilnimmt, die Lichtfülle der Johanniszeit auf sich wirken läßt, in der einen oder anderen Weise die Erfahrung des Erntens im Herbst vermittelt bekommt und schließlich im Winter an den entzündeten Kerzen der Advents- und Weihnachtszeit das Erlebnis des in der Dunkelheit scheinenden Lichtes hat« (VON ARNIM, 1968, 5), so stellt sich für uns im Folgenden die Frage, warum dies nicht gleichgültig sei, d. h. was eine rhythmische Lebensweise, was das Einbeziehen des Rhythmus in Pädagogik und Heilpädagogik bedeutet (Warum-Wozu-Frage). Die Einbeziehung des Rhythmus in Pädagogik und Heilpädagogik sollte ja schließlich einen »Sinn haben«. »Sinn haben« hieß für mich jedoch nicht, in einer kurzsichtigen Auffassung »Nutzen haben« oder »Zweck haben«. So mußte es vor allem darum gehen, aufzuzeigen, daß mit dem Rhythmus wesentliche anthropologische Elemente verbunden sind, die eine Einbeziehung des Rhythmus in Pädagogik und Heilpädagogik rechtfertigen:

Geborgenheit, Sicherheit, Halt / Orientierung in Zeit und Raum / Beziehung zur Umwelt / Willensbildung, Ausgleich, Harmonie, Schwingungsfähigkeit / Religiöse Bindung / Ich-Findung.

Es sind dies zwar Elemente, die nicht so einfach beweisbar sind. Wenn Röthig jedoch meint, daß es im pädagogischen Bereich nicht genüge, den Rhythmus als etwas Numinoses, das man im Geheimen nur ahnen kann, aufzufassen, sondern daß es bei einer rhythmischen Erziehung darum gehe, deren Intentionen von »pädagogisch relevanten Wertvorstellungen« vom Rhythmus zu bestimmen (RÖTHIG, ^{3}1974, 178), so meine ich, daß die von mir als wichtig erachteten Gesichtspunkte solche »Werte« verkörpern, die entscheidend sind, wenn es darum geht, dem Kind, und in vermehrtem Maße dem behinderten Kind, zu seiner Lebenserfülltheit zu verhelfen.

Damit bekenne ich mich zu einer wertgeleiteten Heilpädagogik (Intermezzo), was nach Haeberlin (HAEBERLIN, 1985, 79) berechtigt ist. In diesem Sinne stellen für mich nicht nur objektive Tatsachen (z. B. die jedermann wahrnehmbare Feststellung, daß der Behinderte ein neues Verhalten zeigt) Werte dar. Denn mit Kobi (KOBI, 1979, 44) stehe ich auf dem Standpunkt, daß sich die Heilpädagogik mit Subjekten beschäftigt. Heute scheint zwar der Einzelne, das Subjekt, keine Bedeutung mehr zu besitzen. Objektivität ist zum unbedingten Wert geworden. (KOBI, 1979, 44) Sind wir uns jedoch bewußt, daß der Weg des Erziehers zu einem Erziehungsziel nicht am Subjekt und an der Subjektivität vorbei, sondern durch sie hindurch führt (KOBI, 1979, 44–45), so können wir ahnen, daß auch Werte, die sich gerade durch einen subjektiven Charakter auszeichnen, für die Pädagogik und Heilpädagogik Relevanz beanspruchen können. ›Subjektiv‹ wird hier nicht in abwertendem Sinn als eigentlich nichtwissenschaftlich verstanden, sondern im Unterschied zur »bloßen Objektivität«, die im Bereich der Gegenstände ihre Gültigkeit hat, als jene Sphäre, wo etwas von Subjekten Bedeutung erhält. (KOBI, 1979, 44) Und solche meine ich durch das Einbeziehen des Rhythmus in das pädagogisch-heilpädagogische Tun gefunden zu haben.

Wenn man sich abschließend die Frage stellt, ob angesichts der umfangreichen Literatur über den Rhythmus als solchen eine nochmalige Bearbeitung des Themas sinnvoll ist, so meine ich, daß erstens der Rhythmus im weiteren Sinne in Verbindung mit der Pädagogik und der Heilpädagogik bis heute noch zu wenig beachtet wurde. Und zweitens sei hier auf Jendorff verwiesen, der feststellt, daß im Unterschied zur Technik, wo ein Thema zum Abschluß gebracht werden kann, dies in der Philosophie (und meiner Meinung nach in der gesamten Geisteswissenschaft) nicht der Fall ist, da sie es mit einem ingenium, mit der potentia mentis zu tun hat, »(...) das sich in ständigem Wandel befindet und dem durch geistige Tätigkeit immer neue Aspekte abgerungen werden«. (JENDORFF, 1969, 6) Denn: »Der Kristallisationsprozeß des Geistes ist in ständiger Bewegung durch eigene Arbeit und Bemühen und den Gegenstand selbst, der noch den spiritus semper agens in sich atmet.« (JENDORFF, 1969, 6)

In diesem Sinne meine ich, daß der *Rhythmus* ganz besonders in der Pädagogik und Heilpädagogik immer neue Vertiefung und Belebung verdient.

2. Bibliographie

Adel, Kurt: Paracelsus. Die große Wundarznei. Graz/Wien, Stiasny, 1962. 128 S.

Aeppli, Willi: Sinnesorganismus, Sinnesverlust, Sinnespflege. Die Sinneslehre Rudolf Steiners in ihrer Bedeutung für die Erziehung. Stuttgart, Freies Geistesleben, ³1973. 113 S.

Affemann, Rudolf: Wandel des Lebensstils – leicht gesagt, schwer getan. In: Neue Zürcher Zeitung. 205/275 (1984) 37.

Ajuriaguerra de, J.: Le passé de la chronophysiologie. In: Symposium Bel Air III. Cycles biologiques et Psychiatrie. Genève, Georg und Cie., 1968. 13–23.

Albers, Johannes H.: Das Jahr und seine Feste. Die Feste und Feiertage des Jahres, ihre Entstehung, Entwicklung und Bedeutung in Geschichte, Sage, Sitte und Gebrauch. Stuttgart, Wegner, ³1917. 368 S.

Anders, Ursula: Lebensstärkende Tagesrhythmen. In: Der Elternbrief. 27/3 (1984) 48.

Arborelius, Måns: Die klinische Bedeutung der menschlichen Rhythmik. In: Deutsche Medizinische Wochenschrift. 64/28 (1938) 993–995.

Arnim von, Georg: Rhythmischer Wechsel im Tages- und Jahreslauf. In: Weleda-Nachrichten. 37/116 (1968) 3–6.

Arnim von, Georg: Vergessen und Erinnern. Bemerkungen zur heilpädagogischen Bedeutung der Gedächtnis-Lehre Rudolf Steiners. In: Zum Heilpädagogischen Kurs Rudolf Steiners. Heilpädagogik aus anthroposophischer Menschenkunde. Stuttgart, Freies Geistesleben, 1974. 59–94.

Arnim von, Georg: Was bedeutet Seelenpflege? Die Aufgaben der anthroposophischen Heilpädagogik und Sozialtherapie. In: Soziale Hygiene. Merkblätter zur Gesundheitspflege im persönlichen und sozialen Leben. Bad Liebenzell-Ul, ²1982. 20 S.

Aschoff, Jürgen: Zeitliche Ordnung des Lebendigen. In: Naturwissenschaftliche Rundschau. 17/2 (1964) 43–49.

Augustinus: Musik. Paderborn, Schöningh, ²1940. 303 S.

Augustinus: Bekenntnisse. Eingeleitet, übersetzt und erläutert von Joseph Bernhart. München, Kösel, 1955. 1014 S.

Awramoff, Dobri: Arbeit und Rhythmus. Der Einfluß des Rhythmus auf die Quantität und Qualität geistiger und körperlicher Arbeit, mit besonderer Berücksichtigung des rhythmischen Schreibens. Diss. phil. I, Zürich/Leipzig, 1902. 52 S.

Bach, Heinz: Geistigbehindertenpädagogik. Berlin, Marhold, ⁷1975. 146 S.
Bach, Heinz: Unterrichtslehre L. Berlin, Marhold, ³1976. 60 S.
Bachmann, Werner: Die anthropologischen Grundlagen zu Pestalozzis Soziallehre. Bern, Francke, 1947. 162 S.
Baravalle von, Hermann: Die Erscheinungen am Sternenhimmel. 3. erweiterte Auflage. Freiburg i. Br., Novalis, 1951. 168 S.
Barkhoff, Martin; Krüger Manfred: Liebe Leser! In: Goetheanum. Wochenschrift für Anthroposophie. 63/1 (1984) 1.
Barz, Brigitte: Feiern der Jahresfeste mit Kindern. Für Eltern dargestellt. Stuttgart, Urachhaus, 1984. 162 S.
Barz, Heiner: Der Waldorfkindergarten. Geistesgeschichtliche Ursprünge und entwicklungspsychologische Begründung seiner Praxis. Weinheim/Basel, Beltz, 1984a. 164 S.
Benesch, Hellmuth: Das Problem des Begriffes Rhythmus. In: Wissenschaftliche Zeitung der Friedrich-Schiller-Universität Jena. Gesellschafts- und Sprachwissenschaftliche Reihe. 4/3 u. 4 (1954/55) 359–379.
Bernart, Emanuel: Schulbildung für Geistigbehinderte. Berlin-Charlottenburg, Marhold, ²1973. 228 S.
Berthold, Peter: Endogene Jahresperiodik. Innere Jahreskalender als Grundlage der jahreszeitlichen Orientierung bei Tieren und Pflanzen. Konstanzer Universitätsreden. Konstanz, Universitätsverlag, 1974. 46 S.
Bethe, Albrecht: Rhythmus und Periodik in der belebten Natur. In: Studium Generale. 2/2 (1949) 67–73.
Bjerner, B.; Swensson, A.: Schichtarbeit und Rhythmus. In: Acta Medica Scandinavica. Supplementum 278. Verhandlungen der dritten Konferenz der internationalen Gesellschaft für biologische Rhythmusforschung. Stockholm, 1959. 102–107.
Blattmann, Elke: Spiel und Spielzeug im Leben des kleinen Kindes. In: Soziale Hygiene. Merkblätter zur Gesundheitspflege im persönlichen und sozialen Leben, Nr. 22. Bad Liebenzell-Ul, o. J. 12 S.
Blechschmidt, Erich: Anatomie und Ontogenese des Menschen. Heidelberg, Quelle und Meyer, 1978. 156 S.
Bleidick, Ulrich: Pädagogik der Behinderten. Grundzüge einer Theorie der Erziehung behinderter Kinder und Jugendlicher. 3., vollständig neubearbeitete und erweiterte Auflage. Berlin-Charlottenburg, Marhold, 1978. 604 S.
Blum, Ernst: Geleit. In: Clauser, Günter: Die vorgeburtliche Entstehung der Sprache als anthropologisches Problem. Der Rhythmus als Organisator der menschlichen Entwicklung. Stuttgart, Enke, 1971. 137 S.
Bollnow, Otto F.: Neue Geborgenheit. Das Problem einer Überwindung des Existentialismus. Stuttgart/Köln, Kohlhammer, 1955. 247 S.
Bollnow, Otto F.: Mensch und Raum. Stuttgart, Kohlhammer, 1963. 310 S.
Bollnow, Otto F.: Die pädagogische Atmosphäre. Untersuchungen über die ge-

fühlsmäßige zwischenmenschliche Voraussetzung der Erziehung. Heidelberg, Quelle und Meyer, 1964. 111 S.

Bollnow, Otto F.: Anthropologische Pädagogik. Bern/Stuttgart, Haupt, ³1983. 144 S.

Bollnow, Otto F.: Das Verhältnis zur Zeit. Ein Beitrag zur pädagogischen Anthropologie. Heidelberg, Quelle und Meyer, o.J. 112 S.

Borbély, Alexander: Das Geheimnis des Schlafs. Neue Wege und Erkenntnisse der Forschung. Stuttgart, Deutsche Verlags-Anstalt, 1984. 271 S.

Bort, Julia: Heileurythmie und Heilpädagogik. In: Heilende Erziehung. Stuttgart, Freies Geistesleben, ³1977. 126-218.

Bott, Viktor: Anthroposophische Medizin. Eine Möglichkeit, die Heilkunst zu erweitern. Aus dem Französischen übersetzt von Dr. Helmut Müller. Heidelberg, Haug, 1982. 199 S.

Böttcher, Helmuth M.: Die große Mutter. Zeugungsmythen der Frühgeschichte. Düsseldorf, Econ, 1968. 379 S.

Buchberger, J.: Geringe Auswirkungen auf den Menschen. Anpassungsprobleme bei der Umstellung auf Sommerzeit-Schlaf-Wach-Verhalten. In: Der Bund. 134/72 (1983) 13.

Bucher, Theodor: Dialogische Erziehung. Der Mensch vor der Frage nach dem Sinn des Lebens. Bern/Stuttgart, Haupt, 1983. 168 S.

Bücher, Karl: Arbeit und Rhythmus, 6. verbesserte und erweiterte Auflage. Leipzig, Reinicke, 1924. 497 S.

Bühler, Walther: Das bewegliche Osterfest. Kalenderreform und Osterdatum als Problem des Rhythmus. Tübingen, Katzmann, 1965. 138 S.

Bühler, Walther; Schütze, Alfred: Ich habe keine Zeit. In: Soziale Hygiene. Merkblätter zur Gesundheitspflege im persönlichen und sozialen Leben. Nr. 13. Bad Liebenzell-Ul, 1978. 12 S.

Bünner, Gertrud: Rhythmik – Rhythmisch-musikalische Erziehung. In Bünner, Gertrud; Röthig, Peter (Hrsg.): Grundlagen und Methoden rhythmischer Erziehung. Stuttgart, Klett, ²1975. 73-102.

Bünning, Erwin: Jahres- und tagesperiodische Vorgänge in der Pflanze. In: Studium Generale. 2/2 (1949) 73-78.

Bünning, Erwin: Die physiologische Uhr, Circadiane Rhythmik und Biochronometrie. Berlin/Heidelberg/New York, Springer, ³1977. 176 S.

Bürgin, D.: Über einige Aspekte der pränatalen Entwicklung. In: Nissen, Gerhardt (Hrsg.): Psychiatrie des Säuglings- und Kleinkindalters. Entwicklungspsychologische, psychodynamische und psychopathologische Aspekte. Bern/Stuttgart/Wien, Huber, 1982. 23-55.

Capra, Fritjof: Wendezeit. Bern/München/Wien, Scherz, 1983. 512 S.

Carlgren, Franz: Erziehung zur Freiheit. Die Pädagogik Rudolf Steiners. Berichte aus der internationalen Waldorfschulbewegung. Frankfurt am Main, Fischer, 1981. 343 S.

Carell, Alexis: Der Mensch – das unbekannte Wesen. Stuttgart/Berlin, Deutsche Verlagsanstalt, 1936. 321 S.

Cartwright, Rosalind D.: Schlafen und Träumen. Eine Einführung in die experimentelle Schlafforschung. Aus dem Amerikanischen übersetzt von Inge Laudage und Hartmut Schulz. München, Kindler, 1982. 175 S.

Château, Jean: Das Spiel des Kindes. Natur und Disziplin des Spielens nach dem dritten Lebensjahr. Übertragen und eingerichtet von Ludwig Schmidts. Paderborn, Schöningh, 1976. 421 S.

Clauser, Günter: Die vorgeburtliche Entstehung der Sprache als anthropologisches Problem. Der Rhythmus als Organisator der menschlichen Entwicklung. Stuttgart, Enke, 1971. 137 S.

Cornell, James: Die ersten Astronomen. Eine Einführung in die Ursprünge der Astronomie. Aus dem Englischen übersetzt von Tony Westmayr. Basel/Boston/Stuttgart, Birkhäuser, 1983. 259 S.

Doebel, Günter: Das Weltall und seine Entdeckung. Schauberg/Köln, Du Mont, 1968. 348 S.

Drischel, Hans: Biologische Rhythmen. In: Sitzungsberichte der sächsischen Akademie der Wissenschaften zu Leipzig. Mathematisch-Naturwissenschaftliche Klasse. Berlin, Akademie-Verlag, 109/5 (1972) 57 S.

Dubach, Alfred: Prospektives Denken – notwendiger Denkhorizont der Gegenwart. In: Graber, Franz (Hrsg.): Der Mensch in seiner Welt. Freiburg, Schweiz, Kanisius, 1974. 39–57.

Ebersole, Marylou; Kephardt, Nevell C.; Ebersole, James B.: Lernen Schritt für Schritt. Unterrichtspraxis bei lernbehinderten Kindern. München/Basel, Reinhardt, 1976. 173 S.

Eliade, Mircea: Das Heilige und das Profane. Vom Wesen des Religiösen. Frankfurt am Main, Insel, 1984. 188 S.

Ellis, Keith: Magie der Zahl. Ihre Rolle in Natur, Kunst und Alltag. München, Goldmann, 1979. 270 S.

Engelmayer, Otto: Pädagogische Psychologie für Schule und Unterricht. München, Ehrenwirth, ^{6}1974. 300 S.

Ennen, Georg: Erziehung Schwerst-Geistigbehinderter. In: Bach, Heinz (Hrsg.): Handbuch der Sonderpädagogik. Pädagogik der Geistigbehinderten. Berlin, Marhold, 1979. 208–212.

Erdmann, Alies: Rhythmik und Pädagogik. Bonn, Bouvier, 1968. 68 S.

Erdmann, Alies: Humanitas rhythmica. Rhythmisch strukturierte Sinnesphänomene – eine Orientierungshilfe für die Ausbildung des Menschlichen? Bonn, Bouvier, 1982. 122 S.

Erfmann, Irmgard: Periodische Erscheinungen im Spiel von zwei bis vierjährigen Kindern. In: Thomae, Hans (Hrsg.): Untersuchungen über die Periodik im kindlichen Verhalten. Sonderdruck aus Bd. III/3 der Zeitschrift für experimentelle und angewandte Psychologie. (1956) 331–380.

Ernst, Cécile: Mit Licht statt Chemie gegen Depression. In: Der Bund. 135/247 (1984) 25.

Ernst, Cécile: Depression, Schlaf und Licht. Therapieversuche mit Licht. In: Neue Zürcher Zeitung. 205/224 (1984a) 97.

Faust, Volker: Biometeorologie. Der Einfluß von Wetter und Klima auf Gesunde und Kranke. Stuttgart, Hippokrates, 1977. 359 S.

Ferenczi, Sandor: Bausteine zur Psychoanalyse. Bd.1. Bern/Stuttgart, Huber, ²1964. 298 S.

Feudel, Elfriede: Durchbruch zum Rhythmischen in der Erziehung. Stuttgart, Klett, ³1974. 182 S.

Flanagan, Geraldine L.: Die ersten neun Monate des Lebens. Reinbek bei Hamburg, Rowohlt, 1963. 102 S.

Flau, Karlheinz: Die Dreiheit im Jahreslauf. Ein Werkbuch zur Festgestaltung. Stuttgart, Freies Geistesleben, 1983. 72 S.

Forel, O.L.: Le rythme. Etude psychologique. Thèse inaugurale, présentée à la faculté de médecine de l'Université de Berne pour l'obtention du grade de docteur en médecine, 1920. 104 S.

Forêt, Jean: Sommeil et horaires de travail irréguliers. Thèse présentée à l'Université des sciences et techniques de Lille pour obtenir le titre de docteur ingénieur, 1973. 103 S.

Forsgren, Erik: Rhythmik der Leberfunktion und des Stoffwechsels. In: Deutsche Medizinische Wochenschrift. 64/21 (1938) 743-744.

Fraisse, Paul: Les structures rythmiques. Etude psychologique. Thèse Complémentaire pour le doctorat ès-lettres présentée à la Faculté des Lettres de l'Université de Paris, 1956. 124 S.

Fraisse, Paul: Psychologie du rythme. Paris, Presses universitaires de France, 1974. 245 S.

Franke, Herbert W.: Methoden der Geochronologie. Die Suche nach Daten der Erdgeschichte. Berlin/Heidelberg/New York, Springer, 1969. 132 S.

Franke, K.: Gesunderhaltung bei der Arbeit. In: Heiss, F.; Franke, K. (Hrsg.): Der vorzeitig verbrauchte Mensch. Stuttgart, Enke, 1964. 26-45.

Franke, K.: Belastung der seelischen Harmonie und ihr Ausgleich. Freizeit und Erholung. In: Heiss, F.; Franke, K. (Hrsg.): Der vorzeitig verbrauchte Mensch. Stuttgart, Enke, 1964. 317-340.

Friedrich-Barthel, Marita: Rhythmik zwischen Pädagogik und Psychotherapie. Frankfurt am Main, Fachbuchhandlung für Psychologie, Verlagsabteilung, 1979. 83 S.

Frieling, Rudolf: Rudolf Steiner und die Bibel. In: Die Christengemeinschaft. 32/2 (1961) 33-37.

Froebel, Friedrich: Die Menschenerziehung. Bochum, Kamp, 1973. 335 S.

Gasparjan, S.A.: Allgemeine Fragen zur Systemanalyse der zeitlichen Organisation von Systemen. In: Chronobiologie – Chronomedizin. Abhandlungen der

Wissenschaften der DDR. Deutsch-Sowjetisches Symposium über Chronobiologie und Chronomedizin in Halle/Saale. (1978) 31–43.

Gebser, Jean: Abendländische Wandlung. Abriß der Ergebnisse moderner Forschung in Physik, Biologie und Psychologie. Ihre Bedeutung für Gegenwart und Zukunft. Zürich/New York, Oprecht, ^{2}1945. 261 S.

Gebser, Jean: Verfall und Teilhabe. Über Polarität, Dualität, Identität und deren Ursprung. Salzburg, Müller, 1974. 165 S.

Gebser, Jean: Gesamtausgabe Bd. VI. Gedichte, Aussagen, Die schlafenden Jahre, Das Traumbuch. Schaffhausen, Novalis, 1980. 443 S.

Gedanken zur Lehrplanrevision 1981/82. Freie Pädagogische Vereinigung des Kantons Bern. 47 S.

Gehlen, Arnold: Das Mängelwesen. In: Anthropologie. Philosophisches Kolleg. Ausgewählt und bearbeitet von Türk, Hans J. und Trutwin, Werner. Düsseldorf, Patmos, 1978. 61–64.

Georgiades, Thrasybulos: Musik und Rhythmus bei den Griechen. Hamburg, Rowohlt, 1958. 146 S.

Gerbert, Hildegard; Maurer, Elfriede; Oppert, Hélène: L'Eurythmie à l'école. In: Coroze, S. R. et une équipe d'eurythmistes (Hrsg.): L'Eurythmie, un nouvel art du mouvement. Paris. Triades, 1975. 48–53.

Gilles, Brigitte: Untersuchungen im Spielverhalten 6–10jähriger Kinder. Inaugural-Dissertation zur Erlangung des Doktorgrades der Philosophischen Fakultät der Rheinischen Friedrich-Wilhelms-Universität zu Bonn, 1965. 159 S.

Ginsburg, Herbert; Opper, Silvia: Piagets Theorie der geistigen Entwicklung. Stuttgart, Klett-J. G. Cotta'sche Buchhandlung Nachfolger, ^{2}1978. 306 S.

Glas, Norbert: Frühe Kindheit. Stuttgart, Arbeitsgemeinschaft anthroposophischer Ärzte, 1954. 157 S.

Goethe von, Johann W.: Zur Farbenlehre. Didaktischer Teil. München, Deutscher Taschenbuchverlag, 1963. 226 S.

Goletz, Barbara: Lernfähigkeit im Zusammenhang mit kosmischen Rhythmen. Beobachtungen einer Lehrerin. Kassel, Meister, 1984. 85 S.

Gottschalt, Lilli: Einführung in die anthroposophische Heilpädagogik. In: Hofmann, Theodor (Hrsg.): Beiträge zur Geistigbehindertenpädagogik. Rheinstetten, Schindele, 1979. 109–114.

Graber, Franz: Die Welt als Selbstdeutung des Menschen. In: Graber, Franz (Hrsg.): Der Mensch in seiner Welt. Freiburg, Schweiz, Kanisius, 1974. 80 S.

Grissemann, Hans: Die Legasthenie als Deutungsschwäche. Zur psychologischen Grundlegung der Legasthenietherapie. Dritte erweiterte Auflage. Bern/Stuttgart/Wien, Huber, 1974. 255 S.

Groddeck, Georg: Psychoanalytische Schriften zur Psychosomatik. Wiesbaden, Limes, 1966. 394 S.

Grote, Louis R.: Die Fragestellung der Chronopathologie. In: Studium Generale. 2/2 (1949) 85–88.

Günther, Helmut: Historische Grundlinien der deutschen Rhythmusbewegung. In: Bünner, Gertrud; Röthig, Peter (Hrsg.): Grundlagen und Methoden rhythmischer Erziehung. Stuttgart, Klett, ²1975. 33–69.

Guthmann, Heinrich: Rhythmen im Leben der Frau. In: Die medizinische Welt. 11/14 (1937) 451–456.

Haase, Otto: Musisches Leben und künstlerische Erziehung. In: Kluge, Norbert (Hrsg.): Vom Geist musischer Erziehung. Grundlegende und kritische Beiträge zu einem Erziehungsprinzip. Darmstadt, Wissenschaftliche Buchgesellschaft, 1973. 247–256.

Haeberlin, Urs: Das Menschenbild für die Heilpädagogik. Bern/Stuttgart, Haupt, 1985. 104 S.

Haeberlin, Urs: Allgemeine Heilpädagogik. Mit Ergänzungen von Jean-Luc Lambert. Bern/Stuttgart, Haupt, 1985a. 92 S.

Haes de, D. Udo: Der singende spielende Kindergarten. Aus dem Holländischen übertragen und bearbeitet von Trude Steinhardt-Maurer. Stuttgart, Mellinger, ²1982. 136 S.

Hagemeister, Ursula: Geistigbehindertenpädagogik. In: Bleidick, Ulrich (Hrsg.): Einführung in die Behindertenpädagogik. Bd. 2. Stuttgart/Berlin/Köln/Mainz, 1977. 52–73.

Hager, Werner: Über den Rhythmus in der Kunst. In: Studium Generale. 2/3 (1949) 153–160.

Hansen, Wilhelm: Psychologische Probleme der Grundschule. In: Hetzer, H. (Hrsg.): Handbuch der Psychologie. 10. Bd. Pädagogische Psychologie. Göttingen, 1959. 111–128.

Harrer, G.: Schlaf und Vegetativum. In: Harrer, G.; Leutner, V. (Hrsg.): Schlaf und Pharmakon. Symposion 1978, Abtei Ettal. Roche, 1978. 15–28.

Hartmann, Otto J.: Abbau und Aufbau. Neue Folge Nr. 15. Die Kommenden, Freiburg im Br., 1979. 47 S.

Hauschka, Margarethe: Rhythmische Massage nach Dr. Ita Wegmann. Menschenkundliche Grundlagen. Boll, Schule für Künstlerische Therapie und Massage, 1972. 200 S.

Hecht, K.; Seidel, K.: Zum Biorhythmus in den Neurowissenschaften. In: Chronobiologie – Chronomedizin. Abhandlungen der Wissenschaften der DDR. Deutsch-Sowjetisches Symposium für Chronobiologie und Chronomedizin in Halle/Saale. (1978) 616–636.

Heckert, Hilmar: Lunationsrhythmen des menschlichen Organismus. Leipzig, Akademische Verlagsgesellschaft Geest und Portig, 1961. 126 S.

Heilpädagogik auf anthroposophischer Grundlage. Denkschrift. Vereinigung der Heil- und Erziehungsinstitute für Seelenpflege-bedürftige Kinder e. V. und der Sozial-Therapeutischen Werkgemeinschaft e. V. (Hrsg.), o. J. 30 S.

Heisenberg, Werner: Schritte über Grenzen. München, Piper, 1971. 313 S.

Heitler, Walter: Der Mensch und die naturwissenschaftliche Erkenntnis. Braunschweig, Vieweg u. Sohn, 1961. 75 S.

Heitler, Walter: Schöpfung – die Öffnung der Naturwissenschaft zum Göttlichen. Zürich, Arche, 1979. 47 S.

Hellbrügge, Theodor A.; Rutenfranz, Joseph: Schichtunterricht und Leistungsbereitschaft. In: Münchener Medizinische Wochenschrift. 98/50 (1956) 1713–1717.

Hellbrügge, Theodor A.: Ein kasuistischer Beitrag über das Verhalten des kindlichen Pulses während einer Autofahrt im Großstadtverkehr, gemessen mit einer Telemetriesondeanlage. Inaugural-Dissertation zur Erlangung der Doktorwürde in der gesamten Medizin. Ludwig-Maximilians-Universität, München, 1970. 119 S.

Hellpach, Willy: Geopsyche. Die Menschenseele unter dem Einfluß von Wetter und Klima, Boden und Landschaft. Stuttgart, Enke, 1950. 271 S.

Hemleben, Johannes: Biologie und Christentum. Stuttgart, Urachhaus, 1971. 155 S.

Herzka, Heinz: Die Dialogik therapeutischer und pädagogischer Ansätze. In: Schweizerische Heilpädagogische Rundschau. 8/2 (1986) 259–264.

Hess, R.: Einleitung. In: Luban-Plozza, B.: Wege zu einem gesunden Schlaf. Winterthur, Konkordia, 1968. 3–4.

Hessenbruch, Helmut: Von der Bedeutung des Siebenjahr-Rhythmus beim heranwachsenden Menschen. Inaugural-Dissertation zur Erlangung der Doktorwürde der Hohen medizinischen Fakultät, Köln, ²1938. 44 S.

Hetzer, Hildegard; Flakowski, Herbert: Spiel und Familienleben. Unerlässlicher Erziehungsauftrag oder bereichernde Freizeitgestaltung für jung und alt? Zürich/Köln/Flamberg, Benziger, 1973. 128 S.

Hildebrandt, Gunther: Rhythmus und Regulation. In: Die Medizinische Welt. 35/2 (1961) 73–81.

Hildebrandt, Gunther: Störungen der biologischen Rhythmik. In: Heiss, F.; Franke, K. (Hrsg.): Der vorzeitig verbrauchte Mensch. Stuttgart, Enke, 1964. 303–316.

Hildebrandt, Gunther: Medizinische Rhythmusforschung. In: die Drei. 47/7–8 (1977) 394–403.

Hildebrandt, Gunther: Chronobiologische Probleme der Nacht- und Schichtarbeit. In: Heimann, H.; Pflug, B. (Hrsg.): Rhythmusprobleme in der Psychiatrie. Stuttgart/New York, Fischer, 1978. 25–39.

Hildebrandt, Gunther: Chronobiologische Grundlagen der Ordnungstherapie. In: Kneipptherapie, ein Lehrbuch. Berlin/Heidelberg/New York, 1980. 177–228.

Hildebrandt, Gunther: Rhythmen (biologische) In: Enzyklopädie Naturwissenschaft und Technik. München, Moderne Industrie, 1980a. 3666–3679.

Hildebrandt, Gunther: Medizinische Rhythmusforschung. Kosmos und Mensch sind in einen rhythmischen Zeitenorganismus eingegliedert. In: Die Kommenden. 35/12 (1981) 19-22.

Hildebrandt, Gunther: Biologische Rhythmen in der Medizin. In: Erfahrungsheilkunde. Acta medica empirica. 33 (1984) 1-29.

Hiss, Walter F.: Der Mensch ist entweder Lerche oder Nachtigall. Neue Erkenntnisse über biologische Rhythmen in der Natur und im Organismus sollten vermehrt berücksichtigt werden. In: Die Weltwoche. 54/12 (1986) 33.

Hoeller-von der Trenck, Jutta: Rhythmische (moderne) Gymnastik. In: Bünner, Gertrud; Röthig, Peter (Hrsg.): Grundlagen und Methoden rhythmischer Erziehung. Stuttgart, Klett, [2]1975. 103-122.

Hoellering, Amélie: Kommt der Rhythmiklehrer ohne Kenntnisse der Tiefenpsychologie aus? In: Tauscher, Hildegard (Hrsg.): Die rhythmisch-musikalische Erziehung in der Heilpädagogik. Berlin-Charlottenburg, Marhold, 1964. 59 S.

Hoellering, Amélie: Zur Theorie und Praxis der rhythmischen Erziehung. Ein Grundlehrgang für Heilpädagogen und Erzieher. Berlin, Marhold, [7]1979. 64 S.

Hömberg, Beate: Hermeneutik des Vertrauens. Inaugural-Dissertation zur Erlangung des Doktorgrades der Philosophischen Fakultät der Westfälischen Wilhelms-Universität zu Münster (Westf.), 1978. 207 S.

Hoerner, Wilhelm: Zeit und Rhythmus. Die Ordnungsgesetze der Erde und des Menschen. Stuttgart, Urachhaus, 1978. 385 S.

Hoess, Herbert: Primar- und Sekundarbereich I. In: Bach, Heinz (Hrsg.): Handbuch der Sonderpädagogik. Pädagogik der Geistigbehinderten. Berlin, Marhold, 1979. 88-113.

Hofmann, Theodor: Allgemeine Prinzipien der Erziehung und des Unterrichts bei Geistigbehinderten. In: Bach, Heinz (Hrsg.): Handbuch der Sonderpädagogik. Pädagogik der Geistigbehinderten. Berlin, Marhold, 1979. 151-171.

Holtzapfel, Walter: Krankheitsepochen der Kindheit. Stuttgart, Freies Geistesleben, [2]1970, 85 S.

Holtzapfel, Walter: Seelenpflege-bedürftige Kinder. Zur Heilpädagogik Rudolf Steiners. Bd. II. Dornach, Philosophisch-Anthroposophischer Verlag Goetheanum, 1978. 136 S.

Horny, Ilse: Eurythmie – die heilende Bewegungskunst. In: Soziale Hygiene. Merkblätter zur Gesundheitspflege im persönlichen und sozialen Leben. Bad Liebenzell-Ul, 1982. 24 S.

Hoske, H.: Der überlastete Jugendliche. In: Heiss, F.; Franke, K. (Hrsg.): Der vorzeitig verbrauchte Mensch. Stuttgart, Enke, 1964. 358-386.

Huber-Weidmann, Hermann: Die physischen und psychischen Folgen von Schlafverkürzung und Schlafstörung. Abhandlung zur Erlangung der Doktorwürde der Philosophischen Fakultät I der Universität Zürich, 1977. 217 S.

Hueck, Walter: Die Polarität der Wahrheit und der Rhythmus des Lebens. Remagen, Reichl, 1961. 702 S.

Hufeland, Christoph W.: Makrobiotik oder die Kunst, das menschliche Leben zu verlängern. Berlin, Reimer, ⁷1853. 456 S.

Huizinga, Johan: Homo ludens. Vom Ursprung der Kultur im Spiel. Hamburg, Rowohlt, 1956. 220 S.

Humanus-Haus Nachrichten, Nr. 25, 1983. 31 S.

Isidor de Séville: Traité de la nature. Edité par Jacques Fontaine. Bordeaux, Féret et Fils, 1960. 466 S.

Jacques-Dalcroze, Emile: Rhythmus, Musik und Erziehung. Aus dem Französischen übertragen von Julius Schwabe. Göttingen/Wolfenbüttel, Kallmeyer, 1921. 242 S.

Jäger, Werner: Paideia. Die Formung des griechischen Menschen. 1. Bd. Berlin/Leipzig, de Gruyter, 1934. 513 S.

Jenny, Eduard: Kosmos und Mensch. Sonderabdruck aus der Schweizerischen Medizinischen Wochenschrift. 73/16–17 (1943) 24 S.

Jeremias, Alfred: Handbuch der altorientalischen Geisteskultur. Berlin/Leipzig, de Gruyter, 1929. 508 S.

Johannes Paul I.: Ihr ergebener Albino Luciani. Briefe an Persönlichkeiten. München, DTV, 1980. 233 S.

Jores, Arthur: Rhythmikphysiologie und -pathologie des Menschen. In: Die Naturwissenschaften. 26/24 (1936) 408–412.

Jores, Arthur: Zur Rhythmusforschung. In: Deutsche Medizinische Wochenschrift. 64/21 (1938) 737–738.

Jores, Arthur: Zur Rhythmusforschung. Endokrines und vegetatives System in ihrer Bedeutung für die Tagesperiodik. In: Deutsche Medizinische Wochenschrift. 64/28 (1938) 989–990.

Jores, Arthur: Die Ursache der Rhythmik vom Gesichtspunkt des Menschen. In: Deutsche Medizinische Wochenschrift. 64/28 (1938) 995–996.

Jores, Arthur: Periodizität beim Menschen. In: Studium Generale. 2/2 (1949) 82–85.

Josef, Konrad: Bereich des Sozialen und Emotionalen. In: Bach, Heinz (Hrsg.): Handbuch der Sonderpädagogik. Pädagogik der Geistigbehinderten. Berlin, Marhold, 1979. 261–267.

Jovanovic, Uros J. J.: Schlaf und Traum. Physiologische und Psychologische Grundlagen, Störungen und ihre Behandlung. Stuttgart, Fischer, 1974. 212 S.

Jünger, Ernst: An der Zeitenmauer. Stuttgart, Klett, 1959. 314 S.

Jung, Edmund; Krenzer, Rolf; Lotz, Inge: Handbuch der Unterrichtspraxis mit Geistigbehinderten. Methodische und didaktische Wege. Frankfurt am Main, Hirschgraben, 1976. 189 S.

Kaletsch, Hans: Tag und Jahr. Die Geschichte des Kalenders. Zürich/Stuttgart, Artemis, 1970. 96 S.

Kaminski, Helga; Karst, Walter; Spellenberger, Anne D.: Das Leben Geistigbehinderter im Heim. Stuttgart, Klett-Cotta, 1978. 159 S.

Katz, David: Vibrationssinn und Rhythmus. In: Zeitschrift für Ästhetik und allgemeine Kunstwissenschaft. Bd. XXI (1927) 209–214.

Kayser, Hans: Harmonia plantarum. Basel, Schwabe, 1943. 248 S.

Kees, Hermann: Ägypten. In: Otto, Walter (Hrsg.): Handbuch der Altertumswissenschaft. Kunstgeschichte des alten Orients. München, Beck'sche Verlagsbuchhandlung, 1933. 372 S.

Kelsch, Claudia: Die rhythmisch-musikalische Erziehung an einer Beobachtungsklasse. In: Tauscher, Hildegard (Hrsg.): Die rhythmisch-musikalische Erziehung in der Heilpädagogik. Berlin-Charlottenburg, Marhold, 1964. 55–59.

Kerényi, Karl: Vom Wesen des Festes. In: Paideuma. Mitteilungen zur Kulturkunde. Bd. 1. Leipzig, 1939. 59–74.

Kielholz, Paul: Depression – Forschung und Prophylaxe. Rektoratsrede gehalten an der Jahresfeier der Universität Basel am 25. Nov. 1983. Basel, Helbing und Lichtenhahn, 1983. 27 S.

Kirchner-Bockholt, Margarete: Hygienische Eurythmie. In: Soziale Hygiene. Stuttgart, Freies Geistesleben, [2]1978. 215–224.

Kischnik, Rudolf: Das kindliche Spiel in seiner Bedeutung für eine gesunde Entwicklung. In: Soziale Hygiene. Merkblätter zur Gesundheitspflege im persönlichen und sozialen Leben. Nr. 10, Bad Liebenzell-Ul, o. J. 12 S.

Klages, Ludwig: Vom Wesen des Rhythmus. In: Philosophische Schriften. Bonn, Bouvier, 1974. 90–112.

Klassen, Theodor F.: Die Bildungsgrundformen Gespräch, Spiel, Arbeit und Feier im Jena-Plan Peter Petersens. Inaugural-Dissertation zur Erlangung des Doktorgrades der Philosophischen Fakultät der Westfälischen Wilhelms-Universität zu Münster (Westf.), 1968. 228 S.

Klatt, Fritz: Die schöpferische Pause. Jena, Diederich, 1922. 107 S.

Klein, Elisabeth: Kopfwissen – Herzwissen. Aufgaben des Kinderbuches. In: Die Drei. 45/10 (1975) 554–561.

Klimes, Karl; Mészarós, Anton: Der Rhythmus als biologisches Prinzip, seine Genese und pathologische Bedeutung. In: Archiv für Psychiatrie und Nervenkrankheiten. 115. Bd./1 (1942) 90–112.

Klimm, Hellmut: Betrachtungen zum Heilpädagogischen Kurs Rudolf Steiners. In: Zum Heilpädagogischen Kurs Rudolf Steiners. Heilpädagogik aus anthroposophischer Menschenkunde. Stuttgart, Freies Geistesleben, 1974. 13–47.

Klimm, Hellmut: Heilpädagogik auf anthroposophischer Grundlage. Dornach, Philosophisch-Anthroposophischer Verlag Goetheanum, 1980. 81 S.

Klufas, Swiatoslau J.: Die Bedeutung der Gestirne und des Klimas auf den Ablauf unseres Lebens. Inaugural-Dissertation zur Erlangung der Doktorwürde in der gesamten Medizin der Ludwig-Maximilians-Universität zu München, 1958. 23 S.

Knoll, Max: Wandlungen der Wissenschaft in unserer Zeit. In: Eranos Jahrbuch. Bd. XX (1951) 387–436.

Knoll, Max: Endogene Rhythmen und biologische Zeit. In: Eranos Jahrbuch. Bd. XXIV (1955) 433-483.
Kobi, Emil E.: Die psychomotorische Unruhe im Kindesalter. Eine heilpädagogische Interpretation. Bern/Stuttgart, Haupt, 1967. 60 S.
Kobi, Emil E.: Die Rehabilitation der Lernbehinderten. München/Basel, Reinhardt, 1975. 254 S.
Kobi, Emil E.: Grundfragen der Heilpädagogik und Heilerziehung. Bern/Stuttgart, Haupt, ³1977. 316 S.
Kobi, Emil E.: Heilpädagogik im Abriß. 3. durchgesehene und ergänzte Auflage. Liestal, SVHS Verlag des Schweizerischen Vereins für Handarbeit und Schulreform, 1977a. 109 S.
Kobi, Emil E.: Heilpädagogik als Herausforderung. Luzern, Verlag der Schweizerischen Zentralstelle für Heilpädagogik, 1979. 182 S.
Köberle, Adolf: Einführung. In: Bühler, Walther: Das bewegliche Osterfest. Kalenderreform und Osterdatum. Tübingen, Katzmann, 1965. 7-9.
Köberle, D. A.: Glaube und Lebensfrische. In: Heiss, F.; Franke, K. (Hrsg.): Der vorzeitig verbrauchte Mensch. Stuttgart, Enke, 1964. 350-357.
Köck, Peter: Das Problem der Unterrichtsmethode bei Johann Heinrich Pestalozzi. Inaugural-Dissertation zur Erlangung des Doktorgrades der Philosophischen Fakultät der Ludwig-Maximilians-Universität zu München, 1967. 292 S.
Kranich, Ernst, M.: Die Formensprache der Pflanze. Grundlinien einer kosmologischen Botanik. Stuttgart, Freies Geistesleben, 1976. 190 S.
Kranich, Ernst, M.: Entwicklung und Erziehung in der frühen Kindheit. In: Leber, Stefan (Hrsg.): Die Pädagogik der Waldorfschule und ihre Grundlagen. Darmstadt, Wissenschaftliche Buchgesellschaft, 1983. 53-72.
Kubitschek, Wilhelm: Grundriß der antiken Zeitrechnung. In: Otto, Walter (Hrsg.): Handbuch der Altertumswissenschaft. 1928. 241 S.
Kügler, Ernst: Die Pädagogische Bedeutung des Rhythmus. Dissertation zur Erlangung des Doktorgrades der Philosophischen Fakultät der Georg-August-Universität zu Göttingen, 1954. 107 S.
Kurzberichte aus der Wissenschaft. In: Naturwissenschaftliche Rundschau. (Rhythmusstörungen durch Zeitverschiebung). 21/4 (1968) 163-164.
Lang, Gerhardus: Gesundheit, Krankheit, Heilung. In: Die Kommenden. 38/22 (1983) 15-18.
Lang, Sigrid: Die Kindheit bis zur Schule – eine Embryologie der menschlichen Zeitorganisation. In: die Drei. 47/7-8 (1977) 403-410.
Laubi, O.: Der Rhythmus und seine therapeutische Verwendung. In: Zeitschrift für die gesamte Neurobiologie und Psychiatrie. 82. Bd. (1923) 165-175.
Lauer, Hans E.: Vom Sinn der christlichen Jahresfeste. Anregungen zu ihrer Gestaltung aus anthroposophischer Sicht. Freiburg i. Br., die Kommenden, 1979. 78 S.

Lehr, Ursula: Entwicklung und Periodizität. In: Handbuch der Psychologie. 3. Bd. Entwicklungspsychologie. Göttingen, Verlag für Psychologie, 1958. 199–219.

Leroi, Alexander: Rhythmische Prozesse. Beitrag zum Verständnis potenzierter Heilmittel. Arlesheim, Klinisch Therapeutisches Institut, 1950. 21 S.

Lindenberg, Christoph: Verbindung und Lösung. In: die Drei. 47/7–8 (1977) 385–388.

Lindenberg, Christoph: Die Lebensbedingungen des Erziehens. Von Waldorfschulen lernen. Reinbek bei Hamburg, Rowohlt, 1981. 204 S.

Linder, Hermann: Biologie. Stuttgart, Metzlersche Verlagsbuchhandlung, [17]1971. 396 S.

Livegoed, Bernhard: Lebenskrisen – Lebenschancen. Die Entwicklung des Menschen zwischen Kindheit und Alter. Übersetzt aus dem Holländischen von Gerlind Wild-Wulker, M. A. München, Kösel, 1979. 223 S.

Löwith, K.: Zur Frage einer philosophischen Anthropologie. In: Gadamer, Hans Georg; Vogler, Paul (Hrsg.): Philosophische Anthropologie. Zweiter Teil. München, Deutscher Taschenbuch Verlag, 1975. 330–342.

Luban-Plozza, B.: Wege zu einem gesunden Schlaf. Winterthur, Konkordia, 1968. 35 S.

Luyten, Norbert: Das heutige Menschenverständnis in Philosophie und Naturwissenschaft. In: Graber, Franz (Hrsg.): Der Mensch in seiner Welt. Freiburg, Schweiz, Kanisius, 1974. 80 S.

Mändel, Hans: Die Monate und ihre Weisheit. Heidelberg, Schneider, 1964. 193 S.

Maikowski, René: Heilende Erziehung als Zeitnotwendigkeit. In: Heilende Erziehung. Vom Wesen Seelenpflege-bedürftiger Kinder. Stuttgart, Freies Geistesleben, [3]1977. 334 S.

Marcuse, Adolf: Astronomie in ihrer Bedeutung für das praktische Leben. Leipzig, Teubner, 1912. 99 S.

Marti, Ernst: Das rhythmische Lebensalter. In: Weleda-Nachrichten. 14/37 (1945) 1–8.

Matthiolius, H.: Ärztliches Nachwort. In: Blattmann, Elke: Spiel und Spielzeug im Leben des kleinen Kindes. In: Soziale Hygiene. Merkblätter zur Gesundheitspflege im persönlichen und sozialen Leben. Nr. 22. Bad Liebenzell-Ul, o. J. 10–11.

Mattmüller-Frick, Felix: Modell einer gesellschafts- und zukunftsbezogenen Volksschule. Bern/Stuttgart, Haupt, 1969. 131 S.

Matys, F. K.: Im Freien gespielt. Kleine Historie des Kinderspiels. In: Kindergarten. Seminaristinnen-Nummer. 65/1 (1975) 3–30.

Mayher, W.: Die astronomische Zeitrechnung der Völker. Den Haag, Boekencentrale J. Couvreur, 1912. 113 S.

Mletzko, Horst G.; Mletzko, Ingrid: Biorhythmik. Elementareinführung in die Chronobiologie. Wittenberg Lutherstadt, Ziemsen, 1977. 160 S.

Moch, Hannelore: Gestattet unser Wissen über die Tagesperiodik Aussagen zur Frage der Überforderung von Schülern in Ganztagsschulen? Eine Untersuchung in einer Berliner Gesamtschule. Inaugural-Dissertation zur Erlangung der medizinischen Doktorwürde an den medizinischen Fachbereichen der Freien Universität Berlin, 1976. 128 S.

Monod, Jacques: Zufall und Notwendigkeit. Philosophische Fragen der modernen Biologie. München, Piper, 1971. 237 S.

Moor, Paul: Heilpädagogische Psychologie. Bd. 1. Bern, Huber, 1951. 298 S.

Moor, Paul: Heilpädagogik. Ein pädagogisches Lehrbuch. Bern/Stuttgart, Huber, 1965. 524 S.

Morgenstern, Bernhard: Feste und ihre Gestaltung. Zur Förderung des entwicklungsgestörten und des behinderten Kindes. Ravensburg, Maier, 1979. 72 S.

Müller, Rolf: Der Himmel über dem Menschen der Steinzeit. Astronomie und Mathematik in den Bauten der Megalithkulturen. Berlin/Heildelberg/New York, Springer, 1970. 153 S.

Müller, Ursula: Der Rhythmus, ein Problem der Gemütserziehung in heilpädagogischer Sicht. Abhandlung zur Erlangung der Doktorwürde der Philosophischen Fakultät I der Universität Zürich, 1965. 286 S.

Nef, Maja R.: Die Bedeutung von Fest und Feier in Erziehung und Heilerziehung. Abhandlung zur Erlangung der Doktorwürde der Philosophischen Fakultät I der Universität Zürich, 1969. 148 S.

Nickel, Horst: Entwicklungspsychologie des Kindes- und Jugendalters. Bd. 1. 3. durchgesehene und ergänzte Auflage. Bern/Stuttgart/Wien, Huber, ^{3}1976. 374 S.

Nohl, Hermann: Das Pulsieren aller Lebensfunktionen im Rhythmus von Spannung und Entspannung. In: Die Sammlung. 1. Jg. (1945/1946) 32–45.

Norden, Eduard: Logos und Rhythmus. Rede zum Antritt des Rektorats der Friedrich-Wilhelms-Universität zu Berlin. Am 15. Oktober 1927. Berlin, Preußische Druckerei- und Verlags-Aktiengesellschaft, 1928. 29 S.

Novalis: Werke und Briefe. München, Winkler, 1962. 753 S.

Pache, Werner: Erziehung und Unterricht seelenpflege-bedürftiger Kinder. In: Heilende Erziehung. Stuttgart, Freies Geistesleben, ^{3}1977. 25–125.

Pannikar, R.: Verstehen als Überzeugtsein. In: Gadamer, Hans-Georg (Hrsg.): Neue Anthropologie. Bd. 7. Philosophische Anthropologie, zweiter Teil. Stuttgart, Thieme, 1975. 132–167.

Papoušek, Mechthild: Chronobiologische Aspekte des therapeutischen Schlafentzugs bei endogener Depression. In: Heimann, H.; Pflug, B. (Hrsg.): Rhythmusprobleme und Psychiatrie. Stuttgart/New York, Fischer, 1978. 51–60.

Passouant, Pierre; Rechniewski, Anne: Der Schlaf. Wissenschaftler erhellen das geheimnisvolle Drittel unseres Lebens. Übersetzt aus dem Französischen von Ilse Schwaiger. Wien/Düsseldorf, Econ, 1981. 236 S.

Petersen, Eugen: Rhythmus. In: Abhandlungen der königlichen Gesellschaft der Wissenschaften zu Göttingen. Philosophisch-Historische Klasse. Neue Folge Bd. XVI/5 (1917) 104 S.

Pflug, B.; Toelle, R.: Therapie endogener Depressionen durch Schlafentzug. In: Der Nervenarzt. 42/3 (1971) 117–124.

Piaget, Jean: Les trois structures fondamentales de la vie psychique: rythme, régulation et groupement. In: Schweizerische Zeitschrift für Psychologie und ihre Anwendungen. 1/1 (1942) 9–21.

Picht, Johanna V.: Das Erleben des Jahreslaufes. In: Kügelgen von, Helmut (Hrsg.): Plan und Praxis des Waldorfkindergartens. 8. erweiterte und überarbeitete Auflage. Stuttgart, Freies Geistesleben, 1983. 51–52.

Planck, Max: Sinn und Grenzen der exakten Wissenschaft. München, Kindler, 1971. 70 S.

Plessner, Hellmut: Über die Beziehung der Zeit zum Tode. In: Eranos-Jahrbuch. Bd. XX (1951) 349–386.

Popper, Karl R.: Die offene Gesellschaft und ihre Feinde. Zweiter Band. Bern, Francke, 1958. 483 S.

Portmann, Adolf: Die Zeit im Leben der Organismen. In: Eranos-Jahrbuch. Bd. XX (1951) 437–458.

Portmann, Adolf: Welterleben und Weltwissen. München, Piper, 1964. 65 S.

Portmann, Adolf: Vorwort. In: Zihlmann, Hans: Rhythmische Erziehung. Hitzkirch, Comenius, ²1977. 3.

Portmann, Adolf: Natur und Großstadt. In: Der Schweizerische Kindergarten. 73/3 (1983) 3–6.

Portmann, Adolf: Alles fließt. Rückblick und Ausblick eines Biologen. Basel, Reinhardt, o. J. 45 S.

Prohaska, Leopold: Muße und Vollendung. In: Prohaska, Leopold (Hrsg.): Musische Erziehung in der Not unserer Tage. Wien, Österreichischer Bundesverlag, 1959. 76–92.

Rautke, Wilhelm: Erfahrungen mit dem Epochenunterricht in den Waldorfschulen. In: Leber, Stefan (Hrsg.): Die Pädagogik der Waldorfschule und ihre Grundlagen. Darmstadt, Wissenschaftliche Buchgesellschaft, 1983. 255–270.

Riemann, Carl: Polarität bei Goethe. In: Wissenschaftliche Zeitschrift der Friedrich-Schiller-Universität Jena. Gesellschafts- und Sprachwissenschaftliche Reihe. 4/1–2 (1954/55) 163–182.

Rohen, Andreas: Rhythmen im Lebenslauf. Soziale Hygiene. Merkblätter für eine bewußte Lebensführung in Gesundheit und Krankheit. Verein für ein erweitertes Heilwesen e.V. Bad Liebenzell-Ul. ²1986.

Röthig, Peter: Rhythmus und Bewegung. Eine Analyse aus der Sicht der Leibeserziehung. Inaugural-Dissertation zur Erlangung des Doktorgrades einer Hohen Philosophischen Fakultät der Eberhard-Karls-Universität zu Tübingen, 1966.

Röthig, Peter: Zur Theorie des Rhythmus. In: Bünner, Gertrud; Röthig, Peter (Hrsg.): Grundlagen und Methoden rhythmischer Erziehung. Stuttgart, Klett, ²1975. 11-32.

Roth, Heinrich: Das Problem der Bildsamkeit und Erziehungsfähigkeit in der Psychologischen Forschung. In: Handbuch der Psychologie. 10. Bd. Pädagogische Psychologie. Göttingen, Verlag für Psychologie, 1959. 62-92.

Rothacker, Erich: Rhythmus in Natur und Geist. In: Studium Generale. 2/3 (1949) 161-166.

Rottmann, Gerhard: Untersuchungen über Einstellungen zur Schwangerschaft und zur fötalen Entwicklung. In: Grabar, Gustav H. (Hrsg.): Pränatale Psychologie. Die Erfassung vorgeburtlicher Wahrnehmungen und Empfindungen. München, Kindler, 1974. 68-87.

Rudder de, Bernhard: Grundzüge der Bioklimatik des Menschen. In: Seybold, August; Woltereck, Heinz (Hrsg.): Klima, Wetter, Mensch. Heidelberg, Quelle und Meyer, ²1952. 91-169.

Rudder de, Bernhard: Der Mensch im Jahreszeitenrhythmus. In: Studium Generale. 8/12 (1955) 776-782.

Rutenfranz, Josef; Hellbrügge, Theodor: Über Tagesschwankungen der Rechengeschwindigkeit bei 11jährigen Kindern. In: Zeitschrift für Kinderheilkunde. Bd. 80 (1957) 65-82.

Saint-Exupéry de, Antoine: Citadelle. Paris, Gallimard, 1948. 637 S.

Seidel, Wilhelm: Rhythmus, eine Begriffsbestimmung. Darmstadt, Wissenschaftliche Buchgesellschaft, 1976. 143 S.

Seidenfaden, Fritz: Gedanken zur Wesensdeutung des Rhythmus in anthropologischer und pädagogischer Sicht. In: Neue Sammlung. 1/4 (1961) 302-314.

Seidenfaden, Fritz: Musische Erziehung, Heilpädagogik, Psychotherapie. In: Kluge, Norbert (Hrsg.): Vom Geist musischer Erziehung. Grundlegende und kritische Beiträge zu einem Erziehungsprinzip. Darmstadt, Wissenschaftliche Buchgesellschaft, 1973. 257-279.

Seidenfaden, Fritz: Der Rhythmus als Element der musischen Erziehung. In: Bünner, Gertrud; Röthig, Peter (Hrsg.): Grundlagen und Methoden rhythmischer Erziehung. Stuttgart, Klett, ²1975. 243-257.

Seiffert, Helmut: Einführung in die Wissenschaftstheorie 2. München, Beck, 1970. 308 S.

Seleschnikow, Semjon J.: Wie viele Monde hat ein Jahr? Kleine Kalenderkunde. Übersetzt aus dem Russischen von Wolfgang Gruhn. Wissenschaftlich bearbeitet von Jindra Singer. Köln, Aulis, 1981. 212 S.

Siegenthaler, Hermann: Anthropologische Grundlagen zur Erziehung Geistig-Schwerstbehinderter. Bern/Stuttgart, Haupt, 1983. 210 S.

Simmler, Peter: Jahresbericht der allgemeinen Direktion. In: 99. Bericht der Schweizerischen Epilepsie-Klinik in Zürich 1984. 6-11.

Simon, Walther: Urphänomen der Weltbegegnung. In: Grabar, Gustav H.

(Hrsg.): Pränatale Psychologie. Die Erforschung vorgeburtlicher Wahrnehmungen und Empfindungen. München, Kindler, 1974. 137 S.

Simonis, Werner Chr.: Die ersten sieben Jahre. Ein Ratgeber zum Verständnis des Kleinkindes. Freiburg i. Br., Die Kommenden, ²1972. 156 S.

Sinz, R.: Oszillationen – ein Merkmal dissipativer Strukturen und organismischer Ordnungsbildung. In: Chronobiologie – Chronomedizin. Abhandlungen der Wissenschaften der DDR. Deutsch-Sowjetisches Symposium über Chronobiologie und Chronomedizin in Halle/Saale. (1978) 111–132.

Sittah, U.; Rumler, W.; Böttcher, S.: Der Einfluß der äußeren Zeitgeber auf das Schlaf-Wach-Verhalten junger Säuglinge. In: Chronobiologie – Chronomedizin. Abhandlungen der Wissenschaften der DDR. Deutsch-Sowjetisches Symposium über Chronobiologie und Chronomedizin in Halle/Saale. (1978) 616–636.

Skramlik von, Emil: Über Rhythmus und Arhythmie. In: Forschungen und Fortschritte. 17/16–17 (1941) 188–191.

Smith, Anthony: Die programmierte Natur. Die Rhythmen unseres Lebens. München/Wien/Zürich, Jucker, 1970. 324 S.

Snow, C. P.: Die zwei Kulturen. In: Kreuzer, Helmut (Hrsg.): Literarische und naturwissenschaftliche Intelligenz. Dialog über die ›Zwei Kulturen‹. Stuttgart, Klett, 1969. 11–25.

Sollberger, Arne: Probleme der Steuerung biologischer Rhythmen. In: Naturwissenschaftliche Rundschau. 21/7 (1968) 277–289.

Sollberger, Arne: Biologische Rhythmusforschung. In: Gadamer, Hans G.; Vogler, Paul (Hrsg.): Biologische Anthropologie. 1. Teil. Stuttgart, Thieme, 1972. 108–151.

Speck, Otto: Der geistigbehinderte Mensch und seine Erziehung. München/Basel, Reinhardt, ³1975. 211 S.

Speck, Otto: Geistige Behinderung und Erziehung. Vierte, völlig neubearbeitete Auflage von »Der geistigbehinderte Mensch und seine Erziehung«. München/Basel, Reinhardt, 1980. 319 S.

Spitz, René A.: Vom Säugling zum Kleinkind. Naturgeschichte der Mutter-Kind-Beziehung im ersten Lebensjahr. Stuttgart, Klett, 1967. 403 S.

Suffenplan, Wilhelm: Untersuchungen zur Makroperiodik von Lernaktivitäten bei Neun- bis Elfjährigen in einer Schulsituation mit freier Arbeitswahl. Dissertation zur Erlangung eines Doktors der Erziehungswissenschaften an der Pädagogischen Hochschule Ruhr. Köln, 1975. 299 S.

Schad, Wolfgang: Rhythmen in der Natur und im Menschen. In: Weleda-Nachrichten. 53/156 (1984) 9–14.

Schapitz, Regine: Periodische Gliederung von Spielabläufen bei vier- bis sechsjährigen Kindern. In: Thomae, Hans (Hrsg.): Untersuchungen über die Periodik im kindlichen Verhalten. Sonderdruck aus Bd. III/2 der Zeitschrift für experimentelle und angewandte Psychologie. (1956) 43–81.

Scharf, Joachim H.: Das Zeitproblem in der Biologie. In: Nova Acta Leopoldiana. Neue Folge Bd. 46/225 (1977) 11–70.

Scheuerl, Hans: Die pädagogisch-anthropologische Dimension des Spiels. In: Kreuzer, Karl J. (Hrsg.): Handbuch der Spielpädagogik. Bd. 1. Düsseldorf, Schwann, 1983. 31–41.

Scheurl, Jürgen: Überwindung der Subjekt-Objekt-Spaltung in der Sinneslehre. Phänomenologische und erkenntnistheoretische Grundlagen der allgemeinen Sinnesphysiologie. Stuttgart, Thieme, 1977. 189 S.

Schiller, Friedrich: 15. Brief über die ästhetische Erziehung. In: Merker, Paul (Hrsg.): Schillers Werke. Leipzig, Reclam, o. J. 334 S.

Schimon, Auguste: Natur. In: Handbuch für den vorschulischen Erziehungsbereich. München, Don Bosco, o. J. 1–16.

Schmid, Roswitha: Jährlicher Rhythmus der Spaltöffnungsbewegungen. In: Naturwissenschaftliche Rundschau. 21/11 (1968) 468–482.

Schneider, Peter: Einführung in die Waldorfpädagogik. Stuttgart, Klett-Cotta, 1982. 218 S.

Schöffler, H. H.: Mensch werde winterhart. In: Natürlich. 3/1 (1983) 56–59.

Schubert, Richard: Von den Ordnungen und Rhythmen. In: Weleda-Nachrichten. 23/64 (1954) 1–9.

Schuberth von, Gotthilf H.: Die Geschichte der Seele. Stuttgart, Tübingen, Cotta'sche Buchhandlung, 1839. 971 S.

Schüepp, Guido: Gott und Welterfahrung des heutigen Menschen. In: Graber, Franz (Hrsg.): Der Mensch in seiner Welt. Freiburg, Schweiz, Kanisius, 1974. 68–79.

Schultz, J. H.: Lebensrhythmen und Psychotherapie. In: Deutsche Medizinische Wochenschrift. 64/28 (1938) 996–998.

Schumacher, Joseph: Musik als Heilfaktor bei den Pythagoreern im Lichte ihrer naturphilosophischen Anschauungen. In: Teirich, H. R. (Hrsg.): Musik und Medizin. Beiträge zur Musiktherapie. Stuttgart, Fischer, 1958. 207 S.

Schwenk, Theodor: Über rhythmische Vorgänge in der Natur. In: Weleda-Nachrichten. 23/64 (1954) 9–14.

Schwenk, Theodor: Das sensible Chaos. Strömendes Formschaffen in Wasser und Luft. Stuttgart, Freies Geistesleben, ^{3}1968. 144 S.

Schwenk, Theodor: Rhythmus und Leben. In: Weleda Heilmittel aus neuer Erkenntnis. 50 Jahre im Dienste einer erweiterten Heilkunst. Weleda-Nachrichten. 40/102 (1971) 54–56.

Schwenk, Theodor: Zum Begriff des lebendigen Wassers. Nach einem Vortrag, gehalten vor den fördernden Freunden des Instituts für Strömungswissenschaften in Herrischried, am 3. September 1967. ^{2}1978. 12 S.

Steglich, Rudolf: Über Wesen und Geschichte des Rhythmus. In: Studium Generale. 2/3 (1949) 141 152.

Steiner, Rudolf: Das Michaelsmysterium. XXIII. Wo ist der Mensch als denkendes und sich erinnerndes Wesen? Anthroposophische Leitsätze, GA 26. Dornach, Rudolf Steiner Verlag, 1962. 265 S.

Stingl, Miloslav: Die Inkas. Ahnen der »Sonnensöhne«. Wien, Düsseldorf, Econ, 1978. 360 S.

Teilhard de Chardin, Pierre: Der Mensch im Kosmos. München, Beck, 1959. 311 S.

Theile, Regine: Förderung geistigbehinderter Kinder. Psychomotorische Übungsbehandlungen und rhythmische Erziehung. Berlin, Marhold, ²1976. 151 S.

Thürkauf, Max: Wissenschaft und moralische Verantwortung. Vom Bildungswert des naturwissenschaftlichen Unterrichts. Schaffhausen, Novalis, 1977. 192 S.

Treichler, Rudolf: Die Entwicklung der Seele im Lebenslauf. Stufen, Störungen und Erkrankungen des Seelenlebens. Stuttgart, Freies Geistesleben, 1981. 317 S.

Trier, Jost: Rhythmus. In: Studium Generale. 2/3 (1949) 135–141.

Ulich, Eberhard: Periodische Einflüsse auf die Arbeit. In: Mayer, A.; Herwig, B. (Hrsg.): Handbuch für Psychologie. 9. Bd. Betriebspsychologie. Göttingen, Verlag für Psychologie, 1961. 125–138.

Verschuer von, Otmar: Zeitlicher Ablauf und Ursächlichkeit im individuellen Lebenszyklus des Menschen – biologisch gesehen. In: Studium Generale. 8/8 (1955) 498–504.

Vierl, Kurt: Erziehung und Unterricht in Schulen für Seelenpflege-bedürftige Kinder. In: Beiträge zur heilpädagogischen Methodik. Heilpädagogik aus anthroposophischer Menschenkunde 2. Stuttgart, Freies Geistesleben, 1974. 35–65.

Vierl, Kurt: Rhythmen und Lernen. Arlesheim, Natura, 1977. 19 S.

Wachholder, Kurt: Der Rhythmus als Problem der Naturwissenschaften und der Geisteswissenschaften. In: Universitas. 10/6 (1955) 621–632.

Wachsmuth, Guenther: Erde und Mensch. Ihre Bildekräfte, Rhythmen und Lebensprozesse. Grundlinien einer Meteorobiologie der Naturreiche. Kreuzlingen, Zürich, Archimedes, 1945. 485 S.

Wagner, Richard: Parsifal. Herausgegeben und eingeleitet von Georg Richard Kruse. Leipzig, Reclam, 1950. 79 S.

Walburg, Wolf R.: Bereich des Lebenspraktischen und der Sachkunde. In: Bach, Heinz (Hrsg.): Handbuch der Sonderpädagogik. Pädagogik der Geistigbehinderten. Berlin, Marhold, 1979. 276–290.

Wassermann, M.: Einige weltanschaulich-philosophische Fragen in der Geschichte der Chronobiologie. In: Chronobiologie – Chronomedizin. Abhandlungen der Wissenschaften der DDR. Deutsch-Sowjetisches Symposium über Chronobiologie und Chronomedizin in Halle/Saale. (1978) 838–844.

Wasserzieher, Ernst: Woher? Ableitendes Wörterbuch der deutschen Sprache. Bonn, Dümmler, 1952. 441 S.

Wegmann, Rudolf: Spiel als Lebenshilfe. Neue Aspekte für Erzieher und Eltern. München, Don Bosco, 1980. 103 S.

Weihs, Thomas: Das entwicklungsgestörte Kind. Heilpädagogische Erfahrungen in der therapeutischen Gemeinschaft. Stuttgart, Freies Geistesleben, 1974. 182 S.

Weinmann, H. M.: Zur Entwicklung normaler und pathologischer Schlafzustände bei Neugeborenen und jungen Säuglingen. In: Harrer, G.; Leutner, V. (Hrsg.): Schlaf und Pharmakon. Symposion 1978, Abtei Ettal. Roche, 1978. 221–234.

Weizenbaum, Joseph: Die Macht der Computer und die Ohnmacht der Vernunft. Frankfurt am Main, Suhrkamp, 1977. 369 S.

Wenk, G.; Fiedler, F.: Interpretation zur Periodizität des Durchmesserwachstums von Waldbäumen als Folge der Einwirkungen meteorologischer Elemente. In: Chronobiologie – Chronomedizin. Abhandlungen der Wissenschaften der DDR. Deutsch-Sowjetisches Symposium über Chronobiologie und Chronomedizin in Halle/Saale. (1978) 467–479.

Wever, R.: Grundlagen der Tagesperiodik beim Menschen. In: Heimann, H.; Pflug, B. (Hrsg.): Rhythmusprobleme und Psychiatrie. Stuttgart/New York, Fischer, 1978. 1–23.

Wever, R.: Schlaf und circadiane Rhythmik. In: Harrer, G.; Leutner, V. (Hrsg.): Schlaf und Pharmakon. Symposion 1978, Abtei Ettal. Roche, 1978. 29–62.

Wieser, Roda: Rhythmus und Polarität in der Handschrift. Ein Beitrag zur Rhythmusforschung. München/Basel, Reinhardt, 1973. 152 S.

Windeck, Ingo: Zur Pädagogischen Förderung verhaltensgestörter und lernbehinderter Kinder auf der Grundlage der Pädagogik Rudolf Steiners in Waldorf-Sonderschuleinrichtungen. Dissertation zur Erlangung des Grades eines Doktors der Erziehungswissenschaften. Universität Dortmund, 1983. 241 S.

Wing, Lorna: Das autistische Kind. Wie Erziehungsschwierigkeiten und Verhaltensstörungen überwunden werden können. Ravensburg, Maier, 1971. 158 S.

Winterstein, Hans: Schlaf und Traum. Berlin, Springer, 1932. 134 S.

Wirz-Justice, Anna: Biologische Rhythmen und Depression. In: Therapeutische Umschau. (Separatdruck). Bd. 40/9 (1983) 763–768.

Wolff, Otto: Das rhythmische System des Menschen. In: die Drei. 47/7–8 (1977) 388–393.

Zeller, Angela: Anthroposophische Heilpädagogik. Darstellung und kritischer Vergleich mit der heilpädagogischen Praxis der Gegenwart. Inauguraldissertation zur Erlangung eines Doktors der Philosophie im Fachbereich Erziehungswissenschaft der Johann-Wolfgang-Goethe-Universität Frankfurt am Main, 1977. 358 S.

Zemanek, Heinz: Bekanntes und Unbekanntes aus der Kalender-Wissenschaft. München, Oldenbourg, 1978. 168 S.

Ziegler, Gismar: Psychophysiologische und Psychopharmakologische Untersuchungen von Schlaf und Schlafstörungen. Dissertation zur Erlangung des akademischen Grades der Sozialwissenschaft in der Fakultät für Sozial- und Verhaltenswissenschaften der Eberhard-Karls-Universität, Tübingen, 1981. 155 S.

Ziehen, Theodor: Rhythmus in allgemein philosophischer Betrachtung. In: Zeitschrift für Ästhetik und Allgemeine Kunstwissenschaft. Bd.XXI (1927) 187–198.

Zietz, Karl: Psychologische Voraussetzungen der Denkerziehung. In: Handbuch der Psychologie. 10.Bd. Pädagogische Psychologie. Göttingen, Verlag für Psychologie, 1959. 111–128.

Nachschlagewerke

Enzyklopädie Naturwissenschaft und Technik. München, Moderne Industrie. 1979–1983.

Enzyklopädisches Handbuch der Sonderpädagogik und ihrer Grenzgebiete. Bd. 1. 3.völlig neubearbeitete Auflage des »Enzyklopädischen Handbuchs der Heilpädagogik«. Heese, Gerhard; Wegener, Hermann (Hrsg.). Berlin-Charlottenburg, Marhold, 1969.

Griechisches etymologisches Wörterbuch von Hjalmar Frisk. Heidelberg, Winter, 1961.

Handbuch philosophischer Grundbegriffe. Krings, Hermann; Baumgartner, Hans M.; Wild, Christoph (Hrsg.). München, Kösel, 1973.

Handwörterbuch der musikalischen Terminologie. Ordner II: M–Z. Eggebrecht, Hans H. (Hrsg.). Wiesbaden, Steiner, 1983.

Herkunftswörterbuch des Duden. Die Etymologie der deutschen Sprache. Bd.7. Bibliographisches Institut Mannheim/Wien/Zürich. 1963.

Lexikon der Pädagogik. Bern, Francke, 1951.

Lexikon der Pädagogik. II.Deutsches Institut für wissenschaftliche Pädagogik Münster und Institut für vergleichende Erziehungswissenschaft Salzburg. Freiburg, Herder, 1953.

Lexikon der Pädagogik. Neue Ausgabe. Willmann-Institut München-Wien (Hrsg.). Freiburg/Basel/Wien, Herder, 1970.

Paulys Real-Encyclopädie der classischen Altertumswissenschaft. Neue Bearbeitung. 17.Halbband. Stuttgart, Metzlersche Buchhandlung, 1914.

Philosophisches Wörterbuch. Begründet von Heinrich Schmidt. 16.Auflage, durchgesehen, ergänzt und herausgegeben von Georgi Schischkoff. Stuttgart, Kröner, 1961.

Wörterbuch der philosophischen Begriffe. Hoffmeister, Johannes (Hrsg.). Hamburg, Meiner, ^{2}1955.